Sociology of Taste: Culture, Class and Gender
Kataoka Emi

趣味の社会学

文化・階層・ジェンダー

社会学

片岡栄美

青弓社

趣味の社会学――文化・階層・ジェンダー　　目次

序　章　文化的平等神話　13

   1　文化的平等神話　13

   2　文化の正統性とは　16

   3　文化による差異化、学歴による差異化　20

   4　グローバリゼーションと文化の均質化、
     そしてアイデンティティの行方　24

第1章　趣味の社会学の成立と展開　28

   1　趣味の社会学とは　28

   2　文化による自己表現と脱近代　29

   3　自己実現のポリティックスと趣味、テイスト　30

   4　ポストモダニズムと大衆文化社会、商業主義　34

   5　分析の視点と課題　37

   6　ブルデューの意義とポスト・ブルデューの文化社会学　38

第2章　文化資本、ハビトゥス、実践　45

   1　象徴闘争としての趣味・テイストと文化の階層性　45

   2　ハビトゥスと実践（プラティック）　51

   3　戦略とハビトゥス　55

   4　ハビトゥスは単数か複数か　55

5　文化資本とは　62

6　文化資本の獲得様式と蓄積性　65

7　文化資本と学歴資本──男女の違い　67

8　文化資本と階層・階級　70

9　文化資本は測定可能か　71

10　家庭の文化環境と文化的再生産　73

11　相続文化資本と家庭の文化的環境に関する
　　先行研究　74

12　家庭の文化資本の測定　77

13　家庭の文化的環境と社会階層　78

14　初期の経験的研究での文化資本の測定　89

第3章　階級・階層から差異の空間へ　94

1　ブルデューの発生論的構造主義と階級・階層　94

2　わが国での差異の体系と趣味のヴァリアント　101

3　文化の入れ子構造──フランスとの相違点　109

4　都市部の生活様式空間と社会空間の相同性　111

第4章　文化的オムニボアと象徴的境界　119
　　──現代の文化資本とは何か

1　文化的な排他性それとも寛容性　119

2　文化の威信スコアと指標　124

3　文化的寛容性は現代の文化資本か?　126

4　進行する文化的オムニボア化　129

5　ハイカルチャーと大衆文化の象徴的境界　132

　　6　大衆化社会における文化戦略と文化的再生産　143

第5章　写真イメージにみる美的性向　150

　　1　中間芸術としての写真とハビトゥス　150

　　2　調査方法　151

　　3　写真イメージにみる美的性向　152

　　4　男女による美的性向の差異　153

　　5　学歴資本と美的性向の関連　154

　　6　写真イメージにみる美的性向は男性で均質化　156

　　7　職業と美的性向　160

　　8　考察　161

第6章　文化消費の構造と階層・ジェンダー　163

　　1　性と年齢による文化のすみ分け　164

　　2　文化の階層性とジェンダー　171

　　3　高学歴化と文化資本　175

　　4　文化貴族と文化的成り上がり　183
　　　　──文化の獲得は学校か家庭か

　　5　収入と文化消費　187

　　6　文化の構造──男女による違い　188

　　7　文化の規定要因　191

　　8　わが国の文化的再生産過程　196

9　文化のコーポレート支配仮説（文化産業仮説）　202

第7章　階層再生産と文化的再生産のジェンダー構造　208
—— 地位形成に及ぼす読書文化と芸術文化の効果

1　文化か知能か　208

2　地位達成での学歴と文化資本　209

3　文化資本の収益　211

4　問題設定　212

5　教育市場・労働市場・婚姻市場での文化資本の効果　213

6　労働市場での収益と転換効果　216

7　婚姻市場での文化資本の収益　220

8　結果の要約　224

9　階層再生産と文化的再生産のジェンダー構造　227

第8章　教育達成過程における家族の教育戦略とジェンダー　231
—— 文化資本効果と学校外教育投資効果のジェンダー差を中心に

1　家族の教育戦略への焦点化　233

2　メリトクラシーと文化選抜　234

3　文化資本と人的資本　235

4　家族の教育戦略と社会階層　237

5　分析の方法と変数の特性　238

6　文化的な女性は成績がよいか　243

　7　教育達成メカニズムの変容　245

　8　文化資本の学校での収益の変化　250

　9　学校外教育投資効果の変容と教育戦略の外部化　251

　10　象徴的強制効果とハビトゥス的な文化的再生産過程　252

　11　男女で教育達成メカニズムが異なるのはなぜか　253

　12　結論と考察　254

第9章　ジェンダーと文化　259
―― なぜ男の子はスポーツで、女の子はピアノなのか

　1　文化定義のジェンダー化　259

　2　文化評価のジェンダー差　260

　3　文化評価をめぐる諸言説　264

　4　性役割意識と文化への意味付与　272

　5　概念間の関連性　275

第10章　バウンダリー・ワークとしての友人選択とハビトゥス　279
―― 友人選択の基準にみる象徴的境界と
　　　ライフスタイルの諸類型

　1　問題設定　279

　2　象徴的境界とは何か　280

　3　バウンダリー・ワークの3つの基準　283

　4　日本での研究の意義　284

　5　調査の概要　285

6　友人選択基準にみる象徴的境界　287

7　バウンダリーの社会的特徴　291

8　友人選択での象徴的境界の特徴　304

9　バウンダリー・ワークに関する知見　307

10　象徴的境界とライフスタイル　308

第11章　階級のハビトゥスとしての文化弁別力とその社会的構成　317
──文化の評価システムと社会階層

1　文化評価と階級　317

2　分析課題　318

3　文化の威信評価と評定の意味　319

4　文化評価の一次元性と対抗文化の不在　320

5　階級のハビトゥスとしての文化弁別力　324

6　文化による差異化と文化の階層性　327

7　自らが優位になる分類システムの採用　330

8　地位移動と文化評価　336

参考文献一覧　347

初出論文　360

あとがき　363

索引　373

装丁——斉藤よしのぶ

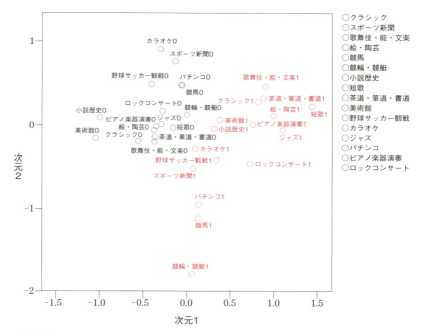

注）赤字で示した1は活動あり、黒字で示した0は活動なし

図3-4 文化の差異空間（川崎市民調査）

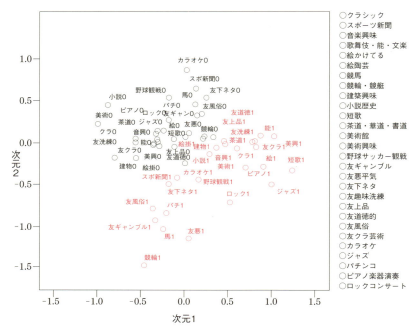

注)赤字で示した1は活動あり、黒字で示した0は活動なし

図3-5 生活様式空間（川崎市民調査）

序章
文化的平等神話

1 文化的平等神話

　日本社会は「文化的に平等な社会」だ、という言説が強い社会である。たとえ経済的な格差はあっても、文化的な格差は小さいという意味である。昨今の移民の増加に伴い、母語が日本語以外で生活習慣が異なる人々も日本社会で増えてきてはいるものの、アメリカやカナダなどの多文化国家に比べれば多くはない。日本は文化的に同質的な部分が大きいというのも、他国と比較すれば、一面事実である。ここには、戦後の日本社会が「単一民族国家」「単一の国民国家」であるという主張も見え隠れする。そして同時に、日本に階級文化は存在しないし、仮に文化的な差があったとしても経済的な差異によるものだ、あるいは、乗り越えられない差ではないというイメージをもつ人が多いように思う[1]。

　このような日本文化の全体性と均質性を強調する言説は、階級文化不在説あるいは文化的平等説、さらには単一国民文化説として語られる。しかし国内に視点を変えれば、人々の生活文化、教養、ライフスタイルは決して同じではない。好みとして「好き／嫌い」が存在するように、人々の趣味や文化的実践は多様である。

　フランスの社会学者ピエール・ブルデュー（Pierre Bourdieu, 1930-2002）は、人々の趣味や文化的実践を社会学的に分析したことで知られている。ブルデューの理論は文化的再生産論と呼ばれ、社会階級と趣味との対応が見えやすいフランス社会について、人々の趣味やライフスタイルと社会的位置との対応関係を分析している。その著書『ディスタンクシオン』では、ブルジ

ョア階級、中間階級、庶民階級ごとの趣味や価値観、エートス、余暇の過ごし方、食事など、ライフスタイルの違いが具体的に示されていて興味深い。保有している経済資本と文化資本（例えば学歴など）が異なると、人々の文化に対する意味作用やライフスタイルが異なるということがよくわかる。

　しかしブルデューの論点は、趣味やライフスタイルの階層性を指摘するだけのものではない。その背後に象徴空間、社会空間、ハビトゥス論、分類作用、文化資本、象徴闘争、場の理論など、人々の行為の意味作用を葛藤論的立場から読み解く壮大な理論的な仕掛けが用意されている。本書は、ブルデュー理論を援用しながらも、フランスとは異なる日本の文化と社会の特徴、そしてその構造を経験的データとともに読み解くことにしたい。

　ブルデューは次のように述べている。「日本の社会空間と象徴空間を構築し、基本的な差異化の原理を明確化してくださることを期待して……たぶんそれらはフランスの場合と同じであろうと思いますが、それぞれの相対的な比重は異なっているのではないか」（ブルデュー著, 加藤編 1990: 81）。つまり日本でも文化による差異化があり、象徴空間で有意味な差異を作り出す社会的な諸条件があるということである。しかし日本では、ライフスタイルの差異を生み出す社会的諸条件を確認も検証もしないまま、日本社会は文化的に平等だという主張をする人々が少なからず存在してきた。これを文化的平等論者ないし文化的平等神話[2]と呼んでおこう。[3]

　文化的平等論者が根拠としてあげる事例は、例えば「（90年代当時では）日本人のほとんどが一般新聞を読んでいる」「日本人の識字率は他国より高く、みな日本語が読める」とかである。しかし、そもそも1、2例だけで、文化の平等が証明できるはずもない。

　文化的平等説が成立した背景には、第2次世界大戦後の経済発展と社会の近代化・民主化が強く影響していると思われる。少なくとも戦前は、身分による支配が残っていた。[4]しかし敗戦による農地改革と民主主義の諸政策、教育制度の単線化などによって、人々は戦前の身分社会の制約から解放されていった。

　さらには、グローバリゼーションの影響で、文化が均質化しているという議論がある。

　都市、地方を問わず、マクドナルドの店があり、コカコーラも浸透している。アメリカ化という特徴をもつ文化のグローバル化は、消費とライフスタ

イルを標準化させ、そこに文化の差異は見いだせない、差異は消失したという議論である。これについては、第4節で取り上げよう。

　ところで話をもっと戻して、そもそも「文化の平等・不平等」とは何か。そして文化とは何か。文化の定義の仕方も、一様ではない。

　一般的な文化の分類として、1つには、文化とは教養だという解釈がある。精神的・美的発展の結果である教養を文化と考えている。2つめは、人類学的文化概念で、文化とはある国民や集団の特定の生活様式をさす。例えば、あいさつの仕方や食文化、儀礼、言語コード、身体技法、習慣、信仰、信念などである。3つめは、知的・芸術的文化を文化と呼ぶ人文学的文化概念であり、音楽作品、絵画、小説などをさす（Williams 1966）。しかし芸術的でなくても、ロックやパチンコ、マンガ・アニメなどの商業主義的で大衆的な文化やメディア文化が存在する。

　これに対し、テリー・イーグルトン（Eagleton 2000＝2006）は文化を3つに分類し、高級文化（礼節としての文化、卓越、エクセレンス）とアイデンティティの文化、そしてポストモダン文化として商業的・ポストモダニズム的な商品としての文化に分け、これらが葛藤状況にあるという。この葛藤は高尚（high）と低俗（low）の争いではなく、「高級文化は高低の境界をみずからの手で突き破っている」（Eagleton 2000＝2006）と述べる。そして「ポストモダニズムは、庶民的なものと秘儀的なもの、都会的洗練とアヴァンギャルド、その両者の橋渡し」（Eagleton 2000＝2006）をしていると述べる。さらにこれら3つの違いは、コスモポリタンかローカルかの違いでもないという。そして、とくに重要な闘争として、「商品（コモディティ）としての文化」と「アイデンティティとしての文化」との闘争を指摘している。

　文化をブルデューをはじめとして、正統 vs 大衆という対立軸でとらえるのではなく、商業主義的な文化への親和性をもつか、そうではなくアイデンティティをかけた文化として自分を表現するツール、いわばアイデンティティ・キットとしての文化を求めるのかという対立軸を考えることは重要である。[5]

　このように多様で幅広い内容をもつ「文化」が平等・不平等であるというのは、どういった状態をさし、どのような意味で使われるのだろうか。最も単純には、ある文化実践の割合が、つまり文化活動への参加や文化消費の度合いに、社会的属性（性別や職業、学歴など）による差異があるという使わ

れ方である。例えばクラシック・コンサートへ行った経験率は、学歴や世帯収入によってかなり異なるが、この状態を「文化の不平等」と解釈することが一般的である。ただ筆者はこの見解に必ずしも完全に同意するわけではない。そこに差異の構造は見いだせても、そのことと不平等とは必ずしも一致しない。あらためて不平等に関するイデオロギーや、文化が行為者にもたらす意味こそが問われなければならないと思うからだ。

　前述のような文化的不平等論への一つの反論として、「趣味はそれぞれ個人の勝手でしょう」という声が聞こえてくる。たしかに音楽の好みはそれぞれだ。どんな音楽を好きでもかまわないし、クラシック音楽がいちばん「えらい」わけでもない。ロックが好きな人は、ロックがいちばんだと思っている。音楽そのもの、あるいは文化そのものの価値は、それぞれ人によって異なった価値をもつものである。つまり、文化それ自体には不平等もなく、中立である。

　では、次のような調査結果をどのように考えればいいのだろうか。

2　文化の正統性とは

　文化活動の序列を、人々がどのように認識しているかを調べるために、1995年のSSM全国調査で日本全国の20歳から69歳の男女に次のような質問をした。

「ここにいろいろな文化活動がかいてあります。世間では一般に、これらの活動を高いとか低いとかいうふうに評価することがありますが、いまかりにこれらを高いとか、低いとか、区別をつけて順に分けるとしたら、どのように分類されるでしょうか」

　回答選択肢として、5段階「最も高い」「やや高い」「ふつう」「やや低い」「最も低い」を用意し、各文化活動について、それぞれ評価をしてもらった。「最も高い」を100点、「やや高い」を75点、「ふつう」を50点、「やや低い」を25点、「低い」を0点として計算すると、各文化活動の平均点と標準偏差は表1に示すとおりである。

　表1の結果を「文化威信スコア」[6]（片岡 1996c）と呼ぶことにする。人々は、歌舞伎やクラシック音楽を高く、スポーツ新聞やパチンコを低く評価してい

表1　文化威信スコア（全体）

	平均	標準偏差	N
歌舞伎や能や文楽を見に行く	65.9	19.3	1145
クラシック音楽の音楽会・コンサートへ行く	64.5	19.1	1163
美術展や博物館に行く	64.1	17.5	1172
短歌や俳句を作る	61.9	18.9	1158
華道・茶道・書道をする	60.6	17.5	1162
小説や歴史の本を読む	55.6	16.7	1177
ゴルフ・スキー・テニスをする	52.1	14.6	1158
カラオケをする	39.8	22.9	1133
スポーツ新聞や女性週刊誌を読む	39.1	22.8	1135
パチンコをする	27.7	27.0	946

（出典：片岡栄美（1998g, 2000b））

ることがわかる。しかし、人によって序列のつけ方は違うのではないかということで、学歴別の集団間で順位相関係数を求めると、大学卒業・短期大学卒業グループの人々と高校卒業グループの人々との相関は0.986（1.0が完全相関で最大）、大学・短大卒と中学卒業グループでは相関は0.881であり、どれも相関係数はかなり高い。ほかの指標でも確認したが、文化の序列性について、階層集団が異なると意見が逆転するというほどの大きな違いはないのである。言い換えれば、多くの人々が表1の文化序列を共通して承認していることになる。つまり対抗的な文化の序列性は認められず、支配的な文化の価値序列を労働者階級も承認していることになる。

　しかし、文化的実践と文化評価とは必ずしも一致するわけではない。「クラシックは難しくてよくわからないし、あまり聴いたことはないけど、いいものだ」とか、「パチンコはよくするけど、娘にはやってもらいたくないんだよね」とかである。むしろ、やったことがない文化活動を高尚なものだと思っている人もいるだろうし、その逆もある。

　クラシック音楽は高尚だという意見に反発する人が少ないとすれば、それはなぜだろうか。逆になぜカラオケやパチンコは高尚ではないと判断されているだろうか。ある文化を上品だとか高尚だとかと反応する自分は、それをどこで学習したのだろうか。一つには学校である。学校の音楽の時間にクラシック音楽はあるが、演歌やラップはない。マンガ作品や大衆小説が国語の教科書に載らないのと同じである。いわゆる大衆文化は、学校教育には採用されにくいというこれまでの慣例がある。しかし慣例だけが原因ではなさそ

うだ。

　そもそもクラシック音楽は、ヨーロッパの貴族が愛好した音楽である。日本の貴族や武将たちは、能や茶の湯を愛好した歴史がある。江戸時代に庶民が愛好した歌舞伎を明治天皇が愛好したことで、ずいぶん地位が上がったという説もある。つまり、歴史的にみていわゆる上流階級の人々が愛好した文化や作品、作家などが、今日、芸術という名でたたえられ飾られているのである。ヨーロッパ貴族がパトロンとなって援助した画家や音楽家ほど、歴史に多く名を残している。もちろん例外もある。一般的に芸術文化というのは、支配者、権力者がその価値を認めた文化であることが多いのである。もちろん歴史的にみれば、物事はそう単純ではないが、権力と文化的価値の関係はいつの時代にも、どんな社会にも存在してきた。文化そのものはそれ自体で中立だが、それを誰が消費したかということで価値や評価が左右されるのである。その意味で、文化の価値というのはきわめて恣意的なものである。

　ブルデューは、文化を3つに分け、正統文化（正統趣味）、中間文化（中間趣味）、大衆文化（大衆趣味）としている。正統趣味とは、「必要性からの距離」が最も大きいという特徴をもつ。これら3つの趣味は文化のヒエラルキー、すなわち文化の優劣を成している。趣味の差異はジャンル間の優劣で示される場合もあるが、同じジャンル内での優劣も存在する。

　例えば、料理であればフランス料理や懐石料理は正統趣味にあたり、時間をかけてゆっくりと食べ、テーブルマナーも決まっている。盛り付けは繊細なほどよく、栄養とかボリュームがあるからということではなく、量はほどほど上品にして、懐石なら料理で季節感を感じてもらうことこそが醍醐味だという。これは必要性（おなかいっぱい食べたいとか、栄養が大事とか）に迫られていないだけでなく、形式の美を追求するからこそ、料理の卓越性や正統性が確保されている。大衆趣味の料理は、○○屋の牛丼とか、ファストフードのハンバーガーとかで、値段が安くて量が多いほど喜ばれる。さしあたっての必要性を満たす食といえるだろう。ファッションであれば、高級ブランド品（正統的）か、低価格衣料チェーン店のフリース（大衆的）かの違いになる。マンガのジャンルでも宮崎駿のアニメや手塚治虫のマンガは正統的だが、人前では恥ずかしくて読めないような大衆的な作品もある。最も正統的といわれるクラシック音楽のジャンルでも、バッハの「平均律クラヴィーア」は正統的で、「アマリリス」やヨハン・シュトラウスの「美しく青きド

ナウ」などは小学校で昼休みにかかっていてみんな1度は聞いたことのある大衆的なクラシックである。ロック音楽にも音楽の教科書に採用されたビートルズのように、ある程度正統的なものや、ポップスとして大衆化したもの、抵抗の象徴となるパンクロックなど多様化している。すなわち表1でみたジャンルごとで正統性に差があるのと同時に、同じジャンルのなかでも、作品やアーティストによって正統性の高いものと大衆的なものとが分化しているといえる。

　しかし正統性といっても、かつてビートルズが「危険な」若者文化の代表として、大人たちから排斥されたように、その評価も時代とともに変化していく。かつて刺身は野蛮だといって食べなかった欧米人が、いまでは喜んでサシミにワサビをつけて食している。近年、日本食が海外で正統文化になったのも、日本経済の発展と無関係ではない。このように文化に対して下される正統性の評価とは、時代や社会によって異なり、変化していくものである。

　つまりブルデューの言葉を借りれば、文化的正統性とは社会関係（力関係）の産物であり、恣意的なものだということである。そして文化の正統性をめぐる象徴的な闘争が、日々繰り広げられている。象徴闘争の結果、支配的な集団の文化は（その支配力を背景にして）正統文化になりやすい。もっとわかりやすくいうと、正統文化は権力者や支配者層がおこなっている文化を、「いい文化、高尚な文化」と定義して、それを他者（被支配者の人々）にも「押し付けていく」プロセスがはたらくことを意味する（文化的押し付け）。

　例えば、SF映画の『猿の惑星』では、猿が支配者で人間は奴隷だったが、その世界では猿こそが美しく賢く倫理的であって、奴隷である人間は、醜く愚鈍で悪い動物と定義されていた。これはある意味、アメリカ社会の人種問題を皮肉ったものでもあり、誰が／何が（例えばブロンドの髪、白い肌などが）美しいかとかいう基準が、いかに権力によって変化する恣意的なものであるかを、物語としてわれわれに教えてくれる。

　そしてアメリカの黒人解放運動のなかでマルコムXが提示した「Black is beautiful」という抵抗のための価値転換の重要性も思い出される。

3　文化による差異化、学歴による差異化

　話をもとに戻そう。日本社会が文化的に平等な社会だという抽象的な議論をする人々に特徴的な言説は、「文化でほかの人々に差をつけることなどできない」というものである。さらにはブルデュー理論の日本での適用性に疑問が呈されるときには、「フランスのような文化序列や正統文化は、日本に存在しない／支配力はもたない」などと言及される。

　日本ではお金や資産で差をつけることはあっても、文化的なことで差がつきようがない、というのである。しかし、そういう人ほど大学院を出ている男性学歴エリートである。なぜ彼らは有名大学や大学院へ進学したのか。いうまでもなく知識や学力という文化的次元で卓越化する（差がつく）ことの社会的有効性を知っていたからである。もちろん日本はフランスと違って、正統文化（文化エリート）と学歴資本（学歴エリート）が必ずしも対応していないからこそ、このように文化の分節化作用に疑問が呈されるのではあるが。

　のちに詳しく述べるが、ブルデューは文化資本の制度化された形態の一つとして、「学歴資本」をあげている。つまり文化資本である学歴は、ある意味、文化の不平等、知識の不平等、教養の不平等を生み出す最も大きな原因の一つなのである。

　日本は学歴社会であり、学歴の高低によって、その後の人生が左右される度合いが大きい社会だといわれる。人々の関心も、どの大学を出たか、どの高校へ進学したかに集中し、細かな学校序列や学校歴で競い合う。それは「能力（知能）の優秀性」をめぐる競争であると同時に、経済資本を元手に教育投資として展開される、制度化された文化的競争でもある。わが国では、「いい」学校歴獲得をめぐる家族ぐるみの文化競争こそが、文化資本の不平等問題（として認識されている）ともいえる。

　文化資本には、ほかに身体化された形態があり、身ぶり、態度のくせ、話し方、価値観などがある。これらを総体化する概念として「ハビトゥス」という用語をブルデューは提示している。ハビトゥスとは、第2章「文化資本、ハビトゥス、実践」で詳しく述べるが、われわれの行為を方向づける心的構造のことであり、一人ひとり違っている。集団によっても、特徴が出てくる

もので、階級によるハビトゥスの違いが語られる。

　例えばブルデュー（Bourdieu 1979a=1990）によれば、フランスのブルジョア階級は、上品な話し方、身ぶりをするだけでなく、無欲で、美しいものを生まれつき知っているかのような振る舞い方をする。もちろん学習したものだが、「ゆとりのエートス」を示す。ブルジョアが好きな音楽はクラシックかジャズ、そして学者には前衛芸術が好きな人が多い。一方、中流階級は禁欲的で質素倹約がモットーになる。正統文化をいいものだと思ってはいる（文化的善意）が、十分に実践するまではいたらない（制限のエートス）。庶民階級は、気どらないで質素だが、必要性に迫られたなかでの選択である。それはいちばん実用的で経済的なものを選ぶ傾向などに現れるという。

　以上は、フランスの話で日本は違う、もっとみんな文化的に共通しているとか、日本では文化的に庶民であってもエリートになれる社会だというのが文化的平等論者である。

　ちなみに筆者の狭い体験からいえば、文化的平等論を支持する人々の多くが男性の研究者（有名大学院出）だった。彼らは学歴獲得プロセスが経済的な格差によって生み出されているという話題には喜んで耳を傾けるが、子ども時代の家庭での正統文化的経験が（親の学歴を統制してもなお）学力や学歴に影響をもつという文化の力については、検討する以前に知見を拒否する人の割合が高く、学歴以外の文化資本は社会的地位や地位アイデンティティとはおよそ関係がない話だという受け止め方が強かった。つまりいまの地位を築くのに、文化教養は関係ないという自己正当化に近い態度である。しかし女性研究者の多くでは、家庭の文化資本の話題は、稽古事や趣味の問題として実体験に即して理解され、各自にとって学歴以上に切実なアイデンティティの問題として多くを語ってくれた。また若い世代の研究者でも、ブルデューを理解する人々が増えてきた。

　別の言い方をすれば、日本のエリート男性の多くが「勉強ハビトゥス」の重要性には価値を置くが、家庭界で形成され獲得された教養文化に関わる一次的ハビトゥスの持続性や転移の効果については、否定的な態度をとりやすいということを意味している。

　これは、日本の男性にとっての「闘争の賭け金」が学歴であり、学歴獲得競争に全エネルギーを注いできたということを示唆している。この場合の学歴競争とは、戦後の日本で展開してきたペーパー入試で突破できる競争を意

序章　文化的平等神話——21

味していて、たとえ親の文化資本が乏しくとも競争に参加できる競争、つまり文化教養を試されることなく手に入れることができる資本としての学歴である[7]。それは地位競争に参加するためだった。しかし女性の多くにとって、社会的な情況は異なっていた。女性は地位競争に参加できず、栄誉・出世のための社会的ゲームからは、長い間、除外されてきたからである[8]。

　この例からもわかるように、わが国ではジェンダーによって、文化の見え方・感じ方、文化とアイデンティティとの関係が異なるということも、本書の重要なテーマの一つである。

　本書を読むにあたって最初に注意していただきたい点は、フランスとは異なり、日本で「文化貴族」をイメージするときに、高学歴層の男性をイメージすると間違った認識にいたる場合が多いということである。これは複数の調査でも本書でも何度も確認できる事実なので、強調しておく必要がある。そのためにブルデューが『ディスタンクシオン』のなかで、「大きな文化資本を相続した大きな学歴資本をもつ文化貴族」を代表するものとして、2世代にわたる高学歴層（つまり親が高学歴で本人も高学歴）を用いて示していたが（Bouridieu 1979a=1989: 127）、これをそのまま日本社会の分析枠組みとすることはあやういということである。つまりブルデューが示したようにフランスの高学歴男性は正統文化を理解して支配階級としても文化の卓越化戦略を用いているが、日本ではこの大前提が部分的に崩れていて、男性の高学歴層は子ども時代は家庭での正統文化に多少は親しんでいても、そのハビトゥスが男性でだけ成人後にはかなり消えてしまうのである。あるいは大学の大衆化によって、男性大卒の多くがフランスのような文化貴族ではなくなってしまったともいえる。したがって、ブルデューのように相続文化資本を親の学歴だけで論じることが、日本の戦後のデータでは危い前提になるということである。

　筆者の立場は、上流・中流の家庭文化の代名詞でもある「相続文化資本」を親の学歴指標だけで代表するだけではなく、学歴がもっている人的・資本的な部分と教養的階級文化（芸術文化や読書文化）に分離して、親学歴も含めた3種類の効果を測定するのが最も妥当だというものである。

　これまでの日本では、努力や勤勉のエートスだけでも高学歴になれてしまう知識偏重型の試験システムを採用していたこともあり、フランスとは選抜の方法がかなり異なっていることを忘れてはならない。

竹内洋（1995）がこの点に関連して、日本の学歴社会についての的確な理解と理論解釈で、次のように述べている。

「上昇移動にとって必要なのは、イギリスやフランスではブルジョア化である時に、日本においてはしばしば日本人化が必要である。むろんこのことは日本社会においてブルデューのいうような社会的再生産のメカニズムが作動していないというのではない。日本人らしさが文化資本となるぶん、階級文化の資本化のメカニズムが隠蔽されるのである。（略）記憶と詰め込みが重要な日本の試験が努力信仰幻想を膨張させ階級文化の密輸を隠してしまうのと相同な隠蔽構造である。そのかぎり、日本のメリトクラシーは社会的再生産の隠蔽にはとりあえず成功しているわけだ。エリートと大衆の同質性幻想を生むことになり、エリート集団への心理的距離を短縮し、マス競争社会をもたらす仕掛けがここにある」（竹内 1995: 235）

　竹内は、日本の学歴競争が大衆化するのは、選抜システムの構造（傾斜配分構造）そのものがもつ増幅効果であるという優れた分析を展開した。これに対し筆者は、選抜システムの分析ではなく、日本での階級文化の密輸説と文化の再生産が日本型メリトクラシーのなかにあっても、ジェンダー構造をもって作動することを明らかにしていく。

　したがって、日本の学歴指標をそのまま相続文化資本としてとらえることは、階級文化密輸説が妥当するフランスでは可能であっても、日本では適切ではないのである。親の学歴指標に含まれる人的・資本的要素（努力と勤勉の成果）と文化教養的要素（階級文化）を分離することは難しいが、少なくとも日本の男性の学歴は人的資本の高さを示す意味合いが強い。そのためにとくに男性の学歴は、階級文化や相続文化の指標とは、ずれてくるのである。

　そこで第2章や第9章「ジェンダーと文化——なぜ男の子はスポーツで、女の子はピアノなのか」で示すように、相続文化資本の測定に際しては、親の学歴がもつ効果と教養文化の効果を分離して測定し、かつ親学歴の全効果も測定する必要がある。どれも相続文化であることは間違いない。なぜそうするのがいいかというと、日本では、近代化という点では国家主導の後発国だったことや（Dore 1976）、日本の努力主義文化や修養主義、あるいは日本の試験制度の歴史（天野 2006）からみても、男性の学歴指標と教養文化との乖離が想定でき（竹内 1993, 1995）、実際に本書の調査結果でもそのように示されたからである。

本書では、ブルデュー理論の解説は、第1章および第2章でおこなっているが、詳しくは石井（1993）、宮島（1994）、小内（1995）、安田（1998）、山本（1994）を代表として多くの論考があるので、あわせて読まれるとよい。

　さて、日本の文化階層、文化消費、ライフスタイルがどういった状態にあるのか、文化資本は実際にどのようなはたらきをしているのか。この答えは、のちの章に譲るとして、さらに考えておくべきことがある。

4　グローバリゼーションと文化の均質化、そしてアイデンティティの行方

　文化的平等論を語るもう一つの文脈に、グローバリゼーションがある。文化のグローバル化の文脈では、社会があたかも均一な単一集団であるかのように語られることが多い。すなわち経済のグローバル化が、文化の画一化や均質化、あるいは平準化を推し進め、ライフスタイルを標準化させるという議論である（Held & McGrew 2002, Steger [2003]2005）。もちろんグローバル化による文化の変容については、これと異なる見解（例えばグローバル化しても伝統文化は残存するという見方など）も存在している。しかし一般的な理解としては、グローバル化した商業的な文化が地域差を超え、国境を超えて広がることで、局地的文化や階級間の文化的境界が消失しつつあるという。すなわち文化の分節作用がグローバル化に伴って、弱くなることを意味している。そして消費文化、大衆文化によって、同じような都市の風景と消費生活がもたらされ、人々のライフスタイルも画一化していく。このような状況をして、「文化の象徴作用がなくなった」ともいわれている。

　たしかに、本書でも示すように、エリート層がハイカルチャーを獲得すべき教養として考えているとは思えない結果が示される。大衆文化の広がりは、文化エリートという存在を消し去ったかにさえみえる。しかしこの議論については、第6章「文化消費の構造と階層・ジェンダー」で論じるので、今後も慎重に議論する必要がある。

　そして文化のグローバル化の行き着く先は、「個」としての文化、「文化の個体化」といわれる断片化したアイデンティティであり、ばらばらのサブカルチャーだと論じられている。若者をみるかぎりでは、そうした指摘もあながち間違ってはいない。アンソニー・ギデンズ（Giddens 1991）やウルリッ

ヒ・ベックが論じたように、全体としての社会に、むきだしの個が対峙するような文化状況が生まれているというのである。階級集団や性別カテゴリーなどによって集合的アイデンティティ[9]が確認されるのではなく、個のアイデンティティこそが求められる社会へと突入しているというのは、本当だろうか。

　問題は、集合から個別化へという視点を持ち出すことで、文化の権力性や文化の政治性を見落とす危険性が高いということにある。

　また個別バラバラな下位文化に分かれていくという文化的個別化論は、集合的アイデンティティの断片化や希薄化が生じていることの裏面でもある。例えばイギリスを源流とするカルチュラル・スタディーズでも、その初期はマルクス主義的な階級と文化の研究がなされているが、徐々に階級からの撤退が起きてきたといわれる（花田ほか編 1999）。カルチュラル・スタディーズは、日本でも研究成果をあげているが、そのなかでもサブカルチャー論では、階級や階層の視点をまったくもたないものも多い。それだけ、階級や階層が人々の意識にはのぼらなくなったということだが、しかしそのことは、集合的アイデンティティの縮小ではあっても、文化的階層差の消滅があったからではないことを本書で示そうと思う。

　日本社会文化的平等説というのは、さまざまな階層別のデータをみるかぎりでは否定されうるし、ある意味、神話に近いものである。それにもかかわらず文化的平等として語られるときの内実は、単一の国民文化という神話かもしれないし、グローバル化した均一的な文化や近年のＪ－ＰＯＰのように商業主義的な大衆文化や若者文化をさしているのかもしれない。あいまいな内容をもつ文化的平等神話が、なぜ一般大衆だけでなく知識人のなかにも広がっていったのかを説明する必要がある。その謎解きも含めて、わが国の文化と社会の関係を読み解くこと、つまり文化的平等神話が覆い隠している現実が何であるかについて、文化の機能と意味、そしてそのメカニズムをジェンダーと社会階層の視点をリンクさせることで読み解いていくことにしよう。

注

（1）2018年12月の入国管理法の改正によって、日本がより多くの移民を受け入

れることになったので、今後の状況は異なっていくだろう。

(2) とくにブルデューが日本に紹介された1990年代以降、経済的な破綻として知られる2008年のリーマンショックの時期にかけては、文化の不平等や階級文化の作用を論じるブルデュー理論は日本では否定的なものだった。例えば竹内洋（1995）もブルデューへの日本の知識人の理解の弱さを指摘していた。しかし現在では、格差の拡大とともに、ブルデューへの受け止め方にも変容がみられる。

(3) 文化的平等神話という用語は筆者の論考のなかでは、片岡栄美（2003）で初出している。教育の平等神話については苅谷剛彦（1995）がある。

(4) 戦前の都市部の企業ではホワイトカラーとブルーカラーは、労働条件だけではなく、異なる食堂での食事が当然とされ、社交や子ども同士の付き合いなどでも身分によって分断されていた。また農村では庄屋と小作人の伝統的関係が支配・被支配関係として温存されていた。

(5) 本書ではイーグルトンの観点からではなく、主としてブルデューの文化の分類に準じて分析している。イーグルトンの観点については新しいデータを用いた研究発表のなかで、今後論じることにしたい。

(6) 文化威信スコアは、1995年SSM調査で部分的な項目で実施している。しかし、それ以前に筆者が実施した第2回神戸調査（1992）でより詳しい内容で測定していて、その分析結果については片岡（1996c）に掲載している。この論文では、文化弁別力という観点から、分類作用や知覚評価図式が世代間の地位移動とどう関連するかについて分析をおこない、第11章「階級のハビトゥスとしての文化弁別力とその社会的構成——文化の評価システムと社会階層」に所収している。

(7) 近年の大学入試では推薦や面接重視のように個人のハビトゥスをみる入学選抜が増加している。さらに2020年からの入試改革後は、これまでの暗記中心詰め込み型のペーパーテストからの脱却をめざしているので、今後は学歴指標と文化資本の関連も強まる可能性は高い。

(8) 一流企業が4年制大学の女子学生に対して正式に総合職や事務職として就職採用枠を設けるようになったのは、男女雇用機会均等法が制定された1985年以降のことである。それ以前は、民間の大企業の女子採用の多くは、短大卒の女子だけの採用が一般化していて、4年制大卒の女性には門戸さえ開かれていなかった。戦後長い間、4年制大学を卒業した女性は公務員や教員、IT系や小売業など第3次サービスの一部の成長産業でしか、進路を見つけることができなかった。

(9) 大きな集合的な社会的アイデンティティとは、階級、人種、民族、ジェン

ダー、国民国家への集団的アイデンティティであり、私たちを位置づけ、地位を与え、安定させる機能をもつとされる（A. D. King 1991=1999）。

［付記］本章は、次の論考をもとに加筆したものである。
片岡栄美，2005，「文化の正統性と文化的平等神話」関東学院大学大学院社会学専攻編『現代社会のクロスロード』ハーベスト社，19-34．

第1章
趣味の社会学の成立と展開

「趣味は階級を刻印する」と述べたのは、フランスの社会学者ブルデューである。現代日本では、相手の趣味を聞いて階層や地位がわかることは少ない。しかし、趣味の良しあしという言葉もあるように、趣味を通して相手の文化的背景や社会的背景を推測することがある。洗練された趣味だけではなく、物腰や話し言葉が上品であると、お嬢さまではないかと思ったりする（**文化による差異化**）。あるいはファッション・センスや話題が合わずに、どうしても友達にはなれないと思ったことはないだろうか（**文化の象徴的境界と排除**）。趣味や文化の差異は、人と人を近づけたり遠ざけたりもする。

1　趣味の社会学とは

　ブルデューの研究が日本に紹介されてから、かなりの年数が経過した。ブルデューは文化資本（cultural capital）の概念を提案し、その大著『ディスタンクシオン』で趣味判断の社会学を展開したほか、国家エリートの研究、結婚戦略、再生産論など、多彩な研究成果を残した社会学の巨人である。

　その華々しい研究成果と理論は日本でも熱く受け入れられた一方で、文化的再生産や文化資本の日本への適用可能性については、研究者の間で心情的にすんなりと受け入れられたとはいいがたい。それは、日本社会が西欧社会とは異なる文化的伝統や歴史をもっていて、序章でも述べたようにメリトクラシーによる能力選抜や文化的平等神話が強かったという事情がある。

　さらには、日本の階層状況がいまと異なり、ブルデューの翻訳書が刊行された1990年代から2000年代初頭、とくに2008年のリーマンショックの頃ま

では、格差問題はいまほどには重要な社会問題にはなっておらず、経済的にも文化的にも豊かな日本社会というイメージで人々が生きていた。少なくとも19年の現在よりは、文化的にもかなり平等な社会だと誰もが信じられる社会状況だったからである。

2000年代以降、新自由主義経済の浸透に呼応して社会の格差が拡大するにつれ、近年、文化や趣味の社会学が、再び注目されるようになっている。北田暁大ら（2017）の研究やカルチュラル・スタディーズ、若者文化論、南田勝也（1998）のロック音楽の研究、ファッションや観光といったテーマが社会学研究として広がりをもち、文化研究が蓄積されている。

海外では、ブルデューを継承する研究者のほか、ポスト・ブルデュー理論として文化的オムニボア論（文化的雑食論）（Peterson 1992; Peterson & Kern 1996）が提出されて以降、象徴的境界の理論とともに、さまざまな国で実証され、活発に議論されてきた。これについては第5節で紹介する。

2　文化による自己表現と脱近代

趣味（テイスト）が社会学の対象とされ、文化資本や文化の社会学（cultural sociology）が注目されるようになった理由の一つは、「今日、日本人のもっている階級・階層内での自己の位置づけの欲求が、かつてのように身分や社会経済的地位、あるいは政治的地位によっては表現されない」からであると隈研吾（1994）はかなり早い段階から指摘していた。つまり職業的地位や収入、政治的党派など、従来、使用されてきた階層的要因によっては、自らを確認し位置づけることができなくなっているというのである[1]。

このように語ることができた1990年代当時は、まだバブルの影響があり、日本でもあらゆる領域で、文化が最も花開いた時期でもあった。貧困や失業は語られること自体が少なく、多くの日本人は未来の社会に希望をもてていた時代である（山田昌弘 2004）。

しかし同時に、都市部を中心に共同体や伝統は急速に失われ、共同体のなかの自分や家系、階級が意味をもたなくなり、個人のアイデンティティは住んでいる地域社会や階級から与えられるものではなくなっていった。ギデンズがいう「脱埋め込み」である。人々は、かつてのように土地や伝統に縛ら

れずに、生きるようになってきた。伝統的な共同体や役割から放たれた個人は、自分の責任で自分の位置を定めなければならない時代へと変化していったのである。

すなわち、脱伝統化しつつある社会では文化に関わる個人的価値の創出が重要であることを、集合意識として一般の人々も気づきはじめた。それはわが国では最初に女性たちの「〈私〉探しゲーム」（上野 1987）として現れてきた。しかし日本社会全体として、個人的価値の創出の重要性に気がつきはじめたのは、1990年代後半以降ではないだろうか。

では、なぜ文化に関わる個人的価値の創出が生活世界の意味づけに重要になってきたかという問いに対しては、すでに述べたように共同体や階級に準拠していた個人のアイデンティティが社会や共同体によってはもはや保証されなくなったからである。

さらに、時が進むにつれ、みんなが同じような価値や目標に向かって邁進する社会ではなくなった、つまり近代化は終わったのだと村上龍（1997）は1990年代に指摘していた。同様のことは、海外ではギデンズ（Giddens 1991）や Alan Warde（1994）などが論じている。

かつてのように、いい学校を出て、いい会社に入り「エライ」人になることよりも、むしろ音楽や芸術の趣味、ファッションセンス、文化的能力やエートス、趣味による友人ネットワークなどが人々の自己を表現する基準となり、地域や会社を超えて、趣味が人々を結び付けていく時代が到来したのである。この現象は、「Twitter」などの SNS を媒介とした「趣味縁」の問題として、浅野智彦（2011）など主に若者文化研究者によって活発に探求されている。1990年代から指摘はされていたものの、近年、やっと趣味やセンスが多くの人々の個々の人生にとっての重要な基準の一つになったのだともいえる。

3　自己実現のポリティックスと趣味、テイスト

現在では、長引く経済不況のなかで、人々にとっての社会経済的地位の重要性は増大してきた。日本でも貧困問題がマスメディアにたびたび登場するようになった昨今、豊かさとは程遠い人々が増加したことも事実である。

格差が拡大し、二極化・分極化が進行した現代社会の人々の文化消費の不平等や文化の再生産の状況を明らかにすることは重要である。とくに若者の文化への意識や文化実践は、経済不況と格差拡大のなかで、どう変化しているのだろうか。

　若者の3人に1人が非正規雇用になって経済的に豊かな若者は以前よりも減少しているのだが、それでもなお、若者にとっては音楽や映像文化はひと昔前よりも彼らの生活にとってその重要性を増しているのではないかと思う。

　なぜなら、新しい情報メディアやICT技術の発達によって、ソーシャルメディアを介した動画や音楽、情報の配信、例えば「YouTube」の動画サイトや「Netflix」による映画の配信のように、多くの人々が気軽に多様な文化にアクセスすることができる環境が実現し、実際に、人々は地域や空間を超えて、文化をかなり幅広い選択肢のなかから安価に手に入れることができるようになったからである。

　その意味では、隈の指摘は必ずしも間違いではなく、自己を表現するアイテムとして、音楽やファッション、さまざまなテイストのよさはますます重要なものになっている。例えば2017年に筆者が実施した大学生調査でも、「自分を表現できるものは何ですか」という問いに対し、1位が「コミュニケーション能力」（22.1％：複数回答）、2位が「趣味やセンスの良さ」（18.1％）、3位が「服装」（13.1％）で、「頭の回転の良さ」（3.1％）や「知識」（3.1％）を選ぶものは少なく、さらに最下位が「学歴」（0.6％）と「家柄」（0.6％）だった。また大学生のそれぞれの学生タイプごとに、自己アイデンティティ（学生タイプ）の判断基準を調べても、好きな音楽ジャンルやアニメなど、文化的な要素に彩られていた（片岡 2018b）。

　高い視聴率をとるテレビ番組に目を向けても、かつては知識の多さを競うクイズ番組が主流だったが、近年では新しい傾向として、芸能人を美的センスや文化資本の高さによって競わせ、格付けして楽しむ番組がいくつも現れた。ワインのテイスティングや一流レストランの料理かそうでないかを識別させ、芸能人を一流／二流などのように格付けする番組や[2]、俳句や料理の盛り付け、生け花のセンスのよさを芸能人が競い、才能の有無を査定される番組が現れ[3]、知識だけでなく、教養やセンス、芸術的才能が問われている。これらからも、日本社会の文化や教養、すなわち文化資本の重要性に多くの人々が気づいてきたことがわかる。日本もやっと文化資本の時代に入ったと

いっても過言ではないだろう。

成功モデルの変容

　モダン社会からポストモダン社会への変容は、人々の社会的成功のモデルの変容をもたらしている。社会的成功について、これまでエリート・コースとされてきた「東京大学からエリート官僚へ」「一流大学から一流企業へ」という社会的成功モデルは自明のものではなくなり色あせている。また、近年では若者の地位上昇志向が低下したという調査結果も流布しているが、要するに上昇の意味が過去とは変化し、生き方の多様化が若者を中心に顕著に現れてきたと理解すべきだろう。例えば、昨今の小学生がなりたい職業の上位に YouTuber がある。

　若者にとって魅力が増大しているのは、従来のような組織依存型のエリート[4]ではなく、外資系の会社で活躍したり、自分の能力を最大限生かすことができる新しいビジネス、世界を股にかけた起業家などであり、自己の能力に基づく自己責任型のエリートを特徴としている（中谷 2000）。

　さらに人々は高い地位や収入を手に入れることだけが、必ずしも幸福な人生、よりいい人生を約束するものでないと、気がつくようになった。ライフスタイルの面でも、かつてのサラリーマンのように滅私奉公的な職業生活一辺倒のライフスタイルは、若者に人気がない。現代の若者は出世競争に価値を置くのではなく、自分の私的生活や家庭生活、趣味を大切にする者が1990年代から増えている（総務庁青少年対策本部 1996）。

　多様な生き方の一つとして、例えば、脱都会志向がある。都会を離れ、田舎に移住し、農業や自給自足の生活を望む人々も増加している。すなわち現代では幸福な生き方のモデルが多様化し、趣味やライフスタイルのもつ意味が大きくなってきた。

　人々の幸福感も多元化するとともに、それぞれの生き方は個人自らが選択可能なテイスト（taste）に関わる領域で多様化しつつある。ここでギデンズ（Giddens 1991）がいう「自己実現の政治」や「生き方を決定することに関する政治（politics of decisions）」が重要な意味をもってくる。

心の豊かさと私的ライフスタイル

　2018年に実施された国民性調査でも、「物質的にある程度豊かになったの

で、これからは心の豊かさやゆとりのある生活をすることに重きをおきたい」と回答した者は国民全体の61.4％だった。

　生活満足度に関する研究からも、「生活満足度」は職業や収入などの階層変数セットによってはほとんど説明されないが、「心のよりどころとなる趣味やライフワークをもっている」と回答した人、つまり私的ライフスタイルをもっている人ほど、「生活満足度」が高くなることが明らかにされている（白倉 2000）。さらに白倉幸男によれば、私的ライフスタイルは出身家庭で子ども時代に獲得した文化的有利さ（幼少時文化資本）によって多く説明できるという。とくに男性の私的ライフスタイルは、階層の影響から離れた独自な文脈で、つまり出身階層には規定されずに、人々の生活創造のルートを形成していて、生活空間への意味付与に大きな影響をもっているが、女性の私的ライフスタイルは階層規定的であることを見いだした（白倉1998a, 1998b, 2000）。

　文化やライフスタイルは人々の生活のなかでどのように位置づけられ、ライフスタイルの戦略（Giddens 1991）になっているだろうか。あるいは、文化は社会的地位の要素として、あるいは階層論の文脈を超えてどのように機能しているのだろうか。

高級文化の象徴性の低下

　階層と文化の関係について、グローバルな社会やポストモダン社会では、従来の社会で通用した文化のヒエラルキーが解体して、高級文化や大衆文化という区別があいまいなものとなる、すなわち文化の記号としての表象性が消滅する（Baudrillard 1970）といわれている。

　ジャン・ボードリヤールに従えば、ポストモダン社会は文化システムを変容させ、文化階層と社会階層の対応関係はなくなることになる。たしかにわが国でも、高級文化の象徴性は弱まって、高級文化が大衆化していると思われることもある。ブルデューが『ディスタンクシオン』で示した文化の階層性、すなわち社会で公認された文化のヒエラルキーと社会のヒエラルキーの対応は、もはや日本社会にはあてはまらない古い理論枠組みなのだろうか。

　本書ではブルデューとポスト・ブルデューの理論装置を用いて、わが国の文化と階層の関係を検討し、現代日本の文化と階層の状況を理解する新たな分析枠組みを提示していきたい。そして第3章「階級・階層から差異の空間

第1章　趣味の社会学の成立と展開——33

へ」で、わが国の現代の文化資本とは何なのかについて検討する。

4 ポストモダニズムと大衆文化社会、商業主義

　日本では1990年代のバブル期を境に、特権的な文化によって示される象徴的境界や文化の階層性はなくなったかのようにみえる。とくに今日、カラオケやマンガ・アニメなどの大衆的文化が、商業主義に乗って広く浸透し、日本を代表する国民文化になっている。たとえ「エリート」といえども、マンガも読んでカラオケもたしなむ者が多いようだ。とくに大学生は大衆文化の主たる消費者でさえある。現代の日本社会ではエリート文化は不在とまでいわれ、大衆文化ばかりが強調される「**大衆文化社会**」にあると考えることができる。

　では、大衆文化社会の特徴とは何か。

　まず第1に、商業主義的な目的で制作され宣伝販売のルートに乗って一般に浸透した文化を商品文化と呼ぶならば、わが国は商品文化的な大衆文化が階層を超えて広く社会生活に浸透している消費文化の社会である。古くはヴァルター・ベンヤミン（Benjamin 1936）が「アウラの喪失」と述べた文化の大量生産によって生み出された商品文化は、現代では断片化し過剰生産された文化（Featherstone 1995）となって流通している。そして、人々が消費する文化のうち大衆文化が占める割合が高い社会である。映画の宣伝、絵画展の宣伝など、マスメディアが文化接触の機会を拡大し、テレビやインターネットを通じてさまざまな文化が（正統文化でさえも）大衆的に流通することが多い社会といってもいいだろう。マイク・フェザーストンによれば、消費社会の文化は記号やイメージの断片が巨大かつ流動的に複雑に組織化されたものと定義され、過去の文化的秩序を弱体化させる（Featherstone 1995）。

　第2に、わが国はアメリカのように、威信があまり高くはない大衆文化をエリートから一般大衆まで広く愛好する社会だといえるだろう（大衆文化の共通文化化）。すなわち特定の高級文化がエリートの排他的消費にはなっておらず、エリートも大衆化しているのではないか。いわば、文化のヒエラルキー（高級文化、中間文化、大衆文化）と社会的地位のヒエラルキーが、一対一対応しない社会であるという仮説を第2章で紹介する。つまり大衆文化社

会とはエリート文化が脆弱な社会である。学歴エリートが文化エリートではない日本社会と指摘されているが（苅谷 1995）、その真偽も含めて検証する。もしそうであるならば、なぜ学歴エリートは文化エリートにならなかったのだろうか。この問題から、現代の文化資本が何であるかを解くことができる。

　第3に、わが国は、人間関係や社会関係で、威信が低い大衆文化を媒介に関係性が強められる社会である。大衆文化は社会的なボンドになっているともいえる。例として、かつてはカラオケ・ボックスで友人と歌うことは、サラリーマンだけではなく、中・高生の付き合い方の一つにもなっていた（この流行は現在では下火になった）。

　第4に、ハイカルチャー（もしくは正統文化）が、大衆化した「場」に浸透し、頻繁に使用される状態にある社会である（ハイカルチャーの大衆化）。すなわち、高級文化と大衆文化の文化境界の相互侵犯が起きている状態である。これまでクラシック音楽番組ぐらいでしか流れることがなかったクラシック音楽作品が、テレビコマーシャルのバックグラウンドミュージックとして使用されたり、アントニオ・ガウディの建築のように、一部の愛好者の間でだけ有名だった作品がコマーシャルに登場することで大衆化するなど、サブカルチャーやハイカルチャーの大衆化が生じている。

　第5に、お金さえあれば誰でもハイカルチャー（正統文化）にアクセスできるような感覚をもてる社会である。かつては海外でしか鑑賞することができなかったオペラや有名な海外指揮者の演奏会、著名な絵画が、毎年のように日本にやってくるようになり、正統文化も大衆に手が届く射程内にあるようにみえる。実際には、現実の文化と階層の関係はフラットではなく、以下の分析で示していくが、少なくともそのような可能性や見込みの大きさを人々に与える社会である。

　第6に、大衆文化やポピュラー文化を美的なものとして称揚するようになった（Featherstone 1995）結果、芸術は広告や大衆文化のなかにも見いだされ、ポストモダン文化の視点から論じられてきた（Baudrillard 1993; Jameson 1984）。そして SNS や YouTube などの動画サイトからは、世界中の文化や人々の様子を手軽に入手して楽しむことができ、いまの社会はどのような文化にもアクセスしやすい大衆文化状況にあると信じやすい社会になっている。

第1章　趣味の社会学の成立と展開——35

ポストモダニズムと大衆文化

　以上にみてきたように、ポストモダニズムと大衆文化の隆盛との関係はとても強い。それだけに、ブルデューが1960年代のフランスに見いだしたような特権的な階級が正統文化を領有するという状況は、もはや過去の物語になってしまったといっても過言ではないだろう。高等教育の拡大によって、中間階級が増大したことで、社会構造と文化の関係も変化してきたからである。これについてフェザーストンも「特権階級の小集団が文化と文化定義を独占化できなくなった」と述べ、特権階級と外部集団との格差の縮小に原因を求めている。さらにポストモダニズムと大衆文化の関係について、「ポストモダニズムは多元的な文化を歓迎し、階級を作らない大衆文化の無秩序性を奨励する」（Featherstone　1991）と端的に述べている。

　では、本当にポストモダニズムは象徴的・文化的なヒエラルキーを無効化してしまうものなのだろうか。すなわち芸術と日常の境界線をなくしてしまうような新しい感性が、新しい文化資本として生まれているのだろうか。そうであればポストモダニズムの進行とは、日常生活のなかに審美的な感覚が広がり、美的生活や美的空間への希求が高まることを意味しているといえる。そうした兆候はすでにいまの私たちの日常にも広がってきていると筆者は思うのだが、これについては新しい調査データを準備しているので稿を改めたい。

　ポストモダニズムや新しい文化資本という問いに対して、本書で検討する資料やデータは必ずしも適切なものではないことを断っておかなければならない。多くの調査データが1995年から2000年の間に収集されたものだからである。そのため、本書のデータや分析ではSNSが普及したあとの現代の文化資本について答えることはできないが、第6節で少し新しい動向について論じる。

　筆者は、1990年代の日本の大衆文化は、その芸術性を最も高めた時代だったと思う。広告やポスターといった商業主義的な文化のなかにも芸術性が花開き、ある意味、芸術と日常との境界が薄れていき、生活や大衆文化のなかに多く美が見いだされはじめた時代であったと思っている。ある意味、この時代は文化的には幸福な時代だったのかもしれない。なぜなら日本経済は好調で、広告やポスター宣伝にも多くの経費を割くことができた時代で、商

業的な文化のなかに、芸術家たちの活躍の場も多くあったからである。

　文化と社会の関係性は、社会全体の経済状況と階層構造の変容に大きく左右される。日本の階層状況は1995年前後はまだ一億総中流という言葉に一定のリアリティを感じることができたかもしれないほど、格差は現在のように大きいものではなかった。山田昌弘（2004）が論じたように、2000年前後を境に非正規雇用やフリーターが増加し、希望格差社会といわれるようになったのは、このあとだからである。ネオ・リベラリズムの影響は、1995年当時はまだ今日ほど決定的ではなく、構造改革が進められた2000年以降、徐々に社会は変質し、08年のリーマン・ショック以降にそれは決定的となって今日につながっているからである。

　2000年以降の約20年間は、経済的には不況の時代ではあったが、一方でグローバルなカルチャーが日本にも広く浸透し、一般の人々が世界の多様な文化へとアクセスすることも容易になった。「YouTube」やインターネット、「Twitter」などのSNSのように、情報化の進展によっても私たちの日常生活や文化との関わり方は、最も大きく変化した時期であった。

　文化と社会の新しい状況については、今後の分析となることを断ったうえで、本書では1990年代後半から2000年頃の日本社会での文化の様態を、フランス生まれの理論や概念を用いてどこまで理解できるのかを中心に検討し、以下の視点から分析している。

5　分析の視点と課題

　本書では、1995年から2000年頃の日本の文化と社会階層の関連を読み解くことが課題である。文化の問題を扱ったブルデューの『ディスタンクシオン』（社会的趣味判断の分析）やブルデューによるフランス生まれの文化資本（cultural capital）の概念を日本社会の階層分析にどのように適用できるのか、が重要な課題になる。ブルデューが指摘するように、社会階級や社会階層を所与のものとして扱うのではなく、人々を分け隔てていく差異の原理としてジェンダーと階層を中心に、社会空間と象徴空間がどのように構成されているかを解明する。

　また、序章でも示したように、文化の不平等や文化と階層の問題へのまな

ざしがなぜ日本では弱くなるのか、あるいは隠蔽されてしまうかについても議論したい。そして現代の日本社会について、以下の視点から解明していくことにする。

　①わが国の文化の大衆化状況は、どのような階層論的意味をもっているだろうか。

　②文化の大衆化によって、本当に人々の文化的消費や文化テイストに階層的な境界はなくなったのだろうか。わが国の差異化の原理を明らかにするため、文化消費の構造を明らかにし、文化と階層（社会的地位）との対応関係を実証的に明らかにする。

　③ポストモダン文化への移行は、文化面での階層的境界を融合してしまうものになり、文化による差異化戦略は有効でなくなるのだろうか。

　④エリート文化や正統文化だけを消費する文化貴族の存在感は希薄化しているが、このような文化状況のなかで、現代の「文化資本」とはいったい何だろうか。

　⑤地位達成研究に、文化資本の効果を取り入れたモデルを使って、文化資本が地位形成に及ぼす影響をジェンダーの視点を援用して明らかにする。すなわち、わが国ではジェンダーの違いによって、文化が果たす役割と社会的意味が異なること、つまり「文化選抜のジェンダー構造」を明らかにする。

　⑥日本人の地位形成で、家族の文化投資と学校外教育投資のどちらが効果をあげてきたかを、歴史的変容の視点を入れながら、その階層・教育・文化の3つの要因の相互関連メカニズムを明らかにする。

　⑦文化実践の基盤となる文化の分類作用、すなわち人々が文化実践を評価する知覚・認識図式、言い換えれば文化弁別力というハビトゥスの社会的規定性を明らかにする。階級が異なれば文化評価の仕方の異なるハビトゥスが存在するのだろうか。そして階級ごとに、自らを優位に分類する文化評価システムをもっているのかどうかを実証的に検討する。

6　ブルデューの意義とポスト・ブルデューの文化社会学

文化資本、正統文化にみる文化の恣意性と誤認

　課題の分析に入る前に、ブルデューの著書『ディスタンクシオン』をはじ

めとする文化に関する一連の研究の意義について整理しておこう。

　ブルデュー社会学の重要な概念の一つが「文化資本」である。文化資本の概念は、そもそもフランスにおける大学進学機会の階級的不平等の原因は何かという問いからブルデューが生み出した新しい概念である。1960年代のフランスでは学費はほぼ無料で大学に在籍することができた。大学進学における経済的障壁はないにもかかわらず、なぜ大学生の親の多くが専門職や管理職であり労働者階級出身者が少ないのか、子どもたちの不平等な学業達成や学校のなかで得ることができる利益に階級間の差があるのはなぜかという問いに対し、ブルデューは文化資本の配分が階級間で異なっているからと述べている。そして、「**能力や才能それ自身が、時間と文化資本の投資の産物である**」ことが見逃されてきたと考えた（Bourdieu 1986）。つまり、学校での成功や失敗を生来の素質（知能）のせいとはみなさず、能力の背景に社会的な要因の影響力をみるのだ（能力の社会的構成）が、それを経済学者のように経済的要因だけに求めることはしなかった。

　そしてブルデューは、1点の差で「ビリの合格者」と「トップの不合格者」を分ける学校の競争試験の例をあげながら、学校という制度がこの2人のとるにたらない差異を社会的に決定的な能力差として制度的に承認することで**社会的境界線**を作り出しているという。つまり制度とは、境界線を引いて半永久的な社会的差異を作り出す社会的錬金術だというのである。

　これと同様に、「上品な振る舞い方」をする人は、本人にその意図はなくとも自分を他者とは違う優れた存在として差別化し卓越化してしまう。こうした行為は、あたかもそれが「生まれながらの卓越性」のように人々に錯覚され理解されていく。この「生まれつきの○○（優秀性や美や上品さなど）」という幻想は、その社会の歴史のなかで、支配者が自らの存在そのものによって、優秀性の定義を他の階級の人々に押し付ける力の上に成り立っている、とブルデューはいうのである。たしかに美の基準は欧米とそれ以外のアジアやアフリカ地域とでは異なることも多い。このようにブルデューがわれわれに示してくれたことは、卓越した文化とは普遍的なものではなく恣意的なものだということである。「文化の恣意性」を人々の権力関係、支配・被支配関係、言い換えれば関係性から読み解こうとする文化の政治学的視点をもっていることが、ブルデュー社会学の最も注目すべき点であるといえるだろう。

　このとらえ方のなかで、よく出てくる言葉が「誤認」である。文化の序列

第1章　趣味の社会学の成立と展開——39

性、とくに正統的な文化の機能として、支配者層が階級の優越性や違いを文化的に示すことで、ほかの人々や集団との間に見えない境界線を引き、集団的な同質性の確保や他を排除することがある。そのプロセスのなかで、多くの被支配層（一般庶民）は、それが乗り越えがたい本質的な差異であるかのように錯覚＝誤認するというのである。つまり、「文化的正統性とは、支配関係のなかで階層化され、差別化された文化資本をめぐる押し付けの効果によって、あたかも自然的差異と誤認されるにいたった社会的差異」だとブルデューはいう。

　ブルデューの指摘のなかで日本でも最も強く「誤認」され信じられていることは、「知能の優秀性」という問題だろう。それゆえ本書でも、日本の教育達成のメカニズムについて文化資本の観点を含めて分析した論考を所収した。試験による選抜をおこなう教育システムは、公正・公平な試験をおこなう組織として、ますます独立性を高め、選抜の中立性を示す。しかし、教育システムのなかで誰が成功するかというと、やはり支配的な人々の子どもが有利であり、家庭の文化資本の豊かな層である彼らは、公平な試験からでも最大の利益を引き出すことができる。そして学校はこの「公平な」選抜方式を通じて、「知能の優秀性」に基づく選抜という人々の誤認を拡大し、社会の再生産にひそかに貢献しているのである。学校でうまくいかなかったのは自己の能力の問題だ（頭が悪い）などと理解させ、失敗を個人化するという考え（失敗の個人化）をもたせることができる。これは自己責任の論理でもあるので、人々は学校や社会が再生産に手を貸しているという視点をもちにくくなる。そして不平等の再生産メカニズムに対する庶民の関心や不平不満は起こりにくくなり、隠された社会的な再生産メカニズムを探求しようとする意欲をそぎ、人々に社会の不平等を正当化させることができる。

　現代社会では偏差値の高い高校や大学をめざして努力する人々が増えるにつれ、教育や学校がますます重要とされてきた。学校での試験結果が神の審判のようになっている。選抜結果は「頭の良しあし」だという認識そのものがブルデューのいう「誤認」だと論じても、教育組織や試験制度が決めたルールに従わざるをえないし、ほかの何かを得るためにほかの方法を思い付くこともできない、あるいはほかの方法を選べないと信じられている現代の社会があるのではないだろうか。それを思うと、ブルデューがいう「文化の恣意性」と「誤認」という視点は重要である。(5)

また、『ディスタンクシオン』でブルデューは、文化的実践や日常的実践の社会学がいかに重要な領域として成立しうるかを示してくれた。ブルデューが文化の分析で階級を強調しすぎたという批判もあるものの、それらを割り引いても、ブルデューは20世紀を代表する社会学者のひとりであるという評価はゆるがないだろう。ブルデュー理論の重要性は第2章でも詳しく紹介する。

ポスト・ブルデューの文化社会学

　ブルデューの『ディスタンクシオン』の主要な論点については、トニー・ベネットらが3点に整理している（Bennett et al. 2009=2017）。第1は文化資本の意義とそのはたらきについてである。これは第2章で説明する。第2が界の相同性である。異なる文化の界（たとえば文学、音楽、美術、スポーツなど）があり、それぞれのシステムは固有の力学で動いているが、にもかかわらず優位性と特権性を特徴づける構造化の原理に類似性があり、それらの相同性が重なり合って優位性が蓄積していくという議論になっているというのである。そしてベネットらはイギリスで7つの異なる界の構造化の原理を検証した。第3の論点は、世代間での再生産と文化相続のメカニズム、そしてそれを媒介するハビトゥス概念である。界については本書ではあまりふれないが、生活様式空間の分析が一つの回答になる。

　文化社会学（cultural sociology）では、ブルデューの研究が契機となって、その後、以下に示すような重要な研究が生み出されてきた。1つはアメリカの社会学者たちによる研究の展開である。そのなかでも代表的な研究はリチャード・ピーターソンによる文化的オムニボアの考え方である（Peterson 1992, Peterson & Kern 1996）。文化的オムニボアとは文化的雑食を意味し、高級文化から大衆文化までの多様な文化的嗜好をもつことを意味している。アメリカではブルデューが1960年代のフランスで見いだしたような高級文化を好むエリート階級と大衆文化を好む労働者階級という文化の分断は生じておらず、むしろ中間階級は高級文化と大衆文化の両方に通じる文化的雑食になっていたのである。文化的オムニボアは他国でも次々と検証されていき、文化社会学の一つの潮流になっていった。日本で検証した論考（片岡2000b）を本書に収めている。

　アメリカでの文化社会学への貢献として重要なものは、ポール・ディマジ

オやミッシェル・ラモンの研究である。ディマジオはブルデューをアメリカ社会学で最も早い段階で応用し、文化と制度化の研究を展開したのち、芸術への参加率が人種とエスニシティによって規定されることを明らかにした（DiMaggio & Ostrower 1992）。ラモンはその著書 *Money, Morals and Manners* で、フランスとアメリカの中上流階級へのインタビューから象徴的境界（シンボリック・バウンダリー）の複数の基準を見いだしている。ラモンは人々を隔てる境界線の基準として経済的境界、道徳的境界、文化的境界を調査し、ブルデューが文化的境界を強調しすぎたと批判している。なぜなら、アメリカでは文化的に卓越することだけでなく、経済的な成功によっても尊敬され一目置かれることを明らかにし、アメリカとフランスとの差異を見いだしたからである（Lamont 1992）。日本での象徴的境界については、筆者も早い段階で調査していたので、本書の第10章「バウンダリー・ワークとしての友人選択とハビトゥス――友人選択の基準にみる象徴的境界とライフスタイルの諸類型」に再録している。日本では中流階級の人々では文化的境界が強いが、階級とは関連が弱いむしろジェンダー的な次元を反映している異なる基準として大衆的境界が析出されている（片岡 2016）。またラモンはその後、アメリカの労働者階級へのインタビューから労働者階級の威厳の問題や知識社会学の領域へと、研究の幅を広げている（Lamont 2009）。

　ベサニー・ブライソンは文化的排除について音楽テイストの幅広い趣味を文化的寛容性ととらえ、現代の文化資本だと論じた。しかし同時に、高地位者の文化的排他性がヘビーメタルのような下層階級的ジャンルへの嫌悪として現れることを明らかにした（Bryson 1996）。またラモンとモルナールは、音楽の好みがいかに学生集団内の人種アイデンティティを補完する象徴的境界となっているかを示した（Lamont & Molnár 2002）。

　文化による排除研究を標榜したイギリスやアメリカ、ヨーロッパの研究者たちの研究交流によって、文化による排除というテーマは社会学の一つの重要な領域となってきた。トニー・ベネットとマイク・サヴィッジを中心とした研究グループは、『文化・階級・卓越化』で7つの界で多重対応分析を駆使してイギリス社会の文化調査を実施し、性や年齢による分断化の意義を見いだした（Bennett et al. 2009=2017）。また、ブルデューが「正統文化、ハビトゥス、カント美学のつながりを強調しすぎていた」と述べ、ブルデューの文化資本概念を批判的に検討しているが、多様な資本概念装置については評

価し、文化資本の3つの形態のほかに、ブルデューが提案した「技術資本」のほか、感情的文化資本やナショナルな文化資本、下位文化資本を新たに文化資本として追加すべきと論じている。

　また、サヴィッジらはイギリスのBBCの支援を得て大規模な文化調査をおこない、ソーシャル・キャピタルと文化資本の関連についても言及した（Savage et al. 2015）。ほかにもサヴィッジを中心とした研究グループとしてアラン・ワード、デイヴィッド・ライト、エリザベス・シルヴァらは、多くの論考を生み出している。一連の文化研究は、主として雑誌 *Poetics* を中心に、ブルデューやピーターソンらに触発された文化社会学の論稿が集まり、この領域の世界的展開には目を見張るものがある。

　ポスト・ブルデューの社会学として忘れてならないのが、ハビトゥスの複数性、多元性を主張するフランスのベルナール・ライール（Bernard Lahire）である。ブルデューは、ハビトゥスは個人や集団にとってある程度一貫し統合した行為を生み出す心的構造（行動原理）として想定している。ライールは、ブルデューのハビトゥス論が単一ハビトゥスを想定していると批判した。ライールの功績は個人のハビトゥスを生み出す文脈の複数性、多層性に着目し、ハビトゥスは同一人物のなかに複数存在することを質的データによって示したことである。日本ではその著書の一部が翻訳されている（Lahire 1998=2013, 2012=2016）。ハビトゥスの複数性については本書でも少しふれているが、今後の重要な課題ともなっている。

　そして現代の新しい文化資本とは何であるのかが、SNSの発展や流動性の高まりとともに、いままさに問われている。サヴィッジらの研究（Savage 2015）が参考になるだろう。人、モノ、情報の流動化は、新しいアイデンティティを生み出しながら、コスモポリタンをも生み出している。例えば国家の枠を超えトランスナショナルに移動しながら、かつ卓越化したライフスタイルを生きる人々にコスモポリタン文化資本がみられるといわれる。例としては、クリエイティブ・クラス（創造階級）と呼ばれる人々（Florida 2002=2008）やガッサン・ハージ（Hage 1998）が描く「白人世界市民」をあげることができる。このように移動（モビリティ）を媒介とした空間の移動や場所の問題が、今後は文化資本として重要になってくると筆者は考える。なぜなら、社会の変化、すなわち文化や情報のあり方と階級や社会的位置とのつながり方が近年大きく変化しているからである。それによって、ブルデ

ューが文化資本として用いた文化的財や文化活動、芸術活動を文化資本の研究対象とするだけでは不十分であり、新しい文化資本の概念とその中身を時代に合わせて検討し拡大させることも必要になるだろう。

　文化資本や卓越化との関連で、人種とエスニシティの問題を避けて通るわけにはいかないが、この視点からの文化社会学は日本ではあまり開拓されてはいない。今後の課題となるだろう。

注

（1）日本人にとって、そもそも西洋流の階級や階層という概念を使って、自分の社会的地位を表現する習慣はなかった。日本人は、相手を知ろうとするときに、どの会社に勤めているか（勤務先）、そこでどのような役職（肩書）をもっているかによって、相手の位置を知ろうとする。中根千枝がいう「場」への所属と所属集団内部での地位によって、社会的地位を測ることができると考えている（竹内 1978: 39）。

（2）朝日放送の制作による『芸能人格付けチェック』はその一つであり、1999年3月から続いている番組である。芸能人がそのプライドをかけて高級商品と大衆商品を判別することで、「一流芸能人、二流、三流、映す価値なし」のように芸能人の嗜好や食の識別を通じてセンスの確かさにランクをつける番組である。

（3）『プレバト!!』は、2012年10月から毎日放送が制作しているバラエティー番組で、俳句、生け花、料理の盛り付け、水彩画などを競わせ、芸能人の才能を査定し、ランキング形式で発表していく人気番組である。

（4）かつてのエイズ薬害事件や2018年に公になった医学部入試合格基準の恣意的な運用（女子に不利な試験）、そして官僚による文書改竄問題など、昔も今も、医学部教授や官僚といったエリートの倫理は大いに疑問視され、日本のエリートの一部が道徳的でも文化エリートでもないことを見せつけられてきた。

（5）現代は、学校でいい成績をとって高い学歴を得ることが、子どもたちにとって人生の最初の最重要の価値になっているのではないか。そして学歴で人間の価値を決められると信じるような浅薄なエリートたちを、われわれの社会がいまの教育を通じて育ててしまっているのではないか。この危惧と警鐘は、2019年4月の東京大学入学式での上野千鶴子による祝辞に端的に示されている。

第2章
文化資本、ハビトゥス、実践

　本章では、基本的な用語と分析枠組みについて紹介しよう。ブルデューが示した文化の理論体系は文化的再生産論と呼ばれているが、再生産そのものよりも、分析のなかで使用されている象徴闘争、文化資本、ハビトゥス、実践（プラティック）などのキーワードを理解することが重要である。人間の個々の行為と集団や社会との関係、言い換えればミクロとマクロの関係をどう理解したらいいかという社会学的に重要な理論的問題を知るうえでもぜひ理解を深めていただきたい。

　ブルデューの基本的な考え方は文化の再生産と社会的再生産を区別している点にあり、文化の再生産と社会の再生産が互いに補完的あるいは「共犯」関係にあるということである。

　本章ではブルデューの理論に特定して議論を進めるが、一部、複数ハビトゥスについてベルナール・ライールの理論も検討の俎上に載せていく。

1　象徴闘争としての趣味・テイストと文化の階層性

趣味による差異化・卓越化

　好みや趣味とは何だろうか。かつてソースティン・ヴェブレンは、ヨーロッパ貴族たち（有閑階級）の余暇は「誇示的消費」をおこなう時間である、と述べた（Veblen 1899=1961）。どのような趣味をもつかは、何を消費し何を所有したいと考えている人間なのかを示す活動だといえる。言い換えれば趣味とは、私的な満足を何で得ていて自分はどういう人間であるかを示しつづける一つの手段でもある。それがヴェブレンがいうような浪費による誇示

第2章　文化資本、ハビトゥス、実践——45

的なものになる場合もあれば、仲間同士で映画やアニメの話で盛り上がることもあるだろう。

　ブルデューによれば、趣味とは美学的な立場決定である。趣味では「あらゆる規定はすなわち否定である。そして趣味とはおそらく、何よりもまず（他人の趣味に対する）嫌悪なのだ」（Bourdieu 1979a=1989）と述べる。他人の趣味に対する嫌悪や耐えがたさの反応とは、美学上の不寛容を示すものであり、生き方の差異を正当化する際に現れてくるかなり暴力的な性質をもつという（Bourdieu 1979a）。そのなかでも芸術の正統性をめぐる闘争は、美的感覚をめぐる最も顕著な闘争であり、こうした卓越化のゲームに参加できる人は、当然、限られてくる。しかし美容やファッションセンス、音楽の趣味を通じて、こうした美的センスの闘いや立場決定、他者の趣味への嫌悪感を感じるとき、われわれも趣味の卓越化ゲームに参加しているのである。

　例えば「バイオリンが弾ける」という友人の言葉に対し、一定の羨望や敬意、あるいは近寄りがたさや親近感などいくつかのタイプの反応が示される。これをどのように説明すればいいだろうか。一つにはバイオリンを弾くという行為が、社会のなかで「正統」と見なされる芸術のジャンルや作品（クラシック音楽）と関わっているために、ほかとの差異化をはかる機能を果たしていることに気づくだろう。バイオリンは文化的な優位性を示す記号として理解され、卓越化や差異化がおこなわれたということである。

　ブルデューによれば「正統的」な芸術のジャンルや作品であるほど、この差異化機能は強い。「趣味は階級を刻印する」とブルデューが述べるのも、「正統」な芸術を理解し鑑賞したり所有したりできるのは豊かな階層の人々であることが多かったため、「バイオリンを弾く」という言明は、その行為者の社会的な地位の高さや豊かさを他に知らしめる機能、つまり差異化機能、卓越化機能を果たしたのである。

　この例では、バイオリンという楽器が象徴財として、それを所有し消費する行為者に対して「文化貴族」の称号を与えるという象徴的利益と卓越化利益をもたらしたと解釈できる。この人物とは友人になれそうもないと思った人も、無意識のうちに文化的正統性を承認し、価値序列を受け入れている。言い換えれば、文化的正統性を支配階級から押し付けられているともいう。自分自身が象徴財である「バイオリン」にどう反応するかで、正統文化への自らの距離や関係の取り方、文化的な能力も同時に現れてくるのである。

階級の趣味・テイスト

　ブルデューは、文化のヒエラルキーとその消費者たちの社会的ヒエラルキーが対応することを1960─70年代のフランス社会のデータをもとに明らかにした（Bourdieu 1979a）。社会空間上の位置（具体的には階級や集団）によってライフスタイルや趣味、テイストが異なるという意味である。単に趣味が異なるだけでなく、学者ふうや社交家タイプのような人間の振る舞い方の違い、言い換えれば性向の違いを取り上げて考察した。性向あるいはハビトゥスの違いとは、文化の獲得の仕方、所有の仕方の違いでもあり、階級や社会的諸条件によって影響を受けて、それらの関係性のなかで生じていると論じる。

　そしてブルデューは趣味や振る舞い方、ライフスタイルに現れる文化的テイストの階層性に着目し、テイストを大きく3つに分類している。それは文化の正統性から定義されるもので、最も正統性の高い文化が**正統文化**で、最も正統性から離れるのが**大衆文化**である。その間に、**中間文化**を想定していた。

　ブルデューが示したことは、人々のテイストの差異は社会的諸条件に規定されている（構造の影響を受けている）という点とともに、過去世代からの社会的履歴（社会的軌道という）、すなわち個人や家族の歴史、すなわち世代にわたる社会的・文化的経験の履歴によっても異なってくるという。

　テイストの差異、とくに美的性向とは、音楽や絵画の好み、好きな食べ物、ショッピングの仕方などの慣習行動（プラティック pratique）に現れる。そしてテイストの差異は、学歴や収入の分布状況、言い換えればそれぞれの社会階級がもっている客観的条件（資産構造）と対応しているという。

　○○趣味という一本の明確な境界線で人々を分類できるということではなく、連続的な世界なのだが、それでも統計学的に同質的な集合を析出することを通じて、ブルデューは差異の体系を論じていく。そして量的調査やインタビュー調査をおこない、フランスでは階級と趣味が以下のように対応する[1]ことを詳細に示した。階級のとらえ方は注に示したように、あくまで関係性のなかでとらえられているものの、『ディスタンクシオン』で示された1960─70年代フランス社会での階級と趣味の関係、言い換えれば階級の象徴闘争を簡単に要約すると次のようになる。

①支配階級が好むのはクラシック音楽や美術などの正統趣味である。彼らはほかの階級の人々に比べて、**美的性向**が強く、美学的な判断が強い。そして、卓越化の感覚とともにゆとりのエートスを示す。

本当のブルジョア階級は、見せびらかしの「派手な」「人目を引く」ような消費の仕方は「下品さ」の一種として拒否し、彼らは自然な優雅さや上品さを卓越化の戦略として位置づけている。あたかも「生まれながらの卓越性」を身につけているように自然に誤認されるように振る舞うことをめざす象徴闘争がここに存在している。したがって、生活様式のあらゆる場面で、卓越性＝上品さや上流性を所有化すべく、象徴闘争（文化闘争）が展開している。彼らは「通俗的な」「大衆的な」ものを嫌い、「本物の」「真の」文化を追求するというゲームに巻き込まれているともいえるだろう。こうした努力をする支配階級とは、ブルデューがいうところの卓越性の承認をめざす上昇志向をもった人々である。しかし、彼らには自分の実体について絶対的な自信があるために、中流階級のように外観にとらわれたり、人の評価を気にする必要はない。むしろ外観やほかからの評価には無関心、無私無欲、自由闊達、純粋でいられるのがブルジョア階級の強みである。不安がない屈託のなさはゆとりの現れであり、必要性からの距離が大きい（大きな資本を有していて、必要性には迫られることがないという意味）ために、所有物に対しても所有欲ではなく、美学的な立場から安易なものを拒否する態度で接するのである。

問題は、最も激しい象徴闘争は、この支配階級内部で正統文化の定義をめぐって展開されていることである。

つまり支配階級そのものが象徴闘争の場であり、そのために彼らの趣味は一枚岩ではない。支配階級内で繰り広げられる象徴闘争は、相対的に自立的な生活様式空間を構成しているが、階級内部では異なるテイストが対立するような様相を呈す。つまり、どのような権力を多くもっているかによって、ゲームの賭け金や目標は異なるのである。もっとも、顕著に異なる2つの層として、経済資本の最も豊かな層と文化資本の最も豊かな層がテイストにおいて異なる。保有する資産構造が違うこの2つの集団は、異なる性向体系（ハビトゥス）を持ち、次のような象徴闘争をおこなっている。

前者にあたる実業家や大商人、経営者のようなブルジョア階級の人々は、収入は最大だが文化資本が相対的に少ない層（少なくとも1960年代のフランス

の商人や経営者層）である。彼らはクラシックの音楽作品や作曲家をあまり知らず、良心的な友人を好み、誰にでもわかるような通俗化したテイスト（例えば絵画ならラファエロ・サンティを好み、音楽であれば「美しく青きドナウ」や「アルルの女」というわかりやすく通俗化した作品を好む傾向）を示す。彼らは贅沢趣味を示し、欲望を肯定する側に立つので、観劇のあとは豪華な夕食に出かけ、浪費とその誇示、食事を通じた社交資本（社会関係資本）の蓄積を通じて上流社会に所属していることを互いに確認するのである。彼らは浪費と自由や物質的満足を謳歌する。これらのブルジョア趣味は社交家趣味であるとともに、伝統趣味でもある。文化的能力は平均に近く、中間文化に近い。友人も実際家や穏健な快楽主義者を好む点で、次の芸術家・大学教員グループとは対立的である。

　後者である芸術家や大学教員のように、収入はそれほどでもないが文化資本が高い層では、（経済資本に制限があるために）物質的満足の卑俗さを主張し、禁欲的で金がかからない**インテリ趣味**で文化的卓越性をめざす。彼らはクラシックの音楽作品や作曲家の知識も豊富で、ヨハン・ゼバスティアン・バッハの「平均律クラヴィーア曲集」を好んだり、抽象絵画や現代美術に関心を示し、「友人が芸術家肌である」と答える人々である。最も美的性向にこだわる人々だが、経済的な制限から美術品を私的に所有するのではなく、美術館で鑑賞し、最小の経済コストで文化資本から最大の象徴的利益を生み出す戦略をとる。例えば美術の解読の楽しみについての論文を書いたりして、作品の知識は講義や著作で生かして所有化される。

　②中間階級の人々は、正統文化の経験や知識は少ないものの、正統的な文化を畏敬の念をもって好意的に承認し賞賛する「**文化的善意**」の特徴をもつ。正統文化に関与するときのゆとりは乏しいため、上昇をめざす中間階級は、自分たちの消費を制限して（倹約精神）、経済資本や文化資本を蓄積しようとする。しかしその蓄積の戦略のなかには、禁欲主義（倹約精神）や厳格主義（まじめさや仕事への熱心さ）、法律万能主義などのプチブル（プチブルジョア）のハビトゥスがみられるという。学校的な戦略に最も投資する層でもある。

　③庶民階級が示す大衆趣味は、必要＝窮乏に迫られたなかでの選択である。小ぎれいで清潔な服やシンプルさを好み、流行を追わないなど、実用的・経済的なものを選ぶ傾向がある。つまり「あらゆる現実主義的選択──

どうせ手に入れることができない象徴的利益はあきらめ、さまざまな慣習行動や対象物をその技術的機能に還元してしまうような選択」（Bourdieu 1979a=1990: 199）をする。ブルデューはこれを必要趣味と呼ぶとともに、労働者階級の人たちが支配的価値体系を承認し従属していて（絵画はきれいなものだが、難しい）、かつ彼らが与えられた環境に従順であることも含めて、「順応の原理」を実践していると呼ぶ。

　支配階級に特徴的な正統趣味を理解できるようになるためには、学校で文化を学んだだけでは不十分だとブルデューはいう。幼い頃から家に絵画があったり、親も正統文化を実践しているなど、文化の蓄積（獲得）には経済的なゆとりが必要であるとともに、蓄積のための時間がかかることを示している。このゆとりの大きさを「**必要性からの距離**」と呼び、必要性からの距離が大きいほど正統文化の蓄積には有利である。そして大衆趣味は、表2-2に示すように文化資本をあまり必要としないため、必要性からの距離は小さいという特徴をもっている（Bourdieu 1979a=1989）。

　テイストの違いについて、ブルデューは主に「美的性向」「日常性への距離のとり方（審美的距離化）」「必要性からの距離」などの観点から区別していて、表2-1、表2-2にその特徴をまとめた。

　ブルデューが強調して述べたことは、階級と趣味の関係は生活様式空間のなかで変化するもので、客観的で固定的なものではない。つまり分析結果が示す境界線や記述対象は、ある一時点での闘争の状態を表すものにすぎないので、例えば生活様式空間に現れた差異や境界線をもたらす諸要素をモノのように社会的事実として扱うことをいましめている。つまり、弁別的な価値をもつことがら（クラシック音楽鑑賞や絵画など）をある階級に特徴的な実体として客観的にとらえるのではなく、それを所有したり消費する方式が、その時点での闘争目標（アンジュ）や武器だったりするので、界での権力関係や対立関係のなかで意味をとらえる必要がある。行為者のテイストは、関係の構造のなかで読み解く必要があることを論じている。

　また、ブルデューは構造主義者だという誤解も当初はされていたが、この点については、次節のハビトゥスの説明でも示すように、階級（これも関係的なものである）がテイストや活動を決定するという側面とともに、テイストは行為者のハビトゥスによって、そのつど主体的に選び取っていることを含意している。

表2-1　正統的趣味の特徴

- 機能に対する形式の絶対的優位
  - 内容とは関係なく、形式で評価しようとする
  - 形式上の探求は、他を隔てる性格の現れ

- 芸術と日常性との距離をとる「美的異化効果」
  - 集団的熱狂に「俗っぽく」身をゆだねることの拒否
  - 無邪気で安易な参入の拒否、通俗的自己同化の拒否
  - 人間的な情熱や感情など「普通」の人間が「普通」の生活のなかで感じるものを拒否する態度
  - 慣習に対する距離をおく美的異化効果

- 必要性への距離をとる
  - 実際上の必要性に距離をおく能力
  - 芸術と生活との連続性を否定、審美的距離化

（出典：Bourdieu（1979a=1989）から内容要約した表（片岡 1991a: 265）を一部改変）

表2-2　大衆趣味

- 形式化、婉曲化の度合いは低い
  - 機能において評価する（あらゆるイメージがひとつの機能を果たすことを期待しており、判断において道徳や楽しみという規範への参照を表明する）
  - 形式よりも内容を評価する
  - 直接的な美の表現方法を好む

- 芸術と生活（日常性）との連続性を肯定
  - 無邪気な一体化（例：作品の登場人物に一体化して鑑賞）
  - 安心して見ていられるもの、親しみの感情がわくものを好む
  - 倫理的・道徳的に評価する
  - 直接的な満足を好む
  - 集団的感情表現や祭りや無礼講、ばか騒ぎへの嗜好

- 必要性への距離はとりにくい
  - 例：質より量を重視

（出典：Bourdieu（1979a=1989）から内容要約した表（片岡 1991a: 265）を一部改変）

2　ハビトゥスと実践(プラティック)

　趣味やライフスタイルのように、人々の主観的選択によって決定されると考えられているミクロな行為もしくは実践とマクロ・レベルの社会構造を、ブルデューはハビトゥス（habitus）概念によって結び付けていく。

　プラティック（pratique 実践）の概念は、主体の意識的・意図的な行為だ

けをさすのではなく、無意識的におこなっている日常的な行為を含む幅広い意味をもっている。会話や挨拶の仕方、趣味の活動、そして生まれつきの自然な行為であるかのように考えられている振る舞い方やしぐさなど、さまざまな領域で人々が日常的におこなう行為全般をさしている。そのためにpratique は慣習行動と翻訳されることもあるし、実践と翻訳されることもある。そしてプラティックはハビトゥスによって方向づけられている。

ハビトゥス（habitus）とは、われわれの行為の基礎にある持続する性向（disposition）であり、さまざまな行為（プラティック）を方向づける性向の体系である（Bourdieu 1979a=1990）。くせや性質という言葉にも通じるが、日常的な行為（プラティック）を方向づけたり規定する心的構造あるいは心の習慣を意味している。言い換えればハビトゥスは、具体的な社会状況の場面で、さまざまな手を生み出すゲームのセンスのようなものである（Bourdieu 1987）。ハビトゥスは、日常的な場面である状況にぴったりと合った行為（実践）を生み出すことができる。それはちょうどジャズのピアノ演奏のようなものと例えることができる（石井 1993）。ジャズのアドリブや即興演奏がプラティックだとすれば、ジャズのコード進行の規則がハビトゥスにあたる。しかし、ジャズ演奏は常に規則どおりにおこなわれるわけではなく、アドリブを特徴としている。ハビトゥスも新しい状況に応じて変化し、自己修正しながら日々、更新されていく生きたシステムである。すなわちハビトゥスは、生成し、変容し、自律的である。単に社会構造に従って再生産されるだけの硬直したシステムではない。したがって、初期のブルデュー批判にみられたように、ブルデューを構造主義者と理解することは、彼の理論の一面しかみていないことになるだろう。

ハビトゥス（habitus）とは、ひと言でいうと性向の体系である。ブルデューによれば、ハビトゥスは社会的諸条件の所産であると同時に、学習の産物、すなわち獲得されるものである。またハビトゥスとは、「所有（propriété）するものではなく、個人的かつ階級的に領有（appropriation）されるもの」である（山本 1994）。つまり個人のハビトゥスは、階級ごとにその生成条件が似通っているので、ハビトゥスが似ている者同士は階級が同じであることが多い。そのため、階級のハビトゥスとも呼ばれる。ハビトゥスが同じであれば日常的な慣習行動（プラティック）も似ていることになる。

ブルデューによれば「ハビトゥスとは、ある位置にそなわった内在的な特

徴や関係的な特徴を、統一的な生活様式（ライフスタイル）として、つまり人間や財や実践に関する一連の選択の統一的な全体として具体化する、あの生成・統一原理」（Bourdieu 1979a）であるという。ハビトゥスは自らの集団の特性と他の集団の特性についてのあらゆる判断を生み出す生成原理、生成方式である。さらにハビトゥスはその実践面で他のジャンルへと転移可能なものである。これについては第4節で説明する。そして第4節に示すように「場」による規制を受ける。

「構造化された構造」「構造化する構造」としてのハビトゥス

　ブルデューの言葉でいうと、ハビトゥスとは「構造化された構造であり、構造化する構造である」。すなわち、ハビトゥスは実践（プラティック）の生成原理であると同時に、プラティックの分類システムである。わかりにくいので、少し説明しよう。

　ハビトゥスという抽象概念は、私たちそれぞれが身体化してもっている心的構造のことをさす。くせや性質といってもいいかもしれない。理論的にはハビトゥスとは、構造（マクロ）とミクロである行為（プラティック）を媒介する中間的位置にある。例えば、几帳面な人はどのような場面でも、文脈でも几帳面なハビトゥスを示し、それがさまざまな行為として現れる。この意味では、ハビトゥスは、統一的な矛盾しない単一システム、いわば「作り出す方法」として想定されている(2)。

　個々のハビトゥスは、個人に身体化されているので、それぞれの獲得の歴史が異なる。どの地域で育ったかやどのような教育を受けたかなど、行為者が埋め込まれた構造によって、ハビトゥスは異なってくる。つまりハビトゥスは社会階層（階級）の影響、家庭環境や学校などの影響を受けて成長し、一つのシステムとなった生きた心的構造なのである。「構造化された構造」としてのハビトゥスという言い方は、慣習行動＝実践を作り出す方法であり、作品を生み出す能力である。

　これに対し、「構造化する構造」としてのハビトゥスは、私たちのなかにある個々のハビトゥスが日々織り成す分類行為（すわなち等級分け）のシステムをさしている。言い換えると、私たちはハビトゥスを使って、数多くの選択肢のなかから、どれが最も好ましいか、自分に合う行為であるかを選び、同時にほかの人の行為を分類（等級分け）もしている。自分の身体に内面化

第2章　文化資本、ハビトゥス、実践——53

されたハビトゥスが、日々の経験を通じて、対象となる世界や他の集団を意味づけたり、評価・差異化したり、すなわち分類したりしている（例えば「好き—嫌い」のように）のである。構造化するという能動体で示されるハビトゥスのはたらきは、日々変化し、修正される生きたシステムとして、実践や作品を差異化、識別して分類するという分類作用の側面をさしている。

　つまりハビトゥスとは、われわれの「眼」になった知覚＝評価図式という一つのシステムだとブルデューは考えている。

　ブルデューは同じ意味のことを別の表現で、「生活様式（ライフスタイル）空間が構成されるのは、ハビトゥスを定義する2つの力量、つまり分類可能なプラティックや作品を生産する力量と、これらプラティックや生産物（好み）を差異化し評価する力量との間の関係においてである」（Bourdieu 1979a＝1989: 261）と述べている。後者の「差異化し評価する力量」である分類システムとは、簡単にいえば、物事の価値を識別することができるかどうかという認識知覚の枠組みである。これがなければ、芸術的に価値があるとされている音楽作品も「馬の耳に念仏」でしかない。分類システムとは、さまざまな実践（プラティック）、例えば趣味活動を差異化＝識別して評価する能力＝分類作用（すなわち趣味）である。ハビトゥスとしての知覚・評価図式をわれわれはもっているのである。つまり構造化するハビトゥスとは、人々の物事を判断する「眼」であるところのハビトゥスとなった評価・分類図式である。

　もっと具体的にいうならば、行為者はその知覚・評価図式を通して、それぞれの実践（好きなスポーツや音楽ジャンル、作品など）に意味を与えて評価している。行為者のハビトゥスが異なれば、当然、同じ行為が異なる意味をもつ。美術館で自分の美的欲求が満たされて文化資本を蓄積することに喜びを見いだす人と、同じ絵を見ても楽しめず、絵の価値がわからない人もいるだろう。この場合、判断の基準となった判断力＝「ものをみる眼」が知覚・分類図式であり、ハビトゥスはさまざまに異なる「眼」（趣味判断を支える知覚・分類図式）として存在する。「行為者は自分のハビトゥスの知覚・評価図式を通して対象を把握する」（Bourdieu 1979a＝1989: 319）のである。つまり対象に期待することや意味の解釈が階級や個人によって異なり、そこから引き出せる利益も異なるのである。欲望の違いを生み出すのがハビトゥスであるということもできるだろう。こうしたさまざまな差異化をおこなうハビト

ゥスの集合が、象徴的体系を構成しているのである。

　筆者は個人や階級が文化を識別するハビトゥスの力（分類システム）を、「文化弁別力」（片岡 1996c）の問題として取り上げ、その階級的性質や再生産の特徴について分析した。これについては、第11章で取り上げて論じる。

3　戦略とハビトゥス

　諸階級は、再生産をめぐる戦略や差異化の戦略を、彼らの手持ちの資本、つまり文化資本や経済資本、社会関係資本に応じて、たえず新たに作り出していく。ブルデューにとって階級というのは定まった実体的な存在ではないので、正確にいえば、異なった種類の資本をもつ人（行為者）が占めている社会空間上の位置そのものが、「この空間を保守または変革するための闘争においてその人間が行う立場決定を支配している」（ブルデュー著，加藤編 1990: 80）のである。その立場決定の際に、行為者がさまざまな戦略を生み出すので、客観構造と主観的構築は同時に作用しているといえる。

　行為者自身はこの戦略を意識している必要はない。日常的におこなってほとんど慣習化している行動、あるいは家族を通して伝えられてきたなじんだやり方として、無意識的に戦略は選び取られている。というよりも、行為者の資産構造（例えば文化資本と経済資本をどれだけ保有しているか）の違いによって、とりうる選択や立場決定はある程度拘束されるし、培われてきたハビトゥスによっても行為のくせや選択の幅が決まるとすれば、選択の自由という考え方は幻想であることがわかる。われわれの主観的行為や選択も、階級のハビトゥスによる制約からは完全に自由ではない。

　そして「再生産の戦略とは、プラティックの総体」であり、ハビトゥスとして一つのシステムをなしているのである。

4　ハビトゥスは単数か複数か

ブルデューの単一ハビトゥス論

　ブルデューの行為理論では、「実践」は「ハビトゥス＋資本」が「場（シ

第2章　文化資本、ハビトゥス、実践──55

ャン）」に投入されることによって、実践は場での利益を得ることができる。

【ハビトゥス・資本】＋【場】＝【実践】

　ハビトゥスとは、ブルデューによれば「構造化する構造、つまり実践と実践の知覚を組織する構造であると同時に、構造化された構造」であり、「ハビトゥスとは、持続性をもち移調が可能な心的諸傾向の体系である」（Bourdieu 1979a）。あるいは、ハビトゥスとは、身体化された心的構造、慣習行動を生成する知覚＝評価図式であるとともに、慣習行動の意味を知覚できる認識図式と言い換えることもできる。「分類する構造」であり、同時に「分類される構造」ともいう。

　簡単な例をあげれば、禁欲的なハビトゥスをもっている人は、行為のあらゆる面でその禁欲主義を発揮している。つまりハビトゥスは歴史的に形成されているので、個人や集団に内面化され、ほかの分野（場）へも転移可能で一貫性をもつ心的性向である。

　ハビトゥスの転移可能性あるいは移調可能性を前提とするのが、ブルデュー理論の特徴でもある。「スズメ百まで踊り忘れず」ということわざもあるように、生育過程で刻印された文化資本の獲得様式（家庭界で獲得された第1次ハビトゥスなど）が、そのあと成人後の文化資本（＝性向のシステム）へと持続的に移転あるいは移調するという図式である。

　このようにブルデューは、ハビトゥスは異なる「場」への転移が可能であること、単一ハビトゥスとして個人だけでなく階級に特徴的なものであるとして提示していた。例えばブルジョア階級の卓越化戦略や中間階級の文化的善意などは、階級のハビトゥスとして描かれている。

　同じ階級内でも上昇傾向にある職種や没落傾向にある職種の人々のハビトゥスはかなり異なっていることをブルデューも細かく分析して示しているので、もてる資本（文化資本と経済資本）の質と量だけでなく、社会的位置によってもハビトゥスは変化し、異なってくるわけである（Bourdieu 1979a）。

　この意味では、子ども期の家庭環境の効果（読書文化資本と芸術文化資本）が成人期の文化資本に影響を与えているという研究はすべて、このハビトゥスの転移可能性を証明しようとするというものである（例えば片岡1992,1996b, 1998f）。あるいは、教育社会学の文脈では文化資本をやや部分的な理解でとらえてきた傾向がある。子ども時代の文化資本が、高い学力へとつながるという相関を示した苅谷（1995）の研究も、詳細な教育達成メカニズム

を分析した片岡（2001a）や中澤渉（2010）の研究も、文化資本が学力へと転換される転移効果の存在を明らかにしていた[3]。しかし教育社会学的な研究の多くは、文化がどのように学力や学歴というメリットへと変換されるかをみているだけである。

　本書に所収した筆者の一連の文化研究では、女性ではハビトゥスの転移可能性あるいは持続可能性は強いという結果を示していた。しかし男性では、子ども期の家庭環境での文化資本の獲得（とくに美的性向）に関する第1次的なハビトゥスは、その後の文化資本に転移する人もいるが、確率的には男性では転移率も持続性もかなり悪いのである。この点については、第5章「写真イメージにみる美的性向」や第8章「教育達成過程における家族の教育戦略とジェンダー——文化資本効果と学校外教育投資効果のジェンダー差を中心に」で実証的に明らかにしている。

　第11章は文化弁別力としてのハビトゥス（文化の知覚評価図式）を測定するが、この知見を先取りしていえば、世代間の地位移動、とくに父階層から現在階層への地位移動が下降移動だった場合には、出身階層に特徴的だった文化弁別力の強さ（高級文化と大衆文化を強く識別する能力）は、女性では結婚によって地位が下がっても保持されるが、男性では消えてしまう（片岡1996c）。

　男性がもつハビトゥスは一世代内では異なる場で移調あるいは転移されているかもしれないが、男性の子ども期文化資本（子ども時代に家庭で家族によって与えられた文化環境や文化的経験の指標で幼少時文化資本ともいう）に関しては、男性のその後の人生の文脈、例えば学力競争や職場環境などの場で、転換も転移もしにくいのである（片岡1998g）。

　さらに、写真に関する美的性向をブルデューと類似した方法で調べた調査結果（川崎市調査）では、男性でだけ、美的性向は階級差も示さなければ学歴差も小さかった（第5章を参照）。女性ではこれらの地位の差異が存在している。写真趣味で明らかになった男性の美的性向は女性に比べると低く、階層差もほとんど見いだせないという事実が調査から明らかになっている（片岡編2000）。

　ただし神戸市調査データ（1990年）では、男性の正統文化消費を従属変数として共分散構造分析を用いると、階層的な背景が学歴を通して、正統文化消費へとつながるルートが明確で、ハビトゥスの転移可能性を示唆する結果

第2章　文化資本、ハビトゥス、実践——57

となっていた（片岡 1992）。

　また、分類との関係でいえば、例えばクラシック音楽は高尚な音楽で、演歌のような大衆的なジャンルは高尚ではないという認識枠組み（知覚＝分類図式）、言い換えればハビトゥスをもつことが分類行為であり、差異化でもある。したがってクラシック音楽を趣味にしているブルジョア階級は、趣味で他者と自らを差異化し、同時に分類もされている（クラシックが好きなのはブルジョア階級という通念など）。

　そしてある趣味で差異化して分類するハビトゥスをもつ人々は、他者の趣味に対しても同様の文化序列を適用する（＝分類）が、同時にその分類図式によって自らも分類されているということになる。

　例えば「ジャズ以外の音楽、Ｊ－ＰＯＰやアイドルの楽曲は音楽とはいえない」という趣味のこだわりをもち、排除的な感覚によって文化的に卓越化しようと人々がいる。しかし特定の正統的な趣味にこだわりをもち、ほかの一般的・庶民的な趣味を排除するという文化的排他性を示す人々は、日本の調査結果をみたかぎりで、ブルジョアでさえ多いとはいえない。

　このあと本書で示すように、日本の経営者や専門職層にはクラシック音楽趣味が相対的に多いという対応関係は存在するが、ほかの階級の人々もクラシック音楽を聴取していて、必ずしもクラシック音楽趣味が明確な階級差を示す記号とは強くはいえないのである。日本の男性を女性と比較すると、男性の趣味は社会階層とは強くは結び付かないという傾向がある。

ライールのブルデュー批判──単一ハビトゥスから複数ハビトゥスへ

　フランスの社会学者ベルナール・ライールは、ブルデューのハビトゥス概念を批判的に検討して、複数ハビトゥスあるいは多元的ハビトゥスに関する研究で知られている（Lahire 1998, 2012; 鈴木 2007; 村井 2010, 2012）。

　ライールによれば、人々の行為を理解するうえで、ブルデューがいう「階級のハビトゥス」にすべてを還元できないと述べ、異なる文脈を経験した「諸個人のハビトゥス」が重要だと考える。言い換えれば、ブルデューがいうように単一的な階級ハビトゥスをもつ「単数的人間」ではない。そして、彼自身の経験的研究を通じて、異なるハビトゥスがひとりの個人のなかに存在する事例を通して、「個人化した社会学」や複数の多元的ハビトゥスをもつ「複数的人間」という観点を提唱している。

その理由として、ライールは「行為者は多元的に社会化され、多元的に決定されている」（Lahire 2012=2016）と述べる。

　ライールによれば、人々は異なるハビトゥスを文脈に応じてスイッチしながら実践しているという[4]。文脈という概念をライールが使用する場合、それは異なる社会化経験が異なる性向を形成するが、複数化しているためにブルデューがいうような単一の階級のハビトゥスに還元できないことを強調する。すなわち、「同一の行為者が、異質で、矛盾する性向を共存させる内的複数性（la pluralité interne）を備え得る」（Lahire 2012=2016）のである。

　そして、文脈が重要だと述べる。例えば、高い文化資本をもっていても、移民として異なる国に移住した場合に、その文化資本を発現できる文脈（例えば仕事）がなければ、その資本は実践としては使えないままに終わるとライールは解釈する。

　ライールの実践理論は、次のように定式化されている。

【身体化された過去の性向】＋【現在の文脈】＝【観察可能な実践】

　別の用語に置き換えると、次のように表現もされている。

【性向あるいは能力（capacités）】＋【文脈】＝【実践】

【行為の文脈の過去の往来を内面化した所産】＋【現在の文脈】＝【観察可能な実践】

　ライールによれば、ブルデューの場の理論は「マクロ社会学の理論であり、場の行為者（agents）同士の特殊な資本の領有や（再）定義をめぐるさまざまな闘争に専心するもの」だという。そして、行為者の諸実践と諸表象を説明するには場ではなく「文脈化」の操作が重要だと述べる（Lahire 2012=2016）。

文脈と実践の関係

　ライールがいう文脈とは何であり、文脈と文化実践の関係とはどのようなものなのか。そして、これらを調査ではどう把握すればいいのか。

　ライールは、「行為者たちは常に自身の行為を、全体的であれ局所的であれ、特殊な文脈に書き込む」（Lahire 2012=2016: 19）という。そして文脈とは、ライールによれば、次の2つを意味している（Lahire 1998, 2012）。

①「行為者を社会化する枠組み」（過去）

②「身体化された性向を始動させる枠組み」（現在）

①は、ハビトゥス（性向）を形作る枠組みとしての文脈であり、過去の経験としての社会化を重視する。ここにはブルデューがいう「文化の獲得様式」の問題が多く含まれている。しかしライールにとっては、社会化経験は多次元的で複雑なものとしてとらえられているので、多様なかたちでの文化獲得の履歴現象を含む概念である。そしてこの意味での文脈は、行為者に要請されたものであり、行為者を拘束する性質をもつ「文脈的な拘束」（Lahire 2012）である。そのため「性向」は行為者の過去によって形成されるとみる。

②の文脈の意味は、より個人化されている現在の個人の文脈をみていくことである。能力ないし力量となった複数のハビトゥスは、「潜在的に動員可能であるほかなく、もろもろの状況が要請するときにだけ、実際に行為者によって動員される」（Lahire 2012=2016: 28）。

ただし、研究者が何を文脈として設定するかによって、文脈は異なってくるという点について、ライールは「文脈の定義とは、社会空間の内部ではたらいている、相対的に分離した特殊な諸領域の分化という歴史に依存するものであると同時に、研究者たちの認識関心にも依存する」（Lahire 2012=2016: 19）と述べている。[5]そして具体的に文脈とは、例えば学校世界であり、職場環境であり、政治状況だったりするのである。

複数ハビトゥスへの疑問

ブルデューがハビトゥスの別の文脈への転移可能性と論じるとき、ハビトゥスの複数性ではなく、あくまで単一ハビトゥスを前提としている。例えば、一見、ハビトゥスが矛盾していて、複数ハビトゥスではないかという事例があるとしよう。正統的芸術を愛好しながらも大衆音楽が好きのように、異なるテイストの文化を同時に楽しんでいても、アーティストを好きになる基準や対象へののめりこみ方は常に似通っている場合は、同じ単一ハビトゥスで実践しているといえる。別の例でいうと、専門的職業で普段は専門書を読んでいる人が、ギャンブルや居酒屋めぐりの達人であるような場合に、異質なジャンルを楽しんでいる複数ハビトゥスの持ち主ではないかと考えがちだが、たとえ好むジャンルが異質であっても、常に単一ハビトゥスが行動原理になって顔を出すということは予想以上に多いのではないだろうか。

また筆者がインタビューした若者の例では、アイドルファンとして誰を応

援するかという基準は、異質なジャンルを複数同時に愛好していても、常にグループのセンターが好きだというケース、あるいは逆に、あまり人気はないがんばっているアーティストを応援してしまうケースなど、単一ハビトゥスで説明できることが多かった。趣味のジャンルは異なっても、物事を選択する基準、言い換えれば対象への関与の仕方が類似しているケースがそうである。

　しかしライールが明らかにしたように、複数ハビトゥスの人も存在する。

　筆者は、個人レベルでみたときには、単一ハビトゥスで行為をおこなう人と、複数ハビトゥスが同一人物のなかに存在する人が両方存在していると考えている。その点、ライールを支持するが、実践が文脈や社会化の違いだけでもたらされるというライールの説明図式に対しては、若干の疑問をもっている。

　筆者は、複数ハビトゥスには2種類あり、一つは多元的アイデンティティをもち、異なるペルソナが文脈に応じて言動に現れる人物である。多元的自己というよりは、やや病的な症状として人格の分裂が生じている人も含まれる。もう一つは、行為の基準をスイッチできる人物であり、ある意味、振れ幅が大きい人間のことだと考えている。年齢も高く組織のトップとして経営者のハビトゥスをもちながらも、別の場面では若い人と世代や立場の違いを感じさせずに溶け込める人のように、複数のハビトゥスを異なる場面で切り替えて無理なく適応する人たちがいる。その人は同時に別の顔をもつが、決してそれは意図的な切り替えではなく、仮面でもない。これは身体と精神の使い方の複数性をもち、複数ハビトゥスを上手に切り替えできるからである。一つのことにこだわる人や頑固なタイプというのとは対局にある、行為の基準の柔軟性と切り替えをもたらす心的構造こそが複数ハビトゥスの本当の意味ではないかと考えている。

　それは、ライールがいうように、極端に異なる環境を体験した移民に多くみられるかもしれないが、経験した文脈の多様性や社会化の問題だけに還元できないのではないだろうか。

　もう少し事例を用いて考えてみよう。例えば、一見異なる趣味ジャンルを同一人物が好んでおこなっている場合、文化的雑食者（文化的オムニボア）といえるが、それが複数ハビトゥスを示しているのかどうかは見極めるのが難しい。つまり文学や小説を読み、同時にお笑いの世界にも詳しい人、ある

いはクラシックも好きだがディズニーランドも好きな人という場合は、表面的には正統文化と大衆文化にはこだわっていない。文化的雑食者（文化的オムニボア）で、ハイカルチャーも大衆的な文化も両方に通じていたとしても、それがそのまま複数ハビトゥスであるとはかぎらない。つまり、文化的オムニボアを複数ハビトゥスとして説明することは、実は難しいのではないかと感じている。

イーグルトンがいうように、文化の高低を貫く商業主義的な文化の力はますます強まっていて、あらゆるジャンルで、真正なものとそうではないものが交ざり合っているからである。ジャンルが意味をもたなくなったというのも、個々のジャンルがかつてもっていた特定の象徴的意味を失い、特定のハビトゥスをもった人々を引き付けるわけではなくなったからではないだろうか。文化は断片化しているのである。

5　文化資本とは

ブルデュー理論では、ハビトゥスは個人や集団に領有され、蓄積されるものとして、あるいは個人に身体化されるという性質をもつことによって、**文化資本**としても概念化されている。

ブルデューは階級構造の再生産と地位の政治で、経済資本、社会関係資本、文化資本の3つの資本が重要であると指摘した。とくに文化的再生産の立場から、文化資本の作用が現代の不平等の再生産を読み解くうえで重要だと示した。

文化資本とは、社会的世界で、もしくはある市場や場で資本として、差異化や卓越化作用をもち、なんらかの収益をあげうる文化的「能力」を意味している。しかしながら厳密には、能力という言葉の使用は適切ではない。なぜなら「能力」概念は、「普遍的な性質」をイメージさせるからである。むしろどのような文化的能力や文化的行動あるいは資格証明が社会で有利に作用し利益をあげるかは、日々の社会の諸集団間での闘争に賭けられているし、社会や時代さらには「場」によって変化する。[6] 例えばIT革命が進行する現代社会では、情報機器を使いこなせることが、ビジネス界での文化資本となる。しかしブルジョア階級の女性にとっての文化資本は、いまだ芸術的な素

養だろう。また、江戸時代に庶民が好んだ歌舞伎は、現代では芸術として保護され、高い文化威信をもつにいたった。この考え方に立てば、何が文化資本になるかの基準そのものが恣意的なものであり、しばしば支配階級（上層階層）がもつ文化的基準によって文化のヒエラルキーが決まる傾向にある（Bourdieu 1979a＝1989）。

　ある社会が文化資本をもつためには、特定の象徴財の価格を決める制度とそれを評価できる社会集団が必要である（DiMaggio 1987）。またエリートの集合的行為がなければ、文化資本は構成されない。例えばヨーロッパでは、ハイカルチャーは宮廷文化から出現したものが多い。すなわちある種の文化資本を支持し、それを卓越したものとして承認させる力をもった社会集団（貴族など）が存在すること、そしてその文化の卓越性を承認する人々とのパワーポリティックスなどが背後にあるのである。

　ブルデューらが文化資本概念を提出したのは、高等教育での進学率の階級差を経済的な障壁だけに還元できない事実を説明するためだった。経済的不平等の影響を超えた部分で文化的相続遺産（文化資本）が果たしている役割について論じた『遺産相続者たち』（Bourdieu & Passeron 1964）では、階級の文化と教育システムが、不平等再生産のメカニズムで共犯関係にあるという。すなわち学校文化と階級文化には親和性があり、学校文化は教養ある階級の文化的世襲財産である知識や習慣、ノウハウ、趣味、会話術などを前提としている。そのため、恵まれた出身家庭から受け継いだ文化資産は、学校的知識を身につけることを容易にする。文化的に恵まれた家庭環境の子弟ほど、学校からの収益（いい成績）を得やすい。しかも、学校での成功は「生まれつきの才能」（頭がいい）、あるいは、学校で「落ちこぼれる」ことは生まれつきの才能の欠如という本質主義的な考え方がなされることによって、学校での不平等が社会的差異に基づくという部分が隠蔽され、文化的な不平等が正当化されるのである。

文化資本の3つの形態

　その後、ブルデューは文化資本概念を体系的に分析し（Bourdieu 1986）、文化資本を3つの形態、身体化された形態、客体化された形態、制度化された形態に区別した（表2-3）。
　「身体化された文化資本」とは、個人に身体化された文化的能力であり、無

第2章　文化資本、ハビトゥス、実践——63

表2-3　文化資本の3つの形態

	存在例	特徴	持続性	獲得方法	使用条件と収益
身体化された形態	卓越化した態度・ふるまい方・言葉遣い、美的性向、趣味のよさ、教養など	個人に身体化・内面化されているが、階層集団に占有されると階層文化となる	生物学的限界	教え込み、学習、体得的習得、不可視的	適切な「場」に投資することで、さまざまな収益をあげる、ハビトゥスとして行為者の実践を方向づける
客体化された形態	絵画、書物、道具、ピアノ、などの文化的財	モノとして存在する文化的財	物質的限界	購入（経済資本を転換）、交換、可視的	身体化された文化資本を使って使用・鑑賞し卓越化する。あるいはコレクションとして価値をもつ
制度化された形態	学歴資格、免状など	個人に付随するが自律的な市場価値をもつ	生物学的限界があるが、制度による保証が前提	制度（学校など）が個人の文化資本を承認、可視的	労働市場への参入、職業決定などに使用され、地位形成や経済的収益に効果をもつほか、象徴的価値として卓越化する

注：ブルデューの文献から作成し、片岡（1991a: 260）の表の修正版である。

意図的学習によっても意図的学習によっても身につけることができる。具体的には、言葉遣いやしぐさ、教養、センスや趣味のよさなど、慣習行動に現れるテイストや文化的能力などをさし、それは特定の場で実践されることによって（あるいは投資されることによって）他者より卓越化したり、差異化することができる。

「客体化された文化資本」は、文化的財として存在する絵画、書物、楽器、道具などをさす。これらはお金で入手でき保有することができるが、それを鑑賞する能力や使用する能力、すなわち身体化された文化資本がなければ文化的実践にならない。また家庭にある蔵書やピアノ、美術品などの客体化された文化資本は、アロー効果（存在するだけで効果をもたらす）によって文化的家庭環境を形成する。

「制度化された文化資本」の代表は学歴や免状であり、教育システムや制度

による能力証明書である。学校などの制度によって制度的承認を受けた文化資本は、貨幣価値に換算することが可能になり、例えば学歴は労働市場で人的資本として価格をつけられる。

　ここで身体化された文化資本について補足しておくと、要するに身体化された文化資本の根本にあるものは、物事を知覚する様式であり、文化を評価する「眼」であり、あるいは文化を理解するコードだということができる。かつてテレビでよく流れていたインスタントコーヒーのコマーシャルで、小説家や演出家（高度な文化資本保持者）がコーヒーを飲んでいる場面に流れるコピーが「違いがわかる男のコーヒー」だったことに象徴されるように、「違いがわかる」ということが、文化資本の保有の根底にあるといえるだろう。文化の差異を識別する能力（知覚・評価図式）、これを私は「文化弁別力」（片岡 1996c）と呼んでいるが、この文化弁別力が（ハビトゥスとして）身体化されていなければ、さまざまな文化のなかから特定のものを選んで差異化や卓越化の象徴として使用することはできないのである。

　そして身体化された文化資本である「好み」や「趣味」とは、「差異化し評価する獲得されたディスポジション（性向）であり、（略）ディスタンクシオン（区別立て）の操作によって差異を設定し、またはしるしづけようとする性向」（傍点およびカタカナ部分は筆者による）（Bourdieu 1979a）だと定義される。ディスタンクシオンには、差異化、卓越化という意味が込められている。つまり卓越化には、文化資本が重要な位置を占めている。

6　文化資本の獲得様式と蓄積性

　文化資本を獲得する主要な場は、家庭と学校である。家庭と学校では文化の獲得様式は異なっている。文化資本をブルデューは獲得様式の違いによって、相続資本と獲得資本に分けて考察している。以下に説明しよう。

　家庭内での文化獲得様式は、相続文化資本と呼ばれ、子どもの頃からの家庭の文化的環境を通じておこなわれる体験的修得様式である。絵画や美術品に囲まれて成長した人は、早期から正統的文化を手にしているという自信とゆとり、そして正統文化を評価する力が自然に身につくというわけである。芸術の鑑賞眼やモノを選ぶときのセンスの良さというのは、経済的な豊かさ

第2章　文化資本、ハビトゥス、実践——65

さえあれば身につくというものではない。また、礼儀作法や言葉遣いも、一朝一夕には身体化されない。そこには幼少時からの体験的修得、とくに親や家庭環境の影響が認められ、長い時間をかけて文化の獲得の効果が現れる。これは、基本的には出身階層の客観的諸条件の差から生み出されるものであり、学校教育の差異や経済的な豊かさだけでは説明がつかないものである。

　これについては、第7章「階層再生産と文化的再生産のジェンダー構造——地位形成に及ぼす読書文化と芸術文化の効果」で分析するように、家庭の文化環境（親の学歴をも含めた相続資本にあたる）を通じて、文化資本は親から子へと伝達、もしくはかたちを変えて相続されていく。かたちを変えるというのは、価値や文化の変動の大きな社会では、時代によって文化資本の中身は変化するからである。すでに述べたように、文化資本とは差異化・卓越化の感覚のもとにある、文化を評価する知覚＝評価図式（差異を認識し、評価して分類する等級づけの認識枠組み）でもある。それゆえ戦後日本のように変動の激しい社会では、時代とともに表面的には文化資本と呼ばれる行為や趣味は変化しても、ハビトゥスとして文化への関与の様式や知覚評価図式は、親から子へと伝わっていくことが多い。したがって、文化資本の内容は、時代によって普遍的なものもあれば、大きく変化するものもあると考えられる。もちろん社会や地域によっても、何が正統的で弁別的な文化であるかは異なっている。

　他方、学校での主要な文化の獲得様式は、獲得資本と呼ばれ、系統的・体系的で時間的に加速された学習様式である。この系統的で加速された修得形態に要求される性向は、勉強だけにエネルギーを集中する勤勉な努力や根気、まじめさであり、快楽とともになされるよりは、対象に対する禁欲主義的な傾向が伴う。この方式での文化資本獲得は、プチブルや成り上がりの元手となる文化資本の少ない層にしばしばみられる（Bourdieu 1979a=1990）。そしてこの2つの獲得様式の差異は、例えば家具や服装のスタイルを選ぶような日常生活のさまざまな選択の際にも現れる。

　重要なことは、相続文化資本が単に親から譲り受けたという意味ではなく、そこには身体化の作業を通して、常に獲得という作業が含まれていることである。すなわち、「文化資本というのは、生まれながらの財産がもつ威信と、獲得するということの長所とを、うまく累積してしまうのである」（Bourdieu 1979b, 1986）。

すなわち文化資本は獲得されるものであり、蓄積可能である（獲得と蓄積）。とくに元手となる文化資本をもっている人は、さらなる文化資本の獲得に有利である。いわばマタイ効果（Matthew effect）である。蓄積可能という点では、経済資本と同様の性質をもつが、文化資本の多くは個人に身体化されて蓄積される。身体化には多くの時間が必要だ。すなわち経済資本と異なり、身体化した文化資本は贈与や購入などによって、即座に伝達できない。多くの文化資本は、意図的あるいは無意図的な社会化と客観的な社会的諸条件によって、時間をかけて獲得されるものである。その結果、とくに家庭内でおこなわれる文化資本の相続は、外部からは見えにくい。言い換えれば、文化資本の再生産は、時間がかかる隠蔽された相続によって達成される。例えば音楽的知識と素養を身につけ、ピアノやバイオリンの楽器でクラシック音楽を弾くことができるためには、子どもの頃からの習い事が長く必要になる。

　では、世の中でどのような文化が資本になって階層再生産戦略として役立つのか。これは、時代や社会によって当然異なってくる。したがって、文化資本の再生産という場合も、親と子が同じ趣味をもったり、同じ文化活動をおこなうことだとは必ずしもいえない。それは一つの再生産の形態にすぎない。文化資本としてある時代で有効な文化の内容は、社会の変動に伴って変化する部分も多いので、文化資本が親子間で再生産されていても、実践する文化の内容が親子で異なることはありうる。むしろ、家族や家庭を通じて継承され相続されていく**ディスタンクシオン（差異化・卓越化）の感覚**こそが、さまざまな再生産戦略を生み出すもとにある文化資本だといえるだろう。

7　文化資本と学歴資本——男女の違い

　学校は文化資本の生産を独占するのではなく、相続資本に対し制度的な承認を与え、相続資本を学歴資本へと転換する装置として機能している。しかし、相続資本はすべてが学歴に転換されるわけではなく、その転換効果は不均一である（Bourdieu 1979a）。つまり同じ学歴であっても、あるいは同じ学校を卒業していても、実際に所有している文化資本の量は人によって異なり、同一学歴内の分散が大きいということになる。しかも、同じ授業を受けたとしても元手になる相続資本をもっている人のほうが内容の理解が進みやすい

第2章　文化資本、ハビトゥス、実践——67

など、学校での文化の獲得でも差が出るのである。

　図2-1は、ブルデューが示した相続文化資本と学歴資本の関係を、竹内の一連の研究から示唆を受けて改定している（Bourdieu 1979a＝1989: 127; 竹内1995）。A―D は、相続文化資本が高い／低い、および学歴資本が高い／低いの二分法によって、文化資本の保有形態の4つのパターンにこちらで分類した。A は学歴資本も相続文化資本も持ち合わせていない人々であり、相対的な意味での「文化資本貧困者」である。C は大きな学歴資本をもつとともに、家庭でも文化に親しんで育った相続文化資本が高い人々で、ブルデューにならって「文化貴族」と呼ぶことができる。B は高い相続文化資本をもちながらも学歴資本は低い人々であり、文化資本が学歴へと転換されず、教養人のまま終わる「文化資本停滞者」である。D は親からの文化の相続は少なく、文化獲得をもっぱら学校でおこなった人々であり、竹内がいう「教養なき学歴エリート」はこれにあたる。

　日本では努力や刻苦勉励して高い学歴を身につけることが立身出世の正統な手段として歴史的にも奨励されてきた（竹内 1978, 1995, 2005）。このような方式の文化獲得様式は、ブルデューがいう獲得資本である。ガリ勉のように学校の勉強だけを一生懸命おこなうことで高い学歴を獲得する者は、前述のタイプでは D（教養なき学歴エリート）にあたる。教養なき学歴エリートとは、もともともてる資源が少ないために多面的な方向への投資ができず、勉強への一点集中型の投資をおこなう者である。この場合の集中投資とは、学校の勉強もしくは受験勉強である。遊びや趣味に時間を費やす余裕がない受験勉強一筋の学生生活を送って大学生になった場合は、同じ高学歴であっても、その内実に文化教養を伴わないことが多い。あるいは知識だけの教養に限定される。同じ大学生でも教養文化のハビトゥスを身につけた者か、獲得型で学歴資格を得たのかによってエリート層が2つに分かれていたことを、竹内（1999）は戦前の高等専門学校エリートと軍事学校エリートのハビトゥスの違いとして、歴史的にも明らかにしている。

　学歴指標とハビトゥスや教養は一致しないという点が日本の学歴保持者の特徴でもあり（竹内 1999）、それはとくに竹内が「教養の没落」と呼んだように、戦後の大学生についても顕著に生じている（竹内 2003）。そのため相続文化資本を親の学歴として測定することは、日本では慎重におこなう必要がある。文化教養が伴わない学歴指標というのが、本書でも示すように男性

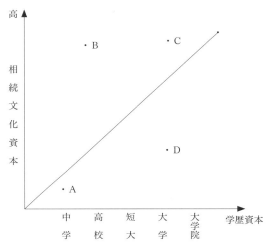

図2-1　相続文化資本と学歴資本

に一定の割合でみられるからである。

　しかし女性の場合は、このようなDタイプの地位形成は、歴史的にみても主要な地位形成ルートではなかった。「教養なき学歴エリート」とは、男性に典型的な立身出世の物語として理解されてきたといっても過言ではない。日本でのこれまでの女性の地位形成のメインルートは学歴による立身出世にはなく（そもそも戦前の大学では女性の入学が認められていなかった）、むしろその多くは婚姻を通じた地位形成にある。あるいは文化資本を生かした職業に就くことだろう。具体的には茶道、華道の師範、デザイナーや教師など、センスや教養を生かすことができる仕事に女性の比率は多い。

　これまで多くの女性は、高い地位の男性と結婚することによって高い地位や高い生活水準を手に入れるという方法を採ってきた。しかし、現代では女性も高い学歴を希望し、職業をもつようになっている。もし女性の地位が結婚相手によって決まるのであれば、婚姻戦略での文化の役割について考察する必要がある。

　そこで第7章では、女性が早期から家庭を通じて教養的な相続文化資本を身につけることがはたして女性の婚姻による地位形成を成功させる効果をもつか否か、を明らかにしよう。高い教養文化資本をもつ女性は、高い社会経

第2章　文化資本、ハビトゥス、実践——69

済的地位の男性と結婚できたのだろうか。それとも学歴が地位の主要な形成要因なのだろうか。もし後者であれば、家庭で正統文化に親しむチャンスがなくとも、学校の勉強だけをがんばって高い学歴を手に入れてさえいれば（教養なき学歴エリート）、学歴を介しての同類婚によって、その後の女性の社会経済的地位は保証されるだろう。しかし文化資本が配偶者選択に効果をもつのであれば、同じ学歴であっても、相続文化資本が高い女性はそうでない女性に比して高い地位の男性と結婚する可能性が高くなるはずである。

8 文化資本と階層・階級

ブルデュー理論では文化資本は社会階層・階級との関連で、どのような特性をもち、どのようなはたらきをする資本だろうか。

文化資本概念の社会階層論への貢献は、文化資本が社会に対して果たす役割、とくにその動態的な機能を明確化したことである。この点では、従来の階層論での「文化的資源」の概念とは異なっている。文化資本の特性は、以下のようにまとめることができる。

第1に、卓越化とともに文化的排除の機能がある。文化資本を特定の階級が独占的に所有することの有効性は大きく、結果的にほかの階級を排除できる仕組みになっている。ブルデューはマックス・ウェーバー（Weber）の影響を受けているので、閉鎖や排除の理論の部分で共通する。

第2に、教養ある階級の文化と学校文化とは親和性がある。学校的知識を獲得する容易さは、階級の高さに比例する。なぜならブルジョア階級の子弟が出身家庭から受け継いだものは、その文化的連続性から学校での利益（収益）を容易に引き出すことができるからだ。

第3に、文化資本は、投資と収益という視点を提供する（投資と収益）。文化資本はしかるべき市場（場）に投資されることによって、さまざまな収益をあげる。収益には経済的収益や社会関係面での収益、そして象徴的収益がある。例えば高度で希少な知識や技術をもつ人は、「いい職」に就いて経済的に成功したり、尊敬という象徴的な利益を受けることができる。つまり文化的能力や知識の保有は、それが適切な場に投資されれば資本のように作用する。例えば、学校の成績も学校教育への文化資本の投資の産物（収益）だ

ということができる。とくに文化的向上心が強いプチブル層では、自分たちの文化資本の欠如を子どもへの文化投資や教育投資でカバーしようとする（Bourdieu 1979a）。

　第4に、文化資本は蓄積するので、元手になる文化資本があれば、（次の世代は）ますます多くの文化資本を手に入れることができる。

　第5に、文化資本はほかの資本に転換されうる（**資本転換**）。文化資本の効用は、社会関係資本や経済資本などに転換されることによって、収益をあげることである。例えば趣味が合う人（同じ種類の文化資本保有者）と友人ネットワークや社会関係を結ぶことによって、ライフチャンスが広がることがある。共通の趣味（文化資本の現れ）が結婚の縁を取り持つことも多い。あるいは会話力や説得力といった言語能力（という文化資本）は、商談を成功させ、給与の上昇や昇進に結び付くだろう。EQなどのようにある種の価値観や性向をもっていることは、社会的成功に結び付く文化資本であるともいえる。

　このように文化資本は、経済的収益や象徴的収益などをもたらし、地位形成や地位表示の機能を果たしている。すなわち社会移動との関連でいえば、ブルデューの文化資本概念の貢献は、社会移動で文化的能力の市場が存在することを明確化し、ウェーバー的視点を現代によみがえらせた点だろう。とくに地位達成や社会移動の研究では、教育（学歴）の機能主義的な人的資本の側面ばかりを強調してきたが、学歴効果のなかに埋め込まれていた文化の効果に関心をもつようになった。

9　文化資本は測定可能か

　実証的な調査研究では、文化資本やハビトゥスという理論的概念を経験的に抽出することには、困難で限界があることも事実である。しかしプラティックを方向づけるものがハビトゥスであるならば、プラティックの潜在概念として文化資本やハビトゥスを想定することは、方法論的に可能である。ちょうど知能の因子がいくつもの質問項目から構成概念あるいは潜在概念として抽出されるように、さまざまな文化的実践のデータから、因子パターンとして、あるいは潜在変数として文化資本やハビトゥスを抽出することは可能

である。ブルデューも多重対応分析によって、実践の背後にある潜在的な要因としてのハビトゥスを推測している。

統計的には、共分散構造分析の測定モデルや構造方程式モデルのなかで、潜在変数の測定として潜在的な概念や要因を測定し抽出することができる。本書でも、さまざまな手法で測定して、概念と指標との対応関係から社会的意味を追求している。

子ども期に獲得した文化資本の測定とその背景

文化資本は、例えばいくつかの指標からなる複合的な構成概念として測定できる。筆者は、子ども期に獲得する文化資本を、芸術文化資本と読書文化資本として提示してきた（片岡 1998g）。

これ以前では、文化に関する最初の調査である1989年神戸調査で、回答者が子ども期に獲得した文化資本[7]を測定し、それが地位形成や文化的地位に独自の強い影響を与えていることを見いだした（片岡 1991a, 1991b）。その際に、共同研究者[8]とともに最初に開発した質問項目は次の5つである。回答は、「よくあった」「ときどきあった」「まったくなかった」の3段階の頻度である。

①小学校時代に家庭でクラシック音楽のレコード鑑賞をしましたか。（芸術文化資本）

②小学校時代に家族と美術館や博物館へ行きましたか。（芸術文化資本）

③幼少時に家族から本を読んでもらいましたか。（読書文化資本）

④小学校時代に家庭に図鑑や子ども向けの文学全集がありましたか。

⑤幼少時につみ木遊びをしましたか。

しかしながら、子ども時代の経験も時代とともに変容するので、④と⑤をそのまま現代の若者調査に使用することはやや不適切かもしれない。筆者が2017年と18年に実施した大学生調査では、①②③の指標を子ども期に獲得した文化資本として構成すると、現在の若者の文化テイストの差異をよく説明していた[9]。筆者が1995年 SSM 調査で、この指標を使って分析（片岡編 1998, 片岡1998f）したあと、片瀬が同じ芸術文化資本と読書文化資本の概念を使用して、高校生で検証している（片瀬 2004）。

クラシック音楽などの西洋文化的な教養は、どれもが日本の明治以降から戦後にかけて、上流階級や中流階級が求める階級文化の要素となっていった

（歌川 2019）。例えば明治期に設立されたミッション系スクールでは宣教師を招き、英語やピアノの教育がおこなわれ、上流階級の子弟が西洋的生活習慣の習得をめざして入学していたことが明らかにされている（津上 2010; 山田 2015）。さらに戦後の1960年代前半から始まるピアノブームは、中流階級の象徴財となっていた（高橋 2001; 井上 2008）。これらの文化行動は、日本での階級文化や文化資本の重要な構成要素になっているが、その詳細な説明は歴史研究にゆだねることにする。

10　家庭の文化環境と文化的再生産

家庭の文化環境の重要性

　トーマス・ローレンは日本の教育のエスノグラフィーのなかで、「これまでの日本では、才能と努力が学業達成を左右する決定的な要因だったが、いまや親を中心とする家庭環境によって、子どもが努力するかしないかが左右されるようになっている」「日本では、国民が同質的であり、各家庭のあいだにも比較的小さな格差しか存在しないにもかかわらず、どのような家庭環境のもとに育ったかということが、各個人の教育達成に依然として重大な影響を与えているのである」（Rohlen 1983）と述べ、学業成績や教育達成に及ぼす家庭環境の重要性を指摘していた。これを現代の研究水準で考えるならば、ブルデューがいうような文化資本が日本の家庭環境のなかにどのようなかたちで存在し、文化的な選抜が作動しているかを探ることが重要な課題になることを意味している。

　ブルデューがいうように、学歴獲得や学力達成にとって元手になり資本になるような文化資本あるいは階層文化は日本でも存在し、効果をあげているのだろうか。文化資本にも、受験知識や勤勉努力のような「学校的な文化資本」と美的感性やマナー、言葉遣いのように「階層文化に基盤をもつ文化資本」があり、それらは一致する場合もあれば必ずしも一致しない場合も考えられる。とくに教育価値の有効性感覚、すなわち教育がどのように人生や地位達成に役立つかという意識や親の教育期待は、家庭に歴史的に蓄積される文化資本の一つであり、階層文化の一種として身体化されやすいものと思われる。

本書で「幼少時文化資本」、「相続文化資本」あるいは「子ども時代の文化資本」と呼ぶ概念の内容は「家庭での文化的経験」を測定しており、西欧文化的教養を中心とする項目（クラシック音楽や美術鑑賞）と読書経験から構成される。すなわち、クラシック音楽や美術鑑賞は、近代化とともに輸入された文化教養であるとともに、学校教育カリキュラムの一部としても採り入れられてきた学校文化に親和的な文化特性を測定している。この意味では、ここで用いた指標は、新興ブルジョアジーに有利な文化項目となっている。

　本章では、家庭の文化環境がもつ社会的基盤を明らかにすることを目的にしている。家庭の文化的環境と社会的地位との関係を明らかにし、家族の教育戦略の階層的基盤を検討しよう。

11　相続文化資本と家庭の文化的環境に関する先行研究

　家庭の文化環境を測定する方法には、「子ども時代の家庭での文化的経験」（身体化された文化資本）を測定する方法と、「家庭の保有する文化的財」（客体化された文化資本）を測定する方法、「親の学歴」（制度化された文化資本）を指標とする方法のほか、「親の現在の文化活動」を測定する方法、「親の価値観や価値志向」を測定する方法など、実証研究ではさまざまな指標がこれまで開発され使用されてきた。こうした問題関心は主に教育社会学の分野では古くから存在していて、過去の「階層と教育」に関する数多くの先行研究のなかに、文化資本という概念を使用しないまでも、さまざまなかたちで表されていた。家庭の文化的環境に焦点をあてて体系的に扱った研究はそれほど多くはないが、家庭背景の影響を調べる場合に、その要因の一つとして文化的要因に言及した研究は数多い。それらのすべてを網羅することはここではできないが、そのなかでも、潮木守一・佐藤智美（1979）の研究は、進学行動に及ぼす家庭の文化環境を扱った初期の実証研究である。

　ブルデューの文化資本概念が日本に紹介されて以降、その文脈で日本でも家庭の文化環境や文化階層についてのいくつかの実証研究が探索的に積み重ねられてきた。学生を調査対象とした実証的な先行研究では、女子高校生を対象に家庭の文化環境と進学アスピレーションの関連に言及した宮島喬・田中祐子（1984）や藤田英典ほか（1987, 1992）の大学生の文化に関する実証

研究がある。藤田らの一連の研究では「親の現在の文化活動」を家庭の文化環境と見なし、それが家庭の言語資本の高さを示す指標だと考えられている。どれも、理論面でブルデューに依拠するわが国での先駆的研究として位置づけることができる。

　しかし、どの研究も藤田らも述べるように、変数間の単相関レベルの分析なので、文化的再生産のメカニズムまでは解明できていない（片岡 1991c；藤田ほか 1992）。また学生調査ということでサンプルの代表性の問題もあって結果を広く成人にまで一般化することは難しいといえる。

文化的再生産メカニズムの解明

　わが国での文化的再生産論の実証研究は、ごく初期は文化変数と階層変数の対応関係を示すだけにとどまるプリミティブなものだったが、やがて文化的再生産の因果メカニズムを解明しようとする方向へ展開する。文化的再生産の因果メカニズムをモデル化して明らかにした実証的研究を、片岡がおこなってきた。片岡（1991b, 1992, 1996b ほか）は、成人男女を対象とした1989年の第1回神戸調査で無作為抽出サンプリングによる個別面接調査、さらにその後の継続パネル調査を1992年に実施し、文化的再生産の因果モデルを構築して、これまで明らかにされることがなかった文化階層の再生産メカニズムを解明した。その結果、親の学歴のほか、子ども時代の家庭での文化的経験（相続文化資本あるいは幼少時文化資本）が、その後の教育達成のほか地位達成や文化階層の所属に大きな影響力をもっていることが明らかになった。つまり社会の上層の人々がもつ正統文化は、学校という教育システムの社会化効果として存在するというよりは、むしろ、家庭の文化環境に由来するものであることが示された。また女性の婚姻を通じた地位の上昇に、相続文化資本が効果をもち、とりわけ配偶者の経済資本へと資本転換することを見いだした（片岡 1996b）。データの地域性という制約はあるものの、確率標本に基づいているので、結果の一般化は可能な研究になっている。さらに、藤田ほか（1992）の2回目の大学生調査やいくつかの実証研究も出てくるようになった。例えば白倉（1994, 1997, 1998b, 2000）、片岡（1996b, 1996c, 1997a, 1997b, 2001a）、片岡編（1998）、松岡ほか（2014）などがある。このなかには文化的な再生産メカニズムに迫ろうという研究もあれば、部分的な変数間の相関関係から、文化的再生産を推測させるという拡張的解釈の

ものもある。

幼少時文化資本としての「家庭の文化環境」

　子ども時代に家庭を通じて相続あるいは伝達される文化資本は、ブルデューがいうように3つの形態で存在する。ブルデュー（Bourdieu 1986）によれば、文化資本とは「身体化された形態」「客体化された形態」「制度化された形態」に分けることができる。

　「身体化された形態の文化資本」とは、芸術を解する感性や価値観、品性、知識や技能、言葉遣い、趣味の「よさ」などのように、個人に付随して身体化した文化的能力である。言い換えれば、「ハビトゥス」（habitus）としての文化資本である。例えば芸術や美学的な分野での能力をもつということは、芸術や美を理解し楽しんだり感動したりできる美的なコードをもっているということにほかならない。そして身体化された文化資本とは、芸術や言語だけでなく、日常生活での振る舞い方や態度にも現れてくる、まさに血となり肉となった文化的「能力」を意味している。これに対して「客体化した形態の文化資本」とは、絵画や本のようにモノとして具体的に存在し、金銭などの対価を払うことによって所有することができる。文化的な財に身近に接していることで、鑑賞眼が養われたり、（ハビトゥス化されていない）知識ではなく、ハビトゥスとしての文化的教養が身につくので、文化資本の蓄積が進行すると考えられる。「制度化された形態の文化資本」とは、学歴や資格証明書のように制度が保障するところの文化的能力であり、文化的資源である。親の学歴や価値観も、文化的な資本となって子どもに伝えられると考えられる。例えば学歴の世代間再生産についての実証研究なども、文化的再生産の文脈と通底しながらかなり以前からおこなわれてきた（竹内 1983; 片岡 1988, 1990）。また家庭での親の学歴は子どもの教育達成の重要なモデルになって、進学アスピレーションを規定する（中山・小島 1979; 岩永 1990; 相澤 2011）など、これ以外にも多数の研究が蓄積され、家庭の文化的条件を構成する重要な要素である。親の学歴は家庭の文化環境の重要な部分を構成している。

表2-4　家庭の文化資本の測定指標（相続文化資本の測定）

家庭の相続文化資本	概念もしくは変数
①身体化レベル	子ども時代の家庭での文化的経験
②客体化レベル	15歳時の家庭の文化的財
③制度化レベル	父母の学歴資本

12　家庭の文化資本の測定

　本章では、1995年SSM全国調査データを使って分析するので、家庭の文化資本を測定する指標について説明しておこう。95年SSM調査の調査票のなかで家庭の文化資本として使用できる変数は、文化資本の形態によって表2-4の3種類に分けられる。それぞれについて、その理論的背景と調査ワーディングの背景を説明しておこう。

身体化された幼少時文化資本──子ども時代の家庭での文化的経験（身体化レベル）

　家庭の文化環境を測定するにあたり、1995年SSM調査A票では、子ども時代に経験した家庭の文化環境の質問項目が初めて採用された。具体的には、次の3つの質問からなる。幼少時に家庭を通じて獲得した文化資本を測定していて、幼少時文化資本とも呼ぶ。

a「子どもの頃、家族のだれかがあなたに本を読んでくれましたか」（芸術文化資本）

b「小学生の頃、家でクラシック音楽のレコードをきいたり、家族とクラシック音楽のコンサートに行ったことがありましたか」（芸術文化資本）

c「小学生の頃、家族につれられて美術展や博物館に行ったことがありましたか」（読書文化資本）

　これらの質問項目のもとになったワーディングは、1989年の神戸調査グループ（兵庫県教育委員会 1990, 1991; 片岡 1992）によって、家庭の文化環境すなわち**相続文化資本**を測定する目的で作成された質問群の一部である。SSM調査では質問数の制約もあり、上記の3項目が採用されたが、早期に身

第2章　文化資本、ハビトゥス、実践──77

体化された文化資本を測定している。次の文化的財や親学歴とともに、多面的に家庭の文化資本を測定することは可能である。

これらの3つの項目を相続文化資本と呼ぶならば、相続文化資本（幼少時文化資本）は、aの**読書文化資本**と、bおよびcの**芸術文化資本**に分けることができる。これらが地位達成過程でどのような効果をもつかについては、次章で詳しく検討する。

家庭の文化的財（客体化レベル）

第2に、家庭の文化環境は、客体化されたものとしては文化的財の保有として測定できる。1995年SSM調査A票では「15歳時の保有財産」の項目があり、そのなかで文化的財と予想されるものに、「ピアノ」「文学全集・図鑑」「美術品・骨董品」の3項目がある。もちろん、時代によってはテレビが重要な文化的財として機能したことも考えられるが、ここではこの3つを文化的財として社会的意味の変動が小さいものとして取り上げ、指標として使用する。

父学歴・母学歴（制度化レベル）

第3に、制度化レベルでの出身家庭の文化資本を示す指標が、父学歴と母学歴である。量的変数を使用する分析では、教育年数に換算して指標化している。親の教育水準は、ブルデューの研究のなかでも、相続文化資本として解釈されている。しかし、日本の学歴が必ずしも階級や階層に根差した文化資本とはいえない部分もあるという指摘も竹内の歴史的な研究から推測できるので、学歴の扱いには慎重さが必要だろう。そのため、最初に示した身体化レベルでの文化資本が重要になる。

13　家庭の文化的環境と社会階層

相続文化資本

家庭の文化環境、言い換えれば相続文化資本は、どの程度、階層差を示すのだろうか。以下では、1995年SSM全国調査で筆者らの文化班（片岡編1998）が提案した「家庭の文化的環境」を構成する変数の基礎集計を示す。

表2-5　出身家庭の文化的環境

	子ども時代の家庭での文化的経験 （身体化された相続文化資本）			15歳時の文化的財（保有率） （客体化された相続文化資本）		
	読書文化資本	芸術文化資本		文化的財		
	家族が本を読んでくれた	家でクラシック音楽のレコードやコンサート	家族と美術展や博物館へ行く	ピアノあり	文学全集・図鑑	美術品・骨董品
全　　体	48.8	12.9	19.5	11.0	38.3	16.2
50-70歳	41.4	8.9	11.9	1.7	23.3	16.4
35-49歳	45.3	11.6	17.2	10.3	40.8	15.3
20-34歳	68.8	19.1	37.9	29.7	63.0	17.3
父義務教育	39.7	6.5	11.3	4.5	27.3	11.5
父中等教育	60.4	18.1	29.7	17.9	55.3	22.2
父高等教育	75.8	32.9	45.7	33.2	73.2	31.7
母義務教育	40.0	7.2	11.3	4.5	27.9	12.5
母中等教育	66.2	20.3	33.1	21.8	59.5	23.4
母高等教育	74.4	38.6	54.5	42.6	79.2	36.6
父専門職	71.2	27.9	48.2	27.3	67.9	32.1
父管理職	67.4	29.2	36.7	27.7	71.9	31.9
父事務職	65.7	19.7	32.4	18.3	53.0	18.7
父販売職	49.8	12.7	16.5	11.8	40.5	20.7
父熟練工	44.4	8.4	17.9	7.0	32.9	11.9
父半熟練工	47.0	9.0	19.7	10.3	39.1	11.4
父非熟練工	42.4	9.1	13.3	4.0	24.2	8.1
父農業	33.7	3.2	4.4	1.5	17.4	11.9
本人中学卒	30.5	3.4	5.2	0.7	10.3	7.0
本人高校卒	48.9	9.5	18.7	7.5	38.5	16.2
本人大学卒	65.9	26.1	35.0	28.1	64.7	25.3

注1：子ども時代の文化的経験は「よくあった」と「ときどきあった」と答えた者の％。
注2：文化的財の数値は家庭での保有率（％）。

　表2-5から「子どもの頃、家族のだれかがあなたに本を読んでくれましたか」という読書文化資本は、全体の48.8％が「よくあった」「ときどきあった」と答えていることから、かなりポピュラーになっている。とくに20―34歳コホートでは68.8％が経験し、豊かな社会になって広がってきたしつけ行為であることがわかる。父母が高等教育を受けている層では75％程度

第2章　文化資本、ハビトゥス、実践——79

が読書文化資本を子どもに伝えている。父母が中等教育の場合でも、約60％で読書のしつけがおこなわれていることから、文化資本の点ではそれほど豊かでない中流階層で、読書文化が子育ての重要な課題になっていることがわかる。おそらく読書資本を早期から身につけることで、小学校のスタートラインで勉強が遅れないように配慮しているのである。読書資本の早期蓄積は、中流階層の子弟が学歴を使って上昇移動する際に、必要不可欠な能力なのである。中流階層にとっては、子世代が学校で成功して上昇移動することは、最も実現可能性が高い戦略であるために、受験競争に参加するのに有利な文化的能力を子に蓄積しようとしている。

　また読書資本は、父親の主たる職業階層では、専門、管理、事務のいわゆるホワイトカラーに特徴的なしつけ行為になっている。しかし、中等教育の親でも60％以上の実践をおこない、父販売職では49.8％、父農業層で33.7％が実践しているため、上層から中層、ブルーカラー層にまでかなり広がった文化実践である。そのため、子ども期の読書文化資本にみられる階層格差は大きなものではなく、ほかの項目と比べると「子どもへの本の読み聞かせ」はかなり大衆化したしつけ行為だとわかる。

　しかし、芸術文化資本は直接的には学校の勉強と関連性が薄いため、文化資本と経済資本の不足しがちな中流階層では、子育ての戦略にはなりにくい。例えば芸術文化資本の家庭内社会化戦略として、クラシック音楽経験がある。「小学生の頃、家でクラシック音楽のレコードをきいたり、家族とクラシック音楽のコンサートに行った」ことがある層は、20—34歳層で19.1％と最も多くなる。父母学歴の格差が大きく、父高等教育では32.9％、母高等教育では38.6％が経験しているが、父母が中等教育の場合は約20％と減少し、父母が義務教育以下であれば男女ともに5〜8％と低い（表2-6）。父親の主たる職業では、専門職と管理職に特徴的なしつけ行為だとわかる。

　さらに、芸術文化資本の美術に関する経験では、「小学生の頃、家族につれられて美術展や博物館に行ったことがある」者は全体の19.5％だが、20—34歳層では37.9％と多く、また父高等教育45.7％、母高等教育54.5％と高学歴の家庭で多い。しかし、父母が義務教育だと約11％の割合で格差は存在する。とくに父が専門職の家庭では48.2％の子どもが、美術館や博物館に行った経験があり高い数値を示す。

　全体として「子ども時代の家庭での文化的経験」は、専門・管理職を中心

表2-6　男女別にみた出身家庭での文化的経験

子ども時代の家庭での文化的経験（身体化された相続文化資本）						
	a. 家族が本を 読んでくれた		b. 家でクラシック音楽の レコードやコンサート		c. 家族と美術展や 博物館へ行く	
	男性	女性	男性	女性	男性	女性
	45.1	52.1	9.7	14.3	17.9	21.0
50-70歳	37.9	44.8	7.5	10.3	12.3	11.4
35-49歳	43.1	47.2	9.2	13.6	15.7	18.4
20-34歳	63.3	73.4	14.9	22.5	32.7	42.2
父義務教育	36.2	43.1	6.0	7.0	10.6	12.0
父中等教育	55.4	64.1	14.3	20.9	27.6	31.3
父高等教育	71.3	80.1	23.9	41.8	35.8	55.4
母義務教育	36.3	43.3	5.4	8.8	9.9	12.5
母中等教育	61.1	70.0	17.0	22.8	29.5	35.8
母高等教育	71.7	77.1	28.3	50.0	50.9	58.3
父専門職	68.0	74.1	21.5	33.7	46.8	49.4
父管理職	63.6	70.8	20.7	36.7	30.8	41.7
父事務職	58.1	71.4	21.3	18.4	27.5	36.2
父販売職	44.0	54.8	7.3	17.3	12.7	19.8
父熟練工	43.9	44.9	7.7	9.1	16.8	18.9
父半熟練工	40.6	53.5	5.8	12.3	15.8	23.8
父非熟練工	45.2	40.4	7.1	10.5	12.2	14.0
父農業	30.2	37.0	3.2	3.2	5.1	3.8
本人中学卒	29.6	31.3	4.0	3.0	7.2	3.6
本人高校卒	43.5	53.0	6.3	11.8	16.3	20.5
本人大学卒	59.2	74.8	19.2	35.5	28.3	43.8

注1：子ども時代の文化的経験は「よくあった」と「ときどきあった」と答えた者の％。
注2：文化的財の数値は家庭での保有率（％）。

とする支配階層の家庭に特徴的なしつけ行為となっていて、高学歴化とともに高学歴層を中心に社会に広がっている。家庭の階層格差を最も示すのが、「クラシック音楽」であり、次に「美術館・博物館」、そして「本の読み聞かせ」である。そして、読書よりも芸術文化資本を子どもへ伝達しようとする行為ほど階層差が大きいといえる。

　次に表2-5で、本人の学歴別で家庭の文化資本項目を比較すると、読書文化資本では本人学歴差が小さいが、芸術文化資本の学歴差が大きいことがわ

かる。芸術的な文化経験を幼少時から与えようと教育的に配慮する家庭の子どもほど、結果的に高い学歴を手に入れることがわかる。

また表2-5の右側の15歳時の文化的財の保有率をみると、「ピアノ」「文学全集・図鑑」「美術品・骨董品」の保有は、父や母が高学歴層ほど高く、また父親が専門・管理職で保有率が高い。例えば、ピアノが15歳時に家庭にあった者は、若い年齢層ほど多くなるものの、母学歴だけでみると、母親が大卒・短大卒以上であれば、42.6%が保有していたと回答している。

表2-5に明らかなように、1995年時点の調査で、本人が大卒者の家庭のピアノ保有率は28.1%だったが、現代の大学生ではどうかというと、2018年に筆者が実施した大学生調査では、小学生の頃のピアノの保有率は48.6%まで上昇していた。

15歳時の出身家庭で美術品・骨董品の文化的財を保有していたと回答した者は、20—34歳で17.3%であり、35—49歳では15.3%と、世代による差は最も小さい指標である。しかし、父親が高等教育卒や専門職・管理職で30%を超える高い保有率を示した。出身家庭が美術品・骨董品を所有しているということは、高い出身階層であることを示すシンボルとなっている。

2018年大学生調査から、「小学生の頃、家に美術品や骨董品がありましたか」と質問したところ、全体では8.1%の保有率で、父親が4年制大卒以上の高学歴でも、10.4%の保有率しか示さなかったことから、質問の時期が異なるものの（15歳時）、SSM1995年の調査データは現実よりも回答に偏りが大きいのではないかとも思われる。

家庭の文化環境について、さらに男女別に集計してみよう。男女でどの程度、異なるだろうか。表2-6からわかることは、ほぼすべての文化経験の項目で、男性より女性のほうがより多くの者が、文化経験を与えられていることである。例えば、「クラシック音楽」については、20—24歳男性での経験者は14.9%だが、女性では22.5%である。この差は出身階層によってさらに広がり、父高等教育の男性の23.9%に対し、父高等教育の女性は41.8%と倍近い差異を示す。男女差を階層差がさらに拡大するのである。とくにこの傾向は、読書資本よりも芸術資本で顕著に現れている。

わが国では、子ども時代から支配者層を中心として、女の子には芸術的な素養を身体化させようとする教育的意図が強くみられる。女性にとって文化資本は、階層が高いほど親から子へと伝達すべき重要な要素となっていると

いえるだろう。

そして男性と女性の差は、あらゆる階層で起きていることから、女性には文化資本をより多く要請するというのは国民的な文化として広がっているといえるだろう。すでに最初に指摘したように、わが国ではジェンダーによって文化の受容の仕方が異なり、文化消費はジェンダー構造を示すのもこのような文化的背景があるからである。詳しくは、第9章で論じる。

相続文化資本のスコア化

以下では、家庭の文化的環境を3つの指標で把握し、以下の分析に使用する。つまり、相続文化資本の指標化である。

第1に、身体化された相続文化資本として、子ども時代の家庭での文化的経験を測定したa、b、cを数値化（各回答カテゴリーに頻度が高い順に3—0点を与えたうえで）し、その総和を求めた。またaだけの得点を読書文化資本、bとcの合計得点を芸術文化資本の指標として使用する。

第2に、客体化された相続文化資本として、15歳時の家庭の文化的財を用いて、3つの財の保有点数の総和を求めた。

第3に、制度化された相続文化資本として親の学歴を用いて、それぞれ教育年数に変換して使用する。

それぞれの指標は、本人の年齢や親の階層的地位とも強い関連をもつ。逆にいえば、社会階層によって異なるだけでなく、時代や社会背景の影響をも強く受けている指標なので、これらを十分にコントロールして使用する必要があるだろう。

指標間の関連性

家庭の文化的条件である父学歴と母学歴、子ども時代の家庭での文化的経験、15歳時文化的財の4つの指標の相関係数をとると、図2-2の結果が得られた。これらの変数間には強い相関関係があるといえる。念のため、年齢と子ども時代の居住地域（義務教育終了時点での人口〔人数〕を代理指標とする）の影響を除去するために、偏相関係数を求めた結果、相関係数はかえってわずかだが値が小さくなった。年齢や居住地の影響はあまり考慮に入れなくてもいいくらいに、これらの3つの指標間の関連性は強いものがある。出身家庭の文化的条件の指標は、どれも互いに強い関連性をもちながら子どもの社

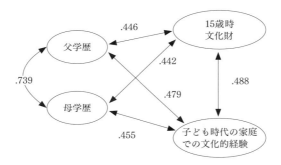

図2-2 家庭の文化的条件間の相関
注：相関関係はすべて p<.0001。欠損値データはリストワイズに除去（N=1940）

会化に影響を与えていると考えることができる。

家庭の文化環境にみるホワイトカラーとブルーカラーの断層

　わが国でも、職業によって知的柔軟性やパーソナリティが異なるという知見や（Kohn 1983; 白倉 1993）、親の子どもに対する価値期待やしつけ方が異なるという知見（片岡 1987, 2018d; 中井 1991）がある。職業は一定の職業と結び付いた文化を家庭に持ち込む媒体になっている。親が社会でどのような職業的位置を占めるかということは、家庭の文化資本を左右する要因となっているだろうか。

　父親の職業威信スコアと家庭での文化的経験スコア（身体化された文化資本）との相関は0.360（p<0.0001）、また父職威信と15歳時文化財（客体化された文化資本）との相関は0.375（p<0.0001）とやや強い相関があった。なお、本人年齢と義務教育終了地人口で統制した偏相関係数をとっても、値はほとんど変化しなかった。そこでSSM職業8分類ごとの相続文化資本（家庭の文化環境スコア）の得点を図2-3に示した。

　その結果、事務職以上のホワイトカラー層とそれ以外のブルーカラー層の間では、子どもの文化的環境（相続文化資本）に大きな断層があることがわかった。父の職業が専門職・管理職の上級ホワイトカラーで、とくに文化的経験のスコアが高く、専門職の値は農業層の約3.1倍、販売職の1.8倍の値を示した。家庭での文化的経験スコアは、事務職と販売職を境として、この間に断層が生じていることがわかる。また文化的財のスコアでも専門職、管理

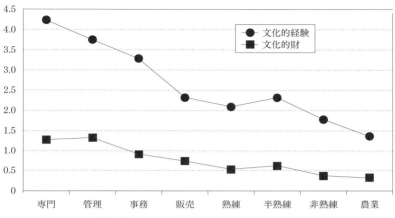

図2-3 父親の主たる職業と家庭の文化環境スコア

職の値が最も高く、管理職は農業層の約4.2倍、販売職の1.7倍の値を示した。ここでも父親の職業による家庭の文化資本の差異が明確に存在することがわかる。すなわち子どもにどの程度、文化的な経験を家族が伝えているか、もしくは与えるかという問題は、階層的な偏りをもった現象だとわかる。

都市の文化的機会を利用する層とできない層

　家庭の文化資本が機会構造（opportunity structure）の影響を受けていることは、前述の分析結果から明らかだが、そのなかの一つに地域による生活機会の差があげられるだろう。ブルデューはパリと地方の学生の言語資本の分布について、パリという居住地の文化的有利さを指摘していた。しかし日本全国でみた場合に、例えば過疎地ではクラシック音楽のコンサートがおこなわれるホールが近くになかったりする。さらに、文化産業の盛んな地域とそうでない地域では、住民の文化的経験にも差が生じるだろう。そこで出身地の都鄙度によって4つの地域に分類し、父職別の家庭の文化環境を測定した。出身地の都鄙度は、義務教育終了時点で居住していた地域の市町村区の人口とし、4段階に地域を区分した。人口3万人未満、3万―20万人未満、20万―100万人未満、100万人以上の都市という4つである。

　子ども時代の家庭での文化的経験のスコアを、分散分析にかけた結果、父

第2章　文化資本、ハビトゥス、実践——85

表2-7　家庭での文化的経験の分散分析

説明変数	自由度	平　均	F 値	Pr＞F
父主職8分類	7	280.3	69.01	0.0001
義務教育終了地	3	213.1	52.46	0.0001
父職×終了地	21	0.0	0.00	1.0000

職と義務教育終了地が独立に影響を与えているが、交互作用項は有意だとは認められなかった（表2-7を参照）。しかし図2-4に示すように、都市部のほうが家庭の文化環境は豊かになることが明らかになる。

　図2-4は、子ども時代の家庭での文化的経験のスコアをグラフ化したものだが、次のことがわかる。父親が専門職、管理、事務、半熟練の家庭では、人口の多い地域ほど子どもの文化の経験は高い。都市のホワイトカラー層の親は田舎のホワイトカラーよりも、子どもにクラシック音楽を聴かせたり、美術館へつれていったり、本を読み聞かせたりする頻度が高いのである。大都市のホワイトカラー層は、都市の文化的メリットを積極的に利用して子どもに豊かな文化的環境を与えている。しかし熟練、非熟練、農業のブルーカラー層では、たとえ都市部に住んでいても子どもの文化的経験は高まらない。そのため、大半のブルーカラー層の親は、都市の文化的機会をあまり利用しないものと判断できるだろう。

　その理由は、第1に、ブルーカラー層の親に文化資本が少ないため、文化的機会の利用可能性が低いというものである。その結果、ブルーカラー層は、子どもに文化的経験をあまり与えようとしないという解釈である。第2に、都市に暮らすということの機会費用の高さをあげることができる。住宅費、食費など生活必要経費が都市部ほど高いため、子どもの文化的環境にまで手が回らないという解釈もできる。どれも妥当するのではないかと思われる。結果的に、ブルーカラー層の子どもの家庭環境（文化環境）には、地域による影響は小さいといえる。

　このように、都市の施設や文化的機会を利用できる層とできない層が存在している。文化的機会の利用可能性に職業階層による違いがあるために、子どもの文化環境にも違いが生まれてくる。その結果、地域別にみれば、子どもの文化的経験の階層格差は、都市部ほど大きく、郡部などいわゆる田舎のほうが相対的に小さくなっている。都市の階層格差は、このように子どもの

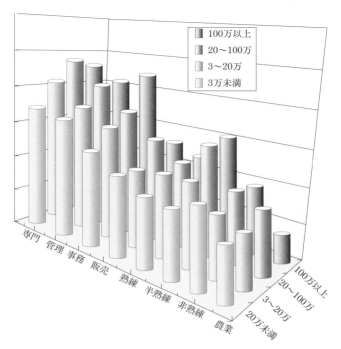

図2-4 父主職と義務教育終了地人口別の家庭での文化的経験

文化的経験の差となって現れ、家庭の文化環境は都市部ほど明確な階層差を示すことがわかる。

　以上では、都市の規模によって文化的施設の利用機会が規定されているというジュディス・ブラウのマクロデータの分析とも一致する結果が得られた（Blau 1986）。

身体化された文化資本と社会的条件

　出身家庭の文化資本のなかでも身体化レベルの文化的経験を取り上げて、その社会的基盤を明らかにしておこう。図2-5では、子ども時代の家庭の文化的経験が諸属性とどのような関連性をもっているかについて、重回帰分析をおこなった。図2-5の分析モデルでは、「子ども時代の家庭での文化的経験スコア」を被説明変数とし、説明変数として「父職業威信」「父教育年数」

第2章　文化資本、ハビトゥス、実践——87

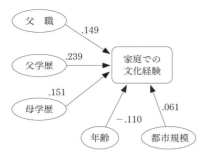

図2-5　家庭の文化的環境の規定要因：全体
N=1814　R^2=.281　すべて1％水準で有意。

「母教育年数」「年齢」「義務教育終了地人口（都市人口規模）」の5変数を用いて重回帰分析をおこなった。

全サンプルでは、この5変数で全分散の28.1％を説明できる（R^2=.281）。父職、父学歴、母学歴はどれも強い説明効果をもっている。出身家庭の親の社会階層的地位は、家庭の文化環境と強い関連をもっている。つまり出身家庭の階層的条件は、高い確率で子どもの幼少時文化資本へと変換されていく。とくに父職よりも、父学歴や母学歴の効果が強いということは、親の学歴に代表されるような家庭の文化資本が子どもの文化的経験の差を生み出すことを示している。子どもにとっての家庭の文化環境が経済要因にだけ還元できるものではないことを示唆している。文化資本の世代間相続を想定することができる。また親の年齢が高いほど、子の家庭での文化経験は少ない。義務教育終了地人口が多い都市化した地域出身者ほど、家庭での文化経験スコアは高い。

なお、労働者階級の家庭と中流階級の家庭の双方について学校との関係を調査したアメリカのアネット・ラローの研究によれば（Lareau 1987, 2011）、労働者階級の家庭では学校が期待するような家庭での学習に親が協力しない、もしくは、できないことを明らかにしている。また、中流階級の家庭では親が子どもの課外のフォーマルな活動（水泳教室、空手教室、美術教室、体操）の送迎などをしていることが多いが、労働者階級の子どもはインフォーマルな課外活動（蛇狩り、バイク、テレビ、近所の子との遊び、親の手伝い）をしているなど、家庭での文化的経験が階級により著しく異なっていることも指摘している。

次に、男性と女性に分けて分析した（図2-6、図2-7）。モデルの説明力を示す決定係数（R^2）は、男性0.253＜女性0.361で女性のほうが高く、わが国では出身家庭での文化的経験は、男の子よりも女の子のほうが階層との関連が強いことが再確認できた。言い換えれば、家庭を通じた文化の相続をより強く受けているのは、男子よりも女子である。

女性のほうが家庭での文化環境が階層要因によって決まっているというこ

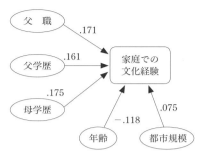
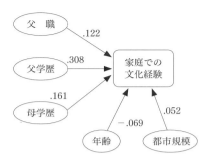

図2-6　家庭の文化的環境の規定要因：男性
N=868　R^2=.253　すべて1％水準で有意。

図2-7　家庭の文化的環境の規定要因：女性
N=945　R^2=.361　すべて1％水準で有意

とは、わが国では男女で家庭での教育戦略が多少異なることを示唆している。

　例えば男の子には勉強を叱咤激励する親が、女の子には稽古事や文化的素養を身につけさせるといった、やや古典的ともいえる子育ての目標の男女差を表しているのかもしれない（第9章を参照のこと）。ここで、女性にとっての稽古事や文化的教養が地位形成でどのような機能と意味をもつのかを考える必要があるだろう。また、このことの現代的意味を考えることは重要だろう。

14　初期の経験的研究での文化資本の測定

　初期の内外の文化的再生産の研究で、ほかにどのような変数が文化資本として測定されていたか、またどのような分析枠組みで経験的研究がおこなわれてきたかを整理しておこう。表2-8は、文化資本や文化的再生産をめぐる初期の経験的な先行研究である。

　海外の初期の研究に共通するのは、文化資本を社会的再生産・教育的再生産の媒介項として理解する点である。例えば、ポール・ディマジオやJohn Katsillis らは、教育達成と家族背景を媒介する変数としての文化資本に注目している。Katsillis らが用いる「文化的再生産プロセス」とは、背景効果（家族背景が文化資本を規定）、文化資本効果（文化資本は教育達成を直接的に規定）、変換関係（家族背景は文化資本を媒介として間接的に教育達成を規定）の3つのサブ・プロセスで構成される（Katsillis & Rubinson 1990）。しかし

表2-8　文化資本についての初期の経験的研究

	DiMaggio (1982)	Katsillis et al. (1990)	宮島・藤田 (1991)	片岡 (1991c)	片岡 (1992)
対象国	アメリカ	ギリシャ	日　本	日　本 (神戸市)	日　本 (神戸市)
サンプルのランダム性	なし	なし	なし	あり	あり
対象者	高校生	高校最上級生	大学生	成人女性	成人男女
文化資本の経験的尺度	美術館などの上流文化的活動参加	DiMaggio に準じる	ピアノ、百科事典など文化財所有	子ども期の家庭での文化経験	子ども期の家庭での文化経験
家族背景➡文化資本への効果	有意性なし (相関)	有意性あり (回帰)	有意性あり (相関)	有意性あり (回帰)	有意性あり (回帰と構造方程式モデル)
文化資本➡学歴への効果	有意性あり (回帰)	有意性なし (回帰)	－	－	有意性あり (回帰と構造程式モデル)
文化資本➡正統文化への効果	－	－	有意性あり (相関)	あり (回帰)	あり (回帰と構造方程式モデル)

注：括弧内は分析方法を表す。回帰＝重回帰分析、構造方程式モデル＝共分散構造分析。

　Katsillis らの研究モデルは、日本の教育社会学でも多く用いられているが、文化を媒介とした教育的・社会的再生産を強調するモデルである。ブルデュー理論は社会的再生産と文化的再生産のダイナミクスや文化闘争を問題にしているので、表にあげた多くの研究はブルデュー理論の部分的検証にとどまっている。

　表2-8をみると、文化資本の量による収益の差はアメリカではすでに高校の段階で生じている（DiMaggio 1982）。例えばディマジオは、文化資本の測度として美術館へいくことや文学、交響楽など上流文化への関与を用い、学業成績への影響力を明らかにした。その結果、親の教育と文化資本との相関は低いが、男女ともに文化資本によって成績は強く規定される。

　すなわち、文化資本は文化的移動のプロセスの一部であることを明らかにしている。とくに興味深いのは、文化資本がもつ意味が男女で異なり、「文化的関心と文化的活動は文化的に十代の少女では明確に規定されているのに対し、青春期の少年ではそれほど強く規定されていない。上流文化への関与

は、高い階層出身の成績がいい少女のアイデンティティ・キット（identity kit）の一部だが、成績がいい少年にとってはそうではない」（DiMaggio 1982）という点である。

　このことは、ローズ・R・コーザーが指摘したように、女性の文化的活動が男性と関係のなかで決まってくるという事実を反映している（Coser 1990）。10代の少女にとって文化的資本が必要とされるのは、「高い地位の男の可能なパートナー」として認められる条件だからである。また、結婚後は夫の地位の向上に貢献するために妻は高い文化的活動をおこなう。つまり、現代社会で、少なくともアメリカでは男女の文化的活動が必ずしも対称的なものとはなっていない。このことを、筆者なりに整理すると、現在でも社会階層上の地位は基本的には家族単位で作り出すものになっているといえる。このことは、ディマジオが、少年たちは「文化を評価することになる女性」に対する趣味を発達させ、少女たちは上流文化を身につけることが重要だ、としたことからも傍証できるだろう。ブルデューは、このような文脈での男女の違いを明らかにしていない。日本での男女の違いについての筆者の分析は、のちの章で明らかにする。

　表2-8に示すように、Katsillis はギリシャの高校生データによって、ディマジオとは異なった結論を得ている。文化資本は成績に独自の効果をもたず、出身階層の効果に吸収されることによって、文化資本を媒介とした教育的再生産プロセスが生じている。このように、文化資本の効果については、各国でかなり異なっている。フランスでも文化資本は階級再生産に効果をもたないという結果が報告され、ブルデューの理論と矛盾した結論が得られている（Robinson & Garnier 1985）。

　わが国では、宮島・藤田ら（1991）が大学生調査でブルデュー理論を実証し、親の文化的活動と子の文化的活動の再生産関係と幼少時の文化的財の保有の相関関係を明らかにした。分析方法は相関関係であり、大学生ということもあり、部分的証明になった。また大学生というのは、出身階層から一時的に切り離された状態の時期であるとともに、所属階層も未定である。大学生の経験が出身階層の相続文化資本の差を縮小する文化資本のキャッチアップ期だという研究もある（大前 2002）。筆者の2017年大学生調査でも、学生の文化的嗜好性の出身階層差は非常に小さいかほとんど見いだせなかった。ある意味、大学という場は、とくに都市部の大学では出身階層の制約を離れ

第2章　文化資本、ハビトゥス、実践——91

て現代的な文化を獲得する場になっている可能性が高い。

　成人への調査を最初におこなった片岡（1991b）は、神戸市成人への無作為調査によって、回帰分析で女性の相続文化資本（子ども期に獲得した文化資本）が正統文化的活動を促進することを見いだした。さらに、同じ神戸市調査の男性データから、学歴は親の学歴を統制しても子ども期の文化資本によって規定されること、さらに正統文化活動は出身階層によって最も規定されるものの、その内訳は、子ども期の相続文化資本（親学歴＋子ども期文化資本）が強く、次いで所属階層の効果もあり、本人の学歴の効果は最も弱いものだった（片岡 1992: 46-47）。また片岡（1992）の研究では、成人での文化的再生産のメカニズムが、わが国で初めて共分散構造分析による構造方程式モデルによって明らかにできた。本書に掲載する研究も、この延長上にある。

注

(1) ブルデュー理論でのテイストと階級の関係は、一定の恒常的なものではなく関係的なものである。社会的位置でさえも社会空間上で構築された関係的な視点からとらえられる。したがって、階級もまたブルデューでは、所与の実体として存在するものではなく、「構築した理論上の階級」として扱われていることに注意されたい。階級をマルクス的に所与のもの、あるいは実体として考えてしまいがちだが、あくまである時点での社会空間上の近接した集合でしかない。ブルデューは「社会空間において近接してさえいれば自動的に一体性が生まれるということにはなりません。この近接性は、そこに統一へと向かう客観的な潜在的可能性があるということ、（略）蓋然的な階級として「存在しようとする指向」があるということを、示しているにすぎないのです」（ブルデュー著、加藤編 1990: 77）と述べている。階級については第3章でも論じている。

(2) 単数形のハビトゥスのとらえ方に反し、ライール（Lahire 1998, 2012）は複数形のハビトゥスを提唱している。

(3) 教育社会学者の多くが、初期に書かれた苅谷（1995）らの研究を文化的再生産と理解したために、文化が学力に転換されることを文化的再生産メカニズムであると部分的に理解してしまった（片岡 2002, 2018c）。

(4) これと似た考え方である文化的スイッチ（cultural switch）については、DiMaggio（1982）がアメリカの文脈で早くから提唱していた。

（5）この節については村井重樹氏の助言を得た。記して感謝したい。

（6）文化資本をもっていても、それを使用する「場」によって収益は異なる。例えば家庭教師のアルバイトではエリート大学生であることは大きな価値を生むが、肉体労働の現場や販売や接客のアルバイト先では、エリート大学生であることはマイナスのスティグマになりかねない。

（7）筆者のこれまでの論文のなかでは、子ども期文化資本ではなく幼少時文化資本という呼び方をしている。どれも同じ内容である。

（8）第1回神戸調査での共同研究者としてともに文化資本の測定を検討したのは持田良和である。

（9）未発表

（10）2018年度の秋から冬にかけて、全国15校の大学で大学生を対象とした質問紙調査をおこなった。文科系・理科系を含むサンプル総数は662票である。

第3章
階級・階層から差異の空間へ

1 ブルデューの発生論的構造主義と階級・階層

　われわれは、日々の実践と立場決定を通じて、ヒエラルキーや地位の関係
の構造をたえず更新している。ブルデューのような発生論的構造主義の立場
から階級・階層を分析することは、従来の階層研究ではほとんどおこなわれ
なかった。

　筆者は地位達成研究の流れのなかで文化資本を扱ってきたが、地位達成モ
デルの分析では、統計分析に使用する階層変数は一次元的ラダーを前提とし
た職業威信スコアや従来の職業分類に限定されてしまう。「階層分類」にあ
らかじめ持ち込まれた理論前提は、分析結果の解釈で大きな限界をもたらし
ていた。こうした制約のなかで、文化の差異を検討することの矛盾を感じな
がらも、従来の階層研究の枠組みのなかに文化資本概念を導入する意義を追
求してきた。ブルデューの階級論に従えば、これを問題と考える研究者は当
然いるだろうし、筆者もその指摘に異論はない。そこで、ブルデューの発生
論的構造主義の立場に忠実に、差異空間からみた階級集団析出をおこなうこ
とにした（片岡 2002, 2003）。

　なお、ここで使用するデータは1995年 SSM 全国調査と99年川崎市調査で
ある。2005年 SSM 調査データも使用可能だが、文化変数の不備が多いので
結果を比較するには不適切である。また現在、変数がそろった最新データ
（2019年全国調査）を分析中なので、新しいデータでの分析は今後の研究論文
を見ていただきたい。

　なお近藤（2011）が2005年 SSM 調査を用いた文化の多重対応分析

（MCA）をおこなったが、これはブルデューが『ディスタンクシオン』でおこなった対応分析とは目的も空間構成の方法も異なっていて、以下の筆者の分析とも別種のものである。しかし、それをブルデューと同じ分析での検証だと誤解して紹介する論文も多い。ブルデューの方法を正確にまねる必要はないかもしれないが、違いを理解したうえで位置づける必要があるだろう。

階級・階層の概念

　社会階級や社会階層の概念は、社会的不平等を説明する際の社会的区分を示す概念として用いられる。社会学理論には、階級や階層の理論と測定や、階級集団の性格をめぐってさまざまな見解が存在する。ここではカール・マルクス、ウェーバー、そして機能主義的階層論との対比のうえで、ブルデューの階級概念の特徴にふれておこう。

　実在論的な階級論を展開したマルクスでは、生産手段の所有・非所有によって、ブルジョアジー（資本家階級）とプロレタリア（労働者階級）の二大階級に分けられ、階級間の利害対立から階級を規定していた。つまりマルクスがいう階級とは、生産関係で同じ状況にあり利害関係を共有する人々を意味していた。そしてマルクスの階級論には、階級闘争と階級意識が必然として組み込まれている。すなわち、経済的で集団的な利害や階級のイデオロギーを自覚し、それに基づいて対立する主体や集団が、実体論的な「階級」としてとらえられている。階級が生産関係上で決まるという理論なので、階級実践や階級闘争は構造的に決定されている。

　これに対してウェーバーは、マルクスのように階級集団を実在や実体的なものととらえたり、特定の目標を追求する主体としてとらえることには反対の立場をとっていた。ウェーバーは「階級状況」が似通っている者の集合に注目する。つまりウェーバーは階級を、類似した生活チャンス（life-chances）をもつ人々の集合体であると見なした。そして実在としての階級ではなく、生活機会をめぐる確率や機会のあり方として階級を分析するとしている。そして生活機会は、財産階級や身分階級に属しているかどうかによって異なっている。とくにウェーバーは、財産階級と身分集団を区別することで、階級と異なる次元である「地位（ステイタス）」の重要性を指摘した。身分集団は、「特定のライフ・スタイルが、その集団に属従しているすべての者に期待されているという事実によって表現される」（Weber

[1922]1978）もので、しばしば不定型なものでもある。例えば資格集団、男女の集団、人種、宗教集団などである（Murphy 1988）。ウェーバーの階級分析では「客観的な社会階級状況と、その状況にあって地位を保持している者たちの意識的な集合行為とが区別されている」（Murphy 1988）のである。

　階級に対して、社会階層（社会的成層：social stratification）の概念を生み出したのは、アメリカの機能主義理論の系譜である。社会的成層理論（社会階層論）では、地位の体系は序列的な「格付け」（ranking）の思想によって構成される。

　パーソンズの定義に端的に表れているように、社会階層とは「所与の社会システムを構成する人間諸個人を差別的に格付けして、一定の社会的に重要な諸側面で、諸個人を互いに相対的な優劣の差を設けて処遇すること」である。そして職業や学歴、収入などの各側面で、例えば5段階評価で地位の高低が個々に測定される。ここでは、地位は多次元的に測定されるので、個人が特定の階層に振り分けられるかどうかは、研究者の測定と階層の区分の仕方によってさまざまに異なってくる。

　大別するならば、階級を実在（実体）としてとらえる理論と理論的構成物としてとらえる2種類の理論がある。そして、階級や階層を区分する原理や現象が何であるかがそれぞれ異なっている。

ブルデューの階級分析

　ブルデューは、マルクスからは資本概念を、そして内容的にはウェーバーの階級論の影響を強く受けている。しかしブルデューが階級について論じるとき、ウェーバーとは異なり、階級とは差異の**体系**からなる社会空間上の相対的な位置のことをさしていて、**関係的概念**で階級をとらえるべきだとする。[(3)]

　ブルデューは、階級を所与のもの（個人や集団の属性、例えば職業を指標として分類された階層や階級）としてはみずに、差異の体系からなる生活様式空間と、資本の量と構造によって決まる社会空間のなかで関係的に語る。つまり「差異の体系によって分け隔てられたもろもろの集団」として**階級フラクション**をとらえようとする。階級フラクションとは、階級内階級と言い換えることもできる。

　そしてブルデューの階級概念は、蓋然的な階級として「存在しようとする指向」があることを示していて、階級について次のように解説している。

「いわゆる社会階級なるものは存在しないのです。（略）存在するのは社会空間であり、差異の空間であって、そこでは諸階級が潜在的状態で、つまり一つの所与としてではなく、いわば何かこれから作るべきものとして、存在するのです」（ブルデュー著、加藤編 1990: 79-80）なのである。

　そのために、階級と趣味や実践との対応関係を、その個人や集団が本質的にもっている特性であるかのように実体論的に解釈することを、ブルデューは鋭く批判する。例えば、クラシック音楽を聴く実践とブルジョア階級とが固定的関係として理解され、普遍的な関係であるように実体化してしまうことを「実体論的思考」と呼び、批判している。

　そうではなく、あるジャンルがもっている象徴的境界そのものが、象徴闘争の賭け金として、守ったり奪取されたりというように、歴史のなかで選び取られた結果なのである。そしてさまざまな活動や財、職業などの社会的位置も、それ自体の価値によってではなく、それぞれの相互関係で結び付き、関係的に特徴づけられる。われわれは、日々の実践と立場決定を通じて、ヒエラルキーや地位の関係の構造をたえず更新しているからである。そのためブルデューの階級論は、発生論的構造主義と呼ばれ、従来の階層・階級研究にはみられない新しい視点を提供している。

　実践と階級の関係の構造を分析するために、ブルデューは多重対応分析（Multiple Correspondence Analysis：略して MCA）という統計的手法を用いて「生活様式空間」を析出し、それとは別に、「社会的位置の空間（社会空間）」を統計的分布構造として描き出した。生活様式空間は、文化に関わる活動や知識、嗜好性を示す各項目が2次元以上の空間のなかでどのような相対的関係にあるかを示す付置状況（分布）で示され、ライフスタイルを図面的に表示し、互いの相対的距離でみていく。各項目の関係性の遠近は、項目間の距離によって示され、近い距離にあれば類似性が高く、遠い距離は異質であることを表す手法で示される。同様に、社会空間とは職種や収入、学歴、年齢などの社会的地位を示す変数が、生活様式空間のなかでどのように分布しているかを距離と付置状況で示し、空間上の位置関係の近さ、遠さが意味をもつ平面にプロットする。ブルデューの分析結果はあとで提示するが、詳細なフランスの調査データを用いて、ライフスタイルの差異空間がどのように構築されているかを、発生論的な構造主義の立場をとって明らかにしたのである（Bourdieu 1979a）。

ブルデューが関係性を分析することで明らかにしたことは、主に次の3つである。第1に社会的位置空間（社会空間ともいう）、第2に性向の体系（すなわちハビトゥス）、第3に行為者の選択が示す立場決定、言い換えれば諸実践（プラティック）であり、これは例えば、音楽の好みや政党支持などをめぐる選択である。これら3つの間にある関係をデータ分析し、社会的な差異の空間を実証的に、構造的に分析することを、階級分析の課題としている。

社会空間とは

　ブルデューがいう**社会空間**とは、資本の量と構造によって決まる空間である。そして、社会空間を差異化する最も大きな原理は、経済資本と文化資本であるという。

　したがって、ブルデューは階級を所与のものとして扱うのではない。あらかじめ上流階級や中間階級を想定するのではなく、存在するのは「**差異の体系によって分け隔てられたもろもろのグループ**」（Bourdieu 1979a）であり、これを階級フラクションと呼ぶ。しかし各フラクションは分断されているのではなく、実際には連続的な世界であるという。そして社会空間上の位置、言い換えれば資産構造の違いがハビトゥスの違いや社会的軌道の違いと結び付き、人々の諸実践（プラティック：pratique）の違いを生み出していくという。

　すなわち異なる階級というのは、差異の空間や社会空間で遠い距離の位置関係にある集団の違いであり、実際にライフスタイルなどで接点は少ない。このように階級を社会空間上の位置関係、すなわち相互関係的な特性としてとらえる。したがって、機能主義的階層論のように「職業威信の高さが中位だから中間階級」と分類されるのではなく、社会空間のなかで、ある職種がブルジョアと労働者のちょうど中間的位置を占め、ブルジョアをめざして上昇しようとして努力や勤勉を重視するように、ブルジョアとも労働者とも主観的にも客観的にも同一化できない特性のハビトゥスやプラティックを示すために中間階級とされるのである。すべては関係的にとらえられる。

　したがって、ブルデューの社会学では「個人」や「役割」という概念はありえない。相互作用でさえも、その背景に隠されている構造（目に見えない客観的関係の集合体）が規定しているのであって、個人と個人の相互作用としてとらえることに否定的な立場をとっている（Bourdieu 1979a）。

生活様式空間とは

　行為者の諸実践、例えば「上品な」振る舞い方や物腰のような身体化され
た行動、好きな食べ物や音楽の趣味、家具の買い方、客人のもてなし方、ス
ポーツなど、日常生活でのもろもろの実践が、差異や隔たりを表している。
これらの差異は、あくまでほかの諸特性との関係で意味をもっている。つま
り日常生活の行為の選択を通して表れる実践（プラティック）は、関係性の
なかで意味をもつ**差異の空間＝生活様式空間**を構成する。
　この差異の空間である「**生活様式空間**」とは表象化された社会界であり、
ハビトゥスを規定する2つの能力によって形成されている（Bourdieu
1979a=1989: 261）。ハビトゥスを規定する2つの能力とは、①プラティック
を生成する能力と、②プラティックを差異化＝識別し評価する能力（すなわ
ち分類作用であるところの知覚・認識の枠組み、言い換えれば、物事を識別する
目）である。言い換えれば、ブルデューの生活様式空間のなかで、遠い距離
にある集団は、ハビトゥスで距離のある集団であり、互いの趣味や感性、行
動様式などの点で共通するところが少ないのである。

社会空間の構造での経済資本と文化資本

　人々は生活様式空間の統計的分布構造のなかで、さまざまなハビトゥスを
もった集団として異なる位置へと配置されていく。またブルデューは経済資
本と文化資本が、社会空間を支配する2つの重要な原理であると指摘する
（Bourdieu 1979a）。つまり社会空間を構成するのは、経済資本と文化資本の
2つの資源配分で、その保有構造（資産構造）と資本の全体量（資本総量）の
違いである。では、文化資本と経済資本は、どのようにして生活様式空間と
関連づけられるのだろうか。以下は、ブルデューによるフランス社会の分析
から得られた知見を要約している。わが国での差異の社会空間に関する分析
結果は、後節で示す。
　生活様式のなかの文化消費に関しては、主要な対立は次の2種類である。
　第1の対立は、経済資本と文化資本の総資産量の多寡によって決まってく
る。経済資本も文化資本も恵まれた階層の消費は「卓越したもの・上品なも
の」と見なされるが、経済資本にも文化資本にも恵まれない階層の消費は、
「通俗的・下品」と認識される。このような趣味の違いとして、ブルジョア

の贅沢趣味と労働者階級の**必要趣味**、そして中間階級が示す**文化的善意**の違いなどがある。これらの趣味は、あとで示すように、階級の垂直方向の対立として表れる。しかしブルデューも指摘するように、階級による消費の違いを収入の影響だけに還元してしまう考え方では、同じ収入の者同士でもまったく異なる消費行動をするといった差異を説明できない。そこで次の第2の対立原理が出てくる。

　第2の対立は、経済資本と文化資本の資産構造の違いから生まれてくる。経済資本か文化資本のどれを多くもっているかという違いである。例えば、ブルデューは支配階級メンバーのデータを分析し、資本総量の高い状態にある支配階級が「経済資本は豊かだが文化資本が相対的に少ない大企業経営者のようなブルジョア階級」と「経済資本は相対的に少ないが文化資本の豊かな知識人や芸術家」に生活様式空間上で分かれて対立状態にあることを示した。ブルジョアと知識人は、労働者階級に対しては、正統文化を占有することで卓越化しているのだが、支配者層内部で生活様式や消費をめぐる立場決定など、価値観やライフスタイルが大きく異なるので、異なる社会的位置にあるといえる。

　ブルデューによる分析から、すでに第1章でも要約したように、ブルジョア階級は金をかけて遊ぶ（ヨット、ホテルでのバカンス、乗馬などの）「**贅沢趣味**」や著名な絵画を購入し所有することで見せびらかしの消費をする。経済資本が多くはないが文化資本の豊かな知識人層は禁欲的な「**インテリ趣味**」としてあまり金がかからないで差異化できる趣味を選ぶ（禁欲的貴族主義）。例えば美術館へ行ったり登山やキャンプ、ウォーキングの趣味へと向かう頻度が高い。ブルジョアの贅沢趣味は、社交的な意味でおこなわれることも多く、人間関係を作り「信用を得る手段」としてレセプションやパーティー、ゴルフなどのスポーツに参加し、人望資本を蓄積することで仕事に利益になるような「豊かさの誇示」をおこなうのである（Bourdieu 1979a＝1990: 48）。それに対して、知識人層は文化資本を蓄積する傾向が高い。知識人層はブルジョア階級（経済資本＞文化資本）よりも小学校教員や事務労働者と資産構造が似通っているため（文化資本＞経済資本）、差異の空間のなかで距離が近く、似た趣味や実践の傾向を示す。知識人とブルジョアの2つの階級フラクションは、社会空間内での距離も大きく、そのライフスタイルとハビトゥスではかなり異なっている。階級フラクションと呼ばれるこれらの社会空間上

の集団は象徴的な境界をめぐる闘争状態にあり、互いを外部として認識している。すなわちブルデューが提示した生活様式空間の図式は、実社会での人々の距離関係を表示しているのである（Bourdieu 1979a=1989: 260）。生活様式空間上で遠い距離として表れるほど、人々を互いに外部として認識させる差異化の原理が強くはたらく。

　ブルデューの階級概念の特徴は、差異の体系からなる生活様式空間と資本の量と構造によって決まる社会空間のなかで関係的に語られるということである。そして、社会空間で近い集団は、あくまで蓋然性としての階級、つまりは潜在的な状態で階級が存在しているということである。言い換えればマルクスがいうように同じ資産構造であれば自動的に連帯や一体性が生まれるというのではなく、ブルデューの場合は「蓋然的な階級として「存在しようとする指向」があるということを示しているにすぎない」し、階級とは「これから作るべきものとして存在する（略）構築すべきもの」（ブルデュー著、加藤編 1990: 77-80）なのである。そして生活様式の差異空間のなかで、われわれは日々の実践と立場決定を通じて、ヒエラルキーをたえず更新していくのである。

　では、日本では同じことがいえるのだろうか。そこで1995年 SSM 全国調査データを用いて、ブルデューと同じ対応分析の手法でデータ分析をおこない、生活様式空間を描いてみることにする。

2　わが国での差異の体系と趣味のヴァリアント

生活様式空間の様態

　ブルデューがその著書『ディスタンクシオン』で分析したように、趣味のヴァリアントを多重対応分析によって明らかにしよう。ブルデューは、諸階級は「相対的に自律性をもったひとつの空間を構成し、その構造はさまざまな種類の資本が支配階級のメンバーにどう配分されているかという分布状況によって決定される」ことを、実証的に示した。[4]

　ブルデューの対応分析の結果（Bourdieu 1979a=1989: 192-193）からは、経済資本と文化資本の資産量の違いが縦軸で表され、趣味や生活様式が資産総量によって対立していることがわかる。さらに、横軸の分布からは、支配

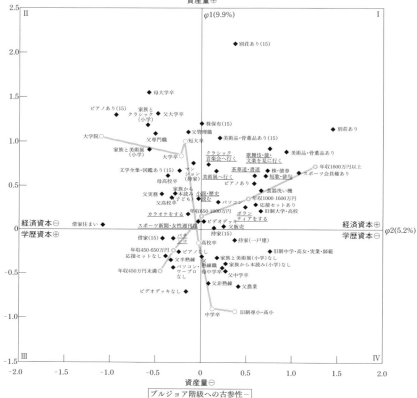

図3-1 生活様式空間と社会的位置空間（日本）（片岡（2003: 112）を再録）

注1：下線は、現在の文化活動を「年に1回以上」おこなう者をさす。
注2：15歳時の状態は（15）、小学生の頃は（小学）、子どもの頃は（子ども）と記した。
注3：家族からの本読み（子ども）＝「子どもの頃、家族の誰かが本を読んでくれた」ことが「よくあった」「ときどきあった」者。
　　家族とクラシック（小学）＝「小学生の頃、家でクラシック音楽のレコードをきいたり、家族とクラシック音楽のコンサートに行った」ことが「よくあった」「ときどきあった」者。
　　家族と美術館（小学）＝「小学生の頃、家族につれられて美術展や博物館に行った」ことが「よくあった」「ときどきあった」者。
注4：学歴構成はＡ票全体で、中学16.4％、高校47.2％、短大・高専6.7％、大学・大学院16.5％、旧制尋常小2.0％、旧制高等小5.2％、旧制中学・高女3.7％、実業学校1.1％、師範学校0.2％、旧制高校・専門高等師範0.8％、旧制大学0.3％である。
注5：年収は世帯年収を採用した。
注6：非活動および非保有で表示がない者は、原点の近くのⅢ・Ⅳ象限に集まっていた（略）。

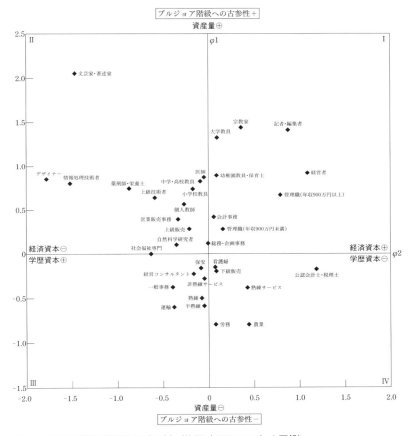

図3-2　社会的位置空間の続き（日本）（片岡（2003: 113）を再録）

階級が、経済資本は豊かだが文化資本が少ない経営者集団と、文化資本は豊かだが経済資本が少ないインテリ・芸術家集団に分かれていることがわかる。はたして、日本でもこれと同じ差異の構造があるのかどうかということが問題になる。

　筆者は、1995年SSM全国調査A票データを用いて、ブルデューと同様の手法で生活様式空間を統計的に析出し、社会空間との照合を試みた。SSM調査票では、趣味や文化活動の質問数が限定され、使用できる変数の

第3章　階級・階層から差異の空間へ——103

数が少ない。しかし基本的な説明変数セットはそろっているので、これを分析に使用した。ブルデューと同様、弁別的でない変数は除外して分析した。その結果、使用した説明変数は、現在の文化活動（10の項目）、15歳時家庭の保有していた財（6項目：持ち家、ピアノ、文学全集・図鑑、株券・債権、美術品・骨董品、別荘）、子ども時代に家族から与えられた文化的経験（幼少時文化資本の3項目）、所有財（9項目：ビデオデッキ、食器洗い機、パソコン・ワープロ、ピアノ、応接セット、スポーツ会員券、別荘、株券・債券、美術品・骨董品）、持ち家の有無などである。この分析に学歴や世帯年収、現在の職業は含まれておらず、補助変数として扱った。

　これらの生活様式空間と社会空間の多重対応分析結果は、図3-1および図3-2に示すとおりである。(5)　図3-2に示した職業カテゴリーは、補助変数として社会空間の一部であるので、これを図3-1に重ねることで社会空間を補完する。生活様式空間の第1因子（縦軸）の寄与率は9.9％、第2因子（横軸）は5.2％である。縦の第1軸は、資産量の多さを示すと同時に、**ブルジョア階級への古参性**をも示している。縦軸のプラス方向に貢献する項目は、「別荘あり」「家族とクラシック（小学生の頃）」「15歳時の家庭に美術品・骨董品あり」「クラシック音楽会へ行く」「美術展へ行く」「ピアノあり」「短歌・俳句」「歌舞伎・能・文楽を見に行く」などである。マイナス方向には、「ピアノなし」「ビデオデッキなし」「パソコン・ワープロなし」などがある。縦軸は学歴との対応も強い。

　次に第2軸は、経済資本と文化資本（とくに学歴資本）の配分状況を示していて、プラス方向が、「経済資本＋／学歴資本－」、マイナス方向が「経済資本－／学歴資本＋」を表していると解釈することができる。世帯年収の位置をみると、第Ⅲ象限から第Ⅰ象限へのラインがきれいにつながっている。年収1,600万円以上の人々の近くには、スポーツ会員権、美術品・骨董品、別荘あり、株、歌舞伎・能を見にいくなどが位置している。また収入ラインと交差するのが学歴のラインである。学歴は第Ⅳ象限の中学卒から、第Ⅱ象限の大学院へとつながり、とくに支配階級が位置する第Ⅰ、Ⅱ象限では、学歴は第2軸（横軸）に沿って伸びている。つまり第2軸は、プラス方向が経済資本の豊かさを、マイナス方向が文化資本の豊かさを示し、文化資本と経済資本は**交差配列構造**をなしていることがわかる。とくに文化資本の豊かさは、教育水準の高さによってもたらされる学歴資本という「制度化された文化資

本」によって影響されるという特徴をもっているが、出身家庭の文化的豊かさによっても特徴づけられる。図3-1をみると、文化消費と学歴の対応が、フランスほど明確ではないようだ。

しかし、これらの生活様式空間は、ブルデューがフランスの1960〜70年代を分析した結果と、基本的な構造はかなり似ている。軸の性質も、ほぼ同じである。すなわち生活様式の空間は、経済資本と文化資本の資産量とその配分状況によって決定されるというブルデューの分析結果は、わが国にもあてはまる構造だといえるだろう。文化資本と経済資本の交差配列構造は、社会の違いを超えて、かなり普遍的な構造である可能性がある。

しかし日本の特徴は、文化資本という場合に、制度化された文化資本である学歴資本によって差異化されている部分が高いと考えられる。日本の対応分析結果では、すでに述べたように、学歴資本と文化消費との間の対応関係が明瞭ではないため、ブルデューが示したものと軸の名前は同じようであっても、生活様式空間が同じであるということではない。とくに文化資本のあり方については、かなり異質な部分もあるようだ。次に趣味の分化について、詳しくみてみよう。

3つの趣味の様式と社会的位置空間

文化活動の分布は、図3-1の2軸のプラス方向に日本の伝統芸術が、中央付近からマイナス方向にかけて西洋文化趣味の文化活動が並んでいる。この2つの趣味は、図3-1の第Ⅰ象限と第Ⅱ象限上にみることができる。第Ⅰ象限の**伝統芸術趣味**には、日本の伝統的芸能に関わる趣味活動である「歌舞伎・能」「茶道・華道・書道」「短歌・俳句」が近い距離で出現し、これらは高い経済資本を背景として成立する趣味だとわかる。美術品・骨董品の所有が多いのも特徴である。これらの趣味は短歌や俳句は別としても、相対的にかなりの経済資本を必要とする趣味だという点では、フランスの経営者層の贅沢趣味に通じるところがある。

また第Ⅰ象限の左から第Ⅱ象限を中心に位置する**西洋文化趣味**では、「クラシック音楽会へ行く」や「美術展へ行く」「15歳時ピアノ保有」「小学生の頃、家族と美術展へ行った」「小学生の頃、家族とクラシック音楽のコンサートへ行った」「15歳時家庭に美術全集や図鑑があった」などが並ぶ。そして西洋文化趣味と「高学歴」であること、「親が支配階層（父専門職、父管

第3章　階級・階層から差異の空間へ——105

理職）」であることとの間に強い関連があることがわかる。また図2の原点中央部分では、「カラオケ」「パチンコ」「スポーツ新聞・女性週刊誌」が並んでいる。これらは**大衆文化趣味**と呼ぶことができるだろう。

　ブルデューの対応分析でブルジョアの贅沢趣味と同じ位置にあるのが伝統芸術趣味であり、インテリ趣味にあたるのが、西洋文化趣味であるということができる。しかし西洋文化趣味は、どちらかというと中央から伝統芸術趣味のほうに近いところに現在の文化活動として多く集まっていて、横軸で贅沢趣味と大きく対立するというわけではない。

　次に社会的位置空間について説明しよう。図3-1の生活様式空間の図上に、学歴や年齢、収入のほか各職業カテゴリー別にⅠ軸とⅡ軸の平均スコアを求めてその重心をプロットしたものが社会的位置空間である。図3-1と図3-2の軸は同じであり、各職業カテゴリーはあくまで分析の補助変数であるので、各職業が生活様式空間のどこに位置するかがわかる。図3-1の生活様式空間上に、図3-2の各カテゴリーを重ねて表示すべきであるが、見やすさを優先して、図を2つに分けている。職業の位置は、あくまで相対的な位置関係が重要になる。図上の距離が大きいということは、それだけ異なった生活様式をもっていることを示している。例えば、デザイナーと経営者は、保有する資本の構造がかなり違い、ライフスタイルもかなり異なっているため、空間上では遠い位置関係にあることがわかる。同様に、経営者と農業や労務、文芸家との距離も大きく、これらの距離は社会的な距離でもある。

　図3-1に図3-2を重ねると、最も経済資本が豊かな経営者層や年収900万円以上の管理職が、伝統芸術趣味をもっていることがわかる。おそらく年齢的にも高いほうに位置するだろう。伝統芸術趣味は、一種の贅沢趣味として「経済資本は多いが、文化資本（とくに学歴資本）のより少ない集団」すなわち経営者層が担っている文化であることがわかる。また大学教員や宗教家、文芸家などは、図の中央上部に位置していることから、経済資本も文化資本も保有する資産総量が多い集団であり、ブルジョア階級への古参性が古い集団だと思われる。

　また、デザイナー、文芸家・著述家のように文化資本は豊かだが経済資本が少ない集団が第Ⅱ象限に位置する。さらに情報処理技術者や上級技術者、薬剤師など理科系の専門職が第Ⅱ象限に集まっている。親は大卒や専門職が多くなり、本人も大学院修了が多い。出身家庭からの文化資本の相続を受け、

主に西洋文化的でかつ学校的な文化の取得が幼少時からおこなわれている。例えば、「小学生の頃、家でクラシック音楽のレコードをきいたり、家族とクラシック音楽のコンサートに行ったことがある」「小学生の頃、家族につれられて美術展や博物館へ行ったことがある」者が、これらの理科系の高学歴取得者やデザイナーには多い。これらの文化は、伝統芸術と異なり、複雑な師弟関係は少なく、かつ学校でのカリキュラムにも取り上げられるという点で、学校文化と親和的である。高学歴によって支配階級への参入を果たそうとする集団では、西洋文化的な文化資本を中心に獲得、もしくは相続してきたことがわかるだろう。

　このようにみていくと、わが国での西洋文化趣味の主要な担い手とは、「本人の学歴」と「家庭の文化資本（親の身分文化）」を通じて支配階級に参入しようとするグループであることがわかる。これに対し、学歴はそれほど高くはない経営者層は、社会関係資本や経済資本がものをいう伝統芸術の世界に趣味を求めることによって、地位を表示していると思われる。

　伝統芸術の世界は、「道」を極めて資格取得するのにコネや金がかかることや、経営者同士の閉鎖的な社交場でのもてなしにこうした文化的素養を使用している。例えば成功した自営業者や経営者は、自宅の敷地内に茶室を設けることによって、取引先やライオンズクラブなど自分が所属する経営者クラブの仲間をもてなすということがしばしばある。あるいは茶会の席に招かれることも多い。彼らは茶室でもてなすことによって、社会関係資本を強めたり、豊かな財をみせびらかすことで信用を高めることができ、それは商売に間接的に役立つのである。ここで茶道や華道の知識と経験が生きる。こうした経営者層の遊びは、伝統的な「旦那」遊びの伝統を引き継ぐものであり、見せびらかすことができる社交の場を前提としているため、能や舞、長唄や茶道・華道、詩吟といった素養が必要になるのである。そうした場では、西洋文化的素養はむしろ逆効果であるかもしれない。またゴルフなどのスポーツ会員権もまた、同様に社会関係資本を構築することに使われるスポーツとなっているため、スポーツ会員権を保有することは経営者や高給管理職のステイタス・シンボルになっている。

　これに対して高学歴層は、経済資本や社交の場を特別に必要としない、より個人化している西洋文化趣味をもつことが多い。いわゆるインテリ趣味である。彼らは、伝統的な支配階級でもある大商人や経営者層との差異化をは

かるためにも、新しい文化を自らの地位表示に使用する必要があった。鹿鳴館時代の西洋文化趣味に始まる近代化を推し進めてきた新興勢力は、学歴と西洋文化趣味によって、旧支配階級との文化的差異化をはかってきたのだと思われる。そうした流れのなかに、日本の西洋文化趣味があると推測できる。

　経済資本が多い経営者層であれば、美術の趣味は直接購入することで満たされ、それは美術品・骨董品の所有として実現している（図3-1）。しかし経済資本があまり豊かでなく、学歴によって専門職やホワイトカラーとして組織に入った中流階層の人々にとっては、美術品は購入するものではなく、美術館で見るものでしかありえない。文化資本はあっても経済資本の不足がこのような趣味を生み出す基盤だからだ。ピアノは購入できる価格なので、高学歴層はこれによって差異化をはかることが可能になる。そのため、1960年前後からの高度経済成長期に入ると、中流以上の証しとしてピアノを娘にもたせたり習わせたりすることが流行した。ピアノを購入できない層は、オルガンという代替品でまかない、そのため1960年前後から70年前後にかけての都市郊外の住宅地で、オルガン教室さえも盛況だった。しかし、そこからピアノへ移行する者は少なかった。

　なお、労働者階層の趣味については、SSM調査の調査項目の限界もあり、ブルデューがいう必要趣味を析出することはできなかった。しかし、全体として贅沢趣味にあたる伝統芸術趣味、インテリ層の西洋文化趣味、中流以下の階層の大衆文化趣味という3つの趣味が析出され、とくにハイカルチャーでは、西洋文化趣味と伝統芸術趣味が異なる社会的文脈にあることが明らかになった。そして、なによりもブルデューがいう経済資本と文化資本の交差配列構造によって生活様式空間が構成されていることを、わが国のデータでも立証できたことが重要な知見だろう。

　興味深いことは、わが国での生活様式空間と社会的位置空間が、ブルデューが示した結果と似た構造だということである。すなわち、経営者層と芸術家（文芸家とデザイナー）の対立関係は、わが国でも同様にみられる。一般事務職の位置や農業層、労務などの位置関係も、フランスとほぼ同様である。フランスの図と異なる位置にあると判断できる職種は、大学教員や高校・中学教員、小学校教員、そして上級技術者や情報処理技術者のような理科系技術職の位置である。さらにブルデューの文化媒介者にあたる記者・編集者の位置は、フランスとは異なっている。

日本の教員層はフランスの場合と比べて、2軸（横軸）で経済的にプラス方向にある。とく小学校教員の相対的位置はわが国で高く、高校・中学教員との差異はほとんどないといっていい。それに対し、上級技術者、情報処理技術者などの理科系技術者は、2軸のマイナス方向に位置し、経済資本は教員層よりも劣る可能性もある。おそらくこれらの層が、日本ではまだ年齢的に若く、高学歴によってだけ文化資本の形成を営んでいる可能性が高い。

　問題は、2軸の「経済資本－／学歴資本＋」という解釈で、ブルデューでは「経済資本＋／文化資本－」となり学歴と文化消費が対応していたのに対し、日本の2軸の「経済資本－／学歴資本＋」というのは、もっぱら大学院や幼少時の文化獲得の項目で固められた、学歴と出身家庭の文化資本によって構成されていることである。現在のハイカルチャーの文化活動は、2軸の中央からプラスよりの第Ⅰ象限に入り込んでいて、上級技術者はこれらと少し距離があるからだ。

　日本の学歴エリートが文化エリートではないというときに何を根拠にするかだが、全体的には、対応分析という手法で検討すると、やはりわが国でも学歴エリートは出身家庭の文化水準が恵まれた層から生み出される文化エリートである確率が高い。ただし理科系技術者を中心として、学歴と現在の文化消費レベル（身体化された文化資本）とが対応していない生活を送っている可能性が高いといえる。そして大学教員や宗教家など、資産量の最も多い集団だけ、学歴と文化消費（身体化された文化資本）が対応する文化貴族になっている可能性が高い。これについては、さらに第4章「文化的オムニボアと象徴的境界――現代の文化資本とは何か」で詳しく検討する。

3　文化の入れ子構造──フランスとの相違点

　ブルデューがフランスで見いだしたことは、人々は生活様式空間の統計的分布構造のなかで、異なるハビトゥスをもった集団として析出される点と、社会空間を構成するのは経済資本と文化資本の交差配列構造であるという点である。前節で示したように、ブルデューが示したフランスの結果と比べて、わが国の差異空間は次のような類似点①と相違点②をもっていた。

　①類似点：わが国の生活様式空間は、学歴資本と経済資本が交差配列する。

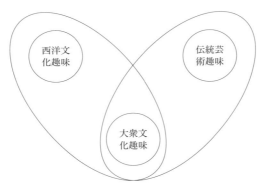

図3-3 文化の入れ子構造（1995年 SSM 調査の分析結果の要約）

　文化資本（学歴資本）と経済資本は、ブルデューがフランスで見いだしたように日本でも交差配列構造を示した。学歴資本が多く経済資本が相対的に少ない専門職層と、経済資本は多く学歴資本が少ないブルジョア層が、生活様式で対立的に分布することが明らかになった。しかし、その対立の中身はフランスと日本とでは異なっていた。

　②相違点：大衆文化趣味を共通文化とする「文化の入れ子構造」が析出された。

　フランスでは、ブルジョア経営者層の「贅沢趣味」、文化資本の豊かな知識人層の「インテリ趣味」、労働者階級の「必要趣味」が析出されていた。これに対しわが国では、経営者や年収900万円以上の管理職を中心とするブルジョア層の「伝統芸術趣味」（歌舞伎・能、茶道・華道、短歌・俳句など）、そしてブルジョアに比べて学歴資本は高いが経済資本が少ない専門職層の「西洋文化趣味」（ピアノ、クラシック音楽、美術展など）と原点中央部分の「大衆文化趣味」の3つが析出された。大衆文化が原点付近に分布するとは、大衆文化が階層的地位にかかわらず誰もがアクセスできる共通文化であることを示唆している。この点は第5章で明らかにする。

　このように多重対応分析を用いて生活様式空間と社会的位置空間（社会空間）の統計的分布構造を描き出すと、フランスと日本の違いは明瞭だった。フランスとの違いは、日本のデータでは労働者階層の趣味がうまく析出されず、大衆文化趣味が共通文化として析出されたことである。つまり、日本ではハイカルチャー消費者が大衆文化をも摂取する文化的オムニボア（文化的

雑食）として存在する。要約的に図示すると（図3-3）、大衆文化を共通文化とし、伝統芸術趣味と西洋文化趣味が突出するハート形になる。これを「文化の入れ子構造」と呼ぶことにした（片岡 2002）。

　また、大学教授はブルジョアと専門職の中間あたりに位置する点も、フランスとは異なる。ハイカルチャー消費者が伝統芸術趣味と西洋文化趣味の2つに分化し、異なるハビトゥスをもつ階層集団として析出される特徴をもっている。さらに、片岡（2000b）で明らかにしたような「文化的オムニボア」が実は、異なる趣味をもつ2つの階層集団に分化することもわかる。

4　都市部の生活様式空間と社会空間の相同性

　これまでみてきたのは、全国調査データだった。しかし以下では、近い時期に実施された川崎市での成人調査から、MCA を用いて分析した結果を示しておこう。全国調査と都市部調査では、差異の空間は異なるのではないだろうか。

　用いた調査データは、1999年に神奈川県川崎市で4,000サンプルを対象に実施された川崎市民調査（文化とライフスタイル調査）[6]である。多重対応分析をおこなうにあたり、文化的実践だけでなく、どのような友人を好むかなども含めて分析した[7]。文化項目だけで分析した結果が図3-4であり、ライフスタイル空間（生活様式空間）を MCA を用いて分析した結果が図3-5で、家庭にある絵画や建築物への興味関心、好ましい友人も含めた分析結果である（図3-4と図3-5は11-12ページのカラー口絵参照）。

　生活様式空間の分析に使用した変数は以下のとおりである。川崎市調査では、全部で26項目の文化活動について、その頻度を質問している。そのうち、弁別力がない項目を除外し、最終的に16項目の文化活動項目に絞って、関与・非関与のデータに変換した。さらにブルデューと同様の方法で多重対応分析 MCA をおこなった（片岡 2018a）。

　図3-4は文化活動だけの変数で分析していて、文化の差異空間と呼ぶことにしたい。図の各ドットのカテゴリー名の最後に付加されている数値（0と1）の意味は、その活動に関与していれば1、非関与カテゴリーは0である。例えば「クラシック1」とはクラシック音楽のコンサートに行った（関与し

第3章　階級・階層から差異の空間へ——111

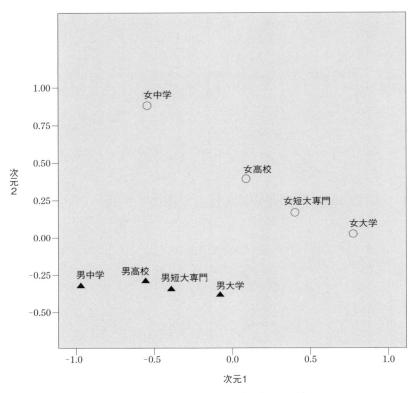

図3-6 生活様式空間（図3-5）での性別と学歴の位置（川崎市民調査）

た）人々のカテゴリーの各軸（次元）での平均点の2次元上の位置を表している。なお、図3-5での友人項目については、末尾の1は「友人としてつきあいたい」、0は「友人としてはつきあいたくない」を意味している。

　文化項目として使用した変数は、クラシック音楽会にいく、美術館や美術展にいく、歌舞伎・能・文楽・狂言を見にいく、茶道・華道・書道をする、短歌や俳句を作る、絵を描いたり陶芸をする、小説や歴史の本を読む、ピアノや楽器を演奏する、ジャズのコンサートやライブへいく、ロック音楽のコンサートやライブへいく、プロ野球やＪリーグなどスポーツ観戦にいく、カラオケをする、パチンコをする、スポーツ新聞を読む、競馬をする（馬券を買う）、競輪・競艇・オートレースにいくの16項目である。図3-5では友人の

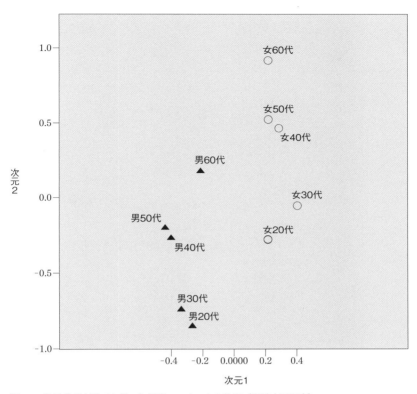

図3-7 生活様式空間での性・年齢別コーホートの位置（川崎市民調査）

好みとして、クラシック音楽や芸術の話をよくする人、趣味の洗練された人、言葉遣いや態度が上品な人、道徳的な人、ギャンブルの好きな人、悪いことでも平気でできる人、下ネタなどの冗談をすぐ言う人、風俗関係の店にいく人の8項目について、友人として付き合いたいか否かで二分している。さらに図3-5では、家に絵が掛けてあるかどうかの質問と、旅行先でその土地の建築を興味をもって見るか否かの質問も追加している。

図3-4に明らかなように、文化の差異空間は、正統・中間文化の1軸（横軸）と、大衆文化の2軸（縦軸）で全分散の35％が説明されている。このモデルの統計値は、片岡（2018a: 44）を参照されたい。この結果から、2つの軸でかなりきれいに文化項目が分かれていることがわかる。

第3章 階級・階層から差異の空間へ——113

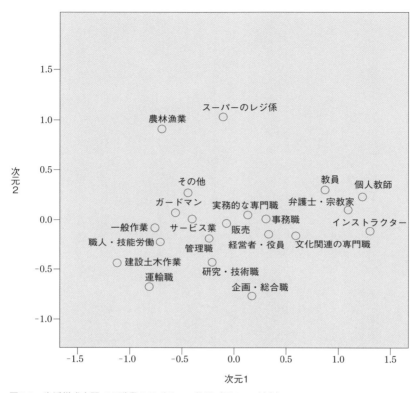

図3-8　生活様式空間での職業カテゴリーの位置（図3-5に対応）

　1軸のプラス方向は、正統文化あるいは中間文化を表し、短歌を作る、ピアノを弾く、能・歌舞伎・文楽を観る、クラシック音楽のコンサートにいく、ジャズのコンサートにいくなどが出現する。そしてマイナス方向はそれらの活動への非関与であることがわかる。縦の2軸は、マイナス方向が大衆文化に関与していて、競輪、競馬、パチンコ、スポーツ新聞などの大衆的な活動に関与する方向である。プラス方向は、これらの大衆的活動には関与しない人々が表れる。
　図3-4の文化の差異空間に関する分析結果の詳細は、片岡（2018a）で提示しているので、以下ではより多くのライフスタイル変数で構成された図3-5の生活様式空間について検討しよう。

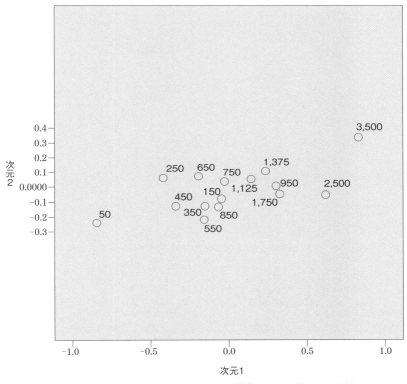

図3-9 生活様式空間での世帯年収カテゴリーの分布（単位：万円）（図3-5に対応）

　結論からいえば、川崎市では生活様式空間は、正統文化と大衆文化に明瞭に分化していた。さらにこの生活様式空間のなかで、経済資本と文化資本（学歴）との交差配列はみられなかった。図3-6と図3-9に示すように、むしろ経済資本と学歴の高低はかなり強い関連をもって現れ、資本の総量が高いと正統文化へ向かうということがわかる。

　図3-4と図3-5からわかるように、文化の差異空間も生活様式空間も、1軸が正統文化を表し、2軸が大衆文化を表している。性別、年齢と学歴を生活様式空間に位置づけた図3-6に明らかなように、最も顕著な差異は性別と学歴、そして年齢カテゴリーによって明瞭に趣味が異なる。これらデモグラフィックな要因がライフスタイルを分化させる最も大きな要因である。これは

第3章　階級・階層から差異の空間へ——115

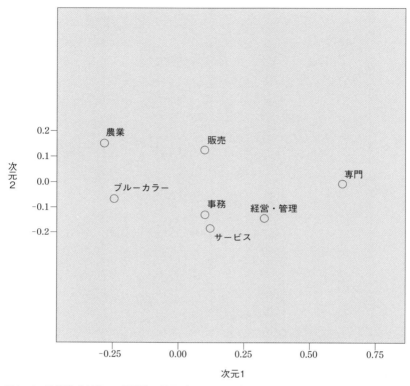

図3-10　生活様式空間での父職業の効果（図3-5に対応）

イギリスでベネットら（Bennett et al. 2010）が明らかにした結果と同様だが、日本のそれはより顕著にみえる。図3-6からわかるように都市部の男性はおしなべて大衆趣味を示し、学歴が高いほど正統文化を摂取しているが、女性の同じ学歴水準のカテゴリーとは異なり、正統文化趣味は男性全体でとても弱い。これに対し、女性は大衆文化的にはならずに、学歴の高さに比例して正統文化趣味が強くなる。そして男女ともに、年齢効果は大衆文化にだけ影響していて、年齢が若いほど大衆文化趣味になることが明らかである（図3-7）。とくに男性20―30代で、大衆文化が明確に表れた。日本の大衆文化、とくにギャンブルなどは職業も関係するが、年齢と性別の効果も大きいことがわかる。女性は大衆文化を嫌う傾向にあることも明らかである。

図3-9では、正統文化の高低にそって、世帯年収がパラレルに位置している。これは文化資本と経済資本が都市部の人々の間では、相関関係が強いということを意味している。ブルデューがいうような交差配列は、SSM 全国調査では見いだすことができるが、都市部では見いだせない。都市以外の地域では、経済資本と文化資本の関連が弱いということを意味しているのかもしれない。

注

(1) ある研究者が2005年 SSM 調査データで多重対応分析をおこなったが、その論文は多くの研究倫理上の問題があることを本人も認めていて（SSM 2005年調査委員会でも認定）、本人同意のうえで、今後一切の活字化と引用を自粛されることになっている。また05年 SSM 調査を用いて近藤（2011）がおこなった文化の多重対応分析は、ブルデューの分析方法とは、変数の選び方や分析の意図および方法も異なるものであり、ブルデューの対応分析と比較するには無理がある。

(2) 近藤（2011）は、生活様式空間と社会的位置空間を別々に多重対応分析（MCA）で析出するという方法で、2つの空間の相同性を検討した。ブルデューや筆者の分析の手順とは異なっている。ブルデューの MCA の分析では、まず生活様式空間を析出し、社会的位置空間は補助変数として構成される分布構造として提示される。2つの空間の相同性を検討するという意味では、近藤の方式も意義はある。なぜなら瀧川（2013）が指摘するように、ブルデューはこの2つの空間の相同性を前提としていたと考えられるからである。しかし問題は、近藤の場合は社会的位置空間を構成する MCA 分析で、保有する文化的財の項目を多数含めて、経済変数や地位変数とともに同列に扱って社会的位置空間を構成した点だろう。つまり、客体化した文化資本を社会的位置空間の要素として含めているので、文化変数で構成された生活様式空間と文化変数も含まれた社会的位置空間を別々に構成して、この2つの空間が相同しているということを主張するが、両方の空間に文化資本のカテゴリーが含まれているので、この2空間が類似するという結論は当然予想できるものである。それゆえ、ブルデューの分析とは発想も、手法も異なるものとして理解すべきである。

(3) ブルデューは、『ディスタンクシオン』の「階級のライフスタイル」の記述部分で、ブルジョア階級、中間階級、労働者階級と従来の階級分類をそのま

ま用いて論じたという点では批判も受けている。

(4) MCA では各カテゴリー間の距離に意味があり、距離が近いほど関係性は強く、距離が離れているほど関係性は弱いことを意味する。また人数が少ないカテゴリーは図の周辺部に配置される傾向がある。

(5) 使用した変数は、2値に置き換え、例えば「クラシック音楽会に行く」と「行かない」項目がすべて表示されるのだが、「行かない」のように、行動がない場合のカテゴリーは、読者にとっての図の見やすさを考え、一部を除いて大幅に表示を削減した。その多くが、第3・第4象限に位置していた。

(6) 川崎市民調査は1999年1—2月に科学研究費の調査として実施された(代表：片岡栄美，基盤研究（B），課題番号：17H02597)。母集団は川崎市在住の20—69歳（1999年1月1日現在）で、サンプリングは選挙人名簿から確率比例抽出法で200地点を抽出し、4,000サンプルに対して郵送法で質問紙調査を実施した。有効回答は958票で、回収率は24%、男性438人、女性518人、不明2人である。報告書は片岡編（2000）。

(7) ブルデュー（1979a）での多重対応分析では、本人の学歴、年齢、収入、父親の職業が文化項目とは別に補助変数として扱われる。川崎市データでの分析ではブルデューと同様にライフスタイルに関わる項目のみで生活様式空間を構成した。友人選択の項目は、ブルデューでも用いられている。図3-5に対し、補助変数として年齢、性別、学歴、職業、収入をプロットした結果が、図3-6から図3-10である。

第4章
文化的オムニボアと象徴的境界
──現代の文化資本とは何か

はじめに

　本章では、「文化的排除」や「象徴的排除」、そしてそれと逆の「文化的寛容性」（cultural torelance）という観点から、現代の文化と階層の関係を検討し、ポストモダン社会での新たな階層化原理を探ることにしたい。そして大衆化し境界の融合とみえる部分にこそ、文化の差異化戦略が作用していることを解明していく。分析に用いるデータは、1995年 SSM 調査の A 票と威信票である。

1　文化的な排他性それとも寛容性

文化と社会構造

　文化と社会構造の対応を理解するうえで、異なる3つの視点がある。最初の2つは、文化と社会の対応関係に関する仮説であり、文化を生産したり消費したりする行為者個人あるいはその人が所属する階級・階層に特有のテイスト（嗜好）を問題とする。また、文化を定義するのは、階級もしくは階層集団であるという前提に立っている。したがって、文化消費パターンは、社会的地位や属性などの個人的属性で説明できるとする方向性である。そして第3の視点は、個人を超えたマクロな社会的要因として組織を問題とする。

　まず、第1の視点は「エリート文化 vs 大衆文化」の分極構造を想定し、文化のヒエラルキーと社会ヒエラルキーが一対一対応するという前提によっ

て成立する**文化的排他性仮説**（cultural exclusion hypothesis）である。この仮説は、「趣味は階級のマーカーである」という理論仮説に基づいている。これは文化の古典的な理論であるソースティン・ヴェブレンやマックス・ウェーバー（Weber 1922[1978]）そしてピエール・ブルデューの視点である。すなわちエリートの文化とは正統趣味であり、エリートは大衆趣味を排除することによってほかの階級との社会的境界を示す。つまり高い地位にある人々は、自らの支配を継続させ、それを子どもに受け継いでいくために、文化によって自らの社会的優位を誇示したり（Veblen [1899]1973: 189）、ステイタス・カルチャーの境界線を守り、ほかの階級を文化的に排除しようとする。また上昇移動しようとする人々は、上層階級に接近するために、上層の文化スタイルを取り入れて身につけようとする。文化の象徴的境界を維持することが、階級支配の重要な手段になるという理論である。[2] 正統文化が特定のエリート集団によって排他的に専有されている（Bourdieu 1979a）社会では、正統趣味がステイタス・シンボルになる。これはパーキンの社会的排除の理論とも関連する（Parkin 1979）。

　第2の視点は、**文化的オムニボア仮説**（cultural omnivore hypothesis）である。これは、**文化的雑食仮説**と紹介されることもある。ここでは文化的オムニボアを「威信の高いハイカルチャーから威信の低い大衆文化までの幅広い文化趣味をもつオープンな志向性」と定義して、使用する。また、特定の文化趣味だけをもつ排他的な志向性を「文化的ユニボア」（cultural univore）と呼ぶ。

　文化的オムニボア（文化的雑食）は、ピーターソンが初めて使用した概念であり（Peterson 1992）、アメリカやイギリスを中心に浸透していった。この概念は、人々が高級文化を好む人と大衆文化を好む人のように階級ごとに分離するのではなく、文化消費の面で雑食になることを意味している。文化資本が高い人ほど文化的雑食者になることから、現代の文化資本とは、文化的に排他的であることではなく、文化的な多様性や寛容性を示すことだという意味をもつ仮説である（Peterson 1992; Peterson & Simkus 1992; Peterson & Kern 1996; Bryson 1996; 片岡 1997c, 1998c, 2000b, 2018a）。ここではエリートは文化的に排他的ではなく、威信が高い文化も低い文化も多面的に消費する幅広い趣味（broad taste）をもつ文化的オムニボアになる（Bryson 1996）。なぜなら民主的態度と政治的寛容性がエリートに求められる社会で

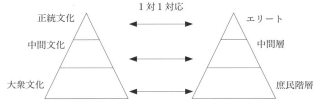

図4-1　階層文化の明確な社会（伝統モデル）

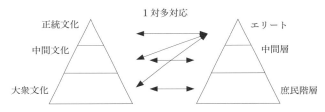

図4-2　文化的オムニボアの社会文化モデル

は、自分たちと異なる社会集団の文化に排他的とならず、「文化的寛容性」(cultural torelance) を示すことがエリートの要件となるからだ。したがって、文化的ヒエラルキーは、社会的ヒエラルキーと一対一に対応しない。

　第1と第2の仮説を図示すると、図4-1と図4-2のようになる。

　第3の視点は、マクロな社会的要因として文化産業などのコーポレートを問題とする。マクロ社会学的視点が必要となるのは、ハイカルチャーの担い手たる文化エリートは、今日では、かつての伝統社会での貴族ではなく、教育システムや近代組織によって生み出されるからである。文化的優越、文化的支配のコントロールの中心が政府・地方自治体や企業、企業に立脚した委員会に移りつつある。政府や自治体の文化振興策や企業メセナ、非営利団体・文化団体の催しなど、文化事業への助成金も近年、増加している。こうした文化のコーポレート支配（DiMaggio and Useem 1982）は人々の文化消費パターンにも影響を与えている。そこで、人々の文化消費が組織文化のような「場」の文化に規定されるという**文化のコーポレート支配仮説**を設定できる（DiMaggio & Useem 1982）。あるいは文化資本が高い人々は、文化産業やマスコミ、教育など、発展的で文化資本をより必要とする分野へ就職するという、産業界での水路づけ効果（Meyer 1972, 1977）を仮定できるので

第4章　文化的オムニボアと象徴的境界——121

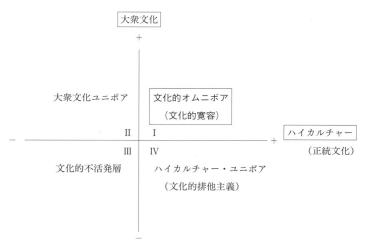

図4-3 文化消費の4タイプ

ある（片岡 1991b）。

　上記3つの仮説のうち、本章では第1の文化的排他性仮説と第2の文化的オムニボア仮説に絞って、そのどれが日本の階層と文化の関連性を最もよく説明するか検討しよう。第3のコーポレート支配仮説は、第6章で示す。

　以下での議論の理解を助けるために、文化消費パターンを単純化して、ハイカルチャー（正統文化）と大衆文化（ローカルチャー）で分類した見取り図を示しておこう。図4-3から文化消費は4つのパターンで理解できる。第Ⅰ象限は、ハイカルチャーと大衆文化の両方に関与と文化的寛容性が高い文化的オムニボア、第Ⅱ象限は、大衆文化のみに関与する大衆文化ユニボア、第Ⅲ象限はどの文化活動にも非関与的な文化的不活動層、第Ⅳ象限はハイカルチャーだけに関与するハイカルチャー・ユニボア（文化的排他主義）であり、ブルデューのいう文化貴族にあたる。

先行研究と分析課題

　高地位者は、例えばクラシック音楽しか聴かないようなハイブロウで排他的な趣味をもつ人々なのだろうか。ブルデュー理論では、高地位者ほど低地位者の好きな大衆文化（low-status culture）を拒絶し、文化的な排除性が高

いということになるが、日本やアメリカでは必ずしもそうではない側面が見いだされている。

　先行研究として、すでに筆者ほかが成人を対象におこなった第1回神戸調査（1989）からは、クラシック音楽や美術、能・歌舞伎といった正統趣味をもつ男性の多くが、パチンコやカラオケなど大衆趣味の文化活動も同時におこない、文化的な差異化と同時に大衆化するという二重の文化戦略を採っていた（片岡 1992）。アメリカではリチャード・ピーターソンらが、ハイブロウな文化消費をおこなう人々のなかに中間文化や大衆文化の多種多様な文化消費をおこなう文化的オムニボアがこの10年間で増加し、高級文化だけを排他的に消費する文化的ユニボアが減少している事実を指摘した（Peterson 1992; Peterson & Simkus 1992; Peterson & Kern 1996）。

　またブライソン（Bryson 1996）は、音楽の好みの分析から、幅広いジャンルを嫌わずにいること、すなわち文化的寛容性は、現代アメリカ人の文化資本の一部分となっていること、さらにその一方で、高地位者は特定の社会集団を担い手とする音楽ジャンル（例えばヘビーメタル）に排他的となり、自らとの間にある象徴的境界を強化するために、文化的（音楽的）テイストを使用することを実証的に示した[3]。日本でも音楽趣味の分析から、音楽趣味に象徴的境界はあるが、高学歴化とともにオムニボア化が進んでいることが明らかにされた（片岡 1997c）。日本の高学歴層の多くが、クラシックだけでなくポピュラー音楽、ロック、ジャズなど多様な西洋音楽を聴く文化的オムニボアとなっている。つまり文化的オムニボアになることは現代の文化資本の一部となっている。それと同時に、文化的オムニボアとなった多くの高地位者は、学歴の低い人々が好む演歌や民謡は聴かないという文化的排他性を示すことも明らかにされた（片岡 1997c, 1999）。

　日本でもアメリカでも、高地位者や文化資本の高い高学歴者は幅広い文化的テイストを示し、文化的オムニボアという形で文化的寛容性を示すが、特定の部分で象徴的境界を設定して象徴的排除もおこなっているといえよう[4]。はたして、日本の全国調査ではどのような結果になるだろうか。以下に本章での分析課題をあげておこう。

　第1に、文化消費での幅広いテイスト（broad taste）、言い換えれば文化的寛容性[5]は、現代の文化資本となっているのだろうか。第2に、「文化的オムニボア」がわが国で増加しつつあるか否かを検討する。第3に、文化消費の

象徴的境界は存在するのか。とくにハイカルチャーへの参加者と非参加者との間にある境界は、階層的境界なのか、文化的境界なのか、あるいはまったく非階層的な現象なのかを明らかにする。第4に、ハイカルチャー消費をおこなう文化エリートが大衆文化をも摂取してオムニボア化するのはなぜか、その規定要因を解明する。第5に、文化的排他性は日本で社会的排除として存立しているのか、大衆文化を排除する人とはどのような人なのか、そして大衆文化の機能とはどのようなものか、以下で検討する。

2　文化の威信スコアと指標

文化の威信スコアと文化活動経験者率

　近代からポストモダン社会への移行が、「分離から融合へ」という方向性に特徴づけられるとすれば、高級とか低級といった文化の序列的判断基準そのものも融解することになる。そうなればクラシック音楽の消費が正統文化や高地位の象徴であることはなくなり、ボードリヤールがいうように文化の表象性は喪失するだろう（Baudrillard 1970）。そこで人々の文化への威信評価を測定することにした。データは、1995年SSM調査A票の全サンプル2,653人（男1,248人、女1,405人）と威信票データ（1,214人：男566人、女648人）を使用した。

　文化威信スコアとは、基本的には橋本（1990）の手法に準じ、職業威信スコア（直井 1979）と同様の手順で測定された尺度であり、文化威信の高低を示す操作的に定義された概念である（橋本 1990; 宮島・藤田・志水 1991; 片岡 1996c, 1998g）。表4-1は、12種類の文化活動に対する人々の威信評価を「最も高い」「やや高い」「ふつう」「やや低い」「最も低い」の5段階で測定し、数値化して0 – 100点のレンジで文化威信スコアとした結果である。[6]文化威信スコアをみるかぎりでは、多くの人々にとって文化活動の序列性は共通認識となっているようだ。[7]例えば「高い」と評価された上位は、「社会的活動」（68.4）、「歌舞伎・能・文楽」（65.9）、「クラシック音楽の音楽会・コンサート」（64.5）であり、低いと評価されたものに「パチンコをする」（27.7）、「スポーツ新聞や女性週刊誌を読む」（39.1）、「カラオケ」（39.8）がある。いずれも標準偏差は20前後である。

表4-1　文化威信スコアと文化活動経験者率（全体）

文化活動	文化威信スコア (a)	標準偏差	N	経験者率 (b)	経験者率 男	経験者率 女	χ^2検定 (c)
社会的活動に参加する (d)	68.4	20.0	1180	28.6	29.1	28.2	－
歌舞伎や能や文楽を見に行く	65.9	19.3	1145	12.6	8.1	16.6	**
クラシック音楽の 音楽会・コンサートへ行く	64.5	19.1	1163	30.7	22.1	38.2	**
美術展や博物館に行く	64.1	17.5	1172	50.2	46.8	53.1	**
短歌や俳句を作る	61.9	18.9	1158	5.6	5.5	5.6	－
華道・茶道・書道をする	60.6	17.5	1162	16.6	5.6	26.1	**
小説や歴史の本を読む	55.6	16.7	1177	63.1	62.1	64.1	－
ゴルフ・スキー・テニスをする	52.1	14.6	1158	37.5	48.8	27.6	**
手作りでパンや菓子をつくる	50.4	15.7	1168	33.2	6.3	55.9	**
カラオケをする	39.8	22.9	1133	64.8	71.6	58.7	**
スポーツ新聞や女性週刊誌を読む	39.1	22.8	1135	73.6	73.0	74.4	**
パチンコをする	27.7	27.0	946	29.7	44.2	16.8	**

(a) 文化威信スコアは、1995年 SSM 全国調査威信票データに基づく。
(b) 経験者率は、最近の5、6年に1度以上の活動経験がある者の比率、1995年 SSM 全国調査 A 票データに基づく。
(c) 男女差の χ^2検定で＊＊は有意水準1％未満で有意差あり。－は5％水準で有意差なし。
(d) ボランティア活動、消費者運動など。

　また経験者率をみると、文化活動での性差が顕著である。傾向としては、女性のほうがハイカルチャー嗜好が強く、男性のほうが大衆文化嗜好が強い。

文化の指標

　諸文化活動は文化威信スコアの高低に従って、「ハイカルチャー」「中間文化」「大衆文化」の3つに分類できる。分析に使用する文化の指標として、**ハイカルチャー**を構成するのは、文化威信スコアが60点以上の「クラシック音楽の音楽会・コンサートへ行く」「美術展や博物館に行く」「歌舞伎や能や文楽を見に行く」「短歌や俳句を作る」「華道・茶道・書道をする」の5項目である。[8] **中間文化**は、「ゴルフ・スキー・テニスをする」「小説や歴史の本を読む」の2項目で文化威信は45点以上60点未満、**大衆文化**は45点未満の「カラオケをする」「パチンコをする」「スポーツ新聞や女性週刊誌を読む」の3項目とする。

　また表4-1の12の活動項目のうち、過去数年間に1回以上経験した活動項目の総和を**「文化的寛容性スコア」**として作成した。[9] 文化的寛容性スコアは、得点が高いほど多くのジャンルの活動に参加していることを示すため、文化

第4章　文化的オムニボアと象徴的境界──125

テイストの幅の広さを示す指標である。文化的寛容性は、文化的オムニボアとかなり似た概念だが、以下のオムニボアの尺度とは区別する。なぜなら、活動している種類数が多く趣味が幅広いだけでは、オムニボア化したとは厳密にはいえないのである。スコアのレンジは0—12点となる。

そこで本章では、文化的オムニボア化を測定する「文化的オムニボア・スコア」を新たに作成した。これはハイカルチャー消費者の大衆文化化を測定する指標であり、「ハイカルチャー経験者が、大衆文化活動を経験している度合い」で測定する。具体的には3つの大衆文化活動のうち、何種類の活動に関与しているかの合計値をスコア化した。スコアレンジは、0—3点となる。

次に文化的排除の概念を明確化するために、「**大衆文化排除スコア**」を作成した。これは大衆文化活動（パチンコ、カラオケ、スポーツ新聞・女性週刊誌）のそれぞれについて、「ここ数年間したことはない」と答えた者を1とカウントし、「週に一回以上」から「数年に一度くらい」の経験者は0とする。その合計値を算出すると、スコアのレンジは0—3点となる。

3　文化的寛容性は現代の文化資本か?

文化的寛容性と排他性

文化テイストの幅の広さを、ブライソン（Bryson 1996）は「幅広い趣味」（broad taste や cultural breath）と表現し、文化的寛容性を表すと定義していた。ブライソンの文化的寛容性の概念を用いて、文化趣味の幅の広さ（broad taste）が、現代日本でどのような社会的意味をもつか検討しよう。

本章では、文化的寛容性を「経験した文化活動の数の総和が多いほど、幅広い文化的テイストをもち、文化的寛容性が高い」と操作的に定義して使う。文化的排他性仮説に従えば、仮説1が、設定できる。しかし文化的オムニボア仮説に従えば、仮説2が設定できる。

　　仮説1：高地位者ほど、文化的排他性が高く、関与するジャンルの数が少ない。

　　仮説2：高地位者ほど、文化的寛容性が高く、関与するジャンルの数が多い。

次に、教育や文化資本は文化的寛容性とどういう関係にあるだろうか。教育は政治的寛容性を高めるというテオドール・アドルノらの知見を文化的寛容性へと拡張する（Bryson 1996）ならば、学歴が高い者ほど文化的に寛容であり、ハイカルチャーから大衆文化まで幅広いテイストをもっていると予想できる。したがって、高学歴層ほど文化的寛容性は高く（仮説3）、同様に相続文化資本を多く保有する者ほど、文化的寛容性が高いという仮説を設定する（仮説4）。

　仮説3：高学歴層ほど、文化的寛容性が高い。

　仮説4：相続文化資本の高い人ほど、文化的寛容性が高い。

　仮説4は、子ども時代にクラシック音楽や美術鑑賞などのハイカルチャーに家庭で接していた相続文化資本の高い者は、文化的寛容性が高くなるという仮説である。つまり収入や職業威信などの地位変数をコントロールしても、文化資本は文化的テイストの幅を広げ、活動するジャンルの数が多くなると仮定する。なぜならオムニボア仮説によれば、現代の文化資本は、文化的テイストの幅の広さと寛容性を特徴とするからである。

文化的寛容性（Broad Taste）の規定要因

　重回帰分析を使用して、文化的寛容性スコアを被説明変数とする6つのモデルを作成した（表4-2）。分析モデルの説明力を示す決定係数（R^2）はどれも高く、モデルの適合性はよい。説明変数の「相続文化資本」とは、幼少期から小学生時代にかけて家庭で経験した文化的活動のスコアであり、家庭経由の「身体化された文化資本」を測定している[10]。なお、相続文化資本には親の学歴の影響が多く含まれるため[11]、ここでは子ども期に身体化した相続文化資本だけを相続文化資本の効果の測定に用いることが適切と判断した。

　また、「仕事中心主義」から「センスのよさ」までの5変数はどれもライフスタイルを表す変数である。ライフスタイルが正統文化活動を規定することが、白倉（1997, 1998a, 2000）によってすでに明らかにされているので、これらの変数の効果を検討した。

　表4-2の分析結果をみると、モデル1より教育、職業、年収の3変数が高いほど、文化的寛容性が高いことがわかる。仮説1は否定され、仮説2と仮説3は採択できる。高地位者すなわち収入や職業威信が高い者ほど、文化的寛容性は高く幅広いジャンルを実践している。また、高学歴ほど文化的寛容性は

表4-2　文化的寛容性（趣味の幅広さ）の規定要因（重回帰分析）

説明変数	モデル1	モデル2	モデル3	モデル4	モデル5	モデル6
本人年齢	−	-.118**	-.156**	-.117**	-.134**	-.134**
性別ダミー[a]	−	-.163**	-.149**	-.114**	-.113**	-.137**
居住地人口[b]	−	.030	.036	.021	.019	.009
本人教育	.333**	.294**	.256**	.194**	.197**	.210**
職業威信[c]	.079**	.096**	.080**	.055*	.051*	.050*
家族年収	.143**	.168**	.104**	.110**	.116**	.099**
所有財[d]			.178**	.167**	.163**	.130**
相続文化資本[e]				.234**	.230**	.191**
自由時間[f]					.097**	.076**
仕事中心主義[g]						.058**
ライフワーク[h]						.193**
人生を楽しむ[i]						.008
つきあい拡大志向[j]						.040*
センスのよさ[k]						.069**
R^2	.181	.222	.245	.289	.297	.355
Adjusted R^2	.179	.220	.242	.286	.293	.349
ケース数	1757	1757	1755	1715	1712	1692
F検定	p<.0001	p<.0001	p<.0001	p<.0001	p<.0001	p<.0001

注：数値は標準化偏回帰係数　** p<.01　* p<.05
(a) 性別ダミー：男 =1，女 =0
(b) 居住地人口：1995年の国勢調査データに基づいて作成。
(c) 職業威信：1995年版職業威信スコアを使用。女性無職の場合は夫の職業威信を借用。
(d) 所有財：SSM 調査 A 票の問3の財のうち、所有率50%以下の財の保有点数を合計。
(e) 相続文化資本：幼少時に親から家庭を通じて相続した文化資本で身体化レベルの指標（第2章を参照）。1995年 SSM 調査 A 票の問41の頻度をスコア化し、その総和を求めた。
(f) 自由時間：「たくさんある」「ある程度ある」「あまりない」「全然ない」の4段階をスコア化した。
(g) 仕事中心主義：自分の仕事のために、家庭や私生活を犠牲にしていることが多い（5段階尺度）。
(h) ライフワーク：仕事・家庭のほかに、心のよりどころとなるようなライフワークや趣味を持っている（5段階尺度）。
(i) 人生を楽しむ：将来のために節約・努力するよりも、いまの自分の人生を楽しむようにしている（5段階尺度）。
(j) つきあい拡大志向：人とのつきあいや人間関係を幅広くするようにしている（5段階尺度）。
(k) センスのよさ：センスのいい趣味や振るまいに心がけている（5段階尺度）。

高く、「制度化された文化資本」（学歴）と文化的寛容性の間に強い関連性が示唆される。さらに年齢、性別、居住地人口を追加すると、モデルの説明力は上昇した（モデル2）。つまり年齢は若いほど文化的寛容性が高く、また女性のほうが男性よりも文化的寛容性が高い。居住地の都鄙度は一貫して効果をもたず、住んでいる地域と文化的寛容性は関係がないことがわかっ

た。

　さらに所有財、相続文化資本、自由時間の3つの説明変数を追加投入した結果（モデル3―5）、いずれの変数も効果をもち、とくに相続文化資本が高いと文化的寛容性も高くなる。モデルの説明力も増加した。子ども時代に家庭から相続した文化資本は、所有財や年収などの経済資本、さらには学歴資本とも独立した効果として、文化的寛容性を高める強い効果をもっていて、仮説4は支持される。また、自由時間がたくさんある人ほど文化的寛容性が高い。

　モデル6は、ライフスタイル変数を投入したモデルである。文化的寛容性に効果をもつのは、仕事中心主義の人、ライフワークや趣味をもっている人、付き合いや人間関係を拡大しようとする人、センスのよさを心がけている人である。

　幅広い文化テイストという意味での文化的寛容性の分析から明らかになった点をまとめると、第1に趣味の幅広さは現代日本の社会経済的地位の高い人々の特徴になっている。第2に、趣味の幅広さに表れる文化的寛容性の高さは、現代での文化資本になっている。第3に文化的寛容性は、ライフスタイル変数とも強く関連している。ライフワークやセンスがいい趣味など「私生活中心志向」（白倉 1997, 2000）のライフスタイルをもつ人は、文化的寛容性が高く、趣味活動も幅広い。さらに仕事中心主義で人間関係を広げようとする人ほど文化的寛容性が高いという結果は、文化的多元性や複雑性を扱うことができる「**開放的で柔軟なハビトゥス**」が現代社会で求められていることを示唆している（Featherstone 1991）。

4　進行する文化的オムニボア化

　現代の文化資本が文化的寛容性（幅広い趣味）を示すことであるならば、その典型である文化的オムニボア（文化的雑食）はわが国にどのくらいいるのだろうか。文化的オムニボア化が社会全体として進行しているとすれば、若い年齢層ほど大衆文化嗜好が強く、かつハイカルチャー嗜好も強いのではないか。そして高年齢ほど、逆に文化的ユニボアとなるのではないか。また社会的地位と文化的オムニボアはどのように関連するのか。

第4章　文化的オムニボアと象徴的境界――129

仮説5：年齢が若いほど、ハイカルチャー嗜好の者が多い。

仮説6：年齢が若いほど、大衆文化嗜好の者が多い。

仮説7：年齢が若いほど、文化的ユニボアが少なく、文化的オムニボアが多い。

仮説8：学歴が高いほど、文化的オムニボアが多い。

仮説9：職業がホワイトカラーの者に、文化的オムニボアが多い。

文化の消費パターンは、表4-3に示す7つの層に分類できる。表4-3では、まずハイカルチャーだけを消費する層1（ハイカルチャー・ユニボア）が考えられる。次に、ハイカルチャーと中間文化だけに関与する層2、ハイカルチャーから大衆文化の幅広い領域に関与する層3（文化的オムニボア）、中間文化だけを消費する中間文化ユニボアの層4、中間文化と大衆文化を消費する層5、大衆文化だけを消費する層6（大衆文化ユニボア）、文化活動にまったく関与しない文化的不活発層である層7の合計7タイプである。いずれも過去数年間の活動経験者率を算出した。

ハイカルチャーを過去数年間で1つ以上経験した者（層1＋層2＋層3）は、全体の59.8%で約6割である。わが国でハイカルチャーは人々の間で幅広く受け入れられ、ハイカルチャー嗜好の大衆化が起きている。年齢別には、55.7%（50—70歳）→62.6%（35—49歳）→62.7%（20—34歳）と若い年齢ほどハイカルチャー嗜好は少し多くなり、仮説5は支持される。男女別では男性53.6%、女性65.1%と、女性のほうがハイカルチャー嗜好が強いという特徴をもつ。

また、大衆文化を経験した者（層3＋層5＋層6）は全体の86.3%で、非常に多い。パチンコ、カラオケ、スポーツ新聞・女性週刊誌の大衆文化は、多くの人々に受け入れられ、広く浸透していることがわかる。大衆文化嗜好は男性のほうが強く、男性の89.2%が1つ以上の大衆文化を経験し、女性では83.7%である。また大衆文化嗜好は若年層ほど強く、高年齢層ほど弱い。表4-3より、大衆文化経験者は77.6%（50—70歳）→90.3%（35—49歳）→96.2%（20—34歳）と若い世代ほど増加している。仮説6は支持される。

文化的寛容性が最も高いのは、層3の文化的オムニボア層である。オムニボア層は量的にみて最も多く、全体の54.0%を占めている。日本人の約半数は、ハイカルチャーから大衆文化までの多面的な文化消費をおこなう文化的オムニボアであるといえよう。とくに女性がオムニボア化している（女性

表4-3 文化消費パターン

文化消費パターン	ハイカルチャー	中間文化	大衆文化	全体 N=2449	男性 N=1139	女性 N=1310	20-34歳 N=541	35-49歳 N=885	50-69歳 N=1023	学歴 大卒 N=602	高卒 N=1274	中卒 N=573	現在の職業 専門 N=223	管理 N=119	事務 N=444	販売 N=267	熟練 N=280	半熟練 N=238	非熟練 N=79	農業 N=115
層1 ハイカルチャー・ユニボア	○	×	×	1.9	1.1	2.6	0.2	1.2	3.3	0.8	2.0	2.8	1.3	1.7	1.6	1.1	1.1	1.7	2.5	3.5
層2 ハイカルチャー＋中間文化	○	○	×	3.9	3.4	4.3	1.3	3.4	5.7	6.5	3.6	1.7	6.3	1.7	2.0	2.6	1.3	2.1	5.1	3.5
層3 文化的オムニボア	○	−	○	54.0	49.1	58.2	61.2	58.0	46.7	71.6	54.8	33.7	73.5	65.5	68.2	49.4	39.6	45.4	40.5	27.0
層4 中間文化ユニボア	×	○	×	1.6	1.6	1.6	0.5	1.6	2.2	1.8	1.2	2.1	0.9	5.0	0.9	1.5	0.7	1.3	1.3	1.7
層5 中間文化＋大衆文化	×	○	○	19.6	25.9	14.1	27.2	20.8	14.6	14.6	23.9	15.2	14.3	21.0	19.8	24.0	26.4	23.9	16.5	20.9
層6 大衆文化ユニボア	×	×	○	12.7	14.2	11.4	7.8	11.5	16.3	2.3	11.0	27.4	2.2	3.4	5.9	17.2	26.1	18.9	21.5	24.3
層7 文化的不活発化層	×	×	×	6.4	4.7	7.8	1.8	3.5	11.2	2.3	3.5	17.1	1.3	1.7	1.6	4.1	5.0	6.7	12.6	19.1
合計 (%)				100	100	100	100	100	100	99.9	100	100	99.8	100	100	99.9	100	100	100	100

注1：○ 関与、× 非関与、− 関与もしくは非関与
注2：1995年 SSM 全国調査、20歳～69歳男女データ。
注3：大学校には短大を含む。
注4：職業は SSM 職業8分類。

58.2％、男性49.1％)。

　また中間文化と大衆文化だけに関与する層5は19.6％で、男性では25.9％
と高い比率を示した。ハイカルチャーのみの排他的な文化消費者である層1
は、わずかに1.9％と少数であった。またハイカルチャーと中間文化の層2も
少なく、3.9％である。しかし大衆文化ユニボアは12.7％と数が多いが、若
年層ほど減少している。

　文化的ユニボアと文化的オムニボアを表4-3で比較すると、年齢が高いほ
ど文化的ユニボアが多く、文化的オムニボアが少ないことがわかる。つまり
ハイカルチャー、中間文化、大衆文化の3つのユニボアの構成比率を合計し
(層1＋層4＋層6)、文化的ユニボアが全体に占める割合を算出した。文化的
ユニボアは21.8％（50—69歳)→14.3％（35—49歳)→8.5％（20—34歳）と、
年齢が若いほど減少する。これと逆に層3の文化的オムニボアは46.7％（50
—69歳)→58.0％（35—49歳)→61.2％（20—34歳）と年齢が若いほど増加す
る傾向にあり仮説5は支持される。この結果が年齢効果なのか時代効果なの
かは区別できないが、両方の影響があると思われる。社会全体では、文化的
オムニボア化が進行しており、仮説7の文化的オムニボア拡大仮説は支持さ
れる。

　また表4-3の下段より、学歴が高いほうがオムニボア化し、大学卒の71.6
％が文化的オムニボアである。それに対し、高卒54.8％、中卒33.7％と学歴
と文化的オムニボアは強い関係がある。仮説8は支持される。

　さらに仮説9についても支持され、文化的オムニボアの割合は専門職で
73.5％と最も高く、事務職68.2％、管理職65.5％とホワイトカラーで高かっ
た。農業のオムニボア率は最も低く、27.0％であった。

5　ハイカルチャーと大衆文化の象徴的境界

　文化消費の4パターンから、ハイカルチャー消費と大衆文化消費に絞って
検討しよう。まず、文化貴族にあたるハイカルチャー・ユニボアは、日本で
はわずかに1.9％とごく少数であった。全体の約半数はオムニボア化したハ
イカルチャー消費者である。では、わが国ではクラシック趣味などのハイカ
ルチャーは、階層とはまったく関係のない大衆化した文化領域なのだろうか。

表4-4　文化活動経験者率の学歴差

| 文 化 活 動 | | 最 終 学 歴 | | | |
		大卒	高卒	中卒	χ^2検定
ハイカルチャー	歌舞伎や能や文楽を見に行く	19.6	11.7	7.4	＊＊
	クラシック音楽の音楽会・コンサートへ行く	47.2	30.4	13.6	＊＊
	美術展や博物館に行く	70.6	50.0	28.5	＊＊
	短歌や俳句を作る	7.3	5.9	3.0	＊＊
	華道・茶道・書道をする	20.9	18.0	9.1	＊＊
中間文化	小説や歴史の本を読む	84.5	65.6	34.8	＊＊
	ゴルフ・スキー・テニスをする	63.8	36.9	10.7	＊＊
大衆文化	カラオケをする	73.2	67.0	50.7	＊＊
	スポーツ新聞や女性週刊誌を読む	75.7	78.3	60.7	＊＊
	パチンコをする	33.3	30.6	24.1	＊＊

注：＊＊は独立性の検定でχ^2値が1％水準で有意差あり。

　それともハイカルチャーにも参入障壁はあるのだろうか。そしてハイカルチャー消費者が大衆文化を摂取してオムニボア化するのは、なぜだろうか。

　日本人全体の約86.3％がなんらかのかたちで大衆文化に関与しているが、これはいったいどのような社会的意味をもつのだろうか。またこれほど一般化した大衆文化を排除する人々とは、どのような人々であろうか。まず最初に、学歴資本と職業によって文化消費パターンがどう異なるかを確認しておこう。

　学歴資本と文化活動の関連を検討すると（表4-4）、学歴の高さは文化消費と大きな関連性を示した。とくにハイカルチャーと中間文化の愛好者は高学歴層ほど多い。例えばクラシックコンサートへ行った者は、大卒47.2％、高卒30.4％、中卒13.6％、美術展や博物館に行った者は、大卒70.6％、高卒50.0％、中卒28.5％と学歴差が大きい。中間文化の「小説・歴史の本を読む」という読書文化や「ゴルフ・スキー・テニス」も大卒者を中心としている。また大衆文化でも高学歴層のほうがやや高い値を示す。これは、文化的寛容性が文化資本の一部であるという先ほどの議論とも合致する。つまり社会の高学歴化は、文化消費を全体的に高め、とくにハイカルチャーや中間文化への嗜好を高める方向に作用している。

　職業効果については、18カテゴリーからなる職業分類を作成した(12)（図4-4）。ハイカルチャー消費が多い職種は、芸術家、上級文化的専門職、一般文化的

第4章　文化的オムニボアと象徴的境界──133

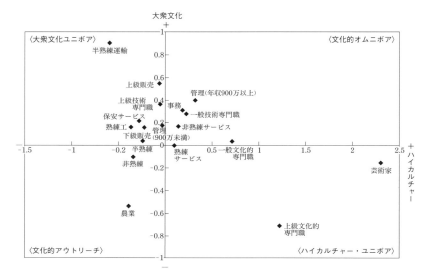

図4-4 職業と文化消費パターン（初出は片岡（2000b））

専門職であった。同じ専門職でも技術系専門職はハイカルチャーへの関与は多くない。なお、この図4-4は見取り図を示すものではあるが、ブルデューがいう文化の象徴闘争を関係的に表すものではない。ブルデューに即した分析は、第3章の多重対応分析をみていただきたい。

　図4-4のタイプIVは、ハイカルチャーだけを排他的に消費する文化貴族の集団であり、具体的には弁護士、宗教家、大学教授からなる上級文化的専門職と芸術家だけである。他の専門職層は、文化的に寛容でハイカルチャーも大衆文化も両方実践する文化的オムニボアとなっていた。つまり、専門職層は文化消費をめぐって、「文化的寛容 対 文化的排他性（文化貴族）」の2グループに分かれている。さらにホワイトカラー（管理職、事務職など）の大半は文化的オムニボアであり、ブルーカラー職種は大衆文化ユニボアか文化的不活発層に属することが多い。しかしこのような分析では、みかけの相関や複雑な要因間の相互作用を厳密には処理できない。そこで、以下では多変量解析をおこなう。

ハイカルチャーへの参入障壁と象徴的境界

表4-5　ハイカルチャーの象徴的境界の規定要因（ロジスティック回帰）

説明変数	モデル1	モデル2	モデル3	モデル4	モデル5	モデル6
年齢	－	.088**	.139**	.114**	.124**	.122**
性別	－	-.247**	-.223**	-.224**	-.249**	-.242**
居住地人口	－	.065*	.057	.055	.041	.042
本人教育	.265**	.322**	.268**	.273**	.306**	.305**
職業威信	.088**	.089**	.058	.057	.059	.056
家族年収	.154**	.102**	.137**	.148**	.143**	.145**
所有財		.154**	.137**	.134**	.095*	.097*
相続文化資本			.290**	.291**	.249**	.248**
自由時間				.133**	.104**	.095**
仕事中心主義					.018	－
ライフワーク					.219**	.221**
人生を楽しむ					-.016	－
つきあい拡大志向					.032	－
センスのよさ					.145**	.151**
R^2	.088	.140	.176	.184	.226	.225
Max-rescaled R^2	.119	.190	.239	.249	.307	.306
N	1814	1812	1772	1768	1746	1753

注：数値は標準化解　** p<.01 * p<.05
　　各変数の説明は、表4-2の注と同じ。

　ハイカルチャー消費は、階層的地位のシンボルになっているのだろうか。もし、ハイカルチャーがステイタス・カルチャーであるならば、他文化との象徴的境界として、社会的な参入障壁があるはずである。そこでハイカルチャーへの参加・非参加を分かつ要因を検討し、ハイカルチャーへの参入障壁の存在と、文化的差異が社会的な差異によって維持されているかどうかを明らかにする。ハイカルチャーへの参加・非参加という文化的境界は、職業階層によって維持されているのか、経済資本（経済階層）によるのか、文化資本（文化階層）によるのか、あるいは性や年齢というデモグラフィックな要因によるのかを検討しよう。

　仮説10：ハイカルチャーへの参入障壁は、職業階層によって維持される。

　仮説11：ハイカルチャーへの参入障壁は、経済資本によって維持される。

　仮説12：ハイカルチャーへの参入障壁は、文化資本によって維持される。

　仮説13：ハイカルチャーへの参入障壁は、性や年齢などのデモグラフィックな要因によって維持される。

　表4-5は、ハイカルチャーの5つの活動に過去数年間で1回でも参加してい

れば1を与え、参加経験がない者を0とした被説明変数を作成し、2項ロジスティック回帰で分析した結果である。最大値を1する修正決定係数（Max-rescaled R²）でみると、社会経済的地位（SES）モデル1の説明力は0.119とそれほど大きくない。説明要因のなかでも教育の規定力は非常に強く、ハイカルチャーへの参加要因は学歴の高さと大いに関係している。SESモデルを拡張したモデル2では説明力も上昇した。性別と年齢による差異が大きく、年齢が高いほど、また女性のほうが、ハイカルチャーに関与する確率が高い。若い年齢層と男性ではハイカルチャーから遠ざかる。

　モデル3で相続文化資本を追加すると、修正決定係数はさらに上昇した。子ども時代に獲得した文化資本は、ハイカルチャーと強い関連をもつ。本人教育の効果が有意なままなので、教育とは別の次元で相続文化資本の強い効果が作用している。すなわち子どもの頃からクラシック音楽や美術鑑賞などを経験する家庭文化に育った人は大人になってもハイカルチャーをおこなうが、そうでない人はハイカルチャーへの参入障壁があるということになる。そして同じ学歴であっても、相続文化資本が高い人のほうがハイカルチャーに関与しやすい。

　また、すべてのモデルで家族年収と所有財の2変数が正の効果をもち、多くの経済資本をもつ人ほどハイカルチャー消費へと向かうことがわかる。

　モデル4—6では、自由時間の多い人のほうがハイカルチャーをおこなっていることがわかる。さらにモデル5、6でライフスタイル変数を投入すると、修正決定係数は0.30を上回り、説明力の高いモデルとなった。その結果、「仕事や家庭のほかに、心のよりどころとなるようなライフワークや趣味を持っている」人と「センスのいい趣味や振るまいに心がけている」人がハイカルチャーへ参入しやすいことがわかる。ここでも教育と相続文化資本は、非常に強い効果を示した。

　以上の結果を仮説10—13に照らしてまとめると、仮説10は否定され、職業の効果はないといえる。仮説11・仮説12・仮説13は支持された。つまりハイカルチャーに参入するには高い文化資本と経済資本が必要であり、わが国ではハイカルチャー参加・非参加をめぐる文化的差異が社会的差異を表す象徴的な境界になっている。また性や年齢がハイカルチャーへの関わりを大きく左右していて、仮説13は支持された。女性で年齢が高い人ほど、ハイカルチャーに参加しやすいことがわかる。

まとめると、ハイカルチャーへの参入障壁を維持しているのは、職業階層ではなく、文化資本と経済資本、そして性と年齢である。興味深いことは、社会経済的地位変数では職業威信がまったく効果をもたず、収入や財の経済資本が効果をもつことである。しかし経済資本の効果も、文化的変数と比較すると弱い。ハイカルチャーへの参加は、豊かな文化資本をもっていることがとくに強く要求される。文化資本の効果は、「子ども時代に家庭経由で相続された文化資本」と「制度化された文化資本である教育」の効果を2つ合わせると、非常に大きい。とくに相続文化資本の効果についていえば、クラシック音楽や美術など、それを理解し解読することのできる文化的コードを早期に獲得した人ほど、大人になってからもハイカルチャーを消費していて、もっていなければ、それらの活動へは向かわないのである。そしてその文化コードは、ここで測定されたような子ども時代に家庭で伝達された文化資本によって、強く方向づけされている。また、学校教育によっても強く規定され学校のカリキュラムの効果を予想できる（片岡 2008）。

　階層変数の代表と一般的に考えられている職業威信がハイカルチャーへの関与に効果をもたなかったのは、わが国では文化階層の境界は、威信のような労働世界の一次元的なヒエラルキーによって決まるのではないことを示唆している。つまり、職業威信の高さは文化資本保有の代理変数とはならない。その意味で、**卓越化した文化テイストは、文化資本と経済資本によって維持されているというブルデューの基本図式があらためて確認された**といえる。

　またジェンダーと年齢が、ハイカルチャーへの関与を大きく左右していて、ジェンダーと年齢が文化の象徴的境界を生み出す重要な要因であることもわかった。とくに年齢が高く、学歴資本と相続文化資本を多くもっている女性ほど、ハイカルチャーに参加しやすい。そして若い年齢層や男性であること、相続文化資本や学歴資本が少ないと大衆文化へと向かう確率が高い。この意味では日本は、ジェンダーや世代による文化的テイストの違いが大きく、デモグラフィックな要因による文化的なすみ分けが強い社会だともいえるだろう。

ハイカルチャー消費者の大衆文化化

　わが国では59.8％がハイカルチャー消費者で、そのうちの約9割が大衆文化にも関与する文化的オムニボアである。ハイカルチャーへの参入には階層

的な障壁があり、文化の象徴的境界は維持されているにもかかわらず、なぜハイカルチャー消費者がオムニボア化するのだろうか。すなわち、ハイカルチャー消費者の大衆文化化の問題として、オムニボア化する人々の特性を明らかにしたい。ここでの分析対象者はハイカルチャー消費者全体であり、過去数年間に1つ以上のハイカルチャー活動を経験した者とする。表4-6は、関与した大衆文化活動のジャンル数合計を表すオムニボア・スコアを被説明変数として、5つのモデルで重回帰分析をおこなった結果である。各説明変数の効果を表す係数をみると、オムニボア化と関連があった変数は、年齢、性、ライフスタイル選択に関わる変数であった。

　要約すると、ハイカルチャー消費者のうち、多くの大衆文化活動をおこなってオムニボア化しやすい人々の最も大きな特徴は、男性で年齢が若いということである。またライフスタイル選択では、「自分の仕事のために、家庭や私生活を犠牲にしていることが多い」仕事中心主義の人や、「将来のために節約・努力するよりも、いまの人生を楽しむようにしている」人ほどより多くのジャンルの大衆文化へとおもむく。

　重要なことは、文化的オムニボアはハイカルチャー消費者全体の9割にも及ぶため、オムニボア化の要因が階層的地位変数とはまったく関連をもたないことである。つまりハイカルチャー消費者が大衆化するのは、階層的地位の文脈においてではなく、性や年齢といった基本属性やライフスタイル選択に現れるハビトゥスによってである。言い換えれば、大衆文化が上層へと広がっているのは、男性を中心とした仕事中心的なライフスタイルをとりながらも、今の人生を楽しみたいとする若い男性層が中心であり、職業階層的な現象としてではない。世代や性によって大衆文化の受容性が異なること、またライフスタイル要因によって大衆文化の受容の仕方が異なることによると考えられる。

　問題は、なぜハイカルチャー消費者の多くがオムニボア化するのかという点である。第1の理由は、わが国では現代のエリートが大衆化戦略をとり文化的な寛容性を示すことに、象徴的利益があるからである。それは平等志向と努力信仰が強く、階層そのものへの認識が希薄化している日本社会において、階層的な優位性を文化的嗜好によって示すことへの忌避観の強さとも関わっている。つまり文化的再生産の原理は、「がんばって努力すれば成功できる」という、わが国に広く浸透している努力信仰（竹内 1995）に抵触する

表4-6　文化的オムニボア化（ハイカルチャー消費者の大衆文化摂取）の規定因

説明変数	モデル1	モデル2	モデル3	モデル4	モデル5
年　　齢	-.363**	-.375**	-.381**	-.382**	-.391**
性　　別 [a]	.256**	.259**	.263**	.265**	.238**
居住地人口 [b]	-.051	-.049	-.051	-.051	-.049
教　　育	-.035	-.046	-.047	-.047	-.044
職業威信 [c]	-.028	-.032	-.031	-.032	-.029
家族年収	-.021	.001	-.000	.001	-.009
所有財 [d]		.057	.058	.058	.055
相続文化資本 [e]			-.022	-.002	-.020
自由時間 [f]				.015	.032
仕事中心 [g]					.084**
ライフワーク [h]					-.040
人生を楽しむ [i]					.090**
つきあい拡大 [j]					-.007
センスのよさ [k]					-.007
R^2	.177	.178	.180	.180	.193
Adjusted R^2	.172	.173	.174	.173	.182
ケース数	1101	1100	1074	1073	1066
F検定	p<.0001	p<.0001	p<.0001	p<.0000	p<.0001

注：数値は標準化偏回帰係数　** p<.01 * p<.05。
　　各変数の説明は、表4-2の注と同じ。

のである。日本社会は学歴の差による不平等は受け入れても（努力の差だと正当化できるから）、業績的でも機能的でもないと信じられている文化資本の差異（文化的優位）に基づく支配は正当化されにくい社会といえるだろう。したがって、出自の地位が高い文化エリートは、大衆化戦略を採ることで階層的なルサンチマン（上位者へのねたみ）を回避していると考えられる。とくに会社組織のような多様な人間関係のなかで成功するためには、ハイカルチャーを示すのではなく、いかに大衆文化的になれるか（宴会芸やカラオケ）がむしろ求められる。仕事中心主義の男性ハイカルチャー消費者ほど大衆文化摂取が多いという結果はこのことと無関係ではない。

　全体社会レベルでみれば、文化エリートがオムニボア化することは、ハイカルチャーが地位の象徴的シンボルとなり文化の象徴的境界が存在するという現実を隠蔽する機能を果たしている。その結果、文化的再生産や社会的再生産への人々のまなざしは弱いものとなった[13]。

　ハイカルチャー嗜好の人が雑食化（オムニボア化）する第2の理由は、オムニボア化することに社会的なメリット、いわば象徴的な利益が存在するから

第4章　文化的オムニボアと象徴的境界——139

と考えられる。オムニボア化した文化エリート層は、自分とは異質な文化集団とも交流できるし、多様な社会的場面で文化の壁を超えて活動することを可能にするからである（Griswold 1994）。さらにポストモダン社会では、文化的複雑性を扱うことができるハビトゥスが、エリート達にますます求められるようになるからである（Featherstone 1991）。

大衆文化排他性のもたらすもの

　文化的排他性仮説に従えば、大衆文化を嫌うことが地位の境界を示すことになり、高地位者ほど、地位の低い人々が好む大衆文化を嫌う（排除する）はずである（仮説14）。また、学歴や文化資本は大衆文化を排除するようはたらくのではないか（仮説15、仮説16）。しかし、文化的オムニボア仮説が適切ならば、高地位者ほど大衆文化にも関与するはずであり、仮説14、15、16はすべて否定されるだろう。それとも大衆文化排除は、階層に規定されない性や年齢によって選択される現象なのだろうか（仮説17）。あるいは、ライフスタイル選択が大衆文化を排除する要因になっているのだろうか（仮説18）。

　　仮説14：社会経済的地位の高い者ほど、大衆文化への排他性が強い。

　　仮説15：高学歴層ほど、大衆文化への排他性が強い。

　　仮説16：文化資本の高い人ほど、大衆文化への排他性が強い。

　　仮説17：大衆文化排除は、性や年齢のデモグラフィックな要因によって生じる。

　　仮説18：大衆文化排除は、ライフスタイル選択によって生じる。

　表4-7は、大衆文化排他性スケールを用いて規定要因を重回帰分析で明らかにした結果である。大衆文化排他性スケールは、数値が大きいほど非参加の大衆文化活動のジャンル数が多い。モデル1は、モデル全体の説明力（R^2）が0.037と低く適切ではない。そこでモデル2で属性変数を投入した。年齢と性別が強い効果をもち、年齢が高いほど、また女性ほど大衆文化に関与しない者が多く、仮説17は支持される。

　表4-7のモデル2—4の結果から、大衆文化に排他的となる要因は、高年齢であること、女性であること、職業威信が高いこと、年収や所有財が少ないことである。最も強い要因が性と年齢であることから、大衆文化排除は階層的な文脈で生じるのではなく、主に世代や性による文化的なすみ分けによっ

表4-7　大衆文化排他性の規定要因分析：全データ

独立変数	モデル1	モデル2	モデル3	モデル4	モデル5
本人年齢	-	.346**	.354**	.358**	.374**
性別ダミー	-	-.260**	-.267**	-.267**	-.241**
居住地人口	-	.009	.009	.010	.014
本人教育	-.199**	-.004	.015	.014	.011
職業威信	.063*	.050*	.063**	.064**	.058*
家族年収	-.042	-.070**	-.046	-.049*	-.032
所有財			-.064**	-.062*	-.046
相続文化資本			-.023	-.022	-.004
自由時間				-.029	-.041
仕事中心主義					-.102**
ライフワーク					-.020
人生を楽しむ					-.086**
つきあい拡大志向					-.048*
センスのよさ					-.042
R^2	.037	.182	.182	.182	.202
Adjusted R^2	.035	.180	.178	.178	.196
ケース数	1866	1866	1821	1817	1795
F 検定	p<.0001	p<.0001	p<.0001	p<.0001	p<.0001

注：数値は標準化偏回帰係数　** p<.01 * p<.05
　　各変数の説明は、表4-2の注と同じ。

て生じているといえるだろう。この点で、社会階層を原因とする文化の排他性仮説は日本にあてはまりにくいといえるだろう。

　また「職業威信」が正の効果を示したのに対し、「所有財」や「家族年収」の経済資本の効果は符号が負で正反対である。したがって、仮説は、職業階層では支持されるが、経済階層では逆に否定された。つまり、専門職やホワイトカラーなどの威信の高い職業に就いている人で、かつ経済資本が少ない人ほど大衆文化を嫌う傾向がある。逆に経済資本が多いと大衆文化をする傾向がある。これは図4-4の職業別文化消費パターンからわかるのだが、高地位者が上級文化専門職の文化貴族（文化資本が高くハイカルチャーのみを消費）と、ホワイトカラーを中心とする企業人（文化資本よりは経済資本が高くオムニボアになりやすい）に分解したことによって引き起こされていると考えられる[14]。このことから、わが国でも文化的嗜好からみた社会的位置空間は、ブルデュー（Bourdieu 1979a）が示したように経済資本と文化資本に関して交差的配列をなしていると考えられる。そしてこれについては第3章に示したとおりであり、全国調査では文化資本と経済資本の交差的配列が確認でき

第4章　文化的オムニボアと象徴的境界——141

ている（片岡 2003）。

　教育や相続文化資本は大衆文化を排除する要因とはならず（モデル2─5）、仮説15と仮説16は否定される。つまり社会の高学歴化が大衆文化への排他性を増大させたという事実は、ここでは見いだせない。むしろ逆に若年層の大学卒層は、大衆文化に積極的に関わっている。

　最後に、モデル5でライフスタイル変数を投入すると、家族年収や所有財の効果が消えて、かわりにライフスタイル変数が強い効果をもった。ライフスタイル選択で仕事中心主義の人や人生を楽しんだり、付き合いや人間関係を拡大しようとしている人は、大衆文化を排除しない。むしろ逆に大衆文化に参加している。仮説18は支持できる。

　以上から、わが国では大衆文化排除の戦略は、一般的には社会的境界や文化的境界を示すものとはなりにくく、文化の排他性仮説は否定できる。要約すると、若い男性で、職業威信は低いが経済資本があり、仕事中心の生活を送りつつも人生を楽しみ、つき合いや人間関係を拡大しようとする人々ほど、大衆文化への排他性が弱く、大衆文化を摂取している。このことは、わが国での大衆文化が、現在の生活を楽しみ仕事に打ち込む男性の「**共通文化**」や「**つきあい文化**」として社会生活のなかで機能していることを示唆している。とくにカラオケに代表される日本の大衆文化は、仕事や社会生活のなかで社会関係資本を蓄積しようとするときに使用されていると考えられる。他方、高齢者や女性は、逆に大衆文化に排他的となることによって、文化貴族となりやすい。文化消費の面で、女性は男性とは異なった文化消費の構造と意味づけをもっている（片岡 1992）。このように大衆文化の排除をめぐって、**世代やジェンダーによる文化のセグメンテーション**の存在が明らかとなってきた。これはのちに、トニー・ベネットとマイク・サヴィッジらの研究（Bennett et al. 2015=2017）で、イギリスにもあてはまることが指摘されている。

　また、大衆文化排除はどちらかというと非階層的な社会現象である。大衆文化は、主に男性にとっての「共通文化」あるいは「つきあい文化」として広く大衆に受け入れられたものと考えられる。カラオケなどの大衆文化の広がりが、ある意味で、文化と社会階層との対応関係を崩し、象徴的境界を見えなくさせているのである。

　そうした体勢のなかで、唯一、大衆文化排除によって差異化戦略を用いて

142

いるのが、ごく少数にあたる上級文化専門職層や一部の女性である。とくに女性の大衆文化への関与は全体として低いため、大衆文化活動をしないことが女性の地位の維持にとって大きな意味をもつと考えられる。すでに男女別の文化分析を別におこない、文化消費の社会的意味や構造、地位形成機能が男女で異なることが明らかになっている（片岡 1996b, 1997a, 1998e, 1998f, 2003）。

6 大衆化社会における文化戦略と文化的再生産

わが国では、ハイカルチャーに関与する人は全体の59.8％で、大衆文化活動に関与する人は86.3％であった。「**ハイカルチャーの大衆化**」と「**大衆文化の共通文化化**」が、現代の文化的特徴となっている。

文化貴族となって文化的排他性を示す者は非常に少なく、職業上では上層文化的専門職と芸術家だけで、ほかに女性の一部分がこれに該当する。

ホワイトカラーの多くは、ハイカルチャーと大衆文化の両方に関与する文化的オムニボアになっている。文化的オムニボアはわが国では54.0％を占める。若年層ほどオムニボア化しており、社会全体としては今後、文化的オムニボア化がさらに進行すると思われる。

また現代日本では、幅広い趣味をもつという意味での一種の文化的寛容性を示すことが、社会経済的地位の高い人々の特徴となっている。なかでも身体化された相続文化資本を多くもち、高学歴である者ほど文化的寛容性は高い。すなわち文化的寛容性は、現代での文化資本の一形態として、中間層から上層にかけて広がっている。

ではなぜ人々は、文化的寛容性を高めオムニボア化するのか。

エリート層の男性にとっては、同化を強制するサラリーマン組織文化のなかで、階層的ルサンチマンを回避する必要がある。[15] 卓越化した趣味を、日本の一般的な会社組織のなかで男性が示すことは、出世へのプラスにはならないのではないだろうか。しかしそのパートナーである上層出身の女性にとっては、卓越化した文化は地位の維持にも、子育てにも必要不可欠なアイテムである。また中間層では、女性は文化的向上心（文化的善意）を示し、文化資本や経済資本の条件が合えばハイカルチャーへとおもむくが、男性ホワイ

トカラーはオムニボア化することで、日本の会社文化に適合していったと考えられる。それが組織文化の効果であるとともに、グローバル化する現代社会では文化的多元性と複雑性を扱えるハビトゥスや異質な文化への寛容性が必要になるからだ。

　文化の雑食化は、ライフスタイル変数とも強く関連し、階層を超えた広がりを示している。心のよりどころになるライフワークをもつなど私生活志向のハビトゥスをもつ者ほど文化的寛容性は高く、また仕事中心のライフスタイルをとる人も文化的テイストの幅を広げている。年齢的には若い者ほど、また女性ほど文化的オムボアが多い。

　このような文化状況のなかで、文化的排他性仮説は、わが国の文化と社会の関係を説明する理論としての有効性は低い。なぜならハイカルチャーは大衆化し中間層へも浸透したため、文化的排他性の戦略を採用して差異化することの象徴的利益は少ないからである。実際に文化的排他性の戦略を採用する文化貴族は、全体の1.9％とごくわずかだった。また文化資本の高い者ほど、文化的に寛容になることから、文化的排他性仮説よりはむしろ文化的オムニボア仮説が支持される。文化的オムニボア仮説がいうように、現代の文化資本は幅広い文化テイストを示し文化的に寛容となることである。

　しかし、このことはわが国でハイカルチャーが非階層的で、誰にでもアクセスできる趣味になったという意味ではない。本章でも示したように、ハイカルチャーには階層的な参入障壁があるからだ。しかしそれは、職業的な階層の障壁ではなかった。つまりわが国の高級文化の境界は、職業階層文化という「見えやすい」ようには維持されていないのである。

　ハイカルチャーへの文化的境界を維持しているのは、文化資本と経済資本、そして性と年齢である。とくに家庭からの相続文化資本が高く高学歴の女性ほど、ハイカルチャーに参入しやすい。つまりハイカルチャーに対しては家庭文化や学校が効果をもち、子どもの頃から身体化され蓄積された文化資本がその障壁となって人々を文化的に分断していく。

　高地位者はハイカルチャー嗜好だが、それは文化資本が高いということ、あるいは経済資本が高いということの表示記号となっていて、職業威信の高さを表示するものではない。したがって、同じ職業であっても、文化資本や教育の高さ、そしてそれを支える経済資本の豊かさによってハイカルチャーへの関与は左右される。職業的地位は文化的地位と一致するわけではないと

いえるだろう。すなわち文化の象徴的境界は、ブルデューのいうように文化資本と経済資本によって維持され、職業的威信地位のような一次元的ヒエラルキーとは必ずしも連動しない。

　では、ハイカルチャー消費者のなかでも、大衆文化に親しむ者とそうでない者の違いはどこからくるのか。ハイカルチャー消費者のうち大衆文化化する層とは、若い男性を中心として、仕事中心のライフスタイルをとりながら人生を楽しもうとする者である。つまり文化エリートがオムニボア化するのは、ライフスタイルの差異として表れている。

　わが国の大衆文化は特定の階層集団によって担われている階層文化ではなく、むしろ誰もが参加しうるマス・カルチャーであり、仕事生活や人間関係を円滑にし、人生を楽しむための「共通文化」になっているといえるだろう。つまり、日本では威信の低い大衆的な文化が、あらゆる階層の人々にとっての階層横断的な「共通文化」もしくは「つきあい文化」となっていることが特徴である。大衆文化は、非階層的な文脈で広がった結果、日本ではエリートが威信が低い大衆文化を排除するのではなく、寛容になることが求められる社会となってきた。そして大衆文化が共通文化となった日本文化の特徴は、「エリートの大衆化」（東京大学生がマンガを読む）という文脈でとらえられた結果、「階層文化はない」という階層文化不在説に飛躍し、すり替えられていくのである（片岡 1998b）。

　重要なことは、わが国の大衆文化が、文化の象徴的境界の存在を隠蔽する機能を果たしていることにある。とくに文化的優位による支配が正当化されない組織文化をもつサラリーマン社会では、男性の文化エリートは大衆文化を示すことで階層的ルサンチマンを回避する戦略をとっている。その結果、わが国ではごく一部の文化エリートを除き、ブルジョアも中間階層も差異化と大衆化という相反する文化の二重戦略を用いて、文化的オムニボアとなった。[16]そのため文化的再生産メカニズムは人々の意識しにくいメカニズムとして隠蔽され、みえにくくなっている。その意味では、文化的支配は成功しているともいえる。そして、あたかも日本は文化的に平等であるかのような言説が流布するのである。[17]

　文化的再生産の観点からいうと、文化の象徴的境界は、学歴だけでなく文化資本の世代間再生産によっても強く維持されている。学歴の効果とは別の次元で、家庭文化の効果（相続文化資本）がハイカルチャーへの参入・非参

入を規定していたからだ。親からの文化資本の世代間伝達、すなわち幼少時文化資本として子ども時代にクラシック音楽や美術鑑賞、読書習慣を獲得・経験した者は、美的性向のハビトゥスを形成し、それが大人になってからのハイカルチャー消費にまで影響していた（片岡 1992, 1997b, 1998d, 1998f）。文化階層は世代間で再生産され、文化資本の家庭伝達が、文化の象徴的境界を維持するようはたらいている。しかし文化的再生産だけで決まるのではなく、経済資本の保有によっても文化的境界が維持されている。文化資本を補う要素として、経済資本が有効になっている社会でもあるのだ。

　最後に、ハイカルチャー消費や文化資本を保有することの象徴的利益は、男女で異なっている。男性では文化資本は地位形成や出世とあまり関連をもたないが、女性にとっては子どもの頃からの稽古事に始まり、洗練された文化教養を身につけること、すなわち文化資本は地位生産的で、ライフチャンスを高める重要な戦略になってきた（片岡1992, 1996b, 1997b, 1998f）。その結果、男性のほうが大衆文化嗜好がより強く、女性はハイカルチャー嗜好であり、性と年齢による文化的すみ分けがある。文化資本と経済資本の高い女性にはハイカルチャーが、男性には大衆文化もおこなうオムニボアとなることが求められる社会となっている。

　このような文化的嗜好のジェンダー差は何を意味するかというと、わが国ではジェンダーを利用した文化的再生産と社会的再生産が連携する複雑な再生産メカニズムが作動していることを意味している。これを「文化的再生産と社会的再生産のジェンダー構造」と呼ぼう（片岡 2003）。つまり、文化資本は女性を媒介として世代間再生産され、高地位の男性は高い文化資本を配偶者に求めながら婚姻を通じて次世代への文化資本伝達と社会的再生産を果たそうとしてきた。この点に関しては、第6章と第7章で詳しく明らかにしていく。結果を先取りしていうならば、女性では婚姻後まで連なる地位達成過程で文化資本は地位生産的だが、男性では地位形成とほとんど関連をもたず、男女で文化資本がもつ社会的意味と機能が異なることをすでに明らかにしている（片岡 2001a, 1998a, 1998f, 1998h）。ジェンダーを利用した文化的再生産は日本の特徴であるとともに、わが国の階層再生産の特徴を理解するうえで重要な意味をもっている。

注

(1) 本章では社会階層研究の文脈で分析していて、階級ではなく階層概念を使用している。

(2) 文化的排他性仮説は、さらに2つに分けることができる。1つは「文化的地位は経済的地位の反映にすぎない」という階層の単次元アプローチである。2つめは、ウェーバーやブルデューのように「文化的地位と経済的地位を別次元と考える」方向である。ブルデューは、高地位者を「文化資本は多いが経済資本が相対的に少ない集団」と「経済資本は多いが文化資本の相対的に少ない集団」に分け、階層フラクションとして異なる利害関係を想定し、それらの文化闘争を設定する分析図式を示した（Bourdieu 1979a）。

(3) 文化のコーポレート支配仮説（文化産業化説）については、岩間（1998）がその一つの検証になる。

(4) ベサニー・ブライソン（Bryson 1996）は、音楽ジャンルの嗜好性から、多くのジャンルを拒絶するほど文化的排除性が高く、相補的に音楽的寛容性が低いと操作的に概念を定義した。ブライソンがいう文化的寛容性は、厳密には文化活動の多様性を意味していて、多様性を寛容性と同一のものとして扱う傾向がある。

(5) 竹内（2000）は、日本の学歴エリートがとる差異化と同化の二重戦略は、伝統的なものであると指摘する。

(6) 本章では文化的寛容性という概念を、文化消費に関わる部分での限定的な意味で使用している。

(7) 1995年SSM調査威信票では、回答者に文化活動への評価をしてもらった。質問形式は、「ここにいろいろな文化活動がかいてあります。世間では一般に、これらの活動を高いとか、低いとかいうふうに評価することがありますが、いまかりにこれらを高いとか、低いとか、区別をつけて順に分けるとしたら、どのように分類されるでしょうか。それぞれの活動について、あてはまると思われるものをお答え下さい」とした。5段階の解答カテゴリーに対して「最も高い」を100点、「最も低い」を0点として25点等間隔で評定値を与え、文化評価スコアとした。そして評価スコアの総和を全回答者数で除した値（平均値）を文化威信スコアと命名した（片岡 1996c, 1998g）。

(8) 文化活動の順位序列が人々の共通の認識図式となっているかを調べるために、文化威信スコアの順位をデータとして、スピアマンの順位相関係数を用いて検討した。その結果、男性と女性の順位相関係数は、0.933（p<0.0001）で順序序列の認識に男女差はなかった。また学歴ごとの順位序

列では、大学・短大卒カテゴリーと高校卒カテゴリーの順位相関係数は、0.986（p<0.00001）で相関はきわめて高い。大学・短大卒と中学卒との相関は0.881（p<0.0002）とやや下がるが、高校卒と中学卒では0.915（p<0.0001）と、高い相関を示した。さらに職業間でも、順位相関係数を求めたが、いずれも0.9以上の高い相関を示した。これは片岡（1996c）の神戸調査から算出した文化威信スコアの結果とほぼ同じ傾向だった。以上から、わが国ではどの社会集団でも人々は文化活動に対して共通した序列評価の認識図式をもっているといえる。そして対抗文化的な判断基準が存在する可能性はきわめて少ない。

(9) 文化活動に限定してスコアを作成したため、ハイカルチャーから「社会的活動に参加する」を除き、また中間文化から「手作りでパンや菓子を作る」を除いた。なお、1995年SSM調査で測定した文化活動の因子構造と因子得点については、片岡（1998e）を参照のこと。

(10) これはBryson（1996）が使用した排他性尺度の符号を逆転したもので、中身は同じである。そのため経験した文化活動の数が多いほど、幅広いテイストをもち文化的寛容性が高いとした。

(11) 相続文化資本の指標は、次の3つの質問項目への頻度別回答を3段階で数値化し、その総和を相続文化資本スコアとした。「子どもの頃、家族の誰かがあなたに本を読んでくれましたか」「小学生の頃、家でクラシック音楽のレコードをきいたり、家族とクラシック音楽のコンサートに行ったことがありましたか」「小学生の頃、家族につれられて美術展や博物館に行ったことがありましたか」。スコアが高いほど、保有する文化資本は高い。

(12) 相続文化資本の概念には、親の学歴も理論的には含まれるのが通例だが、親学歴と子ども期に獲得した相続文化（文化的経験）との相関が高いため、両者を重回帰分析に同時投入すると共線性が起きたり、分析の精度が悪くなるので、相続文化資本として親学歴を同時に投入することは方法論上、不適切と判断して投入していない。子ども期の文化的経験（相続文化資本）のなかに、親学歴の効果がすでに含まれていることは、第2章でも示している。

(13) 職業分類は、PetersonとKern（1996）を参考に分類した。ここで用いたハイカルチャーと大衆文化の指標は、ハイカルチャースコアに使用した5つの文化活動と大衆文化スコアに使用した3つの文化活動を因子分析にかけ、2軸を析出したときの各因子得点を用いている。因子分析では、各文化活動の頻度を0―4の5段階のデータを2因子モデル（varimax回転）で解析した。

(14) 竹内（1995）はわが国での再生産へのまなざしの弱さを理論的に指摘していた。

(15) ハイカルチャー・ユニボア（文化貴族）の上級文化的専門職と、文化的オムニボアになった上級管理職（年収900万円以上）の2つの集団を、経済資本と文化資本で比較すると、上級文化的専門職は平均年収870万円、相続文化資本スコア4.4に対し、上級管理職では平均年収1,230万円、相続文化資本スコア3.0だった。

(16) 竹内洋の一連の研究（竹内 1978, 1995ほか）からいえることである。

(17) 竹内（2000）は、日本の学歴エリートがとる差異化と同化の二重戦略は伝統的なものだと指摘している。

(18) そのためにブルデューの理論も、日本では受け入れられにくい性質をもっている。

第5章
写真イメージにみる美的性向

1　中間芸術としての写真とハビトゥス

　文化社会学でのブルデューの功績の一つに、写真芸術に関する研究がある（Bourdieu et al. 1965）。写真は、クラシック音楽や美術に比べると文化としての正統性が高くはなく、芸術ジャンルにくくられることが少ない分野である。文化的正統性の高いジャンルは、「芸術」と呼ばれ、制度化した形態を整えている。例えば学術的研究の対象になるだけでなく、専門学会の組織をもっていたり、大学の学部や大学院で正式のカリキュラムとして教えられ、免状が必要とされることも多い。

　このような文化の正統性を十分に確保するにいたらない中間芸術として写真がある。写真は、写真家と呼ばれるプロの専門技術をもった人から、アマチュア・カメラマン、そしていまでは誰でもスマートフォンやカメラで自由気ままに写真を撮って、幅広い形態で愛好されている。写真を撮った経験がない人は、現代ではごくわずかだと考えられる。しかしそのために、写真をどう撮るのか、何を好んで撮るのかという写真の実践は、集団によってかなり異なる差異を示すことになるとブルデューはいう。

　なぜならある実践をするには、身体化されたハビトゥスが作動する必要があり、そのハビトゥスは各人の所属集団の影響を強く受けて歴史的に形成ないしは蓄積されてきた知覚認識図式にほかならないからである。すなわち写真実践には、写真を撮った人の意図だけでなく、集団に共通する知覚認識図式が反映されている。

　クラシック音楽のような文化的正統性が高いジャンルの場合は、芸術とい

うだけで文化的な正統性を人々に押し付ける効果をもってしまう。そこで正統性で中間に位置する写真というジャンルをみることで、人々の趣味判断（テイスト）を確認することにした。

2　調査方法

1999年に実施した川崎市民調査では、質問紙調査のなかで、写真について次の質問をおこなった。
「次のテーマで写真を撮った場合、どのような写真がとれると思いますか。それぞれについて番号をひとつ選び〇をつけて下さい」
写真のテーマはブルデュー（Bourdieu 1979a）に準じて、風景、妊婦、工事現場の鉄骨、キャベツ、海の夕陽、民族舞踊、木の皮の7種類である。回答選択肢として、「美しい写真」「おもしろい写真」「つまらない写真」「見苦しい写真」の4択を用意し、そのなかから1つを選んでもらった。
写真として撮るには「つまらない」と「見苦しい」という回答は、その対象では美的に構成できないという判断をしたことを意味している。そして「美しい」や「おもしろい」は、その人の芸術的意図や美的感性の方向性を示していると理解することができるだろう。
このような調査の試みは、すでにブルデューがおこなっていて、その有効性が確認されている。すなわち実際に写真に撮ってもらった場合（写真実践）の反応と、この質問のようにイメージが引き起こした反応（対象にどういう価値を与えるか）との間にずれはないことがわかっている（Bourdieu 1979a）。
被写体として取り上げられた題材は、「風景」や「海の夕陽」のように「大衆がすばらしいと思うようなありきたりの被写体」だったり、また「工事現場の鉄骨」や「木の皮」のように「社会的に無意味とされている被写体」、「キャベツ」のように「とりわけつまらないものの代表」とされている題材、「妊婦」のように「被写体にするには不作法であるとされているもの」をブルデューは取り上げている。本章でも、ブルデューの調査法に準拠している。

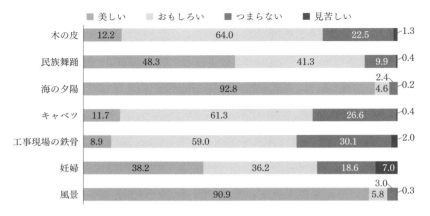

図5-1　写真イメージと美的性向

3　写真イメージにみる美的性向

　図5-1は、調査全体の集計結果である。「美しい」写真を撮れると回答した割合が最も多いのは「海の夕陽」の92.8%で、次に「風景」が90.9%、「民族舞踊」48.3%、「妊婦」38.2%、「木の皮」12.2%、「キャベツ」11.7%、「工事現場の鉄骨」8.9%となった。

　また、「おもしろい」写真を撮れると判断された題材は「木の皮」が最も多く64.0%、次いで「キャベツ」61.3%、「工事現場の鉄骨」59.0%、「民族舞踊」41.3%、「妊婦」36.2%、「風景」5.8%、「海の夕陽」4.6%だった。

　反応パターンとして似ているのは、第1に「海の夕陽」と「風景」であり、多くの人々がこれらの題材で「美しい」写真を撮れると考えていた。第2に「民族舞踊」と「妊婦」は、「美しい」と「おもしろい」がほぼ同数で、この2つの反応だけで80%前後を占めてしまう。第3に「キャベツ」「木の皮」「工事現場の鉄骨」は「おもしろい」写真を撮れると考える人が約半数いるものの、「つまらない」「見苦しい」という反応も強かった題材である。

表5-1　写真にみる美的性向の男女差

写真の題材		美しい	おもしろい	つまらない	見苦しい	合計	n
風景 *	男	88.7	7.5	3.8	0.0	100%	n=425
	女	92.7	4.3	2.4	0.6	100%	n=506
海の夕陽 *	男	89.2	7.8	3.1	0.0	100%	n=425
	女	95.8	2.0	1.8	0.4	100%	n=506
民族舞踊 *	男	41.1	44.9	13.6	0.5	100%	n=419
	女	54.4	38.4	6.8	0.4	100%	n=498
妊婦 *	男	31.3	33.2	27.4	8.2	100%	n=416
	女	43.9	39.0	11.1	6.0	100%	n=485
工事現場の鉄骨	男	10.3	57.5	30.5	1.7	100%	n=419
	女	7.6	60.4	29.8	2.2	100%	n=497
キャベツ *	男	10.1	54.7	34.8	0.5	100%	n=417
	女	12.9	66.9	19.8	0.4	100%	n=496
木の皮 *	男	12.6	56.7	29.0	1.7	100%	n=420
	女	11.6	70.5	16.9	1.0	100%	n=498

*　$p < .05$

4　男女による美的性向の差異

　写真イメージに対する美的判断力（テイスト）が、性別によってどの程度異なるかをみておこう。すでにこれまでの章で明らかにしてきたように、日本人の文化活動は女性のほうが男性よりもハイカルチャー嗜好である。また文化資本の伝達も、母から娘への伝達が主であるという結果を得ている（片岡 1996b, 1997a）。そうであるならば、写真イメージでも、美的感性は男女で差を示すのではないだろうか。

　表5-1をみると、「工事現場の鉄骨」を除くすべての項目で、男女間でカイ二乗検定で有意な差異（5%水準）があることがわかった。具体的にみていこう。

　まず「風景」と「海の夕陽」では、美しい写真を撮れるとする比率は、男性よりも女性でわずかに多くなっている。つまり、風景のような通俗的な題材に対して、素直に感情表現することは女性のほうがやや多い。

第5章　写真イメージにみる美的性向——153

次に「民族舞踊」と「妊婦」の題材でも、女性は「美しい」写真を撮れる
と判断する者が男性よりも10％以上多くなっている。逆に「つまらない」
「見苦しい」という反応は男性で多くなった。とくに「妊婦」に対して男性
は生理的に反応して嫌悪感をもっているように、見苦しいという回答が27.4
％と女性の11.1％よりも高かった。

　そして、「キャベツ」と「木の皮」という社会的に意味がないもの、つま
らないものに対しては、女性ほど「おもしろい」写真を撮れると思う者が男
性よりも有意に多かった。ブルデューによれば、社会的に意味がないものに
美的な判断をできる者は、美的性向が高いことを意味している。

　「工事現場の鉄骨」に関しては、男女差は見いだせなかった。これらの結果
の意味解釈は考察の節でおこなう。

5　学歴資本と美的性向の関連

　写真イメージの反応が、各人の最終学歴によってどのように異なるかを検
討しておこう。学歴は制度化された文化資本の一形態であり、文化資本を示
す代表的な指標とされている。

　最終学歴を3つのカテゴリーに分けて、写真イメージとのクロス集計をお
こなった。カイ二乗検定（両側検定）で有意な差があった項目は、「妊婦」[1]
「木の皮」「工事現場の鉄骨」の3つであり、残りの項の4つでは差が出なか
った。学歴と美的感性との間になんらかの関連はあるものの、学歴が大きな
偏差要因となっているとはいえないだろう。表5-2には、学歴別の結果を示
しているので、個別にみていこう。

　学歴による有意差がみられた「妊婦」を題材にした写真については、「つ
まらない」「見苦しい」と回答する割合がいちばん多かったのが中学卒層で、
2つの回答カテゴリーを合計すると41.4％となった。この合計％は、高校卒
層では25.4％、大学・短大卒層では22.5％と高学歴になるほど少ない。妊婦
のように被写体にすることが不作法だと思われている題材について、むしろ
そうした題材でも美しい写真や面白い写真を撮ることができると考える人は、
学歴水準が高いほど多い。大学・短大卒層で最も多く、「美しい」が41.1％、
「おもしろい」36.4％で、合計すると77.5％だった。高校卒層では「美しい」

154

表5-2　写真イメージの学歴差

写真の題材	学歴	美しい	おもしろい	つまらない	見苦しい	合計	n
風景	中学卒	90.4	6.4	1.1	2.1	100%	n=94
	高校卒	91.7	5.1	3.1	0.0	100%	n=245
	大学卒	90.7	5.9	3.2	0.2	100%	n=560
海の夕陽	中学卒	92.4	5.4	0.0	2.2	100%	n=92
	高校卒	90.5	7.1	2.4	0.0	100%	n=253
	大学卒	93.9	3.2	2.9	0.0	100%	n=559
民族舞踊	中学卒	49.5	41.8	6.6	2.2	100%	n=91
	高校卒	47.6	39.7	12.7	0.0	100%	n=252
	大学卒	48.1	42.1	9.4	0.4	100%	n=553
妊婦＊＊	中学卒	28.7	29.9	**25.3**	**16.1**	100%	n=87
	高校卒	35.7	38.9	17.2	8.2	100%	n=244
	大学卒	**41.1**	36.4	17.6	4.9	100%	n=550
工事現場の鉄骨＊	中学卒	10.9	46.7	**38.0**	4.3	100%	n=92
	高校卒	6.4	**62.5**	29.5	1.6	100%	n=251
	大学卒	9.9	59.3	29.1	1.6	100%	n=553
キャベツ	中学卒	13.5	57.3	25.8	3.4	100%	n-89
	高校卒	10.4	62.4	26.8	0.4	100%	n=250
	大学卒	11.9	62.0	26.0	0.0	100%	n=553
木の皮＊＊	中学卒	7.6	59.8	**28.3**	4.3	100%	n=92
	高校卒	10.0	62.2	26.3	1.6	100%	n=251
	大学卒	**14.3**	65.2	20.0	0.5	100%	n=554

＊＊ p<.05　＊ p<.10

35.7％、「おもしろい」38.9％と面白いとするほうがやや多くなるが、合計では74.6％と大卒・短大と同レベルである。これに対して中学卒層では、「美しい」28.7％、「おもしろい」29.9％と少なくなり、合計では58.6％だった。このような学歴差の背景には、世代差や年齢差も含まれているので、いちがいに学歴だけの効果とはいえないが、この点については次節で明らかにする。

　同様に「木の皮」のように、一般には写真の題材とされにくい、日常的であり社会的にはつまらないものであると思われている題材については、高学歴の者ほど「美しい」写真を撮れると答える比率が高い。大卒の学歴層では、「美しい」と答える率が14.3％で、中学卒では7.6％だった。「キャベツ」の

題材については、中学卒層で13.5％と少しではあるがほかの層よりも高くなっていて、ブルデューがフランスで調べた結果とは異なり、学歴差はほとんど生じていない。

　また、「工事現場の鉄骨」を「つまらない」と判断した層は中学卒層で最も高く38.0％であり、学歴差が生じた項目である。次節で示す結果で明らかなように、とくに中学卒女性の間で、工事現場の鉄骨に「つまらない」と回答する者が多く約44％だった（表5-5）。

　ブルデューがフランスでおこなった調査結果と比較すると、本調査でわかる特徴的なことは、写真イメージでの学歴差は予想とは異なって小さいということである。むしろ第4節に示したように男女差のほうが、美的判断の違いが明確になっていた。

　そこで次に、ジェンダーと学歴による差を明らかにしよう。

6　写真イメージにみる美的性向は男性で均質化

　7つの写真題材について、さらに男女別・学歴別の集計をおこなった結果、興味深いことが明らかになった。すなわち写真イメージに関するすべて項目で、男性は学歴によって判断の分布に有意な差はないが、女性ではすべての項目で有意な学歴差がみられたのである（表5-3から表5-9）。

　例えば、「風景」「妊婦」「キャベツ」「海の夕陽」「木の皮」では、高学歴女性のほうが「美しい写真がとれる」と答える割合が増加する。とくに「妊婦」のテーマについては、「美しい」写真を撮れるという回答は中学卒女性で29.5％、大学・短大卒女性では47.7％と大きな差がみられる（表5-4）。「木の皮」で「美しい」写真を撮れるという回答も、中学卒女性では6.4％、大学・短大卒女性では14.2％と倍以上の差がみられた（表5-9）。

　また、「おもしろい写真がとれる」という回答に着目すると、女性では「妊婦」「工事現場の鉄骨」「キャベツ」「民族舞踊」「木の皮」で学歴による差が生じていた。いずれも高学歴女性ほど、これらの題材で「おもしろい」写真を撮れると思う比率が高かった。例えば「妊婦」で面白い写真を撮れると回答した女性は、中学卒で27.3％、大学・短大卒で40.3％、「工事現場の鉄骨」へは中学卒女性40.4％、大学・短大卒女性60.4％だった。「キャベ

表5-3　性別・学歴別の「風景」

性別	学　歴	美しい	おもしろい	つまらない	見苦しい	合計	n
男	中学卒	93.3%	6.7%	0.0%	0.0%	100%	n=45
	高校卒	85.3%	8.8%	5.9%	0.0%	100%	n=102
	大学卒	89.9%	6.7%	3.4%	0.0%	100%	n=267
女**	中学卒	87.8%	6.1%	2.0%	4.1%	100%	n=49
	高校卒	96.1%	2.6%	1.3%	0.0%	100%	n=152
	大学卒	91.4%	5.1%	3.1%	0.3%	100%	n=292

注：大学・短大以上（高卒後専門学校含む）、＊＊ p<.05

表5-4　性別・学歴別の「妊婦」

性別	学　歴	美しい	おもしろい	つまらない	見苦しい	合計	n
男	中学卒	27.9%	32.6%	25.6%	14.0%	100%	n=43
	高校卒	26.5%	35.7%	28.6%	9.2%	100%	n=93
	大学卒	33.8%	32.3%	26.7%	7.1%	100%	n=266
女**	中学卒	29.5%	27.3%	25.0%	18.2%	100%	n=44
	高校卒	41.8%	41.1%	9.6%	7.5%	100%	n=146
	大学卒	47.7%	40.3%	9.2%	2.8%	100%	n=283

注：大学・短大以上（高卒後専門学校含む）、＊＊ p<.05

表5-5　性別・学歴別の「工事現場の鉄骨」

性別	学　歴	美しい	おもしろい	つまらない	見苦しい	合計	n
男	中学卒	13.3%	53.3%	31.1%	2.2%	100%	n=45
	高校卒	7.0%	56.0%	35.0%	2.0%	100%	n=100
	大学卒	11.4%	58.0%	29.2%	1.5%	100%	n=264
女**	中学卒	8.5%	40.4%	44.7%	6.4%	100%	n=47
	高校卒	6.0%	66.9%	25.8%	1.3%	100%	n=151
	大学卒	8.7%	60.4%	29.2%	1.7%	100%	n=288

注：大学・短大以上（高卒後専門学校含む）、＊＊ p<.05

ツ」では、中学卒女性58.7％、大学・短大卒女性68.2％とやはり高学歴女性のほうが、社会的に意味のない題材で、面白い写真を撮ることができると判断する割合が高い。つまらない題材で面白い写真を撮れるという判断そのものが、文化資本に裏づけられた美的性向であり、より感度が高い趣味判断

第5章　写真イメージにみる美的性向──157

表5-6　性別・学歴別の「キャベツ」

性別	学 歴	美しい	おもしろい	つまらない	見苦しい	合計	n
男	中学卒	16.3%	55.8%	25.6%	2.3%	100%	n=43
	高校卒	9.8%	52.9%	36.3%	1.0%	100%	n=102
	大学卒	9.5%	55.1%	35.4%	0.0%	100%	n=263
女**	中学卒	10.9%	58.7%	26.1%	4.3%	100%	n=46
	高校卒	10.8%	68.9%	20.3%	0.0%	100%	n=148
	大学卒	14.2%	68.2%	17.6%	0.0%	100%	n=289

注：大学・短大以上（高卒後専門学校含む）、＊＊ p<.05

表5-7　性別・学歴別の「海の夕陽」

性別	学 歴	美しい	おもしろい	つまらない	見苦しい	合計	n
男	中学卒	91.1%	8.9%	0.0%	0.0%	100%	n=45
	高校卒	84.5%	12.6%	2.9%	0.0%	100%	n=103
	大学卒	91.0%	5.2%	3.7%	0.0%	100%	n=268
女**	中学卒	93.6%	2.1%	0.0%	4.3%	100%	n=47
	高校卒	94.7%	3.3%	2.0%	0.0%	100%	n=150
	大学卒	96.6%	1.4%	2.1%	0.0%	100%	n=290

注：大学・短大以上（高卒後専門学校含む）、＊＊ p<.05

表5-8　性別・学歴別の「民族舞踊」

性別	学 歴	美しい	おもしろい	つまらない	見苦しい	合計	n
男	中学卒	40.0%	51.1%	8.9%	0.0%	100%	n=45
	高校卒	36.6%	45.5%	17.8%	0.0%	100%	n=101
	大学卒	43.2%	42.8%	13.3%	0.8%	100%	n=264
女**	中学卒	58.7%	32.6%	4.3%	4.3%	100%	n=46
	高校卒	55.0%	35.8%	9.3%	0.0%	100%	n=151
	大学卒	52.8%	41.3%	5.9%	0.0%	100%	n=288

注：大学・短大以上（高卒後専門学校含む）、＊＊ p<.05

（テイスト）であるとブルデューは述べている。

　また、「民族舞踊」で面白い写真を撮れると判断した割合は、女性では中学卒女性32.6%、大学・短大卒女性41.3%と高学歴層のほうが高くなる点は、ブルデューの分析結果とは異なっている。また「木の皮」を面白い写真を撮

表5-9　性別・学歴別の「木の皮」

性別	学　歴	美しい	おもしろい	つまらない	見苦しい	合計	n
男	中学卒	8.9%	55.6%	31.1%	4.4%	100%	n=45
	高校卒	10.8%	47.1%	40.2%	2.0%	100%	n=102
	大学卒	14.4%	59.8%	24.6%	1.1%	100%	n=264
女**	中学卒	6.4%	63.8%	25.5%	4.3%	100%	n=47
	高校卒	9.4%	72.5%	16.8%	1.3%	100%	n=149
	大学卒	14.2%	70.2%	15.6%	0.0%	100%	n=289

注：大学・短大以上（高卒後専門学校含む）、＊＊ p<.05

れる題材と思うかどうかでも、中学卒女性63.8％、大学・短大卒女性70.2％と差が生じている。

　以上の結果から、第1に写真にみる美的感性が学歴資本によって差異を示すのは、女性だけであって、男性では学歴と美的感性がまったく関連をもたないといえる。これは、ブルデューがフランス社会で見いだした結果とは異なっている。フランスでは高学歴層ほど、キャベツや木の皮、工事現場の鉄骨のようなつまらないものや社会的に意味のないものでも美しい写真や面白い写真の題材になると判断していて、これが生活の必要性からの距離を示している正統趣味と解釈されていたからである。もしこのような美的判断が正統趣味であり、文化資本を表すテイストであるとするならば、日本の高学歴男性は美的性向と学歴が一致しないということを意味している。つまり男性の高学歴は、卓越化した趣味やテイストの指標ではないということになる。

　実際に片岡の一連の実証的研究のデータが示すように、日本での文化資本の担い手は主として女性であり、男性の文化的テイストは学歴や地位との関連が弱いことが指摘されてきた。それを裏づける結果が、ここで明らかにしたように写真の題材を用いた趣味判断でも、追認されたということができるだろう。

　テイストの差が、日本の男性では学歴が高くても低位で均質化し、より洗練されたテイストにならないのかという問題は、日本の文化を考えるうえで、重要な点だろう。

第5章　写真イメージにみる美的性向──159

表5-10　現在の職業と「民族舞踊」「木の皮」

写真題材	現在の職業	美しい	おもしろい	つまらない	合計	n
民族舞踊 p<.01	上層ホワイト	48.9%	41.1%	9.9%	100%	n=282
	下層ホワイト	50.3%	38.1%	11.5%	100%	n=286
	ブルーカラー	30.6%	57.1%	12.2%	100%	n=98
木の皮 p<.05	上層ホワイト	15.4%	60.4%	24.3%	100%	n=280
	下層ホワイト	10.2%	67.8%	21.9%	100%	n=283
	ブルーカラー	6.2%	62.9%	30.9%	100%	n=97

注：回答選択肢の「見苦しい」は回答数がわずかのため、削除して検定した。

7　職業と美的性向

　現在の職業的地位と美的性向との関連性は見いだせるだろうか。表5-10
に示すように、職業カテゴリーを大きく3つに分類し（上層ホワイト、下層ホ
ワイト、ブルーカラー）、写真イメージの判断基準の差異を検討した結果、民
族舞踊と木の皮でだけ、職業による有意差がみられた。民族舞踊は、中間層
である下層ホワイトで「美しい」写真を撮れるという回答が多く、中間趣味
であることを示している。また、ブルーカラー層で「おもしろい」写真を撮
れるという反応が最も多く57.1％となり、下層ホワイト38.1％や上層ホワイ
ト41.1％と比べても差が生じていた。
　木の皮については、上層ホワイトで「美しい」写真を撮れると回答する割
合が、ほかの階層よりも高く15.4％だった。しかしいずれの階層でも、木の
皮に対しては「おもしろい」写真を撮れるという反応が60％を超えて多く、
この点では木の皮についての職業差はほとんどないといっていいだろう。し
かし、木の皮で「つまらない」写真を撮れると回答した者は、ブルーカラー
層で最も多くなり30.9％で、下層ホワイトの21.9％や上層ホワイトの24.3％
と比較しても高い値だった。これは木の皮については、フランスのデータと
も符合する結果である。
　次に男女別・職業別に集計したが、結論からいうと、多くの写真題材の項
目で、男女それぞれのなかでは職業による差はほとんど生じていなかった。
唯一、男性で、民族舞踊への反応が有意な差を示したが、前述の表5-10と

同じ傾向だった。すなわち写真判断について、男女それぞれの集団で職業の差はほとんどなかったことから、表5-10に示された結果も、多くは職業による男性と女性の構成比の違いからくるものだと判断していいだろう。

8 考察

写真イメージでの美的感性の差異を生み出している属性要因として、性別、学歴、職業について調べた結果、第1に性別が最も大きな規定因になっていることが明らかである。職業の効果は男女ともに小さく、学歴の差異は男性にはまったく効果をもたず、女性でだけ学歴差がみられるということがわかった。

女性は、風景や海の夕陽のように通俗的な題材にも積極的に美を表現することができると考えているだけでなく、キャベツや木の皮のようにつまらないもの、あるいは妊婦のように被写体にするには不作法とされているものを題材としても、男性よりもはるかに美しい写真や面白い写真を撮ることができるという回答を寄せていた。このような女性の美学的判断のあり方は、ある意味、男性よりも自由で制限を受けていないと考えることができる。とくにキャベツや木の皮のように「つまらないもの」と考えられているものを格上げする能力は、男性よりも女性のほうが得意である。さらに、女性のなかでも高学歴女性のほうが得意である。このことは、文化資本と関係していると考えられる。女性の学歴資本は、美的感性のような身体化された文化資本と関連が高く、高い学歴の女性はハビトゥスとして高い美的性向をもっていることを意味している。

しかし男性ではこの関係は成り立たず、学歴が高くても、威信が高い職業に就いていても、あまり美的感性に差がみられないのである。つまり男性の学歴資本（制度化した文化資本）は、身体化した文化資本との関連が弱く、わが国では男性の美的性向が、女性とはかなり異なり均質化した様態で存在しているということがいえるのである。

第5章　写真イメージにみる美的性向——161

注

（1）表5-2から表5-10のクロス集計のカイ二乗検定では、回答カテゴリーの「つまらない」と「見苦しい」を1つに合併して、検定をおこなっている。ただし表の結果ではこの2カテゴリーを分けて結果を提示しいてる。

第6章
文化消費の構造と階層・ジェンダー

　文化と階層そしてジェンダーは、どのような関係にあるのだろうか。生活様式の差異空間の対応分析（第3章）や文化的オムニボア（第4章）の分析結果から、差異化の基本原理として経済資本と文化資本の重要性が明らかになった。しかしわが国は、男女で文化消費に明らかに違いがみられる。わが国は、性別による文化のすみ分けが大きい社会であり、文化の機能も男女で異なっていると考えられる。本章では、とくに男女による文化消費の違いに注目し、文化消費がどの程度、階層規定的であるか、もしくは脱階層化しているかどうかを、男女別に比較しよう。なぜなら女性のほうがハイカルチャー志向が強いということは、文化的地位が女性の階層にとって重要だと示唆しているからである。また文化が地位の重要な源泉となる女性で、大衆文化への志向性が高い女性とは、どのような女性だろうか。

　さらに日本の学歴エリートが文化エリートであるか否かについても、男女別に検討しよう。同じ学歴エリートであっても、文化的地位の重要性は男女で異なると予想できるからである。そして、学校教育を通じた文化的成り上がりは、どの程度可能であるかについても検討する。

　最後に、正統文化消費を規定するメカニズムを男女別に明らかにし、文化的再生産過程の構造的な把握を進める。そして第4章で提示した「文化のコーポレート支配」についても検討する。

1　性と年齢による文化のすみ分け

女性の正統文化嗜好と男性の大衆文化嗜好

　表6-1は、1995年SSM全国調査と2005年SSM全国調査で明らかになった文化活動の活動頻度である。

　2005年SSM調査での調査項目が少ないため、全体としての比較は難しいが、ハイカルチャーの項目で、文化活動の活動頻度が05年になって少し低下していることがわかる。例えば過去数年間に1度以上、クラシック音楽会へ行った経験のある者は、1995年では29.9％存在していたが、2005年では21.5％へと下がっている。同様に、美術館にいった経験がある者の割合も、1995年では49％だったが、2005年では44.8％へと少し減少した。しかしカラオケのような大衆文化の経験率は、1995年と2005年でほとんど同じで変化はみられなかった。

　以下は、1995年調査に基づいて分析していく。

　男女差は多くの文化活動で生じている。個々の文化活動の経験の有無については、「経験者率」として「週1回以上」から「数年に1度くらい」のいずれかに回答した者をまとめ、第4章の表4-1に示している。したがって、100％から経験者率を引くと、非経験者率になる。

　第4章の表4-1と表6-1の経験者率からもわかるように、多くの文化活動で男女による差異が生じている。具体的には、「クラシック音楽の音楽会やコンサートへ行く」経験をした者は、男性の22.1％であるのに対し、女性では経験者は38.2％と男性よりも高い。「美術館や博物館に行く」者や「歌舞伎や能や文楽を見に行く」者、「茶道・華道・書道をする」者などは、いずれも女性のほうが経験者率が高い。ただし「社会活動をする」については、男女差がみられない。これはほかの文化芸術活動が個人的選択で実践されているのに対し、社会活動は異なった文脈でおこなわれやすい活動だからである。これについては後述する。

　表6-1と第4章の表4-1からわかることは、以下の点である。

　①威信が高い文化活動では、女性の経験者率は男性を上回っている。例えば、「歌舞伎・能・文楽」（男性 8.1％＜女性 16.6％）、「クラシック音楽の音楽

表6-1　文化活動の活動頻度（1995年，2005年 SSM 全国調査）

文化活動　　　（　）内は文化威信スコア		週1回以上	月1回くらい	年に1回から数回	数年に1度くらい	ここ数年間したことはない	DK.NA.
社会的活動に参加する（ボランティア活動、消費者運動など）　　（68.4）	1995全体	3.5	7.0	10.3	6.8	68.8	3.7
	男	2.9	7.2	9.8	7.1	71.0	-
	女	4.2	7.2	9.8	7.0	71.8	-
歌舞伎や能や文楽を見に行く　　　　　（65.9）	全体	0.1	0.9	5.9	5.2	84.1	3.7
	男	0.2	0.8	3.6	3.4	92.0	-
	女	0.1	1.0	8.4	7.2	83.4	-
クラシック音楽の音楽会・コンサートへ行く　　　　　（64.5）	2005全体	0.1	0.8	9.4	11.2	78.5	-
	1995全体	0.2	2.0	16.4	11.3	67.5	2.6
	男	0.3	1.0	10.4	10.4	77.9	-
	女	0.2	2.9	22.6	12.6	61.8	-
美術展や博物館に行く　　　　　（64.1）	2005全体	0.1	2.1	21.6	20.9	55.2	-
	1995全体	0.3	4.9	27.0	16.8	48.7	2.3
	男	0.5	4.3	23.8	18.2	53.2	-
	女	0.2	5.6	31.0	16.3	46.9	-
華道・茶道・書道をする　　　　　（60.6）	1995全体	5.1	4.1	3.7	3.1	80.6	3.4
	男	1.9	0.9	1.9	0.8	94.4	-
	女	8.1	7.1	5.5	5.4	73.9	-
小説や歴史の本を読む　　　　　（55.6）	2005全体	15.7	17.3	21.9	10.6	34.4	-
	1995全体	20.1	19.6	14.5	7.6	36.1	2.0
	男	20.8	18.7	14.8	7.8	37.9	-
	女	20.3	21.2	14.8	7.7	35.9	-
ゴルフ・スキー・テニスをする　　　　　（52.1）	全体	4.0	9.5	17.2	5.7	60.6	3.0
	男	5.2	16.3	21.7	5.7	51.2	-
	女	3.1	4.0	14.3	6.1	72.4	-
手づくりでパンや菓子を作る　　　　　（50.4）	全体	4.5	13.3	10.1	3.9	64.2	3.8
	男	0.5	2.3	2.2	1.3	93.7	-
	女	8.2	23.6	17.6	6.4	44.1	-
カラオケをする　　　　　（39.8）	2005全体	2.4	11.6	34.3	14.4	37.3	-
	1995全体	5.4	22.8	28.6	6.7	34.6	1.9
	男	6.6	29.7	29.4	5.9	28.4	-
	女	4.4	17.5	29.0	7.7	41.3	-
スポーツ新聞や女性週刊誌を読む　　　　　（39.1）	全体	35.7	23.2	10.2	3.2	26.0	1.6
	男	46.1	17.7	6.5	2.6	27.0	-
	女	27.7	28.8	13.7	3.9	25.9	-
パチンコをする　　　　　（27.7）	全体	6.9	9.1	7.6	5.3	68.5	2.6
	男	13.0	14.9	10.0	6.2	55.8	-
	女	1.8	4.4	5.9	4.7	83.2	-

注1：1995年 SSM 全国調査、横計100％、ただし男女別頻度は DK.NA. を除外して算出。
注2：本表は、片岡（1997b）から引用し、2005年 SSM 調査結果を追加した。

会・コンサート」（男性22.1％＜女性38.2％）、「美術展や博物館」（男性46.8％
＜女性53.1％）、「茶道・華道・書道をする」（男性 5.6％＜女性26.1％）といず
れも女性の経験者率は高い。

　②逆に威信が低い大衆的な文化では、男性の活動は女性に比べて活発であ
る。例えば「カラオケ」（男性71.6％＞女性58.7％）、「パチンコ」（男性44.2％
＞女性16.8％）、「週1回以上のスポーツ新聞・女性週刊誌」（男性46.1％＞女性
27.7％）と、男性のほうが上回っている。

　③男女差がみられなかった活動は、「短歌・俳句を作る」「社会的活動に参
加する」「小説や歴史の本を読む」の3つであった。文化活動では、男女に
よって消費のされ方が異なる活動が多いといえるだろう。

　以上から、威信が高い文化活動の多くは、その担い手が女性に偏っている
ことがわかる。また、威信が低い文化活動は、男性の活動が活発であること
がわかる。

　たしかに芸術的な趣味は女性的で、ギャンブルや大衆娯楽的な活動や趣味
は男性がおこなうものといった、性による文化のすみ分けがあるのも事実だ
ろう。これはわが国では、男女で文化の意味や機能が異なることを示唆して
いる。**文化のジェンダー構造**ともいうべき、性による文化的なすみ分けのあ
ることが、わが国の文化の特徴である。しかし近年では、若い年齢層で男女
の感性は似通ってきているともいわれる。そこで以下では、年齢差について
検討する。

文化消費における年齢効果と「年齢による象徴的強制効果」

　性別とともに年齢も、文化活動を左右する大きな属性要因の一つである。
表6-2は、年齢コホート別に集計した男女それぞれの活動経験者率である。
分散分析をおこなうと、すべての活動で年齢コホートによる有意な差異がみ
られた。そして若い年齢層でも高年齢層でも、文化活動の男女差は生じてい
る。これらの結果から、諸文化活動はあらゆる年齢層で性別によって異なっ
た消費のされ方をしていると予想できる。

　表6-2から明らかなように、日本の伝統的な芸術活動をおこなっている者
は、高い年齢層に多い。例えば「歌舞伎・能・文楽」や「茶道・華道・書
道」「短歌・俳句を作る」者の年齢平均は、ほかの文化活動に比べて高い。
同様に「社会的活動（ボランティアなど）」も、30歳代から50歳代の中年齢層

表6-2　年齢コホート・男女別の文化活動経験者率

文化活動	年齢 性別	20− 29才	30− 39才	40− 49才	50− 59才	60− 70才	χ^2検定
a クラシック音楽の音楽会・コンサートへ行く	男	32.5	26.0	23.0	19.1	−	P=0.001
	女	47.4	39.1	42.1	37.2	−	P=0.001
b 美術展や博物館に行く	男	41.4	55.7	47.5	43.5	46.2	P=0.007
	女	57.7	54.8	56.5	52.0	44.5	P=0.026
c 歌舞伎や能や文楽を見に行く	男	4.9	6.7	6.4	10.1	11.0	P=0.097
	女	14.4	11.9	13.5	20.9	22.4	P=0.001
d カラオケをする	男	93.5	87.6	74.6	69.8	44.7	P=0.001
	女	86.3	66.5	61.1	53.0	33.3	P=0.001
e パチンコをする	男	67.3	58.2	50.3	37.4	18.9	P=0.001
	女	26.7	20.2	17.5	14.9	7.1	P=0.001
f ゴルフ・スキー・テニスをする	男	65.1	71.9	55.4	38.6	24.1	P=0.001
	女	58.1	47.2	25.7	12.9	3.5	P=0.001
g 華道・茶道・書道をする	男	3.1	3.2	4.2	6.0	9.9	P=0.003
	女	24.6	22.9	27.6	25.6	29.2	P=0.029
h 短歌や俳句を作る	男	0.6	2.7	3.9	7.2	10.6	P=0.001
	女	3.3	3.7	2.8	9.6	8.8	P=0.005
i 社会的活動に参加する（ボランティア活動など）	男	20.6	25.0	33.1	34.7	27.3	P=0.074
	女	13.9	29.7	34.1	29.0	28.5	P=0.001
j 小説や歴史の本を読む	男	66.9	70.3	63.8	57.1	64.0	P=0.001
	女	74.9	73.6	72.5	55.0	44.6	P=0.001
k スポーツ新聞や女性週刊誌を読む	男	76.5	84.9	78.5	76.4	52.7	P=0.001
	女	87.9	80.7	76.4	71.4	56.8	P=0.001
l 手づくりでパンや菓子を作る	男	6.8	11.2	8.5	2.9	3.4	P=0.001
	女	64.9	76.3	63.8	42.4	31.6	P=0.001

注1：1995年 SSM 全国調査
注2：本表は、片岡（1997b）から、引用した。

が多く活動している。それ以外の活動では、年齢は20歳代もしくは30歳代と若いほうが経験者率も高くなる傾向にある。

　歌舞伎・能や茶道、短歌などの伝統的な芸術活動に親しんでいる者が、高い年齢層に多いということの意味は、3つの方向で考えることができる。1つは、これらの伝統芸能文化が古い世代の正統的な文化だったが、現代の若い年齢層にとってはもはや一生関わることがない滅びゆく文化であるという

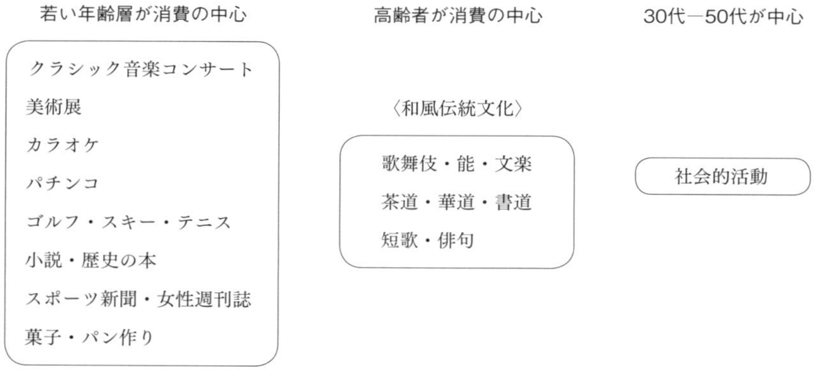

若い年齢層が消費の中心　　　　高齢者が消費の中心　　　　30代―50代が中心

クラシック音楽コンサート
美術展
カラオケ
パチンコ
ゴルフ・スキー・テニス
小説・歴史の本
スポーツ新聞・女性週刊誌
菓子・パン作り

〈和風伝統文化〉

歌舞伎・能・文楽
茶道・華道・書道
短歌・俳句

社会的活動

図6-1　年齢と文化活動の関係

解釈である。すなわち世代や時代の変化とともに、正統的な文化は変容していて、いまの若い世代が年をとればクラシック音楽や美術鑑賞といった活動が正統的な文化活動になるという方向性である。もう1つの解釈は、わが国には年齢にふさわしい文化が存在し、たとえ若い頃はロック音楽や大衆娯楽に興じていても、ある年齢層になれば歌舞伎や能を見にいったり、短歌を作ったりと伝統文化に親しむようになるという解釈である。

　例えば、作家の林真理子は、わが国には「中年が楽しむ文化」が脈々としてあり、それは若い頃には予想さえしていなかったことだ、と述べている。その中年文化の中身の多くは、わが国の伝統芸術に関わっている。キモノの文化、踊りの文化しかりである。林がいうように、もし年齢に対応した文化が用意されているのであるとすれば、わが国の文化の構造は年齢主義によってある程度規定されていることになる。すなわち、ある年齢層にふさわしい文化活動をおこなうような社会的圧力がはたらくと考えられる。これを「文化の年齢効果」と呼ぶことにしよう。

　第3の見方は、伝統芸術を趣味にするためには、経済コストがかなりかかるため、経済的に豊かな層の趣味であるという解釈である。第2章の生活様式空間が明らかにしたように、伝統芸術趣味は、年収が最も高い経営者層や高収入の管理職層の趣味だと明らかとなっている。伝統的な芸術を楽しむには、経済資本が不可欠のため、年齢が高い層ほど伝統芸術へとおもむくことになる。

表6-3 文化活動の因子構造（主成分分析・バリマックス回転）

文化活動	正統文化活動	大衆文化活動	共通性
美術展や博物館に行く	**0.761**	0.065	0.583
クラシック音楽の音楽会・コンサートへ行く	**0.656**	0.092	0.439
小説や歴史の本を読む	**0.597**	0.217	0.040
歌舞伎や能や文楽を見に行く	**0.540**	-0.130	0.308
華道・茶道・書道をする	**0.534**	-0.121	0.300
社会的活動に参加する（ボランティア）	**0.422**	0.020	0.179
短歌や俳句を作る	**0.371**	-0.178	0.169
カラオケをする	0.068	**0.722**	0.526
スポーツ新聞や女性週刊誌を読む	0.097	**0.688**	0.483
パチンコをする	-0.219	**0.618**	0.430
固有値	2.321	1.500	

　筆者は、これらの解釈はいずれもある意味で妥当だと考えている。それは、中年以降になると時間的余裕と経済的余裕ができやすくなり、若い頃はほとんど無縁だった短歌や俳句の会に入ってみたり、また、高いお金を出して歌舞伎やオペラにいったりする層が存在すると思われるからだ。すなわち地位の上昇に伴って、それにふさわしい文化活動をおこなおうとする、**文化的成り上がり**の存在も考えられる。

　ブルデューは学歴による「象徴的強制効果」（effect of symbolic imposition）があると指摘している（Bourdieu 1979a）。つまりある学歴にふさわしい文化消費が期待され、学歴階層に応じた文化活動がおこなわれるというのである。たしかにそうした面もあるだろうが、それとともに私の分析が示すところでは、わが国では「性と年齢による象徴的強制効果」（傍点は引用者）があり、年齢段階に応じた正統的な文化消費のオプションが用意されているとも解釈できる（図6-1を参照）。

　すなわち、若い年齢層では西洋文化趣味と大衆文化趣味が強く、高齢層では伝統的な和風の正統文化を好む傾向が強い。

性と年齢による文化消費の傾向——まとめ

　繰り返しになるが、性と年齢コホートで文化消費の違いを図示した結果を示しておこう。ここでは SSM 全国調査から抽出した2つの主成分得点、正

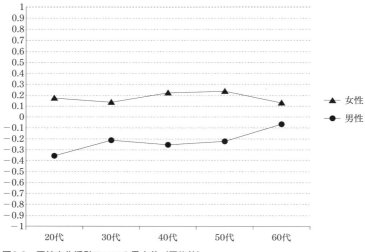

図6-2　正統文化活動スコアの男女差（平均値）

統文化スコアと大衆文化スコアを用いる。2つの因子は、10の文化活動を主成分分析（バリマックス回転）にかけて析出された因子である[1]。ここでは文化の構造を析出するために、第4章で使用した文化威信スコアによる文化の3分類（ハイカルチャー、中間文化、大衆文化）を使用せずに、消費の構造によって分類されている。分析の結果、文化活動は2因子で説明できる。第1因子として正統文化活動群、第2因子として大衆文化活動群が析出された（表6-3を参照）。固有値は第1因子が2.32、第2因子が1.50となる。各因子に対する各文化活動項目のバリマックス回転後の寄与率から、正統文化活動を構成するのは7項目、大衆文化活動を構成するのは3項目であることがわかる。文化威信スコアで比較すると、正統文化活動群の平均値は63.0で、大衆文化活動群では35.5と大きな差がみられる。これらの因子分析結果から、主成分得点を算出し、それぞれ正統文化スコアと大衆文化スコアとして以下で使用することにしよう。

　年齢コホート別・男女別に主成分得点の平均値をプロットしたものが図6-2と図6-3である。図6-2の正統文化スコアをみると男女差は明瞭で、女性の正統文化は年齢とあまり関係がないのに対し、男性は定年後の60歳以上で正統趣味が強くなる。労働の場から離れることで男性の正統趣味は増えて

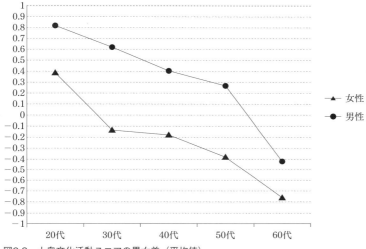
図6-3　大衆文化活動スコアの男女差（平均値）

いる。図6-3の大衆文化でも男女差は大きく、男性のほうが大衆文化趣味が多い。年齢が上がるとともに低下し、これは男女ともにみられる効果である。したがって、20歳代の若者、とくに20代男性は最も大衆文化的であり、60代女性は最も大衆文化から遠ざかる。

2　文化の階層性とジェンダー

　文化の階層性を検討するには、いくつかのアプローチがある。1つは文化活動の頻度を指標として、文化消費の階層差を測定する方法である。この方法は、宮島・藤田グループがおこなった大学生調査で採用され一般化し（宮島・藤田編 1991）、SSM 調査でも採用されている。さらに、嗜好の階層性に着目すれば、音楽趣味や美術の趣味を各ジャンルへの好き／嫌いなどの尺度で測定し、階層との対応をみる方法がある。さらに美的感性の階層性や知識・教養の階層性を測定したり（片岡編 2000）、言語資本の地域性に着目した中野（1974）の研究がある。また藤田ほか（1992）の大学生調査では言語得点の地域差はあまり大きくないと指摘している。ほかに吉川の試みなどが

第6章　文化消費の構造と階層・ジェンダー——171

ある。

　第2章の対応分析では文化と社会的位置との布置状況を明らかにし、第4章では、消費するジャンルの数を基準に、文化の象徴的境界の問題として分析を進めてきた。ここでは、文化消費の階層性を、文化活動の頻度も考慮して、まずクロス表分析や記述統計によって文化消費の社会的特性を詳しくみておこう。男女別に社会的要因との関連を明らかにすることによって、ジェンダーによる文化消費の差異を検討する。社会的ヒエラルキーを代表する要因には、職業、学歴、収入を取り上げて検討する。

SSM職業8分類と文化活動

　職業による文化活動の違いについて、男女別集計を用いて要約しよう。表6-4は、SSM職業8分類ごとの文化活動経験者率を男女それぞれについて集計し示している。男女別のクロス表に独立性の検定をおこなうと、ほとんどの活動で職業階層による差異がみられた。基本的に専門職、管理職、事務職のホワイトカラーを中心とした層では、「クラシック音楽コンサート」や「美術展・博物館」「歌舞伎・能・文楽」「華道・茶道・書道」「小説・歴史の本を読む」「パン・菓子作り」といった威信が高い文化活動を消費する者が多い。しかし同時に事務職層では、「カラオケ」「パチンコ」「スポーツ新聞・女性週刊誌」といった威信が低い活動の経験率も高い。とくにカラオケやパチンコは威信が低い活動だったが、その消費者の職業威信は必ずしも低いとはいえない。むしろ、ブルーカラー層のカラオケやパチンコの経験者率はホワイトカラー層を下回っている。これらは国民的大衆文化だということができるだろう。

　表6-4の経験者率からわかることは、第1に、職業によって文化活動に差がみられるということと、第2にホワイトカラー層のほうがブルーカラー層よりも、多様な文化活動に参加し、全体として経験者率が高いということである。第2の点に関連して、ホワイトカラー層は、現代では多様な文化を消費するという文化的オムニボア仮説が支持されることは、ここでも明らかである。

　社会活動（ボランティアや消費者運動など）の項目は、文化威信スコアが最も高い活動である。しかし表の結果をみるかぎりでは、ほかの項目とかなり異なった傾向を示し、活動経験者率は必ずしも職業威信の高さに比例してい

表6-4 SSM職業8分類と文化活動経験者率（%）

		専門	管理	事務	販売	熟練	半熟練	非熟練	農業	主婦・無職既婚（死離別含む）	χ^2検定
クラシックコンサート	男	38.5	29.2	27.2	21.2	14.5	18.0	14.0	3.1	－	p<0.001
	女	64.4	50.0	51.2	32.2	28.9	27.7	27.5	19.6	33.1	p<0.001
美術展、博物館	男	71.8	61.2	54.5	42.5	32.4	38.1	37.2	23.4	－	p<0.001
	女	75.0	50.0	63.9	46.5	41.5	42.3	33.3	35.3	52.1	p<0.001
歌舞伎・能・文楽	男	10.9	18.6	9.2	7.0	3.3	5.0	9.3	1.6	－	p<0.001
	女	28.6	40.0	21.9	10.1	11.1	8.2	10.0	9.8	15.9	p<0.001
カラオケ	男	77.9	77.3	79.4	73.1	73.1	76.6	61.4	53.1	－	p<0.001
	女	71.8	50.0	71.9	65.3	68.7	58.0	47.6	41.5	48.3	p<0.001
パチンコ	男	41.2	35.9	51.2	55.1	49.3	52.8	38.6	29.7	－	p<0.001
	女	22.8	0	26.4	21.4	19.5	12.5	17.5	5.8	12.1	p<0.001
ゴルフ・スキー・テニス	男	66.1	73.3	62.6	55.6	42.1	38.7	38.1	9.4	－	p<0.001
	女	56.0	20.0	43.4	25.2	16.1	16.2	7.3	7.7	21.7	p<0.001
華道・茶道・書道	男	9.3	8.4	4.9	4.2	3.3	3.7	2.4	7.8	－	p<0.162
	女	38.1	30.0	29.7	25.7	18.8	15.3	9.8	11.3	27.9	p<0.001
短歌・俳句	男	9.2	10.1	5.3	5.0	1.9	0	9.3	6.3	－	p<0.003
	女	4.9	0	4.7	6.5	5.0	2.7	2.6	3.9	6.9	p<0.672
社会活動	男	32.1	35.3	28.6	32.6	23.0	24.4	30.2	37.5	－	p<0.136
	女	33.3	40.0	27.4	23.7	21.3	17.3	25.0	24.5	32.8	p<0.021
小説・歴史の本	男	87.0	76.9	75.9	55.9	41.5	49.6	51.2	50.0	－	p<0.001
	女	86.7	70.0	77.0	58.6	56.8	48.2	50.0	37.0	61.7	p<0.001
スポーツ新聞・女性誌	男	74.8	78.3	81.6	77.6	74.2	76.1	78.6	45.3	－	p<0.001
	女	80.6	70.0	84.5	78.6	79.5	71.4	66.7	60.4	68.2	p<0.001
パン・菓子作り	男	14.1	8.7	8.3	5.7	3.9	3.1	2.4	3.1	－	p<0.004
	女	70.2	50.0	26.7	48.6	42.7	51.8	53.5	45.3	58.6	p<0.004

注1：文化活動経験者率とは、「最近の5、6年に一度以上」の活動経験のある者の割合（％）。
注2：本表の出典は、片岡（1997b）で提示した結果であり片岡（1998e）にも再掲している。

るわけではない。そこで次に、「社会的活動（ボランティアなど）」をおこな
う人々の特性を取り上げて検討しておこう。なぜならさまざまな文化活動に
職業的差異がみられるが、それは経済資本の効果や威信の効果、あるいは職
業の組織化のされ方の問題などを多面的に含んだ複合的な効果となって表れ

第6章　文化消費の構造と階層・ジェンダー──173

表6-5　社会活動の経験者率と従業形態（男女別）

従業形態	構成者数（人）		経験者率（％）	
	男性	女性	男性	女性
経営者・役員	101	24	42.6	45.8
一般従業者	668	301	26.4	24.3
臨時雇用	44	249	30.0	24.1
派遣社員	1	5	0.0	0.0
自営業主	225	50	32.4	34.0
家族従業者	17	147	23.5	24.5
内職	0	21	－	23.8
学生	25	9	36.0	11.1
無職	110	557	25.5	32.5

るからだ。

「社会的活動（ボランティア・消費者活動など）」の特徴

　表6-4をみると、男性の場合、「社会的活動（ボランティア・消費者運動など）」の主な担い手は、農業層と管理職、専門職、販売である。また女性の社会活動の主な担い手となる職種は、管理職、専門職、主婦層であった。しかし職種ではなく、従業形態に注目してみよう。次の表6-5に示されるように、社会活動の経験者率が高い主な従業形態は、男女ともに経営者と自営業主であった。社会活動を過去数年間に1度以上経験している者の割合は、全体では男性で29.1％、女性で28.2％だが、それに対して経営者男性では42.6％、経営者女性は45.8％と高い数値を示した。また経営者に次いで自営業主も高い割合を示し、自営業主男性32.4％、自営業主女性34.0％であった。男性では学生の経験者率も高いが、構成比率が少ないため、あまり一般化はできない。女性では無職の主婦層が32.5％と高い。これに対し、一般従業者層では男性26.4％、女性24.3％である。

　また表は示さないが、同じ職業でも、一般従業者と自営業主・経営者を比較すると、ほとんどの職業で自営業主か経営者であれば社会活動の経験者率は一般従業者よりも明らかに高かった。

　以上から、社会活動を説明する要因は、職種よりも従業形態であることがわかる。経営者層と自営業主層、そして専業主婦層が社会活動をおこなうと

いうことがいえるだろう。

　社会活動は、学生や主婦がおこなうボランティアを除けば、一般的にはいずれも地域や団体によって組織化された活動の一部としておこなわれている。例えば、自営業層であれば「街おこし」と営業活動を兼ねて、商店街主催のボランティア活動が組織される。また農業では、集落単位の共同作業も多く、消防団を形成したり、地域や集落の保全に関わって共同体の要請する社会的活動が多く存在している。したがって、農業層や経営者層・自営業層の社会的活動は主体的な個人単位の活動であるというよりは、共同体維持のための組織化された活動あるいは将来的な営業的利益を見通した戦略の一つとして組織化されている。つまり、男性の「社会的活動」の多くは、その職業生活と密着して地域で組織化されている場合が多いと考えられる。

　社会的活動に関する文化威信スコアは最も高く68.43だが、この評価の高さと担い手の職業威信があまり対応していないのは、男性の社会的活動が職業生活と結び付いて組織化されたものだからだろう。また調査の時期から考えると、阪神淡路大震災後のボランティアの評価の高まりとも、社会的活動の高い評価は関連しているかもしれない。

3　高学歴化と文化資本

学歴資本と文化資本の対応にみる男女差

　クリストファー・ジェンクスとデヴィッド・リースマン（Jencks and Riesman 1968）は、高学歴化によって大量の文化移動（cultural mobility）が生じると予想したが、学歴による文化消費の格差を男女別にみてみよう。表6-6は、男女別・学歴別の文化活動経験者率を示している。学歴と文化活動の間には、かなり密接な関連性が認められる。

　ほとんどの活動で学歴による差が生じており、高学歴層のほうがさまざまな文化活動で経験者が高いことがわかる。すなわち、高学歴化した社会の到来によって、文化活動の全体的な活動レベルは向上し、高学歴層を中心に文化移動が生じるものと思われる。しかしこれが純粋に学歴効果の結果なのか、家庭での初期の文化的社会化の結果なのかについては、さらに検討が必要である。

表6-6　学歴別の文化活動経験者率

		中学	高校	大学	χ^2検定
			学歴		
クラシックコンサート	男	9.0	18.7	37.3	p<0.001
	女	17.5	39.1	60.4	p<0.001
美術館・博物館	男	26.5	43.9	66.2	p<0.001
	女	30.1	54.6	76.6	p<0.001
歌舞伎・能・文楽	男	4.1	6.7	13.2	p<0.010
	女	10.1	15.4	28.0	p<0.001
カラオケ	男	54.5	76.1	77.2	p<0.001
	女	47.3	60.4	67.8	p<0.001
パチンコ	男	36.3	47.7	44.7	p<0.001
	女	14.0	17.7	17.7	p<0.581
ゴルフ・スキー・テニス	男	17.6	50.7	68.7	p<0.001
	女	5.2	26.9	57.3	p<0.001
華道・茶道・書道	男	4.5	5.4	6.7	p<0.233
	女	12.7	27.1	39.4	p<0.001
短歌・俳句	男	3.8	4.3	8.6	p<0.017
	女	2.5	7.0	5.6	p<0.152
社会活動	男	25.0	29.4	31.4	p<0.615
	女	18.7	30.9	32.0	p<0.001
小説・歴史の本	男	32.8	62.1	83.2	p<0.001
	女	36.5	68.1	86.1	p<0.001
スポーツ新聞・女性週刊誌	男	61.4	79.0	71.9	p<0.001
	女	60.2	77.7	80.9	p<0.001
パン・菓子作り	男	2.7	5.3	10.8	p<0.002
	女	34.0	59.4	72.5	p<0.001

「パチンコ」と男性の「スポーツ新聞・女性週刊誌」といった威信の低い活動では、男女ともに高卒レベルの学歴層とともに大卒層でも経験者率が高い。これ以外では、高学歴の人々は、全体としてさまざまな文化活動に参加しており、威信が高いハイカルチャーも大衆文化も両方を消費する文化的オムニボアになる傾向がある。

　経験したかどうかのレベル（経験者率）で比較すると、とくに大衆文化へのアクセスという点では、高学歴層のほうが高くなる。大衆文化の部分では、

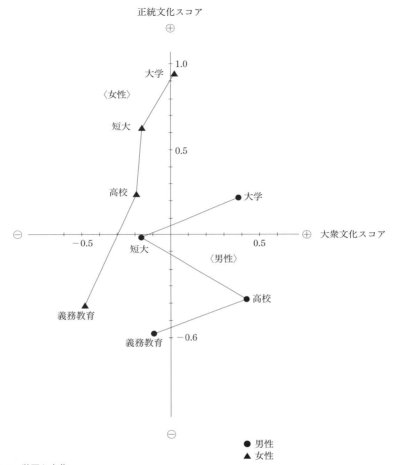

図6-4 学歴と文化

　文化の威信ヒエラルキーと学歴資本のヒエラルキーは、まったく対応していないばかりか、逆転の関係を示している。
　学歴と文化の対応は、正統文化スコアと大衆文化スコアで図示すると、より明瞭になる。これらのスコアでは、経験者率ではなく頻度の情報が含まれるからである。図6-4は、文化消費パターン2次元平面に学歴男女別の平均得点をプロットした結果である。ここでは、より見やすくするため正統文化

第6章　文化消費の構造と階層・ジェンダー——177

スコアを縦軸に、大衆文化スコアを横軸にして男女学歴別の平均値をプロットした。

図6-4の縦軸から、女性は学歴と正統文化が強い比例関係にあり、高学歴女性ほど正統文化嗜好が強くなる。男性も高学歴層ほど正統文化嗜好が強いが、女性ほど明瞭な学歴差は生じていない。男性の正統文化の学歴差は、女性と比べて相対的に小さいといえるだろう。男性の大卒は、全体のなかでは文化的中間層に属し、文化エリートとはいえない。しかし女性の大卒者は、正統文化の高さでわが国では文化エリートの位置にある。しかし大衆文化と無縁の文化エリートではなく、大衆文化もある程度は摂取する文化的オムニボア化しつつある文化エリートである。

大衆文化を示す横軸で比較しても、学歴との関連が認められるが、正統文化ほど大きな差ではない。男性の短大卒を除けば、学歴が高いほど男女ともに大衆文化摂取が多くなるといえるだろう。しかし男性では高卒と大卒がほぼ同じ大衆文化スコアで差異はなく、学歴との関連性は大きいとはいえない。

全体として、高学歴化するほど、正統文化も大衆文化も両方に関与する文化的オムニボアになりやすいことが図からみてとれよう。とくに女性で、正統文化と学歴との対応関係は大変強い。言い換えれば、わが国の女性では、学歴資本と身体化された文化資本の対応関係は高いと考えられる。しかし男性では、高学歴であることは、大衆的になることを同時に意味しているので、男性の大卒では、文化的オムニボア層が多い。すなわち男性では、学歴資本と身体化された文化資本の対応は弱いといえる。そして学歴が相対的に低いということは、さまざまな文化活動に参加する機会が少なくなることを示唆している。すなわち社会の高学歴化は、文化消費を全体的に高める方向に作用し、文化的オムニボア化が進行することを予想させる。

学歴エリートは文化エリートか

わが国の学歴エリートは文化エリートではないとさまざまな方面から指摘されている[2]。すなわち、高学歴層が上流階級文化を身につけていないということである。そもそもエリートの文化的特性については社会による違いがあるが、わが国では華族階級の文化、公家文化や士族階級の武家文化が、明治以来、最も伝統的なものとしてあげられるだろう。しかし第2次世界大戦による敗戦の結果、そうした文化にも断絶する部分が多かったと思われる。農

地改革によって土地所有による支配階級が没落したことによっても、戦後は新たな支配階級が形成されている。しかし、文化的伝統が急激な社会変動によってどの程度解体されるのか、あるいは継続するのかについての研究は少ない。[3]

　なぜ日本の学歴エリートに「教養なき学歴エリート」が多いのかという理由について、竹内（1995）は教育選抜で上流階級文化は無関係であること、選抜システムの透明性が高いことを指摘している。

　すでに第4章で明らかにしたように、わが国のハイカルチャー消費は大衆化しながらも、やはり象徴的境界となって経済階層の境界と文化階層の境界を示している。そして表6-4からは、職業階層によって正統文化の摂取頻度が異なり、上層階層ほど正統文化活動が明らかに活発である。そこでここでは正統文化を多く消費することが、文化消費面での文化エリートであると操作的に定義することにしよう。なお、以下で文化エリートとあるのは、すべて文化消費の側面に限定した問題として扱う。

　前節の分析から、同じ大卒であっても女性は文化エリートであり、男性は平均すると女性の高卒程度の正統文化消費を示し、文化エリートではないことが明らかになった。ここでは学歴エリートがどの程度文化エリートであるか、学歴と文化の対応をもう少し詳しく分類してみておこう。

　まず、正統文化スコアを基礎に3グループに分けた。全体のなかで上位3分の1（上位33.3％）の者を正統文化上位者、中位3分の1（33.4％）を正統文化中位者、下位3分の1（33.3％）を正統文化下位者とした。以下では、正統文化上位者を文化エリートと呼ぶことにしよう。

　そして学歴別に正統文化の3グループの構成比を算出した。正統文化上位者が各学歴層に占める割合は、大卒で48.1％、短大卒53.4％、高校卒32.9％、中卒16.8％だった。大卒は短大卒よりも文化エリートが少ない。しかし大学・短大、高校、中学の学歴間では、明らかに学歴と文化消費は比例関係にあることがわかる。

　そこで次に、男女の違いを考慮して集計した。図6-5に示すように、男性の大学卒に占める文化エリート（上位3分の1）の割合は39.2％で、男性高校卒19.4％のほぼ2倍となっている。男性大卒の約40％は文化エリートだが、男性大卒全体では、女性高卒とほぼ同じレベルの正統文化消費にある。女性を学歴別にみると、学歴格差は男性以上に大きい。女性の大卒に占める文

第6章　文化消費の構造と階層・ジェンダー——179

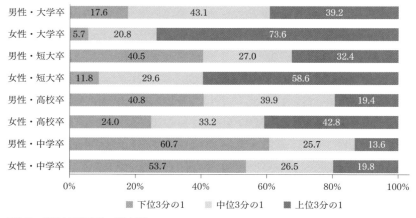

図6-5　学歴と正統文化（男女別）

エリートは73.6％、短大卒で58.6％、高校卒で42.8％、中学卒19.8％であるから、大卒に限ってみれば女性では文化エリートが73.6％と多く、男性の2倍弱の割合である。すなわち、女性大卒者では学歴と文化が対応していることがわかる。しかし男性では、男性大卒者の大半（60％以上）は文化エリートにならずに学歴と文化の不一致な状態である。言い換えれば、支配階級のハビトゥスや文化を身につけることが、男性学歴エリートにとっては課題にはならなかったとも思われる。なぜ男女でこのような異なった状況が生まれているのだろうか。

　まず大卒学歴エリートの構成比は、男性の26.5％、女性の8.1％であり、女性のほうが大卒への選抜度は高い。大卒者の正統文化消費にみられる男女差は、選抜度の違いからも生み出されている。そこで、大卒者の出身階層を男女で比較してみよう。

　学歴と父親の主たる職業との関連を示す結果が表6-7である。それぞれ男女別に、各学歴を100とした場合の父主職の構成を示している。

　表6-7から大卒者の出身階層をみると、父が専門職の割合は男性大卒者の17.2％だが、女性大卒者では26.7％を占める。管理職の割合は、男性24.5％、女性28.7％とやはり女性が多い。専門・管理職に代表される上層階層の文化が、親から子へと伝わっているとすれば、男性大卒のほうが女性大卒よりも正統文化消費が低いことは、十分に考えられる。しかし、男性大卒の正統文

表6-7　学歴別の出身階層

父親の主たる職業	本人学歴							
	男　性				女　性			
	大学以上 (302)	短　大 (35)	高　校 (532)	中　学 (262)	大学以上 (101)	短　大 (149)	高　校 (700)	中　学 (300)
専門職	17.2	5.7	3.6	2.3	26.7	14.8	5.0	0.7
管理職	24.5	22.9	7.1	0.8	28.7	24.8	9.6	2.0
事務	15.6	20.0	9.4	2.3	16.8	10.7	12.7	6.3
販売	10.6	17.1	10.0	7.6	13.9	12.8	10.4	7.0
熟練職	11.3	14.3	20.3	23.3	7.9	12.8	20.6	17.0
半熟練職	9.3	2.9	16.9	8.0	5.0	9.4	12.7	8.0
非熟練職	0.7	0.0	4.5	6.1	0.0	1.3	5.9	4.7
農業	10.9	17.4	28.2	49.6	1.0	13.4	23.1	54.3
合計(%)	100.0	100.0	100.0	100.0	100.0	100.0	100.0	100.0

（　）内は実数

化消費が女性高卒とほぼ同じであることから、父親の職業階層をみると、男性大卒の出身階層構成は女性短大卒とほぼ同じであり、女性高卒よりははるかにホワイトカラーに偏っている。したがって、やはり男性大卒の正統文化消費は、出身階層文化からくるだけでは説明がつかない。

理科系と文科系の文化差

　チャールズ・P・スノウは、イギリスの知識人層が理系か文系であるかによって、異なる文化をもつグループとして分かれていることを指摘した（Snow 1964）。すなわち文学的知識人と科学者は「同じ程度の知識をもち、同じ人種の出であり、育ちもたいして変わりなく、同じくらいの収入をもちながらお互いの付き合いをやめてしまっていて、教養や道徳や心理的な傾向には共通なものがほとんどない」という。わが国の大学生をみていても、理系大学生と文系大学生では、大学生活の過ごし方はかなり異なっているようだ。理系は実験や授業に縛られることが多い大学生活だが、文系は概して自由な時間が多い生活である。

　理系か文系かという進路の違いが異なる文化的傾向を生むかどうか、を同じ1995年 SSM 調査の男性データで検討した岩本によれば、文系と理系は同程度に正統文化活動（クラシック音楽会、美術展・博物館、小説・歴史の本を読

第6章　文化消費の構造と階層・ジェンダー──181

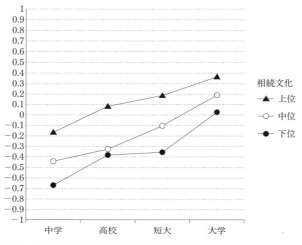

図6-6　男性の正統文化における学歴と相続文化

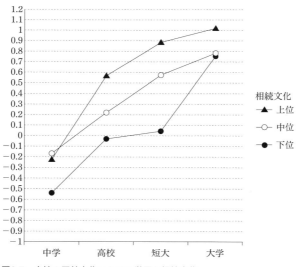

図6-7　女性の正統文化における学歴と相続文化

む）と大衆文化活動（カラオケ、パチンコ、スポーツ新聞・女性週刊誌）をしな
がらも、伝統文化活動（歌舞伎・能・文楽、華道・茶道・書道、短歌・俳句）に
ついては文系のほうが理系よりもより参加していることを明らかにした（岩
本 1998a）。しかし全体としてみた場合に、理系男性と文系男性の違いは、
結婚後により顕著に現れるという。

　たしかに第2章の生活様式空間のうえでも、理系の上級技術者などは伝統
文化活動から最も遠い位置にあり、文系の多い教員層に比べてもクラシック
音楽会などの西洋文化趣味からは距離が離れていた。わが国の理系の学歴資
本保持者は、その学校生活や職業生活を通じて、文化の正統的趣味を形成し
にくい条件に置かれていると考えられる。

　理系の男性学歴エリートと文系の女性学歴エリートとの文化的差異は、大
きなものがある。

4　文化貴族と文化的成り上がり——文化の獲得は学校か家庭か

　文化消費に表れる趣味の違い、言い換えればハビトゥスの違いは、学校で
獲得した文化効果なのか、それとも出身家庭で親から相続された文化資本
（相続文化資本）なのか、どちらの影響が強いだろうか。これまでの分析では、
学校も家庭の文化もいずれもハイカルチャーに対して強い効果をもつことが
明らかだが（例えば第4章）、ここではカテゴリカルな分析で学歴と相続文化
資本の交互作用についても検討しよう。

　文化獲得が学校だけでおこなわれるのであれば、相続文化資本の多寡で文
化消費に差はつかないはずである。そこで第4章で作成した相続文化資本の
スコアを上位3分の1ずつ3分割し、相続文化資本スコアの上位、中位、下位
の3層[4]に分けて比較した。

　図6-6と図6-7では、男女それぞれの正統文化スコアを学歴別・相続文化資[5]
本別に比較し、分散分析をおこなった。分散分析の結果から男女ともにいえ
ることは、正統文化でも大衆文化でも、学歴と相続文化資本は独自に有意な
正の効果を示し、2変数間の交互作用はなかった。すなわち学歴資本と家庭
の身分文化は、それぞれ独自に成人後の文化消費に影響を与えているといえ
る。

図6-6、図6-7より同じ学歴であっても、出身家庭の相続文化資本が上位層ほど正統文化活動が多くなる。家庭で早期に獲得した文化の効果は、学校教育を経ても成人後の文化消費を左右する持続的な効果をもっている。「3つ子の魂100まで」といわれるように、家庭の文化資本の効果は大きくかつ持続的である。

　男女ともに短大学歴や高校学歴では、相続文化資本による差異が明瞭で、家庭の文化があれば正統文化におもむくが、そうでなければ正統文化から離れやすいという構造をもっている。すなわち高校や短大の学歴者のなかには、文化資本を学歴資本に転換できなかった層がかなり含まれているからだと考えられる。しかし大卒者では、ほかの学歴と比べて相続文化資本の差異が縮小する。これについては、文化的成り上がりのところでその理由を考察する。

　また学校の効果も大きい。したがって、相続文化資本が下位であっても、高い学歴を受けることで正統文化活動は上昇している。学校は明らかに正統文化活動を、男女ともに上昇させる効果をもっている。そして図6-7をみると、学校の効果は女性のほうが顕著に大きいと推測できる。相続文化資本下位グループの正統文化スコアは、高校卒と短大卒ではほぼ同じだが、大学へ行ったことによって大きく上昇するからだ。相続文化資本の少ない女性にとって、4年制大学は文化的に成り上がることのできる装置になっている。これが教育効果であるのか、学歴による象徴的強制効果なのか、もしくは配偶者の地位の影響といった階層的上昇移動によるものかはここでは特定できないが、女性の進路が文学部など文系が多いことは関係していると思われる。

　また図6-6の男性で、相続文化資本が上位の高校卒は、相続文化資本下位の大卒よりも少し高い正統文化スコアを示している。すなわち、高卒男性の18.2％にあたる文化資本上位高卒者と文化資本下位大卒男性の文化消費はほぼ重なり、男性大卒者300人のうちの77人、つまり男性大卒者の25.7％の平均は、一部の高卒者平均よりも正統文化的ではないことになる。ここに、わが国の大卒学歴が文化エリートではないという言説を補強する土壌があるのである。しかし女性では、高卒と4年制大卒との間で、相続文化資本にかかわらず、明瞭な文化格差が生まれている。全体としてみた場合に、男性大卒者は相対的に正統文化的だが、しかし社会全体でみれば女性よりは低く、やはり中位に属するという点で、男性学歴エリートはわが国では文化エリートとは呼べない。

以上から、女性にとって大学へいくことは、出身家庭の身分文化の効果を
かなりの程度まで消すことができることがわかる。すなわち大卒女性である
ことは、それだけで正統文化消費への効果をもち、出身階層の文化的貧困か
らくるマイナスをカバーする効果をもっているといえるだろう。

　ここで、**文化的成り上がり**を「相続文化資本の下位の者が、中位もしくは
上位と同等以上の文化消費をおこなうこと」と操作的に定義しよう。この文
化的成り上がりの定義に従えば、大卒女性でだけ、文化的成り上がりは可能
である。男性ではやはり家庭の文化格差を教育によっては解消できていない。
しかし、大卒女性106人に占める文化的成り上がりはわずかに5人であり、
大卒女性の4.7％にすぎない。大卒女性106人のうち、相続文化資本上位者
は78人（73.6％）であり、相続文化資本中位者は23人（21.7％）だった。し
たがって、大卒女性の正統文化消費者には、文化的成り上がりがごくわずか
しかいないことになる。それだけ女性では、教育選抜の過程で文化選抜が作
動して、家庭文化の上位層が大学まで到達するという構造をもっていると推
察できる。

　ちなみに、家庭文化上位者である女性379人（女性全体の29.7％）の学歴構
成は、20.6％が4年制大学へ進学し、19.5％が短大へ、55.1％が高校卒、4.7
％が中学卒である。これに対し、家庭文化下位の女性484人（女性全体の38.0
％）のうち、4年制大卒1.0％、短大卒5.0％、高校卒53.5％、中学卒40.5％と、
相続文化資本の格差は学歴格差を生んでいる。しかし年齢差も含まれるため、
家庭文化の効果は厳密には、ほかの諸変数をコントロールしたモデルによっ
て、教育達成過程での文化選抜の問題として第7章と第8章で検討している。

　以上から、わが国の学歴エリートで正統文化趣味を示す人々が、家庭の身
分文化の延長で文化エリートになる**文化貴族**の場合と、**成り上がりの文化エ
リート**である場合とが混在していることを意味している。

　言い換えれば、わが国では大学教育によって、初期の家庭の文化的格差を
埋めることは、男性では難しいが、女性ではある程度、可能である。文化的
に成り上がることができるのは、女性が大学教育を受けることによってだけ
可能であることがわかる。すなわち女性の大卒にとっては文化的であること
が課題となっているが、男性では大卒であっても文化的であることはかなら
ずしも課題になっていないといえる。

　なぜ、女性の大卒だけが文化消費でこのような「成り上がり効果」をもつ

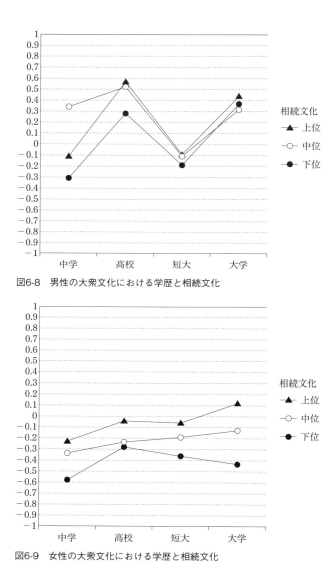

図6-8　男性の大衆文化における学歴と相続文化

図6-9　女性の大衆文化における学歴と相続文化

のだろうか。一つの解釈は、大学での文化獲得が非常にうまく機能して、正統文化を大学で学習したと考えられる。文系進学が女性に多いことから、大学教育の効果が認められる。第2の解釈は、大卒という地位が「学歴による

象徴的強制効果」を発揮し、社会から期待される文化消費のレベルを維持しようと文化的に成り上がる努力を強いるからである。それは男性ではなく、女性にとって作動しやすい社会だと考えられる。第3の解釈は、幼少時以降、とくに中学校から大学までの選抜過程で、文化的な選抜が作動し、調査には表れなかったが相続文化資本の高い層が大学選抜で生き残ったとも考えられる。もしそうであれば、調査では調べられていない種類の家庭の文化資本が学歴資本にすでに変換ずみだからだと考えられる。第4に、結婚後の世帯の経済資本や配偶者（夫）の文化資本の影響を受けて、新たな文化獲得がおこなわれ正統文化消費がもたらされているとも考えられる。

　ちなみに大衆文化については、図6-8の男性では学歴と相続文化資本の効果は有意だったものの、大きな差ではない。図6-9の女性でも学歴と相続文化資本は有意だったが、相続文化資本の差異が大学でややみられる。しかし大衆文化にとって、男女とも学歴と相続文化資本の効果は大きなものではなかった。

　なお、大学を経験することが文化的な上昇を可能にするかについては、ここで提示した論文原典が書かれたあとに大前（2002）の検討もあり、今後さらなる検討が必要だと思われる。

5　収入と文化消費

　経済的に豊かであることは、個人の文化消費にどう影響するだろうか。「必要性からの距離」を確保して正統文化へ向かわせるために、経済資本は重要な基盤を提供する。ここでは世帯収入と文化スコアの関係をみておこう。男女別の世帯年収別にグラフ化した結果が図6-10と図6-11である。

　世帯収入の効果は、正統文化で明確である。とくに女性は世帯収入が多いほど、正統文化スコアが高くなる。男性も同様だが、女性ほど強い関係はみられない。

　同様に大衆文化スコアも世帯収入とやや関連をもつが、年収500万円以上であれば、男女ともに大衆文化摂取に差異はみられない。逆に一定の年収がなければ、大衆文化消費も抑制されるということである。

第6章　文化消費の構造と階層・ジェンダー——187

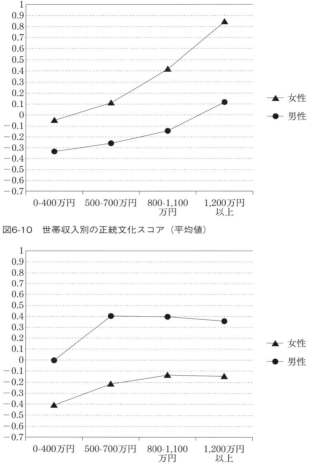

図6-10　世帯収入別の正統文化スコア（平均値）

図6-11　世帯収入別の大衆文化スコア（平均値）

6　文化の構造——男女による違い

　文化消費と性、年齢、階層要因（職業、学歴、収入）との関係を記述的に検討してきたが、いずれでも、女性のほうが男性よりも、正統文化と階層要

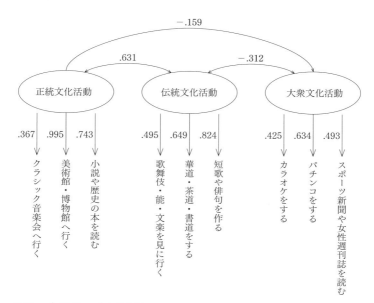

df=21　　χ^2=46.49　　χ^2／df=2.21
model AIC=94.49　　GFI=0.9907　　＊p<.05
数値は標準化解

図6-12　男性の文化の構造（確証的因子分析の測定モデル）

因とが強い関連を示していた。文化的地位が階層と結び付いて生じるのは、女性だと考えられる。では、文化の構造は男女で異なるのだろうか。

　ここまでは、全データでの因子分析で析出された「正統文化スコア」と「大衆文化スコア」に基づいて男女を比較分析してきた。しかし性によって文化のもつ意味が異なるのだとすれば、男女別に文化の構造を明らかにするべきだろう。

　文化活動の10項目の頻度データを、男女に分けて探索的因子分析をおこない、その結果に基づいてLISREL(6)の確証的因子分析にかけた。分析の結果、**男性**の文化活動は図6-12に示される3つの概念で構成され、各概念間の相関係数が算出される。χ^2値は46.49、自由度（df）が21で、モデルの適合性を示すχ^2／dfは2.21とよくフィットしている。同じくモデルの適合性を示すGFIも0.991と大変いい。また**女性**の文化活動の構造は図6-13に示した。χ^2値は163.36、自由度（df）が28で、モデルの適合性を示すχ^2／dfは5.83

第6章　文化消費の構造と階層・ジェンダー——189

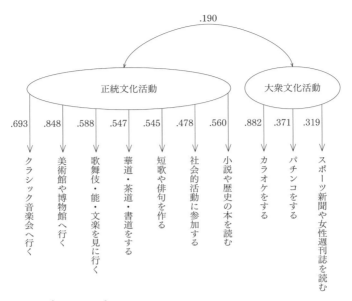

df=28　χ^2=163.36　χ^2／df=5.83
model AIC=217.36　GFI=0.976　＊ p<.05
数値は標準化解

図6-13　女性の文化の構造（確証的因子分析の測定モデル）

と男性よりは下がるが、十分許容できる範囲である。モデルの適合性を示すGFIも0.976と十分採用できる値を示した。測定された潜在概念は楕円で示し、それぞれから各文化活動の項目が顕在化している。

　男性の文化活動は、西洋趣味の正統文化（西洋的正統文化活動）と伝統文化活動と大衆文化活動の3因子構造となっている。西洋的正統文化と伝統文化活動は概念間の相関が0.631と高いが、大衆文化活動とはそれぞれマイナスの相関係数を示した。すなわち西洋的正統文化や伝統文化に多く親しんでいる男性は、大衆文化には向かいにくいということを示している。これは、第2章の生活様式空間で示された3つの趣味の分化と同じ結果を示している。男性の文化活動は、西洋的正統文化と伝統文化の関連が強いながらも、ゆるやかに分化し、それらは大衆文化活動とは距離がある活動となっている。しかし第4章での文化ジャンルの分析からは、わが国では正統文化も大衆文化も両方する文化的オムニボアが多いことが明らかになっている。分析手法の

違いが、このような文化消費の異なった側面を描き出す。

　女性の文化活動についても確証的因子分析をおこなうと、2因子が析出され、正統文化活動と大衆文化活動に分かれた。大衆文化活動の構成は男女で同じだが、男性と異なり女性の正統文化活動は、西洋的正統文化と伝統文化を両方あわせもっていて分化しない。また、正統文化活動と大衆文化活動が弱い正の相関（0.190）を示すことである。すなわち女性ほど全体として文化的オムニボアが多いことを示している。正統文化と大衆文化が弱い相関を示す理由の一つの可能性は、SSM調査では女性週刊誌という項目が大衆文化を表す項目としてスポーツ新聞と並べて1つの質問として提示されたためと考えられる。スポーツ新聞とは異なり、女性週刊誌の内容は大衆的なものから中間的なもの、実学的なものと多様であり、スポーツ新聞と同列の指標で測定したことに原因があると思われる。しかし全体として、大衆文化を消費する女性は、第4章で示したように女性の83.7％で、男性の89.2％と比較してもやや少ない。また大衆文化だけを消費する割合も、女性では11.4％で男性では14.2％と女性ほうが少ない。では、いったい女性にとって大衆文化はなぜ正統文化活動と相関をもっているのだろうか。女性の文化活動の内部分化について、さらに詳しく検討する必要があるようだ。

7　文化の規定要因

　文化活動を規定するものは何か。とくに正統文化にあてはまる仮説モデルとして、以下があげられる。

　第1の説明モデルは、社会経済的地位の高さに比例するという「社会経済的地位決定モデル」である。文化のヒエラルキーと社会のヒエラルキーが対応することによって成立する階層決定モデルである。職場文化の影響も考えられるだろう。

　第2に、家庭に由来する文化階層の差が温存され、親から子へと再生産されていくという「文化的再生産モデル」がある。これは世代間での文化移動モデルとして理解できる。家族を通じて家庭文化が相続され、継続していく。第1の階層決定モデルとは独立したメカニズムである。

　第3は、家庭や所属階層ではなく、学校教育によって養成される文化的能

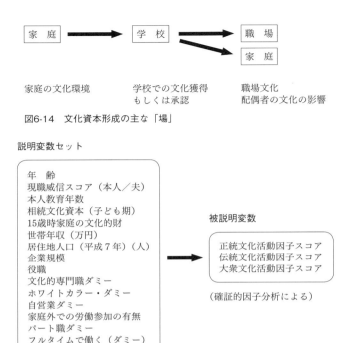

図6-14　文化資本形成の主な「場」

図6-15　文化活動と社会的地位変数

力だという「学校教育モデル」である。これは、学校による文化獲得によって正統文化が広がるという、学校による文化的学習モデルである。

とくに正統文化への嗜好性は、主に家庭、学校、職場それぞれの影響を受けて蓄積された文化資本の量に比例すると考えることができる。これを図示すると図6-14になる。出身家庭の文化環境を通じた相続文化資本の継承や獲得、学校教育を通じた文化獲得もしくは学歴としての承認、職場文化の影響や結婚後の配偶者の文化の影響（白倉 1998a）が考えられる。

説明変数と被説明変数

正統文化や大衆文化は実際の社会生活のどのような社会的文脈から生じているかを明らかにするため、文化活動と社会的地位変数や属性変数との関連性を検討する。男女別に析出された確証的因子スコアを被説明変数とした重

表6-8　有職男性の正統文化スコアの規程要因（標準偏回帰係数）

説明変数	モデル1	モデル2	モデル3	モデル4	モデル5
年　齢	.162*	.177*	.170*	.165*	.181*
現職威信スコア	.060†	.060	.045	-.003	.002
世帯収入	.072*	.073*	.072*	.074*	.083*
教育年数（学歴）	.263*	.248*	.234*	.216*	.219*
相続文化資本スコア	.197*	.200*	.200*	.195*	.194*
居住地人口	.077*	.080*	.078*	.079*	.076*
企業規模		.085*	.085*	.063†	.035
役　職		-.024	-.011	-.027	-.050
文化専門職ダミー			.058†	.051	.050
ホワイトカラーダミー				.104*	.092*
自営業ダミー					-.077*
R^2	.179	.187	.190	.195	.199
調整済み R^2	.173	.179	.181	.185	.188
ケース数	835	834	834	834	834
F 検定	0.0001	0.0001	0.0001	0.0001	0.0001

両側検定　　* p<.05　　† p<.10

回帰分析をおこなった。文化消費に影響を与える本人の社会的地位として、図6-15に示すような変数セットを準備した。

　説明変数のなかの「現職威信スコア」について、女性の地位の測定は、有職女性については独立モデルで「本人の職業威信スコア」を用い、既婚無職女性については借用モデルに従って「夫の職業威信スコア」を使用した（直井 1989）。職業威信スコアは、すべて1995年 SSM 職業威信スコアを採用した。文化専門職以下のダミー変数は、0－1でカウントされる。

正統文化活動を生み出すもの

　男女別におこなった確証的因子分析の正統文化活動について検討しよう。男性の文化活動の3つの因子のうちの西洋的正統文化活動、および女性の正統文化活動を規定する要因を重回帰分析とパス解析によっておこなった。

　表6-8は有職男性の正統文化スコア、表6-9は女性（無職含む）の正統文化スコアを重回帰分析にかけた結果である。変数を逐次増加していくステップワイズでモデル1からモデル5を検討した。男女で投入変数が異なるのは、共線性を考慮したことと、モデルに投入してもまったく効果をもたない変数をあらかじめいくつものモデルで確認し削除している。

第6章　文化消費の構造と階層・ジェンダー──193

表6-9　女性の正統文化活動の規程要因（標準偏回帰係数）

説明変数	モデル1	モデル2	モデル3	モデル4	モデル5
年　齢	.272*	.271*	.278*	.274*	.267*
現職威信スコア	.075*	.072*	.068*	.051	.051
世帯収入	.173*	.174*	.167*	.173*	.182*
教育年数（学歴）	.295*	.296*	.271*	.288*	.276*
相続文化資本スコア	.285*	.285*	.245*	.280*	.283*
居住地人口	.042	.042	.037	.042	.043
15歳時文化的財			.113*		
外で働くダミー		-.009	-.001	-.046	-.030
ホワイトカラーダミー				.062	
文化専門職ダミー					.085†
R^2	.279	.279	.288	.281	.285
調整済み R^2	.275	.274	.282	.275	.279
ケース数	906	906	906	906	906
F検定	0.0001	0.0001	0.0001	0.0001	0.0001

両側検定　　* $p<.05$　　† $p<.10$

　表6-8から男性の正統文化活動は、モデル1の6つの社会的経済的地位変数セットで、モデルの説明力を示す決定係数 R^2 は0.179、すなわち全分散の17.9％が説明された。また表6-9の女性の正統文化活動でも、同じモデル1の6つの社会経済的地位変数セットで R^2 は0.279と高い説明力を示した。基本的地位変数はほとんどで有意な正の効果を示している。モデル1をみるかぎりでは、女性は男性よりも社会経済的地位と正統文化との対応が強い。すなわち女性の正統文化活動は、階層に強く規定されていることがわかる。

　男女で正統文化を規定する基本的要因はよく似ているものの、異なる面もある。そこで図6-16と図6-17で有意な効果をもつ変数（5％水準）を要約して示した。とくに強い規定性を示す要因は四角で囲っている。男女ともに年齢の効果は強く、高年齢ほど正統文化的である。また高学歴であること、出身家庭の相続文化資本が高いことは、男女ともに正統文化に大きな影響を与えている。世帯収入が高いことも重要である。男性では、このほかに企業規模の効果があり、大企業に勤務している人ほど、またホワイトカラー職についていること、自営業でないことが、西洋文化的な正統文化へと男性を向かわせている。第2章の対応分析で表れていた傾向がほぼ読み取れる。女性では少し異なり、高い職業威信であること（本人または夫）、15歳時の家庭の文化的財が恵まれていること、現在文化的な専門職についていることが、女性

の正統文化を高めている。やはり女性では文化資本を保有していることは、正統文化活動の重要な説明要因といえる。

とくに、教育年数との関連が最も強く、これらの正統文化活動が学校教育の高さと強い関連をもつ学校的教養文化の一種であることがわかる。また、子ども時代の家庭環境を通して文化的経験をしたこと（家庭の文化環境）は、成人後の正統文化消費へとつながる独自の効果をもっている。すなわち家庭に由来する文化は、親から子どもへと2世代にわたって家庭経由で再生産される。わが国でも、文化階層は学校を媒介する以上に、独自に家庭経由で再生産されているのである。

女性の正統文化活動は、有職／無職を問わず、地位の高さに比例しておこなわれていることがわかる。ここで測定された正統文化活動は、社会階層的な基盤に支えられた文化活動である。男性の規定要因と異なる点は、女性では教育よりも家庭の文化環境の独自の効果が強いことである。女性のほうが「文化階層の再生産モデル」がデータによく適合する。また、男性と違って女性では、居住地域による差異はみられない。

大衆文化を生み出すもの

次に大衆文化活動の規定要因をみてみよう。

表6-10と表6-11で男性と女性をそれぞれ分析した。男女ともに、R^2は高いとはいえず、モデルの説明力は弱い。正統文化と比べても、大衆文化は階層や社会的要因との関連が強くないといえる。とくに社会経済的な地位変数との関連が弱く、男性では若い年齢で低い学歴層と高い役職、文化専門職ではないという文脈で大衆文化が広がっている。高い役職は年齢の高さと比例することが多いが、男性では高い役職にあるということは、カラオケなどを通じた大衆文化をおこなう傾向が高くなり、大衆文化は役職者にとって職業的な必要性が高いと推測できる。また、文化専門職であるかとどうかが効果をもつのは、すでに第4章で検討したように、一部の文化専門職だけが文化貴族（ハイカルチャー・ユニボア）になっているからである。それ以外の職種では、大衆文化をおこなうことは男性の大半にとって共通文化となっている。

表6-11の女性では、やはり決定係数が低く、階層や社会的文脈の効果は弱いが、職業威信や世帯年収の効果もみられる。興味深いことは、女性が大衆文化化する大きな原因の一つが「（家庭の）外で働いている」という要因

表6-10　有職男性の大衆文化スコアの規程要因（標準偏回帰係数）

説明変数	モデル1	モデル2	モデル3	モデル4	モデル5
年　齢	.356*	-.379*	-.369*	-.369*	-.368*
現職威信スコア	-.062	-.097*	-.076†	-.074	-.074
世帯収入	.020	-.019	-.019	-.019	-.018
教育年数（学歴）	-.122*	-.142*	-.122*	-.121*	-.121*
相続文化資本スコア	-.004	-.003	-.003	-.003	-.003
居住地人口	.025	.026	.029	.029	.028
企業規模		.010	.010	.011	.010
役　職		.130*	.112*	.113*	.112*
文化専門職ダミー			-.081*	-.080*	-.080*
ホワイトカラーダミー				-.005	-.005
自営業ダミー					-.003
R^2	.118	.130	.135	.135	.135
調整済み R^2	.111	.121	.126	.125	.124
ケース数	835	834	834	834	834
F 検定	0.0001	0.0001	0.0001	0.0001	0.0001

両側検定　　* p<.05　　† p<.10

である。その場合に、職種が問題ではなく、労働に参加しているかどうかが重要である。外で働くことは女性を大衆文化へと接触させる大きな要因となっている。このことから、わが国の大衆文化は、労働市場で必要とされている共通文化であることがわかる。また女性では相続文化資本の高い女性が大衆化していることから、若い年齢で高い家庭文化をもった出身の女性が労働参加することで大衆文化化する可能性が高い。

　カラオケやパチンコ、スポーツ新聞に代表される大衆文化活動は、人々の社会的評価（文化威信）は低いけれども、まさに大衆化した文化として、階層や文化的背景を超えて広く浸透しているといえるだろう。

　なお、図6-16と図6-17では、男女それぞれについての規定要因をまとめている。

8　わが国の文化的再生産過程

文化的再生産メカニズム

　ここまで個々の階層変数によって文化消費がどのように異なるかを検討し

表6-11 女性の大衆文化活動の規程要因（標準偏回帰係数）

説明変数	モデル1	モデル2	モデル3	モデル4	モデル5	モデル6	モデル7
年　齢	-.259*	-.242*	-.242*	-.254*	-.247*	-.242*	-.243*
現職威信スコア	-.091*	-.035	-.035	-.071*	-.087*	-.039	-.037
世帯収入	.087*	.056	.055	.089*	.069*	.055	.056†
教育年数（学歴）	-.040	-.059	-.061	-.041	-.052	-.061	-.061
相続文化資本スコア	.069*	.083*	.080*	.074*	.070*	.082*	.083*
居住地人口	-.014	-.014	-.014	-.015	-.012	-.014	-.014
15歳時文化的財		—	.009	-	-	-	-
外で働くダミー		.174*	.174*			.167*	.172*
パートに出る				.081*		-	-
フルタイムで働く					.116*	-	-
ホワイトカラーダミー						.012	-
文化専門職ダミー						-	.009
R^2	.075	.102	.102	.081	.088	.102	.102
調整済み R^2	.069	.095	.094	.074	.081	.094	.094
ケース数	906	906	906	906	906	906	906
F検定	0.0001	0.0001	0.0001	0.0001	0.0001	0.0001	0.0001

両側検定　* p<.05　† p<.10

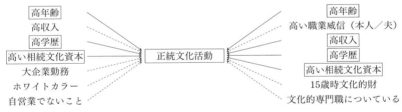

図6-16　正統文化活動を促す要因

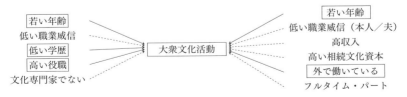

図6-17　大衆文化活動を促す要因

第6章　文化消費の構造と階層・ジェンダー——197

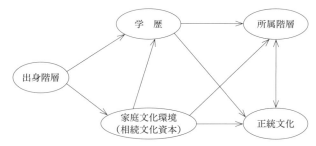

図6-18　文化的再生産のモデル（片岡 1992）

てきたが、以下では正統文化活動を取り上げて、その因果メカニズムを明らかにしよう。

　筆者は、神戸調査データから男性の正統文化活動を規定する要因（概念）間の因果メカニズムを LISREL の構造方程式によって明らかにした（片岡 1992）。そのモデルの基本形は図6-18である。このモデルの特徴は、出身階層と正統文化の間に、家庭文化、学校教育、現在階層の3つの概念を媒介させていることである。

　正統文化を規定するプロセスは、出身階層の効果を除いて考えると主として次の5つの規定関係が存在する（表6-12を参照）。

（1）の「文化移動プロセス」とは、家庭の身分文化がそのまま成人後の正統文化消費へとつながる。
（2）の「学校効果プロセス」とは、学校での文化獲得が独自の効果をもって成人後の文化消費に影響する。
（3）の「階層効果プロセス」とは、社会的地位に合わせたかたちで文化消費がおこなわれるプロセスで、ブルデューのいう地位がもたらす象徴的強制の効果である。

　これら主要な3つの効果は、組み合わさって正統文化消費を規定する。
　さらに学校の効果と家庭の身分文化（相続文化資本）との間で（4）の「身分文化の学歴への変換プロセス」が作動する場合がある。出身家庭の文化が学歴へと変換される。言い換えれば文化が学校での能力や成績に変換され、上流文化をもっていなければ能力がないと見なされる。すなわち、学校は身分文化を承認する役割を果たす（Bourdieu & Passeronon 1964）。そのために

表6-12　文化的再生産の5つのメカニズム

プロセス	有意なパスの独自効果
(1) 文化移動プロセス	相続文化資本→正統文化
(2) 学校効果プロセス	学歴→正統文化
(3) 階層効果プロセス	所属階層→正統文化
(4) 身分文化の学歴への変換プロセス （学校の文化選抜プロセス、承認機能）	相続文化資本→学歴
(5) 身分文化による社会選抜プロセス （社会の文化選抜プロセス）	相続文化資本→所属階層

学校は、文化による選抜をおこなうことが必要となる。

　(5) の「身分文化による社会選抜プロセス」は、就職や昇進など、労働市場での階層決定メカニズムで身分文化による文化選抜が作動していることを示唆している。

　これ以外にも、正統文化と所属階層の相互規定関係を想定して正統文化→所属階層というパスも想定できるが、神戸データでは有意なパスではなかったので、ここでは用いない。

　神戸の男性データで分析をおこなうと、図6-19の結果が得られた。特徴的な結果としては、学校効果プロセスだけが存在しなかったことである。つまり学歴から正統文化活動へのパスが有意ではなかった。正統文化的活動は見かけのうえでは学歴と強い関連をもつが、それは実は家庭の文化環境の効果が学歴に変換された見せかけの相関である。この傾向はとくに女性よりも男性に顕著にみられた。すなわち男性の正統文化は、文化移動プロセスと階層効果のプロセスによってもたらされ、学校は身分文化を承認する役割を果たしていた。また学校は学歴の地位形成効果によってもたらされた社会的地位の高さによって正統文化を男性にもたらすが、学校独自での効果はない。クラシック音楽を好むなどの正統的な趣味をもつ者は、家庭でも子どもの頃からクラシック音楽や美術に接する機会の多かった者である。豊かな家庭環境に育った者が、結果的に高い学歴を手にし、高い社会的地位にも支えられて正統文化活動をおこなっているメカニズムが明らかにされた。

　要約すると、神戸の男性では文化的再生産は主に家族の身分文化の再生産によってもたらされる文化移動プロセスとして理解できる。これは学校の効果から独立した再生産プロセスである。

第6章　文化消費の構造と階層・ジェンダー──199

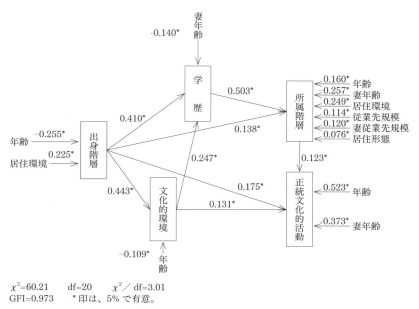

χ^2=60.21　　df=20　　χ^2／df=3.01
GFI=0.973　　＊印は、5％で有意。

図6-19　男性（神戸市）の正統文化的活動（片岡 1992）

　次に、1995年のSSM全国調査ではどうだろうか。全国レベルのデータということで、神戸のような都市部の結果と比較してみよう。そこで、文化的再生産の基本モデルを参考にして、男女それぞれの正統文化へのメカニズムを分析した。以下では、パス解析によってこのモデルを敷衍することにする。すなわち出身階層は、父職威信スコアと父母学歴（教育年数の総和）の2つで代表し、現在階層は職業威信と収入を指標とした。

　男性の分析結果は図6-20であり、女性の結果は図6-21に示した。男性では正統文化を規定する要因は学歴が最も強く、学校効果が強い。家庭の文化環境の効果がそれに次いで高い効果をもち、文化移動のプロセスも存在している。収入の効果は弱いが有意で、収入が高いほど正統文化的になる。また、職業の効果は収入へと連動している。男性では、階層効果よりも学校効果や身分文化の文化移動によって、すなわち文化資本によって正統文化がもたらされることがわかる。この意味では、男性の正統文化は職業や収入の階層変数との対応が相対的にみて弱く、文化階層との結び付きが強い。

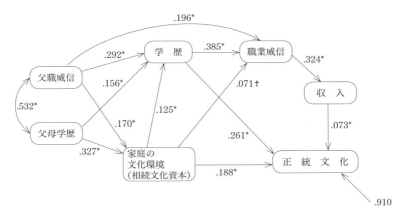

パス解析で可能なパスをすべて算出し、有意なパスだけを表示した。すべての変数を年齢でコントロールした（年齢の効果の結果省略）。
*5％水準　†10％水準で有意　n=637

図6-20　男性（SSM全国調査）の文化的再生産過程（正統文化活動の規定メカニズム）

　図6-21の女性の結果はモデルの説明力が高い。女性の特徴は、正統文化と階層（収入や職業）との結び付きが男性よりは強い。女性の正統文化は本人や配偶者などの世帯の階層状況によって影響を受け、階層規定的な側面がうかがえる。男性と異なり、女性では正統文化に家庭の文化環境が最も強い効果をもっていて、学歴がそれに次いでやはり強い効果をもつことで、学歴と家庭文化の効果が男性とは逆転している。男性では学歴が最も強い効果をもっているからだ。すなわち女性の正統文化活動は、出身家庭の身分文化によって規定される文化移動のプロセスが大きく、また学校効果プロセスもほぼ同等に効果をもつことがわかる。

　このように男性は、正統文化の階層的規定性が弱いが、女性では階層によって規定される部分が大きい。そして男女ともに文化移動プロセスと学校効果プロセスの両方を通して正統文化が生み出されているが、女性のほうが文化移動プロセスが強く、男性では学校効果プロセスが相対的に強いといえる。

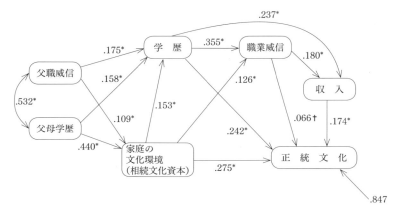

パス解析で可能なパスをすべて算出し、有意なパスだけを表示した。すべての変数を年齢でコントロールした（年齢の効果の結果省略）。
*5％水準　†10％水準で有意　n=684

図6-21　女性（SSM全国調査）の文化的再生産過程（正統文化活動の規定メカニズム）

9　文化のコーポレート支配仮説（文化産業仮説）

エリートによる文化支配からコーポレート支配へ

　文化消費に影響を与える要因について、第4章で提示した文化のコーポレート支配仮説（文化産業仮説）についてふれておこう。

　文化は個人によって担われ、生産・消費されるだけでなく、今日では政府や自治体、企業などによるコントロールを受けている。政府や自治体の文化振興策や企業のメセナや文化事業、非営利団体であるさまざまな芸術・文化団体の催しなど、文化事業への助成金は近年、増加している。こうした文化のコーポレート支配（DiMaggio and Useem 1982）は、人々の文化消費パターンにも影響を与えていると考えられている。すなわち文化の生産や文化支配は、個人を超えて、コーポレートへと移ってきた。このことをディマジオは「エリート支配からコーポレート支配へ」と述べている。すなわち文化の行為者として、個人だけでなく、コーポレートアクター（coporate actor）を考慮しなければならない。コーポレートアクターは、特定の文化を援助した

り生み出したりする。それはかつて、貴族が文化のパトロンになっていたのとは異なる支配の形態である。

このようなディマジオらの観点を取り入れ、文化と社会階層の関連性をミクロ社会学だけでなく、マクロ社会学的な視点からも検討したい。マクロ社会学的視点が必要になるのは、ハイカルチャーの担い手たるエリートは、かつての伝統社会のような貴族ではなく、教育システムや近代組織によって生み出されるからである。階層支配は、「エリート・モードからコーポレート・モードへ」と変化しつつある（DiMaggio and Useem 1982）。わが国でもエリートの成立基盤が地域や血縁を超えた学歴エリートが増加していて（麻生 1991）、彼らが文化的エリートの一翼を担っていると仮定すれば、文化を支配する制度として、まず学校があげられる。近代教育システムと階級との問題は、ブルデューとジャン゠クロード・パスロンが文化的再生産論のなかで展開してきた（Bourdieu & Passeron 1964）。

さらに、われわれは職業生活を通して企業や産業という「場」からも影響を受けている。文化を支配するさまざまな制度や組織の問題を階層再生産の議論のなかに取り込むことが必要となる。それは、個人化されたミクロな階層研究のなかにマクロ社会学の視点を導入することでもある。個人の地位だけをみていても、近代化や脱産業化がもたらす社会変化の構造効果をうまくとらえることができないと思われるからである。

ブルデューは、場によって文化資本の投資効果が異なると指摘するが（Bourdieu 1979a）、逆にわれわれは所属する「場」がもっている文化によっても影響を受けている。これは具体的には、ディマジオらがいう「エリートから企業や会社による芸術組織の支配」と対応している（DiMaggio & Useem 1982）が、彼らは実証していない。大きな企業でおこなわれるメセナや文化後援事業などは、大企業に所属する人々に文化への接触機会をより多く与える。また、文化産業というべき事業体もますます増えつつある。したがって、企業の規模や文化産業に属しているかどうかは重要な要因となりつつある。

その結果、文化的優越、文化的支配のコントロールの中心が政府・地方自治体や会社や会社に立脚した委員会に移りつつある。重要なことは、このような委員会のメンバーは、組織の拡大と効率性を一義的に重視するため、ステイタス・カルチャーを広めることが彼らの第一の関心事ではなくなること

第6章　文化消費の構造と階層・ジェンダー——203

である。したがって、非エリートや大衆文化を排除する視点は、ここにはない。この点で従来のエリートによる委員会と異なるのである（DiMaggio & Useem 1982）。

　社会全体としてこのような変化が生じているとすれば、文化消費や文化実践は、個人の職業や地位によって決まるだけではなく、勤めている企業の文化的特性によっても影響を受けるのではないかという仮説を立てることができる。すなわちエリート地位にあることが、ハイカルチャーへと向かわせるのではなく、高度な文化性を追求する文化産業だったり、企業の文化的アイデンティティを志向するような大企業や政府・自治体に勤めることが特定の文化消費パターンに向かわせるという仮説を設定することができる。そこで私は、文化的排他性仮説や文化的寛容性仮説（文化的オムニボア仮説）とは異なる、第3のコーポレート支配仮説（文化産業仮説）を設定した。

　コーポレート支配仮説は、具体的には、2つの下位仮説に分かれる。

　①大企業や政府自治体は、社会的責任やメセナのためにハイカルチャーを推進するため、そのメンバーもおこなうようになるという仮説。

　②文化産業組織に所属する者ほどハイカルチャー志向と文化的オムニボアとなるという仮説。

　現代文化を支配するものがメディアに代表される文化産業であるとすれば、文化産業に属していることは、個人の文化消費パターンにまで影響を与えるのではないだろうか。また大企業や文化産業に所属することは、ハイカルチャーから大衆文化までの幅広い文化的テイストを身につけるという文化的オムニボアになる可能性を高めると考えられる。文化的オムニボアになるのは、ディマジオがいう corporate board の特徴が、経済的サバイバルと組織それ自身の拡大をめざすことにあり、文化的排他性を強調しないからである（DiMaggio & Useem 1982）。そこで、企業規模と文化産業について検討しよう。

　従業先の企業の産業が、男性の文化消費に影響を与えているかについては、岩間暁子（1998）による産業別の分析があり、そこでは「教育産業」や「知識産業」に努める男性は正統文化的であり、文化資本の蓄積効果が認められるという。そして大衆文化についても業種の効果がみられることを明らかにした。また筆者も、文化的寛容性の分析で、従業先が文化産業であると関与する文化活動ジャンルが広がり、文化的寛容性が高まることを明らかにして

表6-13　有職男性の正統文化スコアと文化産業仮説（標準偏回帰係数）

説明変数	モデル1	モデル2	モデル3	モデル4
年　　齢	－	－	0.133**	0.129**
現職威信	0.108**	0.101**	0.094**	0.089**
世帯収入	0.085*	0.085*	0.067*	0.067*
学　　歴	0.268**	0.256**	0.322**	0.310**
文化産業ダミー	－	0.066*	－	0.058†
R^2	0.125	0.129	0.140	0.143
Adjusted R^2	0.122	0.125	0.136	0.138
ケース数	855	855	855	855
F 検定	p<.0001	p<.0001	p<.0001	p<.0001

＊＊ p<.01, ＊ p<0.5, † p<.10

いる（片岡 1998c）。

　企業規模の効果についてはすでに表6-8で検討している。男性ではモデル2から4では企業規模の効果がみられたが、ホワイトカラー・ダミーを導入するとその効果が弱まり、自営業ダミーを追加すると効果はなくなった。すなわち、企業規模の効果はあまり期待できない。

文化産業仮説の検証

　文化産業とは、具体的に従業先企業の業種が「新聞・放送・出版業、広告業、映画製作業」「情報・通信サービス業」「教育・研究サービス業」のいずれかであることを意味する。文化産業界に属することは、正統文化消費を高める効果をもつのだろうか。

　表6-13に示す重回帰分析では、正統文化スコアを従属変数とし、個人の属性に文化産業ダミー変数を追加投入したモデルを比較した。

　まずモデル1では、職業威信、収入、学歴の基本的階層変数で男性の正統文化スコア（確証的因子分析のスコア）を説明した。決定係数（R^2）は0.125で高いとはいえない。これに文化産業ダミー（0-1変数）を投入すると、文化産業ダミーは5％水準で有意な正の効果を示した。すなわち個人の階層的属性だけでなく、勤務先の業種が文化産業であると、男性の正統文化スコアが高まることがわかる。ここで年齢によって統制すると、モデル3ではやや説明力があがり、年齢と文化産業を投入したモデル4では文化産業はやや弱いが正の効果を示している。

第6章　文化消費の構造と階層・ジェンダー——205

男性は文化産業に従事することによって、有意に個人の正統文化活動が促進されることが明らかで、文化産業仮説（コーポレート支配仮説）は支持される。勤務先の場の文化が、メンバーの文化特性に影響を与えているといえるだろう。あるいは文化的な男性は、文化産業へと水路づけられるとも考えられる。

　また、文化産業に勤務している男性ほど、多数のジャンルに関与して文化的オムニボアになりやすいことから、文化産業に属することは、正統文化消費が高まるとともに多様な文化を理解するオムニボアの視点を与えているのである。

注

(1) 1995年SSM全国調査A票では、文化活動について12の項目を質問した。そのうち、ここで使用しなかったのは「ゴルフ・スキー・テニスをする」と「手づくりでパン・菓子を作る」の2つである。前者は機能が異なる3つのスポーツを合わせていて、消費者の特性やその用途についての正確な情報が得られないという特徴をもっていたために分析からは除外した。またパン・菓子作りも、社会的属性よりはライフコースと年齢によって大きな影響を受けるために分析からは除外した。

(2) 例えば竹内（1995）、苅谷（1995）などがある。

(3) 例えばタキエ・スギヤマ・リブラ（Lebra 1993=2000）の『近代日本の上流階級——華族のエスノグラフィー』は近代の華族についての貴重な研究である。

(4) 子ども時代の家庭の文化資本の測定に、ここでは第8章で説明する3つの変数を用いて、その得点合計を3分割した。得点の上位26.5％、中位32.7％、下位40.7％をそれぞれ相続文化資本の上位、中位、下位としてグループ化した。

(5) 学歴は、中学卒以下、高校卒、短大卒、4年制大卒の4カテゴリーに分類し、旧制についても対応するカテゴリーに分類した。

(6) LISRELについては、Jöreskog & Sörbom（1979, 1996）、白倉（1991）などを参照のこと。

(7) これらのSSM調査から得られた文化の構造は、筆者らがおこなった第1回神戸調査の分析結果とは明らかに異なっている。つまり神戸では男性のほうが、文化的オムニボア化し、女性で文化が分かれていたのに対し、SSM調

査ではその反対である。調査した文化の項目が異なることや地域性、調査時期も同じではないので比較はできないが、興味深い結果である。

(8) 女性の多くが、美容室で女性週刊誌を手に取ることも、女性の大衆文化経験としてカウントされたと考えられる。

第7章
階層再生産と文化的再生産のジェンダー構造
── 地位形成に及ぼす読書文化と芸術文化の効果

1　文化か知能か

　一般に支配階級が自らを正当化する方法、ひいては階層再生産を正当化する方法には、大きく分けて2つの方法が知られている。1つはブルデューの文化的再生産に代表されるように、文化的卓越化と生まれながらの上品さといった文化的優秀性の神話を通じて、支配を正当化する方法である。つまりは経済資本とセットになった文化資本を相続し、階級文化（階級のハビトゥス）を継承する。

　もう1つは、「学歴」という学校の評定結果によって自らの「知能（あるいは頭脳）の優秀性」を正当化する方法である。マイケル・ヤングはメリットを「IQ＋努力」と定義し、メリットが支配する社会をメリトクラシー社会と呼んだ（Young 1958）。メリトクラシー社会では、学歴資格は「知能（もしくは頭脳）の優秀性」を示し、頭のよさをめぐる競争が展開される。

　つまり、支配者の正統性を保持するために文化と知能のいずれが重視される社会かということである。そのいずれにせよ、「すぐれた素質の持ち主」という本質主義的なかたちで支配の正統性が実感されるので、いずれか一方というより、両方を戦略として用いることもできる。わが国では、明らかに知能の優秀性（とくに学歴）を通じた正当化が広く行き渡っている。

　後者の知能による正当化の問題をブルデューは、「知能のラシスム」と呼び、支配者は自分たちが支配する社会秩序を正当化するための手段にしているという（Bourdieu 1980=1990）。学歴は知能の保証であり、「検閲を受けた社会的な格付け」である。権力が資格の保有によって支えられている社会で

は、この知能のラシスムは、「階級の差異を「知能」の差異、「天賦の才能」の差異へと、つまり自然の差異へと転換してしまう一種の錬金術」だとブルデューは指摘する。

　学歴や資格が検閲を受けた能力証明であり、社会的格付けを与えられているのに対し、身体化された文化資本は検閲を受けていない文化的能力である。そのために、学歴以上に「生まれつきの差異」として本質主義的に理解され、見過ごされていく可能性が高い。文化の効果は人々に見えにくいし、その階層化作用は見過ごされやすい。ガボールは倫理指数（EQ, ethical quotient）を開発して話題になった（Gabor 1972）。これもハビトゥスや身体化された文化資本を測定する一つの尺度だといえるだろう。EQ指数への人々の関心は、エリートに高い倫理的能力や態度がIQ以上に必要であることを思い出させるのである。

2　地位達成での学歴と文化資本

　地位達成過程の研究によれば、日本を含め、多くの産業社会は学歴社会であることが知られている。とくに日本では、社会的地位は学歴とそれに連動する初職によって強く規定されている（富永編：1979）。また、学歴の地位決定効果は、戦後ほとんど変化せず移動レジームとなってきた（今田 1989）。日本は、いうまでもなく戦後一貫して学歴社会だったといえるだろう。学歴を業績（メリット）ととらえ、学歴が技術・知識の保有量に比例するという技術的機能主義や人的資本論の考え方に立てば、日本もほかの先進諸国と同様に、業績的な社会であるといえる。しかし同時に、学歴は出身階層によっても強く規定されることが明らかになっている（石田 1989）。

　日本では、人々の地位の上昇移動や再生産への欲望は高い学歴によって達成されるものという考え方が強い。すなわち「勉強ができる」≒「頭がいい」ことが、高い地位と他者からの尊敬（象徴的利益）を同時に手に入れることができる正当化されたルートになってきた。一般的には、「学歴を通じた地位達成」（一流大学から一流企業・官公庁へ）が社会的成功と信じられてきた。その結果、わが国では、学歴による階層化、すなわち教育選抜そのものへの研究者の関心が高い。

学歴の効用感が強い日本社会では、文化資本の効用については、リアリティをもちにくいと指摘する研究者が多い。しかし教育選抜の背後に隠蔽された文化選抜については、経験的研究も現れている。本章はその初期のものにあたるといえるだろう。

　すでに述べたように、学歴は制度化された文化資本でもある。学歴には、その後の職業や収入に直結する知識や技術を表示する機能的価値（人的資本）と、教養や文化的素養など、身分文化や文化的能力を表示する文化的価値（象徴的価値）の両方が含まれている。従来の学歴効果研究は、学歴の機能的価値と文化的価値を識別しないまま、学歴の効果を測定してきた。すなわち、学歴という指標にたたみ込まれている家庭文化の効果については、ほとんど言及されてこなかった。

　その理由として、日本の学校文化は中立的で階層的偏りが少ないため、出身階層の文化的差異は大きな問題ではなく、むしろ中立的な学校文化を努力して達成するという努力関数の結果として学歴を判断してきた。しかし第8章でも述べるように、学校から利益を引き出す能力の差は、文化的な元手である相続文化資本によって左右されるのではないだろうか。本章では、学歴に内包されている人的資本の効果と文化資本の効果を分離することが重要な課題となる。

　学歴の階層化機能が高い日本社会で、文化選抜、すなわち身体化された文化資本による選抜や地位形成効果は存在するのだろうか。

　本章で扱う芸術資本や読書資本は身体化された文化資本であり、また相続された資本でもあって、こうした問題が地位達成研究に持ち込まれたことは、1995年のSSM調査で分析されるまでは日本ではなかった（片岡 1998f; Kataoka 2016）。しかしブルデューの研究に触発され、地位達成過程や教育達成過程での文化資本や身分文化の効果について実証研究が増えてきた。

　ステイタス・グループの文化に参加することが教育的地位にもたらす効果については、海外ではDiMaggio（1982）、ハリー・ガンゼブーム（Ganzeboom 1982）、DiMaggio & Mohr（1985）、ド・グラーフ（De Graaf 1986, 1988）、Katsillis & Rubinson（1990）などの研究が初期のものである。日本での代表的な経験的研究は、宮島・藤田編（1991）、片岡（1992, 1998a, 2001a）、苅谷（1995）、中澤（2010）、松岡ほか（2014）などがあるが、詳しくは大前・

石黒・知念（2015）のレビュー論文を参照されたい。

3　文化資本の収益

　文化資本の量による収益の差は、アメリカではすでに高校の段階で生じている（DiMaggio 1982）。ディマジオは、文化資本の測度として美術館へ行くことや文学、交響楽など上流文化への関与を用い、学業成績への影響力を明らかにした。その結果、親の教育と文化資本との相関は低いが、男女ともに文化資本によって成績は強く規定される。すなわち文化資本は文化的移動のプロセスの一部であることを明らかにしている。

　とくに興味深いのは、文化資本のもつ意味が男女で異なり、「文化的関心と文化的活動は文化的に10代の少女では明確に規定されているのに対し、青春期の少年ではそれほど強く規定されていない。上流文化への関与は、高い階層出身の成績がいい少女のアイデンティティ・キット（identity kit）の一部だが、同様の少年にとってはそうではない」。

　このことは、ローズ・R・コーザーが指摘したように、女性の文化的活動が男性との関係のなかで決まってくるという事実を反映している（Coser 1990）。10代の少女にとって文化的資本が必要とされるのは、「高い地位の男の可能なパートナー」として認められる条件だからである。また、結婚後は夫の地位の向上に貢献するために、妻は高い文化的活動をおこなう。つまり、現代社会で、少なくともアメリカでは男女の文化的活動が必ずしも対称的なものとはなっていない。このことを、私なりに整理すると、現在でも社会階層上の地位は基本的には家族単位で作り出すものになっているといえる。このことは、ディマジオが、少年たちは「文化を評価することになる女性」に対する趣味を発達させ、少女たちは上流文化を身につけることが重要だ、としたことからも傍証できるだろう。ブルデューは、このような文脈での男女の違いをほとんど明らかにしていない。日本での男女の違いについての分析は、第6章ほかでも明らかにしている。

　KatsillisとRubinsonはギリシャの高校生データによって、ディマジオとは異なった結論を得ている（Katsillis & Rubinson 1990）。文化資本は成績に独自の効果をもたず、出身階層の効果に吸収されることによって、文化資本

を媒介とした教育的再生産プロセスが生じている。このように、文化資本の効果については、各国でかなり異なっている。フランスでも文化資本は階級再生産に効果をもたないという結果が報告され、ブルデューの理論と矛盾した結論が得られている（Robinson & Garnier 1985）。

　また Paul M. De Graaf (1988) は、西ドイツのデータを用い、親の文化資本を指標化し、階層効果と区別した。そして親の読書行動は、子のより外交的な文化消費（美術館やコンサートなどのハイカルチャーへの参加）と関連し、子のギムナジウムへの進学にも直接効果を示した。De Graaf の貢献は、読書文化と芸術文化を区別して効果を測定したことにある。

　日本でも文化資本は、とくに女性の結婚後の地位で収益をあげている。具体的には女性にとって幼少時の家庭の文化資本は、婚姻を経て配偶者の高い経済資本へと転換されている。同じ学歴でも文化資本の高い女性は、豊かな経済階層の男性を獲得していることが示され、文化資本が女性の婚姻市場で収益をあげることが明らかとされてきた（片岡 1996b）。

4　問題設定

　では、日本ではエリートになるのに文化資本は必要とされる社会なのだろうか。それとも学校の成績で地位が決まってしまうメリトクラティックな社会なのだろうか。子どもを進学率がいい学校に入学させるためには、親の文化的な教養まで動員しなければ成功しない社会なのか、それとも IQ と努力だけで学歴エリートになれるのだろうか。また親から子ども時代に受け継がれた文化資本は、人生のさまざまなライフチャンスを高める効果をもっているのだろうか。すなわち文化資本をもっていれば、そうでない場合よりも「いい」結婚相手を獲得できたり、「いい」職業に就くことができるのか。幼少時文化資本は人生のあとまで影響するような永続的収益を期待できるのだろうか。すなわち文化的選抜や身体化された文化資本の転換効果は、存在するのだろうか。文化資本が階層的差異を生産したり、社会的不平等を再生産する社会なのだろうか。

　本章の目的は、読書文化と芸術文化という異なる種類の身体化された文化資本が、ライフチャンスを高めるかどうかを検討することである。教育市場、

労働市場、婚姻市場について、それぞれ明らかにする。これによって地位形成での文化資本の効果、すなわち文化資本の収益やほかの資本への転換効果について解明することができる。

わが国は男女で文化資本の世代間伝達やその転換効果が異なり、「文化」の意味が男女でかなり異なる社会だと予想している。また文化資本を読書文化とフォーマルな芸術文化に分けて検討することによって、読書のような言語資本を媒介とする内向きの文化とクラシックコンサートや美術館といった外向きの芸術文化が、それぞれ異なった効果をもっていることを明らかにできるからである（De Graaf 1988）。

日本は文化の差が小さい社会だといわれることが多いが、一方で文化による差異に敏感な社会でもある。ここでの検討を通じて、日本社会での文化資本や家庭文化の影響力が性差によってどのように異なるかをみていこう。

5 教育市場・労働市場・婚姻市場での文化資本の効果

教育、労働、婚姻という3つの異なる市場で、文化資本の効果と収益について、以下の仮説を検証することにしよう。

仮説1：幼少時文化資本を構成する読書文化と芸術文化は、教育システムのなかで収益をあげている。

仮説2：幼少時文化資本を構成する読書文化と芸術文化は、労働市場のなかで収益をあげている。

仮説3：幼少時文化資本を構成する読書文化と芸術文化は、婚姻市場のなかで収益をあげている。

ここで収益と転換効果について、手短に説明しておこう。例えば、出身家庭を通じて身体化された文化資本（幼少時文化資本もしくは相続文化資本）が、学校での成績を上昇させる効果をもっていれば、それは家庭の文化資本が教育システムのなかで収益をあげたことになる。またほかの変数を統制しても、成人後の経済資本と幼少時文化資本とが関連性をもつのであれば、文化資本は経済資本という種類の異なる資本へと転換されたと解釈できる。あるいは文化資本は経済的収益をあげるという言い方もできる。このように収益と転換は同じではないが、重なる部分もある。

表7-1 3つの市場と結果変数

①教育システム	中3時成績（自己申告で5段階） エリート高校への進学・不進学 　（同学年ほぼ全員が大学・短大へ進学する高校） 学歴（教育年数）
②労働市場	初職の職業威信（1995年版威信スコア） 現職の職業威信（1995年版威信スコア） エリート職への参入（職業威信上位5％）
③婚姻市場	配偶者の現職の職業威信 配偶者の結婚時の職業威信 配偶者の経済資本（年収・財産）

分析の方法

　データは、1995年SSM調査A票男女データ（男性 1,248人、女性 1,405人）を用いた。分析手法は、重回帰分析とロジスティック回帰とパス解析を使用する。

　前述の3つの市場での文化資本の効果を明らかにするために、収益として用いる被説明変数や転換するほかの資本としてどのような変数を使用したかを表7-1に示す。

　表7-1のうち、教育システム内での文化資本の効果については第8章で詳しく論じるので、ここでは主な結果だけを最後に要約して示すことにしたい。第8章の分析の原著は片岡（1998a, 2001a）、Kataoka（2015）に発表しているので参照されたい

相続文化資本、子ども時代の文化資本

　子ども時代の文化資本（cultural capital in childhood）もしくは幼少時文化資本とは、幼少期から小学生時代に家庭を通じて与えられた文化資本であり、相続文化資本の重要な部分を占める。本人の子ども時代に家族からの文化的な関与によって生じた、回答者の文化資本の早期蓄積の程度を表す指標である。本章では子ども時代の文化資本を、読書文化資本（reading cultural capital）と芸術文化資本（aesthetic cultural capital）の2つに分けた。具体的な指標は、次のとおりである。

　読書文化資本＝「子どもの頃、家族の誰かがあなたに本を読んでくれまし

たか」

　芸術文化資本＝「小学生の頃、家でクラシック音楽のレコードをきいたり、
　　　　家族とクラシック音楽のコンサートに行ったことがありましたか」
　　　　「小学生の頃、家族につれられて美術展や博物館に行ったことがあり
　　　　ましたか」

　各項目への回答は経験頻度の4段階で0点（なかった）から3点（よくあっ
た）のスコアを与え、芸術文化のスコアは2つの質問項目の数値を合計した。

　読書文化資本と芸術文化資本のいずれもが、出身家庭の文化環境のなかで
身体化した相続文化を表していると考えられる。とくに芸術文化は、クラシ
ック音楽と美術という文化威信評価が高いハイカルチャーである。読書文化
と芸術文化は、まさに子ども時代に親から受け継いだ家庭の相続文化資本で
ある。

　クラシック音楽や美術の領域は音楽団体や美術団体、また学校のカリキ
ュラムとして「制度化」されていて、フォーマルな文化（formal culture）
ということができる。ここでの芸術文化とは、わが国における正統文化
（legitimate culture）の一部である。

そのほかの主な使用変数

　家庭背景の測定は、父の主な職業（威信スコア）、父教育（年数）、母教育
（年数）の3つでおこなう。家庭背景を代表するこれらの伝統的な変数セット
を用いることによって、家庭背景の効果をみていくことにしよう。ここで説
明変数として使用する変数セットの特徴は、それらが家庭背景（family
background）を全体として表すということである。例えば父母の学歴は家庭
の文化資本を表すが、そこから子への身体化された文化資本（文化的経験）
へと変換されていくかどうかが問題である。したがって、身体化された文化
資本である読書資本と芸術資本が独自に効果をもつことで、明確に世代間文
化伝達を確認することが可能となる。

　また職業に関連して、回答者の年齢を考慮して父親の職業威信スコアは
SSM全国調査1975年版を用いたが、本人の職業威信は95年版を用いた。ま
た、重回帰分析で学歴を使用する場合には教育年数を用いた。統制変数とし
て用いた地域変数＝都市規模は、出身地の都市規模の変数として義務教育終
了地人口を用いた。学校外教育経験は、小・中学生の頃の①塾・予備校、②

家庭教師、③通信添削への参加経験を数量化し（参加を1、非参加を0）、その総和を指標として作成した。したがって、0から3までの値をとりうる。

6 労働市場での収益と転換効果

文化資本は職業的な収益をあげるのだろうか。ここまでの分析から、家庭背景やほかの教育戦略を統制しても、文化資本は男女ともに中3（中学3年）時成績や学歴にまで直接的な効果を及ぼし、教育システム内で収益をあげることが明らかになっている。しかし、労働市場への参入の第1次段階である初職達成ではどうだろうか。まず、初職の職業威信に対する効果を測定し、さらに現職威信やエリート職業へのエントリーへの効果などを検討することにしよう。

初職威信への転換効果

初職達成の説明モデルとしては、父職、父学歴、母学歴という家庭背景変数と学歴変数によって構成される基本モデルが知られている（Blau & Duncan 1967）。基本モデルをモデル1とし、この父母学歴のかわりに読書文化と芸術文化を投入したモデル2、さらにすべての変数を一括投入したモデル3を比較した。なお、有職者にはパート・アルバイトも含まれている。

表7-2は、初職威信を被説明変数とした重回帰分析によって、読書文化と芸術文化の効果を検討した結果である。モデル1では、家庭背景変数と本人学歴によって初職達成が男女ともに全分散の20％から25％程度説明できることがわかる。学歴の効果が最も強く、日本が学歴社会であることを示唆している。

モデル2では、父母学歴のかわりに文化資本の2つの変数を投入した。なぜなら、幼少時文化資本は親の学歴によってかなりの部分説明されるからである。しかしモデル2では、男性は読書文化も芸術文化も初職達成に直接効果をもたなかった。初期の家庭の社会化を通じて親から伝達された文化資本は、男性では初職威信には転換されていない。しかし興味深いことに、女性では読書文化が初職威信に対して直接効果をもっている。父職を統制しているので、ここでは文化資本の転換効果だといえる。つまり女性の場合は、家

表7-2　初職職業威信への転換効果（重回帰分析）

| | 男　性 | | | 女　性 | | |
	モデル1	モデル2	モデル3	モデル1	モデル2	モデル3
年　齢	-	0.096**	0.120**	-	0.024	0.070*
学　歴	0.374**	0.389**	0.405**	0.419**	0.432**	0.440**
読書文化	-	0.037	0.034	-	0.066**	0.046
芸術文化	-	0.013	0.009	-	0.030	0.012
父職業	0.180**	0.137**	0.135**	0.076**	0.083**	0.051
父学歴	-0.011	-	-0.025	-0.038	-	-0.045
母学歴	-0.037	-	0.019	0.112**	-	0.133**
R^2	.205	.205	.214	.248	.247	.255
Adj.R^2	.201	.201	.208	.245	.244	.249
F 検定	p<.0001	p<.0001	p<.0001	p<.0001	p<.0001	p<.0001
N	879	1059	856	938	1146	922

注：数値は標準化偏回帰係数。　＊＊ p<.05　　＊ p<.10

庭の文化資本は、本人の学歴が同じならば初職を高める効果をもっているのである。

　しかしモデル3では、文化資本の直接効果は消え、母学歴の効果が表れている。親の学歴に代表される家庭の文化資本の効果は、これまでの分析から幼少時文化資本や本人学歴へとその大半が変換されているため、文化資本の効果は父母の学歴に吸収されているのである。とくに女性の場合、母学歴と読書文化の相関係数そのものが高く、高学歴の母から娘へと読書文化が伝達されていると考えられる。

　そこで女性の初職達成の規定要因の因果モデルを図7-1に示した。家庭背景と初職への因果メカニズムに文化資本効果を含めた文化資本モデルによって初職達成メカニズムである。男性は文化資本が初職に直接効果をもたないため、検討しなかった。図7-1は女性の分析結果である。

　図7-1から、家庭背景の効果が子ども時代に獲得した読書文化資本や芸術文化資本に変換され、これらの文化資本を媒介に女性の初職職業威信が達成されていることがわかる。とくに読書文化資本は女性の初職へと直接的な効果が強い。ここから読書文化資本を人的資本的なものとして理解することもできるが、その背後に親から受け継いだ階層文化が密輸されていることも十分に考えることができる。また、子ども時代の相続文化である芸術文化資本は学歴へと変換されて、学歴の効果として初職を規定している。すなわち家

第7章　階層再生産と文化的再生産のジェンダー構造──217

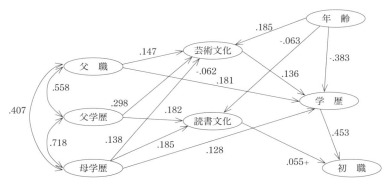

数値は標準化偏回帰係数で5％有意。ただし＋は10％有意
図7-1　女性の初職達成メカニズム（文化資本モデル 1995年 SSM 全国調査）

庭背景に強く規定された芸術文化資本は、身体化されたハビトゥスとして教育システム内で収益をあげて高い学歴へと変換されている。つまり家庭で身体化された芸術文化資本は、学歴を媒介として初職へと連動している。読書文化も芸術文化も、ともに女性の地位形成にプラスの効果をもっているといえるのである。

　すなわち、女性が家庭から相続した文化資本は、学校や労働市場でかなり長期にわたってその効果が発揮されている。女性の地位達成には家庭の文化資本の影響がみられ、初期の教育キャリアから初職にいたるまでの間で文化的選抜が作動しているといえるだろう。しかしそれは女性だけにあてはまることであり、男性ではこのような文化的選抜は作用しないのである。男性では、第8章で明らかにしているように、親の文化資本は学校外教育投資へと変換されて、より人的資本論的な文脈への変換がみられる。

現在の職業威信への転換効果

　出身家庭の文化資本はどのように転換されて現在の職業威信に対して影響を与えているだろうか。ここでは現在の職業威信への転換効果を明らかにしよう。

　表7-3は、学歴と家庭背景および家庭の文化資本である読書文化と芸術文化による説明モデルである。有職者にはパート・アルバイトも含まれる。男女別に重回帰分析をおこなった結果、やはり男性では、読書文化も芸術文化

表7-3　現職威信への転換効果（重回帰分析）

	男　性		女　性	
	モデル1	モデル2	モデル1	モデル2
年　齢	0.142**	0.166**	-0.039	0.001
学　歴	0.361**	0.378**	0.315**	0.361**
読書文化資本	0.017	0.019	0.039**	0.032
芸術文化資本	0.042	0.049	0.094	0.057
父職業	0.205**	0.227**	0.130**	0.148**
父学歴	-	-0.056	-	-0.042
母学歴	-	-0.000	-	0.089
R^2	.230	.244	.227	.264
Adj.R^2	.226	.238	.221	.254
F 検定	p<.0001	p<.0001	p<.0001	p<.0001

注：数値は標準化偏回帰係数。　　** p<.05　　* p<.10

も現職威信には変換されていない。しかし、女性では前節で示した結果と同様に、読書文化資本の直接効果があった。

エリート的職業への参入

　次にエリート的職業への参入で、家庭で親から受け継いだ文化資本は影響するだろうか。ここではエリート職を操作的に現在の職業威信の上位5％と定義した。[2]高威信の職業への参入を1とし、非参入を0とするダミー変数を使って2項ロジスティック回帰をおこなった。威信上位5％というエリート職についている者は、その大半が男性である。女性は分析に堪えられるエリート職女性が10人と少なかったので、ここでは男性だけを対象として分析する。エリート職に就いている男性は91人、それ以外の非エリート職は1,011人だった。

　表7-4に示された結果から、男性のエリート職への参入には、学歴が最も強い効果を及ぼしていることがわかる。相続文化資本である読書文化資本も芸術文化資本も、エリート職参入に対して、まったく有意な直接効果をもっていない。男性の場合、エリートへの道は、出身家庭文化の影響から免れている。これは男性の教育達成が文化資本によって影響を受けていないことに関連している。学歴効果の強さについては、わが国では業績主義による選抜が強い社会であるといえる。この点では、オランダの De Graaf（1988）の研究結果と同様に、日本でも男性では文化資本はエリート地位への通貨とな

表7-4　エリート職への参入──男性（ロジスティック回帰）

| | エリート職 vs 非エリート職 | | | |
	パラメータ推定量	標準誤差	パラメータ推定量	標準誤差
Intercept	−0.924**	1.02	−9.377**	1.08
年　齢	0.047**	0.01	0.038**	0.01
学　歴	0.308**	0.05	0.249**	0.06
読書文化資本	0.110	0.11	0.081	0.12
芸術文化資本	0.109	0.08	0.005	0.09
経済財	0.008	0.02	0.003	0.06
父職業	-	-	0.032**	0.01
Max-rescaled R^2	0.1368		0.1506	

注：経済財とは、本人15歳時の家庭の保有する財の保有点数である。

っていない。しかしサンプル数の関係で示さなかった女性のエリート職については、読書文化が有意なプラスの効果を示した。女性では地位達成でも、文化的選抜が業績主義的選抜のなかに潜在している可能性はある。

7　婚姻市場での文化資本の収益

　女性の有利な結婚条件として伝統的な社会では、文化的な教養が求められてきた。わが国でも華道・茶道やピアノなどの「お稽古事」をすることは女性の好ましい条件といわれてきた。文化教養は女性の婚姻市場での地位上昇にどのようなはたらきをするのだろうか。そこで婚姻市場での幼少時文化資本の効果を探ってみることにした。

　これまでの研究では、婚姻で学歴による同類婚が多くみられると指摘され（渡辺・近藤 1990; 志水 1990）、学歴は結婚を媒介するという説である（学歴媒介説）。

　また、筆者のこれまでの分析によれば学歴が同じであれば、相続文化資本の高い女性は経済資本の高い男性と結婚する確率が高く、女性の文化資本が結婚後の配偶者の経済資本に転換されていることが明らかにされている（片岡 1996b）。これは文化資本の経済資本への転換効果といえる。では、全国データではこの転換効果は成立するだろうか。以下ではそれを分析する。

表7-5　配偶者職業威信への転換効果（重回帰分析）

| | 結婚時の配偶者職業 | | 現在の配偶者職業 | |
	男　性	女　性	男　性	女　性
年　　齢	0.007	0.149	-0.014	0.167
学　　歴	0.384**	0.373**	0.282**	0.423**
読書文化	0.020	-0.001	0.048	-0.007
芸術文化	0.029	0.074**	0.046	0.095**
R^2	.158	.122	.105	.163
Adj.R^2	.152	.119	.100	.160
F 検定	p<.0001	p<.0001	p<.0001	p<.0001

注：数値は標準化偏回帰係数。　＊＊ p<.05　　＊ p<.10

配偶者の職業威信地位への転換効果

　同じ学歴であっても、文化資本の高い者は婚姻市場でより有利な結婚というライフチャンスを得ているのだろうか。まず重回帰分析によって、表7-5に示すように、配偶者の結婚時職業威信と現職威信を被説明変数とした2つのモデルを作成した。説明変数は、学歴と読書文化と芸術文化である。学歴効果を統制しても幼少時文化資本の2つの指標が効果をもてば、学歴とは別の次元の身体化された文化資本が婚姻で作用していると思われる。すなわち身体化された文化資本は配偶者職業威信に転換されているのだろうか。ここでは男女別に分析した。

　表7-5から、男性は配偶者職業と本人の学歴が強い関連をもっているだけで、従来の学歴媒介説が支持されている。しかし女性では配偶者の職業は、結婚時職業も現在職業も、女性の芸術文化と関連をもっている。すなわち同じ年齢、同じ学歴の女性であれば、クラシック音楽や美術の芸術文化を身体化した女性のほうが威信の高い職業に就いている男性と結婚しているのである。親からの社会化を通じて獲得された文化資本のなかでも、芸術文化が直接効果をもっている。

経済資本への転換効果と収益

　婚姻市場での地位移動には経済的な移動がある。文化資本は婚姻市場で経済資本へと変換されて収益をあげるのだろうか。とくに学歴が同じ場合に、身体化された文化資本が豊かであると、それは婚姻市場で有利な展開をみせ

第7章　階層再生産と文化的再生産のジェンダー構造──221

表7-6　経済資本への転換効果（重回帰分析）

| | 配偶者の年収 | | 世帯財産スコア a) | |
	男　性	女　性	男　性	女　性
年　　齢	-0.013	0.105**	-0.300**	0.231**
学　　歴	0.032	0.365**	0.334**	0.344**
読書文化	0.043	-0.013	0.064**	0.038
芸術文化	-0.105**	0.071**	0.022	0.066**
R^2	.010	.123	.130	.105
Adj.R^2	.005	.119	.128	.102
F検定	p<.0001	p<.0001	p<.0001	p<.0001
	N=883	N=918	N=1201	N=1363

注：数値は標準化偏回帰係数。　＊＊ p<.05　　＊ p<.10
（a）世帯財産とは、現在保有している財産についての14項目のなかで保有
率が50％以下の希少財8点について、その保有点数をスコアとした。

るのだろうか。配偶者の年収と現在保有している財産を指標に、文化資本の
転換効果をみてみよう。

　表7-6は、男女別に配偶者個人の年収を被説明変数とした重回帰分析をお
こなった結果である。この単純なモデルでは、規定要因を調べるのではなく、
転換効果を明らかにしようとしている。男女で同じモデルでも、モデルの説
明力は大きく異なり、男性の決定係数が低く、モデルの説明力が弱い。女性
では、年齢と学歴と芸術文化が直接効果を示した。女性では芸術文化の豊か
な家庭に育った女性は、結婚後の夫の収入がそうでない者よりも高くなるこ
とがわかる。学歴や年齢を統制しているので、芸術文化の効果は夫の収入へ
と転換していると考えられる。反対に男性では、本人の芸術文化は妻の収入
を減らす傾向にある。おそらく、夫の芸術文化が高いと結婚相手の女性が専
業主婦になりやすいという何らかの別の関連があるのだろう。

　また表7-6で、保有財の点数で分析すると、学歴と年齢がプラスの効果を
もつとともに、男性では読書文化が、女性では芸術文化が世帯財産の高さと
関連をもつことがわかる。

配偶者の地位への転換効果の実際──女性の文化資本の転換効果と資本結合

　ここで女性について配偶者の地位への転換効果を分散分析でみておこう。
なぜなら、女性は労働市場での地位達成をめざすよりも婚姻による地位移動
をめざすことがあるからであり、その割合は男性よりも多いと考えられるか

表7-7　配偶者の経済的地位と女性の学歴および文化資本

妻 学　歴・幼少時文化資本	配偶者の地位			
	N（人）	年収（万円）	N（人）	世帯財産スコア
大学卒・芸術文化資本上位17.2%	64	701	116	2.33
大学卒・芸術文化資本中位	55	693	90	2.38
大学卒・芸術文化資本下位57.3%	44	541	67	1.67
高校卒・芸術文化資本上位17.2%	82	627	117	1.82
高校卒・芸術文化資本中位	137	588	218	1.59
高校卒・芸術文化資本下位57.3%	332	570	443	1.52
中学卒・芸術文化資本上位17.2%	（2）	（350）	6	0.17
中学卒・芸術文化資本中位	25	416	45	1.16
中学卒・芸術文化資本下位57.3%	191	362	284	0.89
F 検定	p<.0001		p<.0001	

注1：分散分析では、配偶者年収と財産スコアともに、学歴と芸術文化の独立効果は1%水準で
　　有意。交互作用効果はいずれもなかった。（　）は人数が少なく検定不能。
注2：大学卒＝大学・短大卒、高校卒＝中等教育卒、中学卒＝義務教育卒

らである。ここでは配偶者のある女性を中心に、配偶者の地位を測定した。
表7-7は、学歴と文化資本の組み合わせで、それぞれの配偶者地位の平均値
をみている。まず、幼少時文化資本を構成する芸術文化の得点を女性で上位、
中位、下位の3つに分類し、全体サンプルのなかでの位置を％で記した。同
じ学歴であっても、芸術文化を親から受け継いで子どもの頃から身体化して
いた女性と、そうではない女性で婚姻市場での収益性の違いをみている。

　家庭の文化資本の差は、婚姻市場で異なる資本の差異をもたらすのか。言
い換えれば、子どもに文化資本を伝達しようとする親のハビトゥスは、子ど
もの文化的経験として伝わることで経済資本やほかの種類の資本へと転換し
ていくのだろうか。

　まず表7-7から、配偶者である夫の年収の違いがみられる。例えば大学・
短大卒女性では、芸術文化上位の者ほど、夫の年収は高い。例えば本人大卒
で芸術文化上位17.2%の者では、夫年収平均値は701万円であり、大卒で芸
術文化下位57.3%の者は、夫年収541万円だった。年収にして約160万円の
差が生じている。高卒女性や中卒女性でも、同じように文化資本上位者は夫
の年収が高い。夫の年齢を60歳以下とコントロールしても、有意な差がみ
られたことから、クラシック音楽や美術といった芸術文化を身体化した女性
は、同じ学歴で文化資本が豊かではなかった女性よりも、豊かな経済階層の
男性と結婚しているのである。すなわち女性が出身家庭から相続した文化資

第7章　階層再生産と文化的再生産のジェンダー構造——223

本は、婚姻市場で夫の経済資本へと転換していくと解釈することができる。

このことはブルデューがいう資本の転換効果であるとともに、婚姻によって女性の文化資本と男性の経済資本が結合するという、新たな資本結合が起きることを意味している。あるいは女性は文化資本のなかの芸術資本をジェンダー資本（片岡 1996a, 2000a）として、婚姻戦略で有利な闘争をしているのかもしれない。女性のジェンダー資本である文化資本と男性のジェンダー資本である地位や経済力という異質な資本が、婚姻市場で男女で交換されているということもできるだろう。

8　結果の要約

地位形成での文化資本の効果を、教育、職業、婚姻のそれぞれの市場で検討した結果をまとめたものが、表7-8である。教育に関する3つの変数については、同じデータで分析した第8章での結果を先にここで要約している。

男女で異なる文化資本の地位形成効果

さまざまなライフチャンスで、身体化された相続文化資本の効果は男女でかなり明瞭な違いを示した。文化資本を読書文化と芸術文化に分けて検討したことによって、それぞれの文化で収益があがる市場が異なっていることがわかる。結果は以下に要約できる。

①男性では、文化資本の地位形成効果は弱いことが明らかになった。男性では教育システムの内部と経済資本の一部にわずかに効果が見いだせたが、それ以外の労働市場や婚姻市場では、ほとんど効果をもたなかった。男性では文化の効果は、かなり初期の段階で成績へと変換ずみで、その後の教育選抜のときには文化は顔を出さないという構造になっている（この結果は、ディマジオの示したアメリカの高校生男子の結果と類似している）。すなわち男性はそれだけ学校でのメリット（＝成績）達成への圧力を強く受け、出身階層の有利さを直接的に成績や学歴へと変換することに専念して、学校での評定から地位の正当性を引き出しているといえるだろう。

②また分析結果が示すように、男性が中心的なポストを占める日本の労働市場では、文化資本は地位の足しにはならず、収益もあがっていない。たし

表7-8　読書文化資本と芸術文化資本の直接効果および転換効果

被説明変数	男性		女性	
	読書文化資本	芸術文化資本	読書文化資本	芸術文化資本
中学3年時成績	×	△	○	○
エリート高校進学・非進学	×	×	×	○
学　歴	△	×	×	○
初職威信	×	×	(○)	×
現職威信	×	×	(○)	×
エリート職参入・非参入	×	×	—	—
配偶者結婚時職業威信	×	×	×	○
配偶者現職威信	×	×	×	○
配偶者年収	×	○	×	○
世帯財産	○	×	×	○

注：○は、5％水準で有意な直接効果あり
　　△は、10％水準で有意な直接効果あり
　　（○）は、部分モデルで有意な直接効果（5％水準）あり
　　──は、サンプルが少ないため分析をおこなわなかった。

かに日本の男性の場合、ハイカルチャーを好むことが昇進や進路に有利になるという話は聞いたことがない。むしろハイカルチャー嗜好は隠したほうがいいくらいだと考えられている。文化的再生産論がリアリティをもたないのも、男性でのこのような選抜の様態と符合しているといえるだろう[3]。

　③しかし女性では、どの市場でも文化資本は独自の地位形成効果をあげていた。出身階層の有利さは、女性では文化へと変換されて学校で収益をあげていた。そして教育システムと婚姻市場で、芸術文化資本が収益をあげ、労働市場では読書文化資本が地位を高めるよう作動していた。あるいはほかの資本に転換している。言い換えれば、クラシック音楽や美術といった家庭の文化的教養は、女性が学校で成功するうえでプラスの効果をもたらしている。もともとクラシック音楽や美術は学校のカリキュラムの一部となることによって、正統化され制度化された文化である。そうしたフォーマルな文化に早い時期からふれさせる親の文化投資戦略は、女の子の学校での成功をもたらし、収益をあげている。芸術文化の効果は、その後の労働市場では大きな効果を示すわけではないが、とくに婚姻市場で効果を示す。すなわちクラシック音楽や美術的文化教養を早くから身体化してきた女性ほど、配偶者の職業威信や経済的地位が高くなる。これは学歴を統制したうえでの結果なので、同じ学歴であれば、相続文化資本の高い女性は、地位の高い男性と結婚する

チャンスが高いことになる。芸術文化資本は、女性の教育的地位を高め、さらには婚姻市場でのライフチャンスを高めることに地位上昇の役割を果たしているといえるだろう。

ジェンダー資本としての芸術文化資本

以上から、文化的に洗練されたハビトゥスをもっていることは、女性にとって重要な地位の源泉となっていると考えられる。しかし女性にとっての重要な地位とは、これまでの日本の歴史的事情を考えると、労働市場での地位ではない。女性のアイデンティティにとって重要な場は、むしろ文化市場であり婚姻市場である。労働市場が男性中心に成立してきた日本社会では、女性の地位が配偶者の社会的地位によって左右される傾向が強い。そのかわりに女性は文化市場を生きている。

上記の結果をまとめると、わが国では、女性が関わる家族単位での地位形成や地位移動に女性の芸術文化資本が求められている。女の子に芸術関係の稽古事の経験が多いのは、現代でも続いている。男子よりも女子のほうが、子ども時代から高校生にかけて芸術文化の稽古事の経験率が有意に高い（片岡 2010; ベネッセ教育総合研究所 2009）。わが国で、芸術文化資本は女性のステイタス・カルチャーとして位置づけることができるだろう。

さらに女性の文化資本が、女性の結婚後の経済的豊かさへと変換されていたように、芸術文化に代表されるハイカルチャーは、婚姻市場での一つの重要な資本となっていた。すなわち文化資本は、女性にとってはエリート男性のパートナーになるのに役立つジェンダー資本の一部だといえるだろう。クラシック音楽や美術へと向かうハビトゥスは、メリトクラティックな選抜社会のなかにあっても、女性の文化的選抜に有利に作用し、とくに女性の教育的地位と婚姻による社会経済的地位を高めるのである。

読書文化資本と労働市場

身体化された読書文化資本は言語文化資本としても機能するものである。家庭の相続資本として測定した「身体化した読書文化資本」について明らかになったことは、男女でその機能が異なることである。男性では読書文化によって職業的地位が異なるということはなかった。これに対して、女性の職業達成に対しては、読書文化資本が弱い効果をもっていた。

労働市場が Randall Collins（1971, 1979）がいうように技術的機能主義に
よって動いている社会であれば、読書文化のような言語資本や知識収集型の
ハビトゥスが、就職や職業選択で影響を及ぼしても不思議ではない。
　女性の職業達成に対して、図7-1で明らかにされたように読書文化資本が
直接効果を示したことは、おそらく女性では言語文化資本の一部が学歴へと
変換されないままできた女性が多いからとも推測できる。あるいは、読書文
化を身体化するというハビトゥスが上層階層のハビトゥスとして階層文化の
一部であることも考えられる。それに対し、男性では読書資本の効果は、初
期のうちに学歴資本に変換されて独自効果をもたない。

9　階層再生産と文化的再生産のジェンダー構造

　日本のような学歴社会、言い換えればメリトクラシー社会で、階層再生産
と文化的再生産への欲望はどのようにして満たされるのだろうか。
　支配階層からみれば、男の子に文化相続するよりは女の子に文化相続して、
文化を継続させる戦略のほうが有効である。すでに明らかにしてきたように、
文化の世代間継続性は女性を通じて保たれているからだ。男性は学歴競争や
出世競争のなかで、芸術文化への素養を強くは求められないので、美的性向
をあまり発達させることなく、出身家庭の文化的有利さをほとんどすべて学
校システムでの成績や学歴へと変換する作業に没頭している。それはおそら
く、わが国の中流階層が、学歴による階級上昇をめざすときに、もてる資源
を一点集中させるからだという理由が考えられる。しかし、上層階層でも男
性はそれほど文化的ではない者が多いとすれば、やはりわが国では**文化のジ
ェンダー構造**が広く行き渡っているからだろう。
　戦後日本では、階層・階級文化の再生産への欲望は、女性による文化資本
の相続によって満たされてきた。それは、女性が学歴競争に巻き込まれるよ
うになっても維持されている。
　一方で、男性は階層差や階層文化の差を、学力＝メリットへと変換するこ
とで、学歴競争といいながらも知能あるいは頭脳による正当性確保の競争
（ゲーム）に明け暮れている。男性は学歴という記号で知能を保証すること
で自らの正当性やランクを実感しているのに対し、多くの女性は文化の優越

性によって自らの正当性を実感しているのではないだろうか。

　大半の男性が関わる日本型競争社会は、竹内（1995）が明らかにしたように トーナメント型のメリトクラティック選抜を装いながら、たえず男性を競争へとあおってきた。戦後日本の企業では、竹内がいうように、男性は個々人の出身階層文化を白紙にして、会社文化へと同調適応することが求められてきたといえるかもしれない。戦後から今日まで、男性は私生活や文化を重視するライフスタイルからも取り残されて、労働市場での競争を続けてきた。その結果、家庭で相続文化資本を受け継いだ男性も、成人後はハイカルチャーとは距離がある生活を送る男性が多い。

　しかしそうした競争社会に女性は、ある意味で参加することも乗ることもほとんどできなかった。雇用機会均等法以前は、労働市場が女性を明確に排除していたからである。では、女性たちの戦略はというと、教育システムのメリトクラシー原理のなかに文化的選抜を持ち込んで、最後の婚姻市場で再生産を果たすというかたちで、女性を媒介として支配階級は階層再生産戦略を立ててきたと考えられる。具体的にいうと、次のようになる。

　女子の場合は、たとえ知的に優秀であっても、地元から離れて東大への進学を考えるよりも、地元の一番校や名のある女子大へと入学したほうがよいと考える親が伝統的に多いのである。競争主義は、女性にとっては上品なものではなく、むしろ「女らしさを犠牲にしてまで勉強する必要がどこにあるのか」という決まり文句によって、自他ともに学歴競争に人生を賭けることまではしない。むしろ娘をゆったりとした上品な「お嬢さま」として育てるほうがエリート男性との出会いに有利だと考えられている。そして競争を降りて、有名大学や東大以外の道を選ぶ女性も多い。⁽⁴⁾洗練された教養文化を身につけることが、女の子をもつ親には、その階層の維持・再生産に有効な戦略だと考えられてきたからである。そのため、娘には家庭の階層文化を伝えるとともに習い事も通じて文化的教養（卓越した文化）を身につけさせ、婚姻によって地位を維持または上昇することを、多くの親は期待してきたといえる。

　また息子（男性）に上層階層文化を伝えても、同調を求める男性中心の企業社会ではご破算にされてしまう危険性は高い。息子たちは、文化的卓越化よりも、学力競争に参加することで地位を形成することが第一に望まれてきたのである。

日本の男性エリートの多くは、学歴競争を経て、大衆文化的であることを
要求する日本の企業社会文化に同調していき、結果的に一部の職業を除き、
大半は文化エリートにはならなかった。本章でも示したように、芸術文化的
素養や美的性向のあまり豊かでない男性学歴エリートは、その文化資本の不
足をパートナー（妻）に求めることで、文化的資本は家族単位で補完される。

　さらに妻＝母から子どもへと文化資本が世代間相続されることで、支配階
層の文化的再生産は保持されている（片岡1997a）。わが国の再生産を考え
ると、そのプロトタイプは、社会的再生産（階層再生産）を男性が主に担い、
女性が文化的再生産を担うという、再生産プロセスのジェンダーによる分業
であるということができるだろう。これを、「階層再生産と文化的再生産の
ジェンダー構造」と呼ぶことにしよう。

　また文化資本の再生産、すなわち文化的再生産を見えなくさせていたのが
文化的オムニボア（文化的雑食）の一般化であり、さらには男性の大衆文化
嗜好の強さである。フランスのようにハイカルチャーだけを消費して大衆文
化を嫌うことは、日本のなかではごく一部の文化エリートだけのものであっ
て、上層階級、とくにブルジョアジーのメルクマールにはなっていない。

　第4章で示したように、日本的な文化資本とは、ハイカルチャーへの親和
性の高さと同時に大衆文化にも親和性をもつ文化的に多面的存在、文化的オ
ムニボアになることである。誰もがアクセスできる階級フリーな大衆文化に
も通じながら正統文化を消費するような存在になり、異質な文化を消費し幅
広い趣味をもつこと、いわば文化の二重戦略の使い手になることが求められ
る社会なのである。つまり日本にあてはまるのはブルデュー的な文化資本概
念ではなく、文化的オムニボア（文化的雑食）や文化的寛容性ともいうべき
概念が有効だと思われる。文化的排他性を示すことはまれなのである。

　分析結果からは、日本では再生産の戦略が男女でかなり異なっていた。し
かし、第5章で示したように、女性も教育選抜競争を積極的に引き受け、メ
リトクラシーが進行していることや、時代も変化しているので、卓越化した
文化を用いて上層の女性が再生産を果たすという戦略が今後どこまで有効か
については、今後の検証を待つしかないだろう。

　そして女性の社会進出がさらに進み、男性と同じ労働市場文化にさらされ
ることで、女性もますます大衆文化の洗礼を受けていくことになるだろう。
実際に、同じデータから、仕事をもつ女性ほど大衆文化的活動によって多く

第7章　階層再生産と文化的再生産のジェンダー構造──229

参加しているということも明らかになっているからである（第5章参照）。

注

(1) 学歴社会とは、「成員の社会的地位を決定する学歴の力が相対的に大きい社会である」と定義されている（麻生 1967, 1991）。

(2) 威信上位5％に入る職業というのは、職業威信スコア（1995年版）が66.5以上の職業である。具体的には、弁護士、大学教員、医師、会社役員、公認会計士・税理士、地方議員、そのほかの法務事務者、文芸家・著述家、船長・航海士などである。

(3) 筆者の経験からも、文化的再生産の議論は男性研究者の多い集まりではまったく理解されないことが多かったが、女性研究者の集まりでは賛同者が多いという対照的なできごとがたびたびあり、これも偶然ではないと思われる。卓越化した文化教養（文化資本）が収益をもたらすというブルデュー理論は、日本の女性にとってはリアリティがあるものとして理解されているのである。

(4) 現代では以前よりも多くの女子が高学歴や高偏差値をめざすようになってきたので、状況も変化しつつあるが、根本的に大きな変化が生じたわけではないと思われる。

第8章
教育達成過程における家族の教育戦略とジェンダー
―― 文化資本効果と学校外教育投資効果のジェンダー差を中心に

はじめに

　教育上の成功／不成功は、なぜ親の社会経済的地位や教育水準の影響を受けるのだろうか。本章では、家族背景の不平等が親の文化資本の伝達や学校外教育投資を通じてどのように子どもの教育達成へと伝達されるかを、日本の全国データを用いて明らかにする。

　教育達成に関する世代間プロセスのモデルは、ピーター・ブラウとダンカン（Blau & Duncan 1967）によって代表される地位達成モデルや、教育アスピレーションを媒介項として追加したウィスコンシン・モデル（Sewell & Hauser 1975）などの分析モデルがある。これに対し、筆者は教育達成での**教育戦略**モデルを提案する（片岡 2001a）。

　出身家庭の文化資本が子ども時代の家庭の文化的環境を通じて教育システムのなかでどのような収益をあげていくかを経験的に測定し、ほかの効果をも考慮しつつ、ブルデュー理論によって日本の教育達成を説明する最適モデルを明らかにすることを第一の目的としている。

　筆者は過去に、ブルデューの理論から、身体化された相続文化資本、客体化された文化資本の概念を指標化して効果を測定した（片岡 1992, 1997a, 1997b, 1998a, 1998f ほか）。身体化された文化資本の指標は、子ども時代に家族の影響で経験した芸術文化と読書文化である（第2章を参照）。具体的には、クラシック音楽の体験と美術館訪問の経験を問うている。

　文化戦略とは、家族や階級集団の文化資本が、家庭や家族のもとでどのように意図的・無意図的な家族のストラテジーを通じて伝達されていくかとい

うことを意味している。必ずしも、意図的・目的的な戦略だけではなく、慣習行動のような無意図的な行為の伝達も含まれている点が、ブルデューがいう「戦略」であるので、ここでもそれを踏襲することにしたい。

また**学校外教育投資**としては、塾や家庭教師、通信教育などの学校外教育利用の経験を、教育達成モデルの媒介変数として用いる。学校外教育の経験が、教育上の成功、具体的には中3時の**学力**と最終学歴に対しどの程度の直接効果をもつかを測定することを通じて、教育達成のメカニズムの精緻化をはかりたい。

そして、文化資本や学校外教育の効果がジェンダーによって異なること、また時代によっても達成メカニズムが変容してきたことを1995年 SSM 全国調査を用いて明らかにする。SSM 全国調査は職業経歴と職業移動を中心とした調査研究で、10年ごとに調査は実施されているが、本章で用いる子ども期に獲得した文化資本と成人後の現在の文化資本の両方の変数は1995年調査にしか収録されていないため、それ以降の SSM 調査では効果測定も検証もできない。また PISA などほかの調査データは、本章で提示する教育達成モデルに必要な変数を部分的にしか測定していないため、いくつかの分析があるものの精緻な分析にはいたらないことが多い。

使用するデータは、戦後の昭和の時代を中心とする人々の学歴獲得競争を描き出すものである。SSM 調査が対象とした母集団は、最も若い層で1975年（昭和50年）生まれの20歳から、最も高い年齢で1926年（昭和元年）以降の生まれの69歳までとなっている。彼らが教育システムを通過した時代は、主に昭和の時代を中心に展開していることがわかるだろう。この時代は、わが国で学歴獲得競争が過熱化していた時代でもあり、激しい受験競争という言い方が現実的だった。現在とは異なって推薦入試もほとんどない時代で、まさに1回の入学試験に人生をかける学力競争、学歴競争が展開していた時代の人々の実態を表しているといえるだろう。

教育達成に及ぼす家庭背景や社会的背景の効果は、戦後、あまり大きくは変化していないという研究成果もあり、教育達成過程は急激に変容するような性質をもっていないことが明らかになっている。そのため、ここでは1995年データを用いた論考に加筆・修正して提示することにしたい。

1 家族の教育戦略への焦点化

わが国の地位達成過程の研究からは、家庭背景の不平等が学歴達成の差異に結び付くことが知られている。父職や父母学歴などの家庭背景変数が教育達成を規定する力は決して弱いものではなく、しかもその影響力は戦後一貫して安定的だった（今田 1989; 石田 1999; 荒牧 2000）。これに対して、階層の影響が縮小傾向にあるという知見は近藤・古田（2011）がある。[(2)]

しかしなぜ、高学歴や高地位の親をもつ家庭の子どもが、高い学歴を達成できるのか。家庭背景変数の効果がいったい何を意味しているかについて十分に解明した研究はアメリカのラロー（Lareau [2003]2011）の質的研究などが注目に値するが、大規模調査を用いた研究では少ない。また、使用できる説明変数が限定的である調査セットがほとんどであり、知見を比較することが難しい。

本章では、出身階層変数と教育達成をつなぐ要因として、「家族の教育戦略」を取り上げることにしたい。ブルデュー（Bourdieu 1979a）によれば、文化資本は社会階級の再生産で重要な役割を果たしている。そして、階級再生産は機械的におこなわれるのではなく、個人や家族単位の戦略の結果であり、学歴上の成功は、相続文化資本の量と学校教育制度への投資傾向の大きさによって決まるという。家庭環境の効果のなかでも、文化資本の効果に着目した研究も増えてきた（DiMaggio 1982; De Graaf 1986; Katsillis & Rubinson 1990; 藤田・宮島・秋永・橋本・志水 1987; 片岡 1992, 1996b, 1997a, 1997b, 1998a, 2001a, 2011; 片岡編 1998; 苅谷 1995; 耳塚 2007）。

学歴獲得競争の市場で家族がとる戦略として、以下の3つを考えることができる。

第1に、ブルデューとパスロン（Bourdieu & Passeron 1979）が示す文化的再生産の観点から、家族の文化資本はどのように家庭環境や家庭教育を通じて子どもの教育達成に影響を与えているかという、相続文化資本の効果についてである。

第2に、塾や予備校、家庭教師のような学校外教育（shadow education）への親の投資戦略がある。

第8章　教育達成過程における家族の教育戦略とジェンダー——233

図8-1 分析モデルの概略

　第3に、子ども数を減らすことによって、子ども1人あたりの教育投資を最大化する少子化戦略がある。

　このうち本章では、第1の文化資本と第2の学校外教育投資の戦略を「家族の教育戦略」として扱うことにしたい。これらの教育戦略はどのような階層の家族によって担われてきたのか、また教育戦略は教育達成にどのような効果をもってきたかを検討しよう。具体的には、図8-1に示すように、出身家庭背景と教育達成との問いに家族の教育戦略を媒介させる分析モデルを構成した。

2　メリトクラシーと文化選抜

　父職や親の学歴に代表されるような家庭背景の不平等は業績原理に基づくメリトクラシー社会になってもなぜ小さくならないのか。この問いをめぐって登場したのが文化的再生産論での「文化資本」(Bourdieu 1973, 1979b)やネオ・ウェーバー学派が取り上げる「文化的資源（cultural resources）」の概念である。

　ネオ・ウェーバー学派やブルデューによれば、学歴社会や資格社会でもステイタス・カルチャーによる文化的選抜が重要なメカニズムになっているという[3]（Bourdieu 1979a; Collins 1979; DiMaggio 1982; De Graaf 1986, 1988）。支配的な文化コードを身体化することによって、階層移動や地位の維持をはかることが可能になるというのである。文化資本や文化的資源は地位上昇の際の「社会移動の通貨」となり、階層差を生み出したり、社会的不平等を再生産すると考えられている。すなわち、教育システムは個人の能力を中立的に評価する装置ではなく、文化的選抜をおこなうためのバイアスのかかったふるい（screen）である（De Graaf 1988）。

これらの理論に共通していることは、学校での不成功は家庭文化と学校文化のミスマッチから起こるという文化的不連続の理論前提をもっていることである。学校文化が支配階層の文化を反映しているからこそ、文化資本という名の支配階層の家庭文化を親から受け継いだ子どもが教育システム内で収益をあげる。言い換えれば、ブルジョア文化を身につけていれば文化は能力に変換されるが、そうでなければ選抜に生き残ることができない。子どもの文化的背景と学校の文化的パターンのミスマッチによって文化的選抜プロセスが作動するために、財政的な機会の平等化が達成されても結果の平等は達成されなかった（De Graaf 1988: 212）。

　しかし文化選抜や文化的再生産論は、日本社会には適合しないという主張も根強く存在する。わが国では学校文化が欧米と比べて階層中立的な特徴をもつこと（学校文化の脱階層化）、透明性が高い試験選抜、誰でも努力すれば報われるという努力信仰によって、文化的再生産の前提である「学校文化＝支配者層の文化」説は否定的見解が優勢だ（竹内 1995; 苅谷 1995）。

　さらに文化的再生産理論の重要な前提である「文化的排他性仮説」も、片岡（2000b）によって否定されている。すなわち、わが国の「エリートは高級文化を排他的に嗜好し大衆文化を嫌う」のではなく、むしろ日本のエリートは大衆文化と高級文化に通じる文化的雑種性が高い（文化的オムニボア）という「文化的オムニボア仮説」のほうがわが国の実態をよく説明する（Peterson 1992; Peterson & Kern 1996; Bryson 1996; 片岡 1998c, 2000b）。

　このように文化的再生産論の理論前提がわが国では否定されるにもかかわらず、階層的基盤をもつ家庭の文化環境（文化資本）が、学歴達成や地位達成に有意な効果をもつことが明らかにされている（片岡 1992, 1996b, 1998a, 1998f; 中澤 2010）。すなわちブルデューが示唆したように早期からの家庭での社会化を通じて蓄積された文化資本は、親の学歴を統制してもなお地位達成に有効である（片岡 1992）。こうした矛盾をどのように考えるべきか。

3　文化資本と人的資本

　わが国の学校のカリキュラムや入学試験問題は、特定の階層文化というよりは、誰でもアクセスできる断片化された知識が多い（苅谷 1995）。しかし

教育達成には現実に家庭背景の不平等が存在し、支配者層ほど自律的で「公正な」学校で成功しやすい。言い換えれば上位階層の子どもほど、自らを学校に適応させ、学校システムから利益を引き出す力をより多くもっていることになる。

　上位階層の者ほど、自律的で中立的な学校から収益を引き出すことができるという事実は、マーフィーがいう収益権力が作動した状態として理解できる（Murphy 1988）。マーフィーは権力を命令権力、制約権力、収益権力の3つの形態に分類したが、とくに収益権力は見えにくい支配の形態である。わが国では支配者層は、学校に自らの文化を押し付けてはいない（命令権力を行使していない）と信じられているし、学校カリキュラムに制約を加えて学校文化を上層文化に引き寄せよう（制約権力）としているようにもみえない。学校は自律的で公明正大な選抜試験を課すことで、支配者層の命令権力にも制約権力にもあまり影響を受けないかのように装いながら、見えにくい収益権力の部分を作動させることによって、不平等を正当化しているといえるだろう。そしてほかのシステムや支配者層の命令権力から自律的な学校システムになる要件は、メリトクラティックな選抜を貫徹することである。メリトクラティックな選抜こそ、支配階層の再生産を最もうまく隠蔽してくれるのである。

　ブルデューの理論も同様で、メリトクラティックな教育選抜は能力選抜を装いながら、実際には文化選抜、すなわち階級文化による選抜がおこなわれているという。例えばフランスの面接試験の内容は、上流階級の文化やハビトゥスが求められている。

　しかし日本はフランスとは試験問題や試験方法が異なっている。日本では「戦前の高等試験（行政科試験・司法科試験）や旧制高等学校の面接試験で上流階級文化を要求した形跡はうかがえない。日本の面接試験で求められたのは「人物」であり、洗練された上流階級文化ではなかった。人物は礼儀や従順さなどを含んだ性格や行動である」「国民文化への同調性が能力に変換している。日本では選抜を通じてむしろ国民文化（日本人らしさ）＝文化の同質性が再生産されていく」（竹内 1995: 233）と指摘され、日本の試験制度への階級文化密輸説の根拠が薄いことが竹内によって示唆されている。

　竹内がいうように日本の文化資本が日本人らしさであり、上流階級文化ではないとしても、理想とされる日本人らしさが階級的に偏在していれば、こ

れもある意味、文化選抜といえな
くもない。しかしまずは、ブルデ
ューがいう上流階級文化に根差す
文化資本による選抜（文化選抜）
が、日本でも密輸されていないか
どうかを調べる必要はあるだろう。

表8-1　教育達成に関わる家族要因

①経済障壁説もしくは経済地位反映説
②文化的再生産（文化戦略）説
③学校外教育投資効果説
④少産化による投資戦略説（少子化戦略説）

　このように考えると日本の教育システム内部では、文化的選抜とメリトク
ラティックな選抜とが同時に作動する可能性が高いのである。日本人らしさ
のなかに、ブルデューがいうような正統文化、上流階級文化が紛れ込んでい
ることも十分に考えられる。また階級に根差す正統文化が文化資本として、
学校内に「密輸」されている可能性も捨てきれない。

　すなわち明らかにするべき問題は、階級文化の影響のもとにある文化資本
による選抜と機能主義的な説明理論である人的資本、すなわち能力によるメ
リトクラティックな選抜をできるだけ分離して測定し、これらが両立して必
ずしも矛盾しないという点を確認する必要がある。理論的には、メリトクラ
ティックな選抜社会（学校システム）のなかで効果を発揮する「能力」その
ものが、一定のハビトゥスを要請し、それは家庭背景に規定されているから
である。

　日本の場合は、「学歴」「成績」の指標には、IQ＋努力（メリット）で達成
されたメリット、言い換えれば人的資本でとらえられるような能力の機能的
側面と上層家庭文化の影響による文化資本の側面が混在する。これをできる
かぎり分離して測定しよう。

4　家族の教育戦略と社会階層

　教育達成の出身階層差の原因を考えるうえで、教育達成や社会的地位達成
を左右する主な家庭要因は表8-1の4つに整理できる。表8-1の②③④が家族
の教育戦略として位置づけられ、①はそれらの社会的基盤を用意する。家族
の戦略といっても、必ずしも行為者自身がその意図を意識的に自覚している
必要はなく、意図的な戦略も非意図的な戦略も両方が含まれると考えていい
だろう。

第8章　教育達成過程における家族の教育戦略とジェンダー——237

以下に、各要因を説明しよう。

①**経済障壁説もしくは経済地位反映説**；教育達成を可能にする一定の経済障壁があり、家庭の経済状態が進学行動を決定するという考え方である、もしくは出身家庭の経済的地位が教育費負担などに変換され、進学行動を規定する。これは、②③の家族の教育戦略を規定する基盤要因となる。

②**文化的再生産（文化戦略）説**；意図的もしくは無意図的に親から子へと文化資本の相続や文化投資がおこなわれた結果、学校での収益が異なり教育達成が左右される。文化資本にも、受験知識のような学校的な文化資本と美的感性やマナー、言語や言葉遣いのように階層文化に基盤をもつ文化資本がある。とくに教育の有効性感覚、すなわち教育がどのように人生や地位達成に役立つかという意識や親の教育期待、教育アスピレーションは、家庭に歴史的に蓄積される文化資本であり、階層文化の一種としても身体化されやすいと思われる。

③**学校外教育投資効果説**；家族は子どもに、学習塾や受験予備校、家庭教師、通信教育などの学校外教育を利用させる。これらは受験合格や成績の向上、高い学歴を目的とした家族の投資戦略の現れである。学校教育制度に目的的に投資することで、より学校的な文化資本を高め、学校での成功を直接的にめざそうとする方法である。

④**少産化による投資戦略（少子化戦略）説**；ゲーリー・ベッカー（Becker [1964]1993, 1981）の人的資本論的な意味で子どもの数を少なくし、教育投資効率をあげようとする戦略である。子どもの数を減らすことによって1人あたりの子どもにかかる財政的配分を向上させたり、家庭での社会化の質を向上させる。したがって、本章では、きょうだい数を家族での子への財政的な配分状態を表す変数とする（De Graaf 1988; 坂爪 1999）。

5　分析の方法と変数の特性

以上の諸概念を用いて、わが国の教育達成メカニズムの特徴を、重回帰分析や LISREL の共分散構造分析を用いて分析する。後者の手法の特徴は、進路決定メカニズムを構成する多くの説明変数の因果連関を同時に分析し、現実のデータに最も適合するモデルを構築できるという点にある[4]。データは、

1995年SSM全国調査A票男女全データ2,653人を用いた。

従属変数

　分析に使用する従属変数（被説明変数）は、次の3つである。
　①「中学3年時の成績」：SSM調査のなかでは、自己申告の成績として次のように質問されている。
「中学校3年の頃、あなたの成績はクラスや学年の中でどれくらいだったと思われますか。次の中からあてはまるものを選んでください。」

1 上の方	2 やや 上の方	3 真ん中の あたり	4 やや 下の方	5 下の方	9 わからない 非該当
15.0%	19.7%	46.5%	13.8%	5.0%	欠損値

　②「エリート高校への進学」：回答者の卒業した高校について、学生のほとんどが大学・短大へ進学したと回答した場合に、エリート高校としてカウントした。該当した者の割合は、高校に通った経験のある回答者全体の14.2%だった。
　③「最終学歴」[(5)]：回答者が最後に通った学校を教育年数に換算して指標化した。

説明変数

　主要な説明変数として、出身家庭の社会的位置（父の主たる職業、父学歴、母学歴）、属性変数（性、年齢）、家庭の文化資本（子ども時代の身体化した文化資本、15歳時家庭の文化的財）、学校外教育投資、きょうだい数、地域変数がある。変数の構成と家族戦略の階層的基盤について、以下に示しておこう。

[1]　出身家庭の文化資本・文化環境

　ブルデューは文化資本を3つのタイプに分類している（Bourdieu 1979b）。第2章で説明したように、身体化された形態、客体化された形態、制度化された形態の3つのレベルの文化資本について調査で測定し指標化した。指標化にいたる詳細については、片岡（1997b: 191-193）を参照されたい。

①身体化された相続文化資本——子ども期の芸術文化資本と読書文化資本

教育達成に影響を及ぼすであろう「身体化された文化資本」を測定するために、「子ども時代の家庭での文化的経験（子ども期の相続文化資本）」の指標を作成した。「家庭での文化的経験」は、子どもに豊かな文化的経験を付与し、文化資本をハビトゥスとして身体化させ蓄積しようとする親の文化的戦略である。第2章に詳細を述べているが、質問項目は以下のとおりである。

　a「子どもの頃、家族のだれかがあなたに本を読んでくれましたか」

　b「小学生の頃、家でクラシック音楽のレコードをきいたり、家族とクラシック音楽のコンサートに行ったことがありましたか」

　c「小学生の頃、家族につれられて美術展や博物館に行ったことがありましたか」

　分析では、この3項目得点を合計したスコアを作成し、「身体化された相続文化資本」と定義した（1998a, 2001a）。

　身体化された相続文化資本は、家庭での文化的経験として主に西欧文化的教養を中心とする項目から構成される。すなわち、クラシック音楽や美術鑑賞は、近代化とともに輸入された文化教養であるとともに、古くは上層階級が輸入文化として西洋文化をいち早く取り入れた歴史がある。またクラシック音楽や美術鑑賞も、日本では学校教育カリキュラムの一部として採り入れられてきた内容で、学校文化に親和的である。そのため、ここで用いた指標は、新興ブルジョアジーに有利な文化項目となっている。

　身体化された相続文化資本を「子どもが家庭で体験した文化的経験」に焦点をあてて検討するのは、これらが家族によっておこなわれる文化相続あるいは文化投資であり、親や階級の文化資本を前提とすると考えられるからである。

　また、文化的財を子どもに与えただけでは基本的に文化的なことは伝わらないからである。例えば、子どもの教育のためといっても、絵画やクラシック音楽に親しめない親は、子どもに文化的経験を積極的に伝えにくいと思われる。実際に、ベネッセ総合教育研究所のデータでも、芸術文化活動に関心がある親ほど子どもの芸術文化の習い事は多くなっている（片岡 2010）。

　また第2章でも明らかにしたように、文化的財を規定する要因は、父母学歴と父職威信の両方の効果であることが多いが、「文化的経験」は必ずしもそうではなく、父母学歴（制度化された文化資本）との関連が強い。

　以下では、身体化された相続文化資本＝「子ども時代の家庭での文化的経

験」を「幼少時文化資本」として扱う。

②客体化された相続文化資本──「15歳時家庭の文化的財」

　15歳時に家庭にあった文化的財（ピアノ、文学全集・図鑑、美術品・骨董品）の保有点数をカウントしている。これらの文化的財が幼い頃から常に家庭にあることは、豊かな文化環境を構成する指標となる（Bourdieu 1979a; 宮島・藤田 1991）。文化的財にふれる経験を家庭内にもつことは、「全般化されたアロー効果」として、文化資本の身体化を促進させ蓄積させる効果をもつ（Bourdieu 1979a）。

③制度化された文化資本──「父母の学歴資本」[6]

　制度化レベルの文化資本として親の学歴があるが、これは子どもの進学アスピレーションを規定し（中山・小島 1979; 岩永 1990; 片瀬 2004; 相澤 2011）、家庭の文化環境全般に関わる要因であると考えられる。

　家族の文化戦略の階層性については表8-2に示すとおりである。家庭での本の読み聞かせ体験を測定した読書文化資本は、階層差はやや小さいが、クラシック音楽や美術鑑賞の芸術文化資本の体験には大きな階層差がみてとれる。また本人の学歴別で比較すると、芸術的な文化経験を幼少時から与えようとする配慮をおこなう家庭ほど、結果的に子どもは高い学歴を手に入れることがわかる。

　本章での問題は、戦後、わが国ではメリトクラティックな選抜が強まるにつれて文化資本は学校での収益をあげなくなってきたのではないかという点である。つまり、メリトクラシーの進行に伴う「文化資本の学校収益低下説」を検討する。

[2] 学校外教育投資

　学校外教育投資は、小学校・中学校時代の塾もしくは予備校、家庭教師、通信教育の3種類のうち、経験項目の総和をスコア化（0─3点）して使用する。表8-3から、塾・予備校経験者の利用者率は全体で25.9％だが、若い年齢層で増加が著しい。男女差はなかった。また、本人が高学歴層ほど学校外教育の利用率が高い。表には示していないが、学校外教育を利用した者のう

表8-2　出身家庭の文化的環境

	子ども時代の家庭での文化的経験			15歳時の文化的財		
	家族が本を読んでくれた	家でクラシック音楽のレコードやコンサート	家族と美術展や博物館へ行く	ピアノあり	文学全集・図鑑	美術品・骨董品
全体	48.8	12.1	19.5	11.0	38.3	16.2
50－69歳	41.4	8.9	11.9	1.7	23.3	16.4
35－49歳	45.3	11.6	17.2	10.3	40.8	15.3
20－34歳	68.8	19.1	37.9	29.7	63.0	17.3
男性	45.1	9.7	17.9	7.7	32.9	14.0
女性	52.1	14.3	21.0	13.9	43.2	18.2
父義務教育	39.7	6.5	11.3	4.5	27.3	11.5
父中等教育	60.4	18.1	29.7	17.9	55.3	22.2
父高等教育	75.8	32.9	45.7	33.2	73.2	31.7
父専門職	71.2	27.9	48.2	27.3	67.9	32.1
父管理職	67.4	29.2	36.7	27.7	71.9	31.9
父事務職	65.7	19.7	32.4	18.3	53.0	18.7
父販売職	49.8	12.7	16.5	11.8	40.5	20.7
父熟練工	44.4	8.4	17.9	7.0	32.9	11.9
父半熟練工	47.0	9.0	19.7	10.3	39.1	11.4
父非熟練工	42.4	9.1	13.3	4.0	24.2	8.1
父農業	33.7	3.2	4.4	1.5	17.4	11.9
本人中学卒	30.5	3.4	5.2	0.7	10.3	7.0
本人高校卒	48.9	9.5	18.7	7.5	38.5	16.2
本人大学卒	65.9	26.1	35.0	28.1	64.7	25.3

注1：子ども時代の文化的経験は「よくあった」と「ときどきあった」と答えた者の％。
注2：文化的財の数値は家庭での保有率（％）。
注3：本人大学卒には短大と大学院卒も含まれる。

ち43.0％が大学・短大卒だが、非利用者では14.6％にすぎない。学校外教育への投資戦略を用いた者ほど教育達成は高い傾向にあるが、年齢や性別などを統制して検討する必要がある。

　学校外教育投資に関しては、実証研究の蓄積もあり、教育アチーブメントへの効果に関しては、データも異なるため知見は必ずしも一致したものではないが、おおむね学校外教育は教育達成に効果をもっているといえるだろう（盛山・野口 1984; Stevenson & Baker 1992; 尾嶋 1997; 片岡 2001a; 喜多 2006;

表8-3　学校外教育投資

	塾・予備校	家庭教師	通信添削
全体	25.9	7.1	2.6
50－70歳	8.2	3.3	0.4
35－49歳	25.0	7.9	1.7
20－34歳	50.7	11.0	7.2
男性	24.9	6.4	2.6
女性	26.8	7.8	2.7
父義務教育	18.9	2.7	1.2
父中等教育	38.1	11.4	5.1
父高等教育	42.2	20.3	6.4
父専門職	35.6	13.4	6.0
父管理職	39.5	17.6	3.9
父事務職	35.3	10.3	3.5
父販売職	23.6	10.9	0.9
父熟練職	29.3	2.9	2.7
父半熟練職	35.5	6.8	4.4
父非熟練職	16.1	2.3	2.3
父農業	9.7	1.0	0.8
本人中学卒	3.7	0.5	0.2
本人高校卒	24.9	5.1	1.3
本人大学卒	43.8	15.9	7.1

注：設問は「あなたは小・中学校の頃に、塾（進学
塾や学習塾）や予備校に通ったり、家庭教師につい
たりしたことがありますか。次のうち、半年以上の
経験があるものをすべてあげてください」1995年
SSM全国調査Ａ票。数値は経験者率（％）。

片瀬・平沢 2008; 鳶島 2012; 中澤 2013)。

6　文化的な女性は成績がよいか

　年齢コホート分析に入る前に、成績や高校進学の決定メカニズムの男女差
をみておこう。表8-4は中3時成績を従属変数とした規定要因分析である。
説明変数のうち、年齢は効果をもつが統制変数として扱う。家庭の社会経済

表8-4　中学3年時成績の規定要因（重回帰分析）

	男性	女性
年齢	.291**	.339**
父職業	.132**	.093*
父母学歴	.113*	.117*
所有財	.142**	.108*
きょうだい数	-.124**	-.064
読書文化資本	.032	.092*
芸術文化資本	.046	.107*
学校外教育投資	.080*	.012
R^2	.137	.145
Adj.R^2	.127	.137
F 値	p<.0001	p<.0001

注：数値は標準化偏回帰係数。　** p<.01,　* p<.05
　　中3時成績（自己申告で5段階）
　　父母学歴＝父と母の教育年数総和
　　所有財≒15歳時家庭の所有財14項目の保有合計数

的変数である、父職業、両親の学歴、出身家庭の経済的財は、男女ともに中3時成績を強く規定していることがわかる。親の学歴がプラスの効果をもっていることから、親の文化資本が効果をもっている。

　読書文化資本と芸術文化資本は、男性では有意な効果を示さないが、女性ではプラスの効果を示した。

　きょうだい数の効果は男女で異なり、男子にだけマイナスの効果、すなわちきょうだい数が増えると、成績が下がることを意味している。

　また表8-5は、エリート高校への進学の有無をロジスティック回帰分析によって分析した結果である。

　表8-4と表8-5の結果から、男女で親の教育戦略の効果は明らかに異なっていることが明らかである。

　男性では学校外教育投資を受けた者ほど成績が高く、エリート高校へも進学しやすいが、女性では学校外教育は、成績にもエリート高校進学にも効果を示さなかった。

　逆に読書文化資本や芸術文化資本は女性では高い成績につながるが、男性ではまったく効果がなかった。すなわち男性では、文化的に豊かな環境で育つことは成績とは関係がない。また表8-5からは、女性は芸術文化資本の多い者ほどエリート高校に進学しやすい。このように男性では学校外教育投資

表8-5　エリート高校への進学・非進学

	男性	女性
年齢	1.01	0.96
父職業	1.02	1.00
父学歴	1.03	1.10
母学歴	1.09	1.11
所有財	1.20**	1.28**
きょうだい数	0.72**	0.76*
中3時成績	2.89**	2.80**
読書文化資本	0.92	0.82
芸術文化資本	1.09	1.28*
学校外教育投資	1.49*	1.06
R^2	.219	.249
Max-rescaled R^2	.405	.455
X2（df=10）	180.4**	233.6**

注：＊＊ p<.01,　＊ p ＜ .05
　　エリート高校＝ほとんどが大学進学する高校

戦略が有効で、女性では家庭の文化資本を相続もしくは投資する戦略が教育システム内で収益をあげている。

　ここで、かつてディマジオがアメリカの高校生データで、日本では筆者が成人データから明らかにした仮説があてはまることになる。つまり、「上流文化への関与は、高い階層出身の成績のいい少女のアイデンティティの一部だが、少年にとってはそうではない」（DiMaggio 1982）。言い換えれば「文化的な女性は成績がいい」という関連性があり、文化的であることの社会的意味が男女で異なるのである（片岡 1992）。

　とくにわが国の学歴達成には男女差が存在し、世代変化を示すことが判明している（岩本 1998b; 尾嶋・近藤 2000）ので、次に、現実に最も適合する学歴達成メカニズムを明らかにするため、構造方程式を用いて検討するなかで各要因の効果の変化を解明しよう。

7　教育達成メカニズムの変容

　教育達成の差異を最もよく説明する進路決定メカニズムを解明するために、パス解析で探索的解析をおこなったあと LISREL を用いて構造方程式モデ

第8章　教育達成過程における家族の教育戦略とジェンダー——245

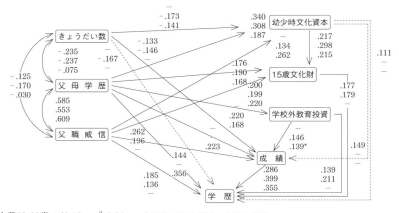

上段50-69歳：df=10　χ^2=8.96　p=0.536　GFI=.991　AGFI=.969
中段35-49歳：df=9　χ^2=13.3　p=0.148　GFI=.989　AGFI=.956
下段20-34歳：df=13　χ^2=9.94　p=0.699　GFI=.987　AGFI=.963
注：－はパスを想定しないモデル。数値に無印は5%で有意。＊は、10%で有意
50-69歳コホートの15歳文化財→成績へのパス（.109＊）、きょうだい数→学校外教育（－.205）及び35-49歳コホートの15歳文化財→学校外教育（.242）および20-34歳コホートの幼少時文化資本→学校外教育（.184）は表記を省略した。

図8-2　男性の学歴達成メカニズム

ルで分析し、最もデータに適合するモデルを選択した。最終モデルは恣意的に設定するのではなく、最初に因果の可能なパスをすべて計算したフルモデルを作成し、統計的に有意でないパスは削除して再計算するという手続きを繰り返した。このことは、統計学的手法の特色である節約（parsimony）の原理を採用していることにほかならない。そして AIC 統計量や GFI、AGFI の値を基準に、データに最も適合する最適モデルを選択した（Jöreskog et al. 1979, Jöreskog & Sörbom 1996; 白倉 1991）。

　分析は、3つの年齢コホートごとに男女別に分析しているので、6つの最適モデルが得られたが（片岡 1998a）、図8-2に男性、図8-3女性の3世代分の分析結果をまとめて示した。(7) 出生コホートごとに進路決定メカニズムの最適モデルは異なり、最終モデルの適合度はいずれも大変良いといえる。パスの数値は直接効果を表し、－とある場合は、そのコホートではパスが有意でなく、モデルには含まず計算している。直接効果以外に、各変数の全効果を求めることが可能である。

　男女の学歴決定メカニズムの構造は、異なっている。

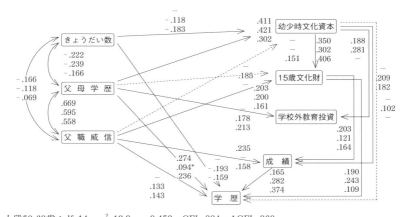

上段50-69歳：df=14　χ^2=13.9　p=0.459　GFI=.984　AGFI=.960
中段35-49歳：df=7　χ^2=3.43　p=0.843　GFI=.998　AGFI=.987
下段20-34歳：df=10　χ^2=8.66　p=0.564　GFI=.991　AGFI=.969
注：－はパスを想定しないモデル。数値に無印は5％で有意、＊は、10％で有意
35-49歳コホートで、きょうだい数→学校外教育（-.143）の直接効果のパスが5％水準で有意であったが、表示は省略した。50-69歳コホートの父職→学校外教育（.153）と学校外教育投資→学歴（.68）および20-34歳コホートの15歳文化財→学校外教育（.241）のパスの表示を省略した。

図8-3　女性の学歴達成メカニズム

　第1に、父母学歴や父職威信が高いほど、男女ともに子ども時代に身体化した文化資本や文化財（客体化した文化資本）、学校外教育投資は多くなる。とくに身体化した文化資本は、親の学歴に強く規定されていることがわかる。学校外教育も、親の学歴の影響が強く、親の学歴が高いほど、学校外教育を子どもは受けている。
　しかし、第2に、文化資本や学校外教育の成績と学歴への効果を男女で比較すると、男性では文化よりも学校外教育投資が成績や学歴を強く規定している（図8-2）。しかし、女性では文化資本の効果が直接効果として成績や学歴を規定するが、学校外教育の効果は戦後世代ではみられないという特徴をもつ（図8-3）。そこでコホート別に家族戦略の効果を検討しよう。

「きょうだい数」の効果

　「きょうだい数」の効果は確かに存在し、成績や学歴に対してマイナスの直接効果を示す。つまり、きょうだい数が多いと学業成績は低くなり、上昇移

動には家族の数は小さいほうがいいというデュモン説とも関連する（安田1971）。また、ベッカーに従えば、きょうだい数は家族の財政的基盤を示す変数である。富める社会となって家族の財政的要因が子どもの教育達成に及ぼす力がどの程度なのか。きょうだい数から中3時の成績と学歴への直接効果が有意だったのは、男性50—69歳（成績）と男性35—49歳（成績と学歴）、女性35—49歳（学歴）と女性20—34歳（学歴）である。最も若い男性20—34歳と女性50—69歳では、きょうだい数は学業達成を直接左右する要因とはなっていない。若い年齢層ほど、きょうだい数が少なくなって、きょうだい数の効果はなくなると予想できたが、実際には、このことがあてはまるのは男性20—34歳だけであり、女性は20—34歳コホートでも、きょうだい数に進学行動が左右されている。[8]

成績と学歴

図8-2、図8-3から、いずれのコホートでも中3時成績が、男女ともに学歴を強く規定することが明らかである。とくに、女性では成績から学歴への直接パスの係数値は若いコホートほど高くなる。年長コホートから順に、.165→.282→.374と次第に大きな値をとるようになってきた。時代とともに、女性の進学行動が学業成績というメリットによって大きく左右されるようになってきたことを示すと解釈できる。女性は、戦後、一貫して成績の規定力が上昇し、成績による教育選抜が強まっていった。成績メリトクラシーは女性で進行してきた。

他方、男性では成績から学歴へのパスの値は、年長コホートから順に.286→.399→.355と、どの世代でもかなり高い値を示す。男性は、早くから成績による学歴達成という意味でのメリトクラシーが進行していた。若い世代ほど成績の規定力が上昇し、成績によるメリトクラテックな選抜が教育システム内で進行していることがわかる。

子ども時代に身体化した文化資本の象徴的意味——文化相続から文化投資へ

図8-2と図8-3では、出身階層すなわち父職威信や父母学歴から、家庭での文化的経験である「幼少時文化資本（子ども時代に身体化した文化資本）」や「15歳時家庭の文化的財（客体化した文化資本）」へと有意なパスが出ている。これらは家族からの文化相続あるいは文化投資であると考えることができる。

とくに子ども時代に家庭で豊かな文化的経験を享受できた者は、50─69歳では現代よりも少数だった（表8-2）。50歳以上の年齢層に限ると、文化的経験（幼少時文化資本）を規定するのは男女ともに父母学歴だけである。つまり子ども時代の文化的経験の豊かさとは、50歳以上の男女にとってまさに高学歴家庭出身という象徴的記号だった。親の学歴（文化資本）が高い家庭では、子どもに直接的に文化資本が身体化されるようなかたちで積極的に文化相続戦略を採用していたことがわかる。つまり文化相続がまだ大衆化した戦略ではなかった時代には、父職に代表されるような経済力や威信の問題ではなく、学歴の再生産は「文化階層の再生産」という意味合いが強かったのである。

　しかし、高等教育の普及とともに、男女ともに30─49歳から20─34歳コホートに入ると、そのメカニズムが変容する。すなわち文化的経験（幼少時文化資本）を規定する要因が、父母学歴と父職威信、きょうだい数と増加し、規定力も変化している。

　まず、図8-2から、男性の文化的経験を規定するパスの直接効果を父母学歴と父職威信で比較してみよう。男性20─34歳ではじめて、父母学歴の効果（.187）が父職威信の効果（.262）を下回ってきた。つまり高度経済成長期に少年時代を送った男性20─34歳コホートにとっては、文化的経験というのは、親の文化資本の相続というよりは、父職に代表される地位に伴う「象徴的強制効果」（Bourdieu 1979a）の結果である。地位にふさわしい子育ての方法として、子どもへの文化投資をおこなう層が増加したと考えられる。家庭の経済水準が全般的に上昇した時代であるので、おそらく高学歴以外の家庭でも、文化投資戦略を採用しはじめたのだろう。男性は、文化相続から文化投資へという変化を指摘できる。

　しかし、女性では「父母学歴→幼少時文化資本」の直接効果は、いずれのコホートでも一貫して高い値を示した。年代の古い順に .411→ .421→ .302である。すなわち女子にとって「子ども時代の豊かな文化的経験」は、時代を超えて長い間、高学歴家庭出身の子女という象徴的意味をもつシンボルである。父親の職業的地位が高いというだけの条件で、女の子に文化的経験をさせる家庭は少ないのである。いつの時代でも女の子への文化的経験の付与は、親世代からの文化資本の相続の結果である場合が多く、女性では「文化階層の世代間再生産」が時代を超えておこなわれてきた。

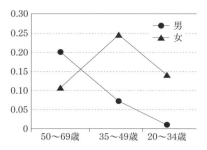
図8-4　子ども時代に身体化した文化資本（幼少時文化資本）の学歴への全効果

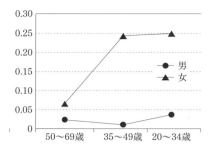
図8-5　子ども時代に身体化した文化資本（幼少時文化資本）が中3成績に及ぼす全効果

このように「家庭での文化的経験」の意味が男女で異なることは、成績や学歴へとどのようにつながっていくのだろうか。

8　文化資本の学校での収益の変化

　近代化の進展がメリトクラティックな選抜を進行させるものであるならば、時代とともに、子ども時代の文化資本は教育システム内部でその収益をあげなくなってくるはずである。

　学校での収益として、「中3時成績」と「学歴（教育年数）」を指標として、「幼少時文化資本（子ども時代に身体化した文化資本）」の効果をみてみよう。図8-4は、子ども時代に身体化した文化資本から学歴への全効果を男女・コホート別に図示したものである。男性50—69歳コホートでは、文化資本の効果は大きかったが、49歳以下の戦後生まれの男性では、文化資本は学歴達成にほとんど効果をもたない。戦後の教育システムのなかでは、男性の文化資本は収益をあげないのである。それに対して、女性は文化資本から学歴への全効果が大きく、家庭の文化資本は学校で収益をあげている。とくに女性35—49歳コホートでは最も文化資本の効果が大きく、親からの文化資本の相続を受けた女性は高い学歴を手に入れることができた。文化資本の収益は、女性でも20—34歳コホートでやや低下しているが、それでも50—69歳コホートのレベルまでは下がっていない。

　今度は中3時成績でみてみよう。図8-5に示すように、子ども時代に身体

化した文化資本から成績への全効果は、男性では弱い効果しか示さず、逆に女性では強い効果を示し、対照的な結果になっている。すでにみたように、幼少時文化資本は女性の成績との関連が強い。

戦後の教育システムでは、女性は文化資本による収益をあげてきたが、男性は対照的に文化資本が高い成績や学歴へと転換されずに、文化資本の収益

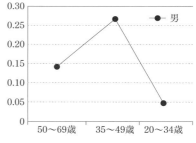

図8-6　学校外教育投資の学歴への全効果：男性

はほとんどなかった。女性は家庭から持ち込んだ文化資本が高い中3時成績へと変換され、そこに文化選抜がはたらいている可能性を指摘できる。中3時成績が決まったあとは、メリトクラティックな選抜によって成績から高い学歴へと連動していく、というメカニズムが生まれている。同じ教育システム内で、文化資本の効果が男女でこれほど異なるのはなぜか。その理由については第11節で検討する。

9　学校外教育投資効果の変容と教育戦略の外部化

学校外教育投資から学歴への全効果についてみておこう（図8-6）。女性のコホートで直接効果がみられたのは、50—69歳だけだったため図には表示しなかった。50—69歳世代の女性にとって、大学進学や塾・予備校もごく少数だったことを考えると、学校外教育投資の意味合いは今日とは異なっていただろう。そして49歳以下の女性では、学校外教育投資はまったく効果がみられない。49歳以下の女性にとって学校外教育の経験が成績も学歴も上昇させないことは、興味深い事実である。

女性とは対照的に、男性では学校外教育経験は学歴を高める効果をもっている。しかし、それは35歳以上の年長世代であり、20—34歳コホートでは効果がほとんどなくなってきた。すなわち誰もが学歴競争に参加し、半数以上の人が塾や予備校にいくようになった20—34歳代の男性では、もはや学校外教育投資は十分な学歴達成へとつながらなくなった。このことから学校

外教育投資とは、競争に参加する人数によって左右される、いわば「抜け駆け」効果だったといえるだろう。

また学校外教育経験は、父職威信から生じる現象ではなく、高学歴の親が採用する戦略であることが、図8-2と図8-3からわかる。すなわち学校外教育投資効果とは、高学歴の親の学歴再生産戦略の一つであり、親の教育アスピレーションの反映物だといえる。[9] 高学歴層の場合、家庭の教育的配慮・サポートは、まず子どもの幼い頃の文化的経験や文化的財に現れ、さらに学校外教育投資へと向けられてきた（図8-2、図8-3）。すなわち、家族の教育戦略は、幼少期の文化戦略から小・中学校期の学校外教育投資へと連動し、子どもの成長とともに教育戦略が外部化していくメカニズムの存在を示唆していると考えられる。

10　象徴的強制効果とハビトゥス的な文化的再生産過程

出身家庭のパスの効果については、これまで十分な解釈や議論はなされてこなかった。まず父職威信の直接効果をどう解釈するか。筆者はこれをブルデューがいう**象徴的強制効果**（effect of symbolic imposition）だと考えている。つまり、父職威信にふさわしい学歴を子どもにも身につけさせること、そのために家庭のなかでもそれにふさわしい文化財を用意したり、子どもに文化的経験を与える文化投資戦略であると解釈している。象徴的強制の効果は、親の身体化された文化資本が伴わない場合も多く、ハビトゥスの再生産ではない。しかし象徴的強制の効果が継続すれば、次第にハビトゥス化していくといえるだろう。

では、文化的相続はどう表れているだろうか、それは父母学歴から、子どもの文化的経験や文化財を経由して成績や学歴へと続く一連のパスの部分である。つまり文化相続とは、親の学歴資本に代表されるような家庭の文化資本が子どもへの文化戦略として顕在化し、相続されていく過程を表している。これを家族を通じた**ハビトゥス的な文化的再生産**だと理解することができるだろう。このプロセスは、女性の学歴獲得の主なルートの一つとなっている。

11　男女で教育達成メカニズムが異なるのはなぜか

　すでに検討してきたように、女性の教育達成は家庭の文化環境（幼少時文化資本）によって大きく左右されているが、男性は相対的にそうではない。この男女差をどのように解釈すればいいのだろうか。以下では、考えられる仮説を提示しておこう（片岡 1998b, 2001a）。

「文科系的教養と理科系的教養のジェンダー差」仮説

　調査で測定された「子ども時代に身体化した文化資本（幼少時文化資本）」は、芸術資本と読書資本という文化的教養で構成されている。女性の進路は伝統的に文科系に偏っていることによって、女性で文化への志向が高く、文化的再生産が認められるという仮説である。あるいは、男性の一つの典型的な進路である理科系へとつながる理科系的教養が調査票では測定されていないからではないか。

「地位概念における文化的地位の男女による比重の違い」仮説

　文化がもつ意味が男女で異なり、文化的に洗練されている（＝文化資本が高い）女性ほど地位が高いという、女性の地位にとっての文化階層の重要性から説明できるのではないか。女性にとって文化資本が収益をあげるのは、地位の高い男性のパートナーとして認められる条件だからであり、それはジェンダー市場や婚姻市場で文化資本が女性にとってのジェンダー資本の一部[10]となっているからである。わが国でも文化的であることは女性のライフチャンスを高めるが、男性にとってはそうではない（片岡 1998f）。

「進路による成績認知評価枠組みの違い」仮説

　中3成績を自己申告で答える場合に、男女で回答反応に違いが存在し、その背景に進路と教科評価の関連性があるのではないだろうか。文系進学者は成績の優劣を文系科目の成績に重心を置いて判断し、理系進学者は理系科目の成績で判断していると仮定することができる。また進路では、男性は理系の専攻、女性は文系の専攻であることが多い。調査で測定された子ども時代

の文化資本が文系的な教養と関連する指標であるために、女性のほうが男性よりも教育達成で「子ども時代の文化資本→成績→学歴」のメカニズムが強い効果として現れてくるのではないかと考えられる。[11]

12 結論と考察

　教育達成メカニズムは、戦後の高学歴化や経済発展とともにどのように変化してきたのだろうか。わが国の教育達成メカニズムは、大きな特徴として男女でかなり異なり、また年齢コホートによっても男女で異なった様相を示していた。家族の教育戦略が学歴獲得市場で果たしてきた役割とその意味を男女別・コホート別に検討した結果、以下の結論が得られた。

　第1に、時代とともに学歴達成に及ぼす中3時成績の効果が大きくなり、メリトクラティックな選抜が広範化してきた。男性では、戦後まもない時期から成績によって学歴達成が規定されていたが、女性は若いコホートになるほどメリトクラシー化が進行し、20—34歳コホートで成績の規定力が男性と同じ水準に到達した。

　第2に、教育達成メカニズムのジェンダー差が、家庭の文化資本効果の差として現れた。すなわち、子ども時代に家庭でクラシック音楽や美術鑑賞、読書習慣などの文化的経験をし、子ども時代に家庭を通じて文化資本を蓄積した女性は、その後、学校での成功（高い成績や学歴）へとつながって収益をあげる。しかし男性は文化的な家庭環境で育っても、それが学校での成功へとつながりにくい。学歴獲得市場での家庭の文化資本の収益は、男女でまったく異なっている。

　第3に、もう一つのジェンダー差は、学校外教育投資効果である。学校外教育投資が成績や学歴を上昇させる有効な教育戦略だったのは主に男性であり、女性では効果はみられなかった。男性の学校外教育への参加はとくに35—49歳層では有効な戦略だったが、塾や予備校に通った経験者が50％を超えた20—34歳層では、もはや学歴上昇効果をほとんど期待できなくなった。つまり学校外教育投資効果とは、学歴競争に巻き込まれる人々の数に左右される、一種の「抜け駆け効果」だといえる。また学校外教育投資は、高学歴層の教育戦略だったことから、学校外教育の利用は家庭の経済力によっ

てだけ決まるのではなく、むしろ親の子に対する高学歴期待を実現する学歴再生産メカニズムの一部だといえる。

第4に、教育達成メカニズムには、多くのコホートで「きょうだい数」の負の効果が認められた。きょうだい数の多さは、とくに女性の学歴達成を抑制する効果をもっている。男性の若いコホートではきょうだい数の効果は認められなくなった。これを家庭の財政的資源の変数と解釈すれば、家庭の経済的要因の効果は教育達成を強く左右する要因でありつづけた。成績メリトクラシーの進行にもかかわらず、家庭の経済要因の効果が強く残っていることは、わが国の教育機会の階層的不平等が近代化によってもあまり解消されなかったことを意味する。少子化傾向もあるので、これが経済要因の低下を意味するかどうかはここでは判断できない。きょうだい数の効果はベッカー理論の一部を傍証するとともに、上昇移動には家族の数は小さいほうがいいという安田（1971）の指摘とも関連している。

ここで、教育達成プロセスでメリトクラティックな選抜と文化的選抜（文化的再生産過程）が近代化とともにどのように変化してきたかを、男女別に考察しておこう。

高学歴家庭に特徴的な教育戦略の一つが、子どもに豊かな西洋文化的経験を与えて文化資本を早期から身体化させる文化相続戦略だった。言い換えれば、子どもの文化資本を高めることによって家庭文化と公教育（もしくは学校文化）とを結び付けていく、ハビトゥス的文化的再生産プロセスである。そしてそれは脱階層化された学校文化から、利益を引き出す収益権力がはたらくことでもある。

ハビトゥス的再生産メカニズムは男性にはあてはまらないが、女性の教育達成の中心的プロセスであることが明らかになった。女性では、「高学歴の親→豊かな家庭の文化環境（子ども時代の文化資本や文化的財という客体化した文化資本）→中3時の高い成績→高学歴」のメカニズムがどのコホートでも存在している。つまり女性では、家庭の文化的環境が学校での収益をあげるような文化的選抜が作動している。いったん中3時で高い成績を獲得した女性は、そのあとは成績によるメリトクラティックな選抜によって高い学歴を獲得できるのである。そしてこの傾向は若いコホートでますます強くなってきた。すなわち女性では、初期の教育キャリアでの文化的選抜とその後の成

績原理によるメリトクラティックな選抜とが調和し連動することによって、文化的再生産プロセスが作動している。

しかし男性ではまったく異なった達成メカニズムが作動している。50―69歳男性では上記の女性と同様の文化的再生産プロセスがはたらいていたが、49歳以下の男性ではこのメカニズムは作動しなくなった。高学歴化が進行した35―49歳男性コホートでは、学校外教育投資が学校での高い成績と高学歴をもたらす有効な戦略となり、片方で文化資本の規定力は弱まり、学校での収益をあげなくなっていった。この傾向は、現在の若いコホートも同じである。男性の教育達成メカニズムの特徴は、昔から成績によるメリトクラティックな選抜が強く存在していたことである。成績に影響を与える家庭背景の効果は強いが、それは男性の場合は文化的要因ではなく、学校外教育投資へと変換されている。

女性に特徴的なハビトゥス的再生産からわかることは、西洋的文化教養がわが国の家庭文化として定着し、女性にとっての新たな地位文化となっていることを示している。親から与えられた文化教養（文化資本）は学校文化と結び付くことによって、女性の学校での成功という収益をもたらすだけでなく、結婚市場でも文化資本は配偶者の高い経済資本へと転換されることによって、地位上昇という収益を生み出してきた（片岡 1996b, 1997a）。つまり女性の地位移動にとって文化資本が重要な資本であるからこそ、家族の文化投資・文化相続戦略が学歴獲得市場で収益をあげる有効な戦略となってきたのである。しかし男性にとって西洋文化的教養は地位文化の必要条件とはならず、その結果、西洋文化教養が高い家庭文化が学校文化と結び付いてもそれが学校での収益をあげなくなってきた。つまり、文化的再生産論やネオウェーバー学派がいう家庭文化と学校文化の連続性やミスマッチが学校での成功・不成功の源であるという仮説は日本の男性では否定され、女性では支持されることになる。むしろこの仮説は次のように修正されるべきだろう。家庭の文化資本が学校で収益をあげるのは、その集団にとって文化教養がステイタス・カルチャーとして地位の重要な構成要素になっているという前提を満たしているかぎりでである。女性にとって文化資本がステイタス・カルチャーとなる理由は、女性は労働市場を通じた地位上昇の可能性がこれまで低かったことと、女性の地位維持や地位上昇が主として婚姻によって達成されてきたことと無関係ではないと思われる。このように文化資本が男女の地位

にとってそれぞれ異なる意味をもつことが、男女による教育達成メカニズムの違いを説明する要因だといえるだろう。

　時代とともに、男性にとっては文化的であることよりも学歴の手段的価値に重点が置かれ、目的的な投資である学校外教育を通じた「学歴稼ぎ」が重視されてきたのである。すなわち家族の教育戦略は、男の子の場合はノンハビトゥス的で手段的なものへと変化していった。しかし女の子の場合は、メリトクラシー化が進んできたにもかかわらず、その背後でハビトゥス的な文化的再生産プロセスが時代を超えて不断に続いている。このように学歴競争へ参加する人が増え、メリトクラティックな選抜が重要なメカニズムになった現代社会でもなお、教育達成過程で男性と女性との間に差異が存在するのである。

注

(1) 戦略というと意識的で目的的行為だけを扱うように聞こえるかもしれないが、そうではない。ブルデューによれば、「行為は決して意識的、目的的なものによっておこるとは限らない」のであり、行為者は合理的な計算をする人間でもなければ、構造に完全に拘束された主体なき行為者でもない。
(2) 教育と階層に関する研究レビューとしては、岩井・片岡・志水（1987）や平沢・古田・藤原（2013）がある。
(3) ブルデューは、教育システムによるメリトクラティックな選抜に潜む階層化原理として文化資本の世代間伝達が重要だと指摘し、文化的再生産論を展開した。またディマジオは文化移動モデルを提示した（DiMaggio 1982）。ド・グラーフは文化資源概念を使って、家庭の身分文化を測定し、教育達成に及ぼす効果を測定した（De Graaf 1988）。
(4) リズレルと共分散構造分析については、Jöreskog & Söbrbom（1996）、Jöreskog et al.（1979）、白倉（1991）などを参照。SPSS統計パッケージでも共分散構造分析は分析可能だが、同一ではない。本分析では、変数の正規化をおこなっている。
(5) 学歴は教育年数に変換し使用している（表8-6）。

表8-6　最終学歴

		新制教育					旧制教育					
	N	中学	高校	短大	四大	院	小学	高小	中学	実業	師範	高大
全体	2651	16.4	47.2	6.8	15.2	1.3	2.0	5.2	3.7	1.1	0.2	1.2
50-69歳	1113	25.8	33.2	2.3	7.1	0.4	4.7	12.3	8.8	2.5	0.4	2.6
35-49歳	956	13.3	58.3	8.3	18.6	1.6	−	−	−	−	−	−
20-34歳	582	3.6	55.8	12.9	25.1	2.6	−	−	−	−	−	−

注：横計100%。4大は4年制大学、院は大学院、高小は高等小学校、実業は実業学校、高大は、旧制高校、旧制大学を示す。

(6) 父と母の教育年数の総和を指標とする。

(7) 世代ごとの数値の詳細は片岡（1998a）を参照のこと。世代別の図を提示しいてる。

(8) これは、De Graaf（1986）のオランダに関する知見と比較してみると興味深い。オランダでは、1950年に教育が無料化されている。そして家族の財政的要因は、子どもの教育達成にまったく効果をもたなくなっている。また、西ドイツのデータでは、ギムナジュウムへの進学を規定する要因は文化的な資源であって、家族の収入ではないことが示されている（De Graaf 1988）。

(9) 1995年のSSM全国調査の知見として、学校外教育投資が高学歴の親の子への教育期待であり、学歴再生産をめざすものであるとすれば、「所得格差→学校外教育投資→学力→教育達成」として学校外教育や教育達成を「お金で買えるもの」と想定した学校外教育投資仮説（盛山・野口 1984: 125）とは相いれない可能性が高い。

(10) ジェンダー資本とジェンダー・ハビトゥスの再生産については、橋本・室伏（1991）、片岡（1996a, 2000a）や杉原・喜多（1995）、杉原（2000）を参照されたい。

(11) この仮説を傍証する知見として、山下利之・村山久美子（1991）は文科系、理科系、美術系学部の大学生を比較し、高校以前の教科評価で専攻による顕著な差異を見いだした。つまり、「文科系大学生は社会を、理科系大学生は算数（数学）を、美術系大学生は図工（美術・芸術）をとくに重視する傾向」があったことを示している。

［付記］本章の初出は以下のとおりで、本章はこれらを加筆修正したものである。
　　　初出は、片岡栄美，2001，「教育達成過程における家族の教育戦略——文化資本効果と学校外教育投資効果のジェンダー差を中心に」『教育学研究』日本教育学会，68(3): 1-15。木村涼子編著，2009，『リーディングス日本の教育と社会 16 ジェンダーと教育』日本図書センター に所収。

第9章
ジェンダーと文化
── なぜ男の子はスポーツで、女の子はピアノなのか

1　文化定義のジェンダー化

　本章の目的は、文化活動に対する人々の意味解釈が「ジェンダー化」している事実を明らかにし、文化に対する意味付与を社会学的に考察することにある。文化活動として分析の対象とする活動は、高級文化から大衆文化にいたる幅広い日常的実践を意味している。本章での文化活動とは、ブルデューがいう日常的な慣習行動をさすものとする（Bourdieu 1979a）。

　「文化定義のジェンダー化」とは、日常的実践の対象である文化活動に対し、人々がジェンダー・バイアスを伴う意味付与や意味解釈をおこなうことをさす。例えば、「編み物が得意」「趣味は茶道と菓子作り」という言説に対して、「言説の主体は女性であるだろう」とか「女性らしさの現れ」というイメージをもつことにあまり違和感はなく、〈自然なもの〉として受け取られる。同様に、「格闘技が得意」や「スポーツ新聞をよく読む」という言説からは、男性をイメージする場合が多いのではないだろうか。すべての文化活動がこのようにジェンダーと結び付けて解釈されるということはありえないが、ある特定の文化活動に限っていえば、ジェンダーと強く結び付いている。

　すなわち特定の文化活動から男女いずれかのジェンダーをイメージするという認識パターンが、かなり多くの人々に共有されているのではないか。言い換えれば、「ジェンダー化した文化定義」はハビトゥス化して、人々が共有する知覚認識枠組みになっていると考えられる。多くの人々は、そうしたハビトゥス（ジェンダー化した文化定義という知覚認識枠組み）に基づいて、ジェンダー化した文化活動のイメージを拡大再生産し、さらには自らもその

定義に基づいて実践しているのではないか。

　また、ジェンダー化した文化定義はハビトゥスとなって親から子どもへ再生産されていく。言い換えれば、ジェンダーと結び付いた文化活動の定義（ジェンダー化した文化定義）と実践（実際の趣味活動など）の両方が、親から子へと再生産される可能性があることを意味している。

　もちろん個々の現実をみれば、このような「ジェンダー化した文化定義」から逸脱するケースは多々存在するだろう。しかしあくまで平均的な表象として、例えば「編み物、料理、茶道」と「女性」は親近的関係として理解され、イメージされていると考えられる。

　文化定義がジェンダー化しているかどうか、もしジェンダー化しているとすれば、どのような文化活動が該当するのか。これらについて実証的に明らかにすることが、本章の第1の目的である。さらに、第2の課題は、文化活動への意味付与のジェンダー・バイアスについて検討することである。第3の課題は、文化定義のジェンダー化にゆらぎが生じているかどうかである。若い世代では、ジェンダー平等意識も高まっていると考えられるが、「文化定義のジェンダー化」現象に世代的な変化はみられるのだろうか。第4に、意味付与の主体の社会的特性、例えば社会階層や性別などは、文化定義になんらかの影響を与えているだろうか。学歴や社会的地位などの影響が考えられる。

　本章では第1と第2の課題について述べることにし、第3と第4の課題については稿を改めることにする。

　また本章では、文化活動をめぐる諸言説を分析したあと、ここで扱う3つの概念（文化定義のジェンダー化、ジェンダー化した文化実践、ジェンダーハビトゥスの再生産）の関連性について整理している。

2　文化評価のジェンダー差

データと測定方法

　前述の課題を明らかにするために、調査データを用いて検討することにしよう。第1のデータは1992年に実施した第2回神戸調査に基づく。この調査は、20—69歳の神戸市民（男女）を母集団として、選挙人名簿から2段抽出

法によって系統抽出されたサンプルに対し、郵送法で実施された無作為データであり、回収率は40.3％、そのうち無効票13を除いた有効回答は535人（男性231人、女性304人）である。第2のデータは、関東圏でのインタビュー調査を通じて、文化定義のジェンダー化に関する言説を集めたものである。調査は2003—04年にかけて、約50人の成人男女に対して実施したインタビュー調査である。

文化評価のジェンダー差

標本調査である第2回神戸調査では、文化活動に対する人々の意味付与を明らかにするために、次のような質問をおこなった。

問「いまかりに、あなたにお子さんがいるとしたら、その子が将来、大人になったときに、どんな趣味をもったり、活動をしてもらいたいと思いますか。男の子の場合と女の子の場合にわけて考えてください。以下のそれぞれについて、「絶対にしてもらいたくない」から「ぜひしてもらいたい」の1〜5段階の中から、当てはまる番号を選び○をつけてください。」

表9-1に示すように、この質問で取り上げた諸文化活動は、人々が楽しんでいる趣味活動や文化活動のなかから、一般的に大方の人々が知っている文化活動、もしくは経験頻度が高い活動を選んでいる。上記の質問と並行して、文化活動の社会階層差を調べるために、同じ質問項目で諸文化活動の経験頻度についても調べている。

回答選択肢は表9-1に示すように、「絶対にしてもらいたくない」「あまりしてもらいたくない」「どちらともいえない」「どちらかといえば、してもらいたい」「ぜひしてもらいたい」の5段階である。そして18種類の文化活動について、子どもの性別ごとに回答してもらった。表9-1では、文化活動を文化威信スコアの低いほうから高いほうへと序列化して提示しているが、調査票では文化活動は威信の高低をランダムにして提示した。

表9-1の文化活動に付随して示した「文化威信スコア」とは、同じ第2回神戸調査の調査票のなかで測定された文化活動の評価スコア平均値である。文化威信スコアは、人々が文化活動に対する価値序列を「低い」「やや低い」「ふつう」「やや高い」「高い」の5段階スケールで判定した結果を、0—

表9-1　文化評価とジェンダー

文化活動 （文化威信スコア）	子ども の性別	絶対にして もらいたく ない	あまりして もらいたく ない	どちらとも いえない	どちらかとい えば、しても らいたい	ぜひしても らいたい	計 （％）
競馬、競輪、競艇 など　　　（21.3）	男子	50.9	33.1	13.9	1.2	0.8	100.0
	女子	67.6	22.5	8.6	0.6	0.6	100.0
パチンコをする 　　　　　（24.8）	男子	18.2	53.6	25.8	2.2	0.2	100.0
	女子	56.7	33.5	9.6	0.2	0.0	100.0
占いの本を読んだ り研究する（34.0）	男子	17.9	37.3	40.8	3.2	0.8	100.0
	女子	16.9	30.4	45.8	5.6	1.3	100.0
カラオケをする 　　　　　（42.6）	男子	2.1	10.8	60.0	19.9	7.3	100.0
	女子	4.8	15.6	56.0	17.3	6.3	100.0
ロック音楽の演奏 　　　　　（43.8）	男子	8.9	26.8	56.1	7.2	1.1	100.0
	女子	18.2	25.3	49.8	5.2	1.5	100.0
スポーツ新聞を読 む　　　　（45.4）	男子	1.0	4.0	57.2	23.2	14.6	100.0
	女子	3.6	10.0	64.3	15.1	7.0	100.0
推理小説を読む 　　　　　（45.4）	男子	1.3	3.3	61.3	23.2	10.9	100.0
	女子	1.1	4.7	65.2	20.0	9.1	100.0
民謡を唄う 　　　　　（47.3）	男子	7.0	13.1	69.1	8.0	2.7	100.0
	女子	5.7	12.8	66.2	11.7	3.6	100.0
プロ野球の観戦 　　　　　（48.7）	男子	0.2	1.7	52.2	27.3	18.6	100.0
	女子	1.1	4.2	62.8	22.3	9.6	100.0
ゴルフをする 　　　　　（48.9）	男子	1.9	4.6	42.5	31.7	19.4	100.0
	女子	3.6	9.2	52.0	24.7	10.4	100.0
テニスをする 　　　　　（49.9）	男子	1.0	1.7	32.4	39.0	25.9	100.0
	女子	0.0	1.1	31.1	44.1	23.7	100.0
パン作りや菓子作 り　　　　（51.1）	男子	7.6	20.8	62.0	7.6	2.1	100.0
	女子	0.8	1.0	15.0	45.5	37.6	100.0
短歌や俳句を作る 　　　　　（54.5）	男子	2.3	4.4	66.5	21.3	5.4	100.0
	女子	1.1	3.8	62.5	26.1	6.6	100.0
パソコンを使う 　　　　　（58.6）	男子	1.3	1.5	14.4	32.8	50.1	100.0
	女子	0.6	1.5	19.0	36.8	42.1	100.0
茶道・華道（58.8）	男子	5.9	17.9	63.9	9.3	3.0	100.0
	女子	0.6	1.0	20.1	41.4	36.9	100.0
ピアノをひく 　　　　　（60.3）	男子	2.5	7.8	47.9	33.5	8.3	100.0
	女子	1.7	0.6	21.4	41.2	35.1	100.0
歌舞伎や能の鑑賞 　　　　　（61.6）	男子	2.3	6.7	55.7	27.7	7.6	100.0
	女子	1.9	3.4	50.7	32.3	11.7	100.0
美術・絵画の鑑賞 　　　　　（67.4）	男子	0.6	1.3	19.3	40.3	38.6	100.0
	女子	0.2	0.4	16.5	38.1	44.7	100.0

注1：第2回神戸調査データから算出。
注2：文化威信スコアとは、別の質問で各活動に対し「非常に高い」―「非常に低い」の5段階評
　　　価をおこない、0―100点のレンジで25点きざみのスコアを与え、その全体平均値をいう。
注3：本表の初出は、片岡（2003）である。

262

100点の25点きざみで点数化し、それを平均した数値である。これについての詳しい分析は、第11章（オリジナルは片岡（1996c））を参照されたい。この第2回神戸調査での結果をもとにして、1995年 SSM 全国調査の威信票でも同様の文化威信調査を実施したが、文化活動の序列については、全国調査でもほぼ同様の結果が得られている（片岡1998g）。

文化評価のジェンダー・バイアス

　表9-1の結果は、子どもへの期待というかたちで表明された、人々の文化活動への価値の置き方を表している。子どもの性別によって評価に差異があれば、文化評価にジェンダー差があることになる。それは文化活動がジェンダーと結び付いた意味解釈をされていることを意味するものと思われる。

　表9-1の結果から明らかになった点を要約しておこう。

　第1に、文化威信スコアが低い大衆文化活動[(1)]では「絶対にしてもらいたくない」「あまりしてもらいたくない」と回答した者の比率が高く、逆に文化威信スコアの高いハイカルチャー活動[(2)]では、「ぜひしてもらいたい」という回答が多くなる。

　第2に、ジェンダーによって回答に大きなバイアスが生じているのは、文化威信スコアが高いいわゆるハイカルチャー活動と文化威信が低い大衆文化活動の項目である。

　大衆文化活動の場合、例えば、「競輪・競馬・競艇など」（文化威信スコア21.3）のギャンブルでは、「絶対にしてもらいたくたい」と答えた者の比率は、男の子に対して50.9％、女の子に対して67.6％と、女の子で高い。「パチンコ」（文化威信24.8）では、男の子に対して18.2％、女の子に対して56.7％と子どもの性別によって大きな差が生じていた。「カラオケをする」「ロック音楽の演奏」でも男の子に対してよりも、女の子に対して「してもらいたくない」という回答が多い。唯一、「占いの本を読んだり研究する」では、「あまりしてもらいたくない」の回答で男の子37.3％＞女の子30.4％と少し男女差がみられるが、「絶対にしてもらいたくない」の回答には差がない。このように大衆文化的な文化活動の多くで、男の子よりも女の子に「してもらいたくない」という回答率が高くなる。

　中間的な文化威信スコアの活動（中間文化活動[(3)]）でも、子どもの性別による評価の差異はあるが、男の子にしてもらいたい活動と、女の子にしてもら

第9章　ジェンダーと文化——263

いたい活動が両方存在している。例えば、「プロ野球の観戦」（文化威信48.7）では、男の子に「ぜひしてもらいたい」18.6％＞女の子に「ぜひしてもらいたい」9.6％と男子により多く期待している。ゴルフ（文化威信48.9）も同様の傾向を示し、男の子に「ぜひしてもらいたい」19.4％＞女の子に「ぜひしてもらいたい」10.4％と差が生じている。他方、「パン作りや菓子作り」（文化威信51.1）では、女の子に「ぜひしてもらいたい」37.6％、「どちらかといえばしてもらいたい」45.5％と、合計すると83.1％の人が女の子にパン作りや菓子作りを期待している。ここには、明瞭に「女は家庭」という性役割分業に基づく意識が反映されているといえるだろう。

　ところがハイカルチャー活動になると、圧倒的に女の子に対する期待が高くなるという特徴がある。例えば「茶道・華道」（文化威信58.8）では男の子に「ぜひしてもらいたい」は3.0％だが、女の子に「ぜひしてもらいたい」と回答した者は36.9％である。「ピアノをひく」（文化威信60.3）も、男の子に「ぜひしてもらいたい」は8.3％だが、女の子に「ぜひしてもらいたい」と回答した者は35.1％である。またジェンダー・バイアスがないように感じられる活動でも、差が生じている。例えば「歌舞伎や能の鑑賞」では、「ぜひしてもらいたい」のは男の子で7.6％、女の子で11.7％、「どちらかといえばしてもらいたい」は男の子27.7％＜女の子32.3％と差が生じている。「美術・絵画の鑑賞」でも、「ぜひしてもらいたい」は男の子38.6％だが、女の子には44.7％と、女子に対する期待が高くなる傾向にある。このように多くの文化活動で、ジェンダーによる反応の差が生じていることがわかる。

　表9-1の結果から、日本では、「男性向きの文化」と「女性向きの文化」が分けて考えられていて、その活動をすることによって「女らしい」と判断されたり、「男の子らしい」と判断されていると推測できる。すなわち文化定義がジェンダー化していると考えられるが、このことを次のインタビュー調査の結果から明らかにしよう。そこで以下では、文化定義のジェンダー化に対する人々の価値や評価に関する言説を紹介しよう。

3　文化評価をめぐる諸言説

　ここでは質的調査データを用いて、文化活動に対する言説を検討する。調

査対象者には、表9-1と同じ内容の「子どもの文化活動への評価」の質問紙調査をおこなったあとに、なぜその回答を選んだのかを、さらにインタビューによって詳しく意味を確認した。

　量的調査と同様に質的調査でも、全体としては、競馬や競輪、パチンコなどギャンブル系の活動に対して、男女ともに「やってほしくない」という回答が多く、期待する対象が男の子か女の子かの差で、意見の強弱に差が生じている。さらに文化威信の高いハイカルチャー文化活動については、女の子に対する期待度が高いが、それがどのような理由によるのかを明らかにする。また、評価にジェンダー差が明瞭な項目とそうでない項目があるので、それらがどのような言説として現れてくるかを以下に示すことにしよう。

大衆文化に関する言説

　すでに表9-1で明らかにしたように、大衆的な文化活動のなかでもギャンブル系の活動に対しては、男の子であれ女の子であれ実践してほしくないという意見を表明する者が多い。ただしカラオケについては、否定的な意見は少なく、「どちらともいえない」が大半で、「どちらかといえばしてもらいたい」「ぜひしてもらいたい」を合わせて20％を超える肯定的意見がある（表9-1）。なお以下で、「肯定的意見」とは「子どもが大人になったときにしてもらいたい」、「否定的意見」は「してもらいたくない」と考えていることをさす。

　下記に示す言説は、代表的な意見を掲載したものである。まず、競輪・競馬・競艇などに代表されるギャンブルに対する意見をみておこう。

〈ギャンブルへの否定的意見〉
・ギャンブルにはまってしまうといけないから（女性49歳）
・病み付きになってサラ金や借金とかしたら困るから。役に立たない（女性28歳　パート職）
・パチンコは下品な感じがするから（女性50歳　経営者）
・パチンコは女の子にはやってほしくない。女の子がギャンブルにハマっていく姿は見たくない。世間的に嫌だ。金の亡者になりそう（男性27歳　店長）
・パチンコはやはりいい場所とは言えない。女の子にはあまりやってほしく

ない（男性50歳　事務　大卒）
・親がしていなかったし、ギャンブルはしてはいけないものと小さい頃から
　教えられてた（女性31歳　音楽講師）
・ギャンブルはやること自体が間違ってる。結局投資しても勝てる人は一握
　り。だったら勉強すれば勝てる株をしてほしい（男性22歳　銀行員）
・基本的にギャンブルには手を出してほしくないが、男の子は付き合いなの
　でパチンコくらいしょうがない（女性47歳　弁護士の妻）
・パチンコは、男の子は社会勉強や付き合いがあるから仕方ないが、女の子
　には必要ないし、子供置き去りなどあまり夢中になっても困る（女性51歳
　パート）
・パチンコは限度を決めゲームとして遊ぶならいいが、限度を決めないで使
　うと悪い習慣としてなかなか直せず借金するかもしれない（女性54歳　自
　営家族従業者）
・パチンコはだめ。自分がやっているから、身を滅ぼす事になりそうだから
　（男性60歳　公務員）

〈ギャンブルへの肯定的意見〉
・男の子にギャンブルをやってほしい。多分やったほうが人間の幅みたいな
　ものにつながる。やったことないと困るときもある（男性57歳　管理職
　高卒）

　ギャンブル的な活動に否定的な意見を積極的に寄せた者は、インタビュー
調査では圧倒的に女性が多かった。男性はギャンブルに対して、コメントし
ないケースが多かった。しかし肯定的ということではなく、ギャンブルを肯
定する人は非常に少なかった。ギャンブルを肯定する場合も、「男の子なら
ばやっていい」という限定つきであり、女の子に対しては否定的なケースば
かりである。
　ギャンブル系の活動を否定する理由としては金銭感覚麻痺や借金などの理
由が多く、人生を狂わせるという評価である。しかし女性のなかでも、女の
子にはやってほしくないが、男の子には「パチンコくらいはいい」とパチン
コだけは例外的に肯定する場合がみられる。ギャンブルについては、男の子
に対してのほうが、より寛容であることがわかる。

266

次に、大衆文化のなかでも、肯定的な意見が最も多かったカラオケについ
てみておこう。

〈カラオケ肯定意見〉
・自分が楽しかった。友達とコミュニケーションが取れるから良かった。誘
　いを断って仲間外れにされないように（女性28歳　パート職）
・ストレス発散になるし絶対したほうがいい。友人や同僚などと行く機会が
　多くなるし必要不可欠。明るいイメージ（男性27歳　店長）
・カラオケは最近は社交の場になっている。自分が行かなくて損をし、後悔
　したから（男性22歳　銀行員）
・カラオケで歌はうまいほうがいい。友達などとも良いコミュニケーション
　になる。人前で歌くらい思いっきり歌える様な人間じゃなきゃ（女性48歳
　パート　高卒）

　大衆的な活動のなかでも、カラオケには肯定的意見が多い。これは日本人
の多くが社交の手段としてカラオケを利用した経験があるからだ。SSM 全
国調査でも、カラオケの経験者率（過去数年間で1回以上経験した者の比率）は、
64.8％（1995年 SSM）と62.7％（2005年 SSM）と高く、カラオケが「つきあ
い文化」であり共通文化になっていることが明らかにされた（片岡 1998c,
2000c）。そしてカラオケを通じた人間関係の円滑化や社交の拡大がおこなわ
れている。質的調査でも、コミュニケーションや友人関係に言及していて、
「社交の場」だと述べている。すなわちカラオケは現代の日本で、社会関係
資本の獲得や蓄積のためにおこなわれているために、社会生活や人間関係と
の関連で、肯定的にとらえられていることがうかがえる。

〈そのほかの大衆文化への意見〉
　大衆的な活動については、上記にみてきたように、ギャンブルとカラオケ
への言及が最も多かったが、そのほかの大衆的な活動についても人々の意見
をみておこう。

・占いは、女の子なら可愛い感じがするが、男だと暗い感じがして嫌（男性
　35歳　新聞配達　高卒）

第9章　ジェンダーと文化──267

- 男の子に占いはしてほしくない。女の子ならいいが、男の子がやってたら気持ち悪いから。男らしくない（女性52歳）
- 占いは（男女両方とも）宗教的なことには傾いてほしくない。あまり信じるとほかのことが見えなくなり考えが曲げられてしまうから（男性60歳）
- 占いは（男女両方に）ぜひやってもらいたい。日本人古来の考え方を知ってもらいたい。ご先祖様の言い伝えなど大半は迷信だと思うが、ほとんどあてはまることが多いから（男性52歳　販売　高卒）
- 占いは（男女両方に）やってほしい。自分の好奇心は自分の気持ちで取り組む事だから、好きなら自分の意志でやっていくこと（男性28歳　フリーター）。
- ロックの演奏は男女関係なく、自分の同じ趣味を子供にやらせてあげたい（女性37歳　事務職）
- 女の子にスポーツ新聞を読んでほしくない。女の子は優しく品がよく周りの人を明るくする人間になってほしい（男性23歳　事務　大卒）
- スポーツ新聞について：情報を得るうえでゴシップ的なスポーツ新聞だけど、さまざまな情報を人が好むのか分かることだから一般的な情報を知るうえでスポーツ紙を読むことは止めない。ほかにも知識を得るうえで必要なこともあるから、どんな本や新聞を読み、それが正しいか判断するのは別だから、何を読んでもいいと思う（男性28歳　フリーター）

　「占い」に対する意見も多かった。占いを男性にはしてほしくないという意見の持ち主は、性役割分業意識が強いという傾向がみられた（結果略）。例えば、女性が社会で成功するためには「女らしさが必要」と答えた者は、男性が占いを趣味とすることに否定的だった。逆に、占いは「女の子ならいい」「女の子なら可愛い」と言及し、性差が表れる。

　占いへの賛否両論は上記に示すとおりだが、人生を自分で自己決定することを重視している人が占いを否定的にみていることがわかる。アドルノによれば、占星術やオカルトへの耽溺は、「凍てついた」世界から意味を引き出そうすることに関係があり、心理的安堵感を与えることによって、現在の社会構造の維持を助けているという（Wallace & Wolf　1980=1985）。

　他方、数少ない占いへの肯定的意見は、占いを日本古来の文化ととらえたり、逆に占いといえども自分の意思でおこなう趣味であることに意義を見い

だしている。

「ロック音楽」は、ジェンダー差は少なかったが、特徴として自らがロックを趣味としている人に、子どもにもしてほしいと答える者が多い傾向がみられた。スポーツ新聞でもジェンダー差がみられるが、肯定的意見と否定的意見はほぼ同数である。

文化的善意と文化貴族── ハイカルチャーに関する言説

　次に文化威信の高スコアの活動であるハイカルチャー活動への言説をみてみよう。全体としてはピアノ、茶道・華道への言及が最も多かった。

〈ハイカルチャーへの意見の抜粋〉
・ピアノを自分は弾けず弾きたいと思うから。人生において心の拠り所になると思うから、男女両方にやってもらいたい（女性50歳　主婦　高卒）
・子どもにピアノをひいてもらいたいのは、自分の出来ないことを子供に託したいから。自分が豊かになるような気になるからピアノでクラシックを弾いてほしい（女性51歳　専業主婦　高卒）
・ピアノは自分ができなかったから、子どもにやってもらいたいと思う（女性32歳　専業主婦）
・ピアノは、女の子のほうが情緒豊かな部分を大切にしてほしいから（男性46歳　教員　大卒）
・美術・絵画鑑賞を男女両方にしてほしい。理由は、自分に芸術のセンスがないから、子供には身につけてほしい（男性35歳　高卒　配達）
・女の子には美術・絵画鑑賞をしてもらいたい。こういうのを通じて情緒豊かな人になってもらいたいから。男の子にはそういうものよりもスポーツなどをたくさんして、少しの事じゃ物怖じしないようなたくましい子になってほしい（女性47歳　専業主婦　短大卒）
・女の子にはピアノや茶道をやってほしい。おしとやかでお嬢さんってイメージがある（男性31歳　大卒　コンビニでバイト）
・女の子には茶道・華道、パン・菓子作りをやってもらいたい。気配りやしぐさ、扱いを学んでほしいから（女性53歳　専業主婦）
・華道・茶道は、礼儀とかそういう面ではいいけど、男がやるのは見たくないしイメージ的にも合わないから（男性36歳　販売　大卒）

第9章　ジェンダーと文化──269

・茶道も華道も礼儀作法。今の子には足りないもの。男の子でもきちんと小さな事まで気配りできるほうがいい（女性48歳　パート　高卒）
・茶道は（男女ともに）日本の心を知ってもらいたい。海外のことをふれる前にまず自分の国のことなどもひとつはちゃんと説明できたらいい（女性40歳　フラワー教室講師　短大卒）
・女性はあまり社会に進出しなくてもいいと思う。よほど才能がある人は別として。語弊のないよう言っておくが、現代は、変に出しゃばったり、飾っていたりする人がいるから。戦後そういう人が出てきたが同性としてあまり共感できない。男女平等と言ってもどうしても違う部分があるから。女性が働くのはいいが、子供が小さいうちは母親が面倒をみるべき。家族の構造が社会の土台となるから、忙しくても家族との食事は週に何回かは必要。そうしないと日本の伝統のいいところがなくなってしまう。スポーツは女の子はできなくても困らないが、付き合いなどでゴルフも出来たほうがいいし野球もルールくらい知っていたほうが話に困らない（女性53歳　音大卒　専業主婦）
・女の子には歌舞伎・能の鑑賞を希望。男の子はどちらでもいい。美に関して興味をもってほしいから。歌舞伎とかのしぐさはキレイだからそういうのを見てほしい（女性52歳　高卒）

　インタビュー調査では、ハイカルチャー活動についての自発的な意見表明をおこなう対象者が多く、そこには2種類のパターンがみられた。
　1つめのパターンは、高卒の学歴を中心とした中間層[4]であり、ブルデューがいう中間階級の「文化的善意」（Bourdieu 1979a）の特徴が多くみられた。すなわち彼らはピアノに代表されるようなハイカルチャー活動を、文化的で価値の高い活動と評価しあこがれている（例えば「人生で心の拠り所となる」「自分が豊かになるような気になるから」など）。しかし本人は、その生育過程でピアノを習うなど、いわゆる文化資本を身体化する機会に恵まれなかったため、自分ができなかったことを子ども世代で経験させたいという欲求をもっている。この質的調査では、対象者の子ども時代の文化資本についても調査しているが、文化的善意を示す人々には幼少時の芸術的な文化的経験が少ないケースが多かった。
　2つ目のパターンは、数のうえでは少数だったが、幼少時から文化資本を

蓄積していて、現在もハイカルチャー活動に親しんでいる文化貴族の層である。彼らの場合は、自らの文化資本と同じものを子ども世代に期待するというかたちの言説になる（「日本の心を知ってもらいたい」）。

女性性を身体化するハイカルチャー

ハイカルチャー活動への言説をみると、「男の子にはスポーツを、女の子には茶道・華道、ピアノなどのハイカルチャー趣味を」期待するという言説が少なからずみられた。あるいは上記のように、「女性には美に関して興味をもってほしい」という美的性向を女性に期待する意見もみられる。このようにハイカルチャーの趣味や活動をおこなうことへの期待は、ジェンダーによって異なる場合が多い。

ハイカルチャー活動を「女の子」に期待する理由は、上記の言説からも明らかなように、ハイカルチャーは「気配り」「情緒豊か」「芸術のセンス」「きれいなしぐさ」「礼儀正しさ」「おしとやか」など、典型的な「女らしさ」を身体化させるものだと理解されていることにある。そのために、ハイカルチャー活動を「男の子」には「してもらいたくない」「男がやるのはみたくない」という言説の両方が現れるのである。

すなわちわが国でのハイカルチャー活動は、女性性（女らしさ）を促進し、身体化させる文化であるという意味付与がおこなわれている。言い換えればハイカルチャーは女らしさのジェンダーハビトゥスを身体化させ（杉原・喜多 1995; 杉原 2000）、ジェンダー資本を蓄積する手段なのである（片岡1996a, 2000a）。古くは女性のたしなみとされた文化活動の多くが、ハイカルチャー活動として認識されていることに関連していると考えられる。

これまで筆者は、ハイカルチャーが女性の地位上昇効果をもつことや、男女によって文化の意味作用が異なることを、主として量的調査データを通じて証明してきたが（片岡 1992, 2003ほか）、言説レベルの分析でその意味作用が明確化されたと理解している。

他方、男女の性別に関係なく、男女ともにハイカルチャーは必要だという意見もみられるので、これをジェンダー平等志向とし、ジェンダー差を認めるか否かで分類して下記の第4節にまとめた。

4　性役割意識と文化への意味付与

ジェンダー平等志向の人々の言説

　趣味や文化活動への意見に、ジェンダーによる差異を認めない人々も存在する。傾向としては、20歳代、30歳代の高学歴層やホワイトカラー職種の人々のなかに、文化に関するジェンダー平等志向が多かった。以下では、性役割意識などのジェンダーに関する意識と文化への意味付与との関連を探っていこう。

〈ジェンダー平等志向の人々の言説〉
・趣味なんて個人のもので男だろうと女だろうと好きなことをやればいい。こだわる必要はないから（男性27歳　販売職　大卒）
・子どものときに習うと音感が身につくらしく、そういった友達を見て自分も習えばよかったと思ったから（男性24歳　大学院生）
・男だから女だからと物事を考えたくない。一般的に男性のやることを女性がしても損ではなく、逆に男には見えない何かを感じとることが出来るかもしれないから。男女別で決め付けてしまうと個人の可能性を狭めてしまいそう。出来るだけ多くの事に興味をもち、可能性を広げ価値観を確立してほしい。ただしギャンブルはリスクが高すぎるのでせめて付き合い程度にしてほしい。占いも、それに頼って人生を左右されると思ってほしくない（男性32歳　営業）
・対象者がしたいと思うことをすればいいと思う。頭ごなしに「私が嫌いだから」というのではなく「こういう考えがあるからしてほしくない」と、やってほしくないことにもどうしてかという理由を言う（女性31歳　事務）
・イメージとしてピアノは女、ロックは男みたいなものもあるけれど、これからは男女でどうこうっていうのは関係ないと思う。出来ることは何でも経験したほうがいいと思う（女性48歳　自営家族従業者　短大卒）
・べつに女だから家事、男だから働くとかでなく、その人の向き不向きがあるだろうから、色んなことを試してみるほうがいい。向いていないからやらないというのではなく、家庭をもったら協力が必要で、お互いのことを

思えば男だからとか女だからでなく助け合っていかなきゃ（女性45歳　パート　高卒）
・私は自分の子供に「女の子」とか「男の子」とかとくに区別したことはない。相手の立場になって考えることができる子供、また感性の豊かな子供であってほしい。そのため、映画や美術やコンサートには出来るだけ行ってほしいし、小説もたくさん読んでほしい（男性54歳　管理職　大卒）

　上記にみられるように、どのような活動をしようと男女に関係ないというジェンダー平等志向の意見は、第1のパターンとして、「男女差より個人差」（「趣味なんて個人のもの」「向き不向き」）という理由づけがなされている。趣味の個人化が主張される。
　さらに第2のパターンとしては、一般的なイメージとして文化の男女別イメージを認めながらも、それをあえて否定して「性別で区別しない」という男女平等メッセージを強く支持する意見となって現れる。反本質主義的な意見表明として、イデオロギー表明でもあるといえるだろう。

ジェンダー差を肯定する言説にみられる文化資本のジェンダー的分業

　次に、文化活動や趣味にジェンダー差があることを肯定的に評価する言説をあげておこう。

〈ジェンダー差を認める言説〉
・菓子作りは、女の子が家庭に入ったときに出来たらいいなと思う。菓子職人はみな男だから、「女性は家庭」という固定観念かも。ピアノや歌舞伎、美術や絵画も正統文化だが、入場料は高いし、いても退屈なだけだからもっと体を動かしてほしい。スポーツを通じて、いろいろな人とコミュニケーションが取れる。勝ってやろうと思って練習するし、それをやってほしい。（男性49歳　設計）
・子供に学ばせたいことでは女の子にはピアノ・華道・茶道・料理など、いわゆる「女の子らしい」項目はすべてやってもらいたい。「家のことが出来る」という場面には女性のほうがでくわすから。男子にはスポーツの項目全般にやってほしい（女性52歳　パート・販売　高卒）
・女の子には茶道・華道をやってほしい。精神的にたしなみ、礼儀を身につ

第9章　ジェンダーと文化——273

けるために精神修養してもらいたいから。パン・菓子作りも、女の子は家庭に入ると食事の用意とかしなきゃいけなくなるから調理の方法と料理の仕方を学んでほしい。しかし男子はパン・菓子作りをやらなくてもいい。機会もないし別のことに集中してほしい。差別みたいになるかな？　プロ野球はやってほしい。過酷な対決を見て、自分も負けないように生きていけるよう何かを見つけてもらえればいいと思って。男の子はスポーツを通して礼儀とたしなみを会得してほしい（男性60歳　技術職　高卒）
・パン・菓子作りをして家庭的な女性になってほしいから。女性が成功するためには、周りとうまくやるために辛抱すること（男性60歳　公務員　高卒）
・男は仕事が出来ればいい。男は外で女は内というのがやっぱりあると思うから女には趣味をもってほしい（女性27歳　パート　高卒）

　ここにみられるように、家庭的な女性になってほしいなど、性役割分業を肯定する言説とともに、女性の「たしなみ」として「菓子作り」や「料理」のほか、「茶道・華道」などのハイカルチャーを例にあげる者が多かった。いずれも「家庭的な女性になってほしいから」「女の子らしい」「家庭に入ったときにできればいい」など、女性の家庭役割を前提としていることがうかがえる。
　さらにこういった性役割分業観（「男は仕事、女は家庭」）の延長線上に、「男は仕事、女は趣味」という言説が存在している。

　　　「男は仕事が出来ればいい。男は外で女は内というのがやっぱりあると
　　　思うから、女には趣味をもってほしい（女性27歳　パート　高卒）」

　この言説に端的に表れているように、男性は公的領域での活動（＝仕事）を中心とし、女性は私的領域での活動（趣味としての文化活動）をおこなうことを望む意見が存在している。
　ここにあげる以外にも、すでに示した言説のなかに性役割分業と文化活動や趣味を関連づける言説が多々みられた。つまり女性は外の世界（公的世界）で仕事をするのではなく、家庭（私的世界）中心の生活をするのだから、趣味として、あるいは子どもの養育者・教育者である母親として教養（ある

いは文化資本）が必要となるという論理である。

　同様に、野球はこれまで日本の男性たちの共通文化、共通の話題として重要な位置にあり、つき合いという名の社会関係資本の維持や蓄積に大きな役割を果たしていることが、下記の言説からもわかるだろう。日本では、男性の労働市場での共通文化が大衆文化を中心としていること（片岡 2000b）は、ここからも明らかとなっている。

　　　「女性はあまり社会に進出しなくてもいいと思う。よほど才能がある人は別として。語弊のないよう言っておくが、現代は、変に出しゃばったり、飾っていたりする人がいるから。戦後そういう人が出てきたが同性としてあまり共感できない。男女平等と言ってもどうしても違う部分があるから。女性が働くのはいいが、子供が小さいうちは母親が面倒をみるべき。家族の構造が社会の土台となるから、忙しくても家族との食事は週に何回かは必要。そうしないと日本の伝統のいいところがなくなってしまう。スポーツは女の子はできなくても困らないが、付き合いなどでゴルフも出来たほうがいいし野球もルールくらい知っていたほうが話に困らない（女性53歳　音大卒　専業主婦）」（再録）

　わが国での文化の様態を人々の言説や量的調査結果から考察すると、調査地域は限定的ではあるものの、次のことがいえる。

　すなわち、文化定義はジェンダー化しており、それはハビトゥスとして人々が「あたりまえ」と感じる認識枠組みとして構成されているといえる。男女で異なる趣味をもつことを〈自然なこと〉と感じる背景には、性役割意識や女らしさの文化定義が重要な規定要因となっていると推測できる。

5　概念間の関連性

　最後に筆者が使用している主要な概念間の関連について整理をしておこう。「文化定義のジェンダー化」とは、文化活動を評価する際に作動する知覚・評価図式がジェンダー化していることをさす。文化への意味付与がジェンダー化しているのである。これらは社会的な通念として流布し、それが〈自然

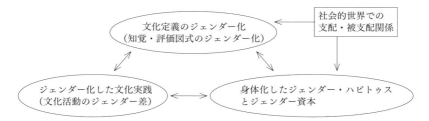

図9-1　概念間の図式
(出典：本図は片岡（2005a）で提示したものを一部改変したもの)

なこと〉として一般に信じられている。このような文化定義のジェンダー化は、具体的な文化実践へと連動し、「ジェンダー化した文化実践」となる。その結果、ピアノや茶道・華道など主としてハイカルチャー活動は女性向きの習い事になり、大衆文化活動やスポーツは男性に期待される活動となって実践されている。

　さらに文化を通じた女性性や男性性の身体化は、「ジェンダー・ハビトゥス」としてまとめられる。礼儀作法や気配り、情緒豊かであること、家庭的であることなど、とくに女性性のハビトゥスは、具体的な文化実践や文化定義のジェンダー化（文化活動へのジェンダー的意味付与とその知覚評価図式＝認識枠組みの獲得）の両方を通じて身体化され、蓄積され、再生産されていく（片岡 2000a）。

　これら3つの概念は、相互規定的であり、「男は外で仕事、女は家庭で趣味活動」あるいは「男はスポーツで、女は文化的趣味」というかたちをとった現代版の性役割意識を形成している。この性役割意識は、「男は仕事で、女は家庭（家事育児）」という伝統的な性役割意識とは必ずしも同義ではない。伝統的性役割意識とは近い関係にあるものの、趣味が個人的なことがらであると理解されることが多い以上、この文化的側面での性役割意識が、分業を前提とした性別不平等構造と関連性をもっているとは気づきにくい。しかし、文化の面に表れた性役割意識は、趣味や文化活動を通じた女性役割の補強という作用をあわせもっている。

　美的性向や礼儀作法の身体化を前提として成立している日本のハイカルチャーは、女性の家庭的資質を向上させ、文化資本を蓄積させることができるものとして、男性からも支持されている。高い文化資本を身体化した女性は、

「お嬢さま」として女性の地位を表示し、あるいは地位を上昇させることができる（玉の輿）と理解されている。文化的な趣味を通して女性らしさの資本を蓄積することは、女性の婚姻上の地位を高め、あるいはジェンダー市場で男性から評価されるといった象徴的利益をもたらすと考えられていて、この文化戦略は、現代ではかなり一般化した女性の地位戦略なのである。[5]

　興味深い点は、文化定義の水準でみるかぎりで、女性が好み、女性に実践を期待されている文化活動（ハイカルチャー）は、男性に好まれ期待される活動（大衆文化）よりも、文化威信で相対的に文化的優位性が高いということである。労働世界での男性優位の傾向とは反転したかたちで、文化的定義は女性優位として存在しているのである。

　男性支配の論理からみれば（Bourdieu 1998=2017）、従属的地位にある女性に割り当てられるのは「非支配的ハビトゥス」である従順さや素直さ、すなわち「消極的であることの美徳」である。女性が文化的教養を身につけることを推奨されやすいのは、「文化的な上品さ」が男性支配の原理を維持するうえで重要であり、文化的に洗練された「おしとやかさ」が女性カテゴリーに求められやすいということを示唆しているといえるだろう（杉原 2000）。また男性にスポーツが好まれるのも、スポーツを通じた仲間の信頼や権威主義的価値の形成が、男性支配の社会構造を支え、スポーツ活動を通じた象徴的支配が存在していることが、現代の大学生を対象とした調査で確認されている（片岡 2019）。

　このように一見、女性に有利な「文化定義のジェンダー化」だが、しかしこの価値構造を成立させている根本的な社会的基盤は、あくまで伝統的な性役割分業に基づく、男性優位社会、男性支配の社会構造である。スポーツや芸術活動の実践もまた、ジェンダー秩序（江原 2001）の維持存続を促す方向とパラレルであることを忘れてはならないだろう。

注

(1) 大衆文化活動として、「競馬・競輪・競艇など」（文化威信スコア21.3）から「スポーツ新聞を読む」（文化威信スコア45.4）までの6項目を想定している。

(2) 表9-1のうち、茶道・華道（文化威信スコア58.8）よりも文化威信スコアの

第9章　ジェンダーと文化——277

高い項目をハイカルチャー活動と分類している。ここでの境界線は恣意的だが、筆者のほかの論文では、全国調査に基づき因子分析などで確認している。それらの結果と齟齬がない分類をおこなった。

(3) 中間文化活動としては、「推理小説を読む」から「パソコンを使う」までの8活動を想定した。

(4) 年間所得や職業、役職、学歴などから判断した。

(5) 女性のたしなみとしての歴史研究として、歌川（2019）がある。

［付記］本研究は、関東学院大学人文科学研究所助成金（「文化定義のジェンダー化に関する研究」平成15—16年度）を受けて実施された。片岡（2005a）を改訂した。

第10章
バウンダリー・ワークとしての友人選択とハビトゥス
—— 友人選択の基準にみる象徴的境界とライフスタイルの諸類型

1　問題設定

「類は友を呼ぶ」ということわざに示されるように、友人との付き合いにおいて、われわれは自分と共通した特徴をもつ人を選ぶ傾向があるといわれる。では、人々は何を基準に友人を選択しているのだろうか。また、どのような人を友人として好ましいと思うのだろうか。すなわち、われわれはどのような主観的な境界線を用いて、自らの友人にしたい人とそうしたくない他者とを区別しているのだろうか。

　この問題は、友人関係での集団的なメンバーシップの感覚が、どのような基準に支えられているのかという問いでもある。人と人の絆は集団を形成し、あるいはそこから集団的あるいは階級的なアイデンティティが形成される場合もある。集団形成の基礎となる人々の主観的な境界設定に目を向けることにより、これを社会学的な問題として検討することにしたい。

　本研究では「つきあいたい」と思う友人選択の基準に着目し、他者と自分（あるいは「自分たち」の集団）との差異を評価するときに、どのような基準を用いているかについて、都市部の成人男女を対象とした無作為調査データから明らかにする。

　友人選択の基準には、どのような種類があるのだろうか。人々は、地位や経済力などの社会経済的な条件で、互いを評価しているのか、それとも文化や教養のような「文化的差異」によって互いを識別し、類別しているだろうか。

　この疑問に答えるために、本研究ではアメリカの文化社会学者である

Michèle Lamont（1992）が使用した「象徴的境界」（symbolic boundaries）の概念を用いて、都市部の人々の友人選択の基準を明らかにする。

人々が自分と他者とを区別し差異を見いだす際に用いる基準、あるいは類似していると判断する際に用いる「主観的な境界線の基準」が、どのような要素から構成されているか、本章ではその日本的特徴を具体的に明らかにしよう。

2　象徴的境界とは何か

象徴的境界とは、自分と他者との間に引く主観的境界線（Lamont 1992; Lamont & Molnár 2002）のことである。そして象徴的境界は、人々を分類（カテゴライズ）するときに用いられる基準のことでもある。

人々は他者との間に、主観的にあるいは無意識的に、「見えない」境界線（boundary）を引くことがある。仲間であるという感覚、敵だという知覚、人との距離感、疎外感、親近感、排除などの人間関係に関わる心理的な問題で、人々はあたかもそこに見えない境界線があるように感じることがある。

境界線を引くこと、逆に他者から境界線を引かれることによって、さまざまな集団的・社会的な問題が生まれてくる。同じ境界線の内側であれば、友人となり、あるいは同じ集団メンバーと認識するだろうが、境界線の向こう側にいる人は主観的には他者なのである。場合によっては、それが排除につながることもある。

ラモン（Lamont 1992）は、象徴的境界（symbolic boundaries）について、アメリカとフランスのアッパーミドル・クラス（上位中流階級：upper-middle class[1]）の男性にインタビュー調査をおこない、彼らが価値を置く人たちの特徴とその基準を明らかにした。

ラモンは、「あなたにとって価値のある人々（worthy people）はどういう人ですか」という質問をインタビュー形式でおこない、その判断基準を明らかにしている。すなわち「社会的差異のハイスティタス・シグナルに注目」（Lamont 1992）したということであり、次のように述べている。

　　「われわれ」は「かれら」よりましだと信じる方法が異なっている。地

位評価の根底にある基準と、象徴的境界線そのものの特徴をともに分析する。（略）このことは、より適切で複雑な地位の見方があるということを展開するものだ。それにより、社会や社会階級が文化的にいかに異なっているかを理解する手助けとなる。（Lamont 1992）

境界は「われわれはだれであるか」を定義しようとするときに立ち現れる。常に他者との類似性と他者との差異を参照し、タイプ化の体系を作る。……差異を生み出すことによって、アイデンティティを特徴づけ、安全や威厳や名誉の感覚を発達させる。（Lamont 1992）

ラモンのいう象徴的境界線の研究とは、価値ある人とはどういう人なのかを問うなかで、そうではない（尊敬できない）他者との間にある境界線の基準を、インタビュー調査から明らかにするという特徴をもっている。

ラモンの研究は、ブルデューのディスタンクシオンの感覚に関する社会学的研究をベースにしている。そして、地位の源泉としての文化資本を発展的にとらえて、道徳領域へと拡大していく作業をおこなった。またラモンは、労働者階級の人々の威厳や名誉の感覚についても分析し（Lamont 2009）、象徴的次元における階級と不平等の問題を探究している。

社会階層論的な文脈でいえば、象徴的境界とは社会的地位評価の根底にある基準と強く関連している。あるいはソーシャル・キャピタルを形成する場合の基準になるともいえる。人との付き合いの基準だからである。

しかし階層論で扱われてきた社会的地位の構成要素と、ここで扱う象徴的境界の基準は同じではない。従来の階層論、階級論で扱われてきた地位の源泉とは、職業、収入、学歴、人種、性別、勢力、権力関係、文化などであり、ここで詳しく述べることはしないが、いくつもの異なる理論的背景をもった階級理論や階層理論がある。

ラモンのいう象徴的境界の理論は、地位概念のなかの象徴的な次元を問題にしており、それゆえに文化的な側面をより強調する点に特徴がある。その理由は彼女の場合、調査対象が上位中流階級（upper-middle class）の男性中心であることと、ハイステイタスの人々の基準を明らかにするという研究目的をもっていたからである。

象徴的境界は、文化的な戦略や社交などに象徴的に現れてくる。また価値観や態度、趣味などの嗜好性、そしてライフスタイル、教育戦略などのさまざまな側面に現れてくる。ファッションのように目に見えるもの、実体をもって明確に差異が示されることで、境界線がどこにあるのかわかる場合もある。しかし多くは、必ずしも明確にならないで、価値観や趣味の違いとして認識されていることも多い。人間関係の面では、気が合わない、相性が悪いというかたちで認識される場合もある。

　すなわち対象を分類するなかに、自らのハビトゥスでもある知覚認識枠組みが立ち現れてくるのである。ハビトゥスは構造に規定されるとともに、構造を生み出すものでもある（Bourdieu 1979a）。そして他者との間にある文化的差異を主体がどう認識するかという問題は、本人のもっているハビトゥスが作動した結果である。

　友人選択に即して述べるならば、どういう基準で友人を選ぶのか、どういう人であればつきあいたいのか、つきあいたくないのかという「選択」は、各自がもつハビトゥスによって異なっている。境界線を引くという行為が、差異を生み出し、あるいは差異を認識する実践でもある（Bourdieu 1979a）。こうした日常的実践のなかで友人選択の基準は形成されるだけでなく、ブルデューがいうように、生まれ育った家庭の歴史的・文化的背景や生育過程での経験によって、歴史的に形成されるハビトゥスの一側面なのである。

　友人選択とは、ある意味、自分と他人の境界線をたえず確認し、設定しなおし、維持し、新たな境界線を引くというような日常的なワークである。これをラモン（Lamont 1992）は、バウンダリー・ワーク（Boundary Work）と呼ぶ。無意識に、あるいは意識的にハビトゥスが作動することによって、バウンダリー・ワークは日々おこなわれている。その結果として、使用する象徴的境界線の基準の違いは、実際に、その人の社会的軌道や社会的位置などの社会的属性や社会的背景によって異なると考えられる。

　本章では、バウンダリー・ワークの概念を用いて、友人選択での象徴的境界の存在を量的調査から明らかにしよう。

3　バウンダリー・ワークの3つの基準

　友人とのつきあいや友人選択の際に、その集団的なメンバーシップの感覚
を、われわれは何を基準に選択しているのだろうか。言い換えれば、われわ
れはどのような境界線を他者との間に引いているのだろうか。
　ここで筆者は、ラモンのバウンダリー・ワークという考え方を援用するこ
とで、友人選択の基準を明らかにすることができると考えた。ラモン
（Lamont 1992）は、その著書のなかで次のように述べている。

　　　バウンダリー・ワークは集団メンバーシップの感覚を発達させる方法
　　でもある。それは共有された感情をベースにした絆を生み出す。……し
　　たがって境界線は、人々を階級や労働集団、職種、人種、ジェンダーな
　　どに分離していく。境界線は集団だけでなく不平等をも生み出す。…な
　　ぜなら境界線は地位を獲得し、資源を独占し、攻撃をかわし、社会的優
　　越を正当化するための手段であるから。境界線はしばしば卓越化したラ
　　イフスタイルや習慣、性格、能力などと関連する。

　ラモンはアメリカとフランスの上位中流階級（upper-middle class）の人々、
とくに白人男性への調査から、worthy people とはどういう人かについて次
の3つの象徴的境界線が用いられていることを明らかにした。それはモラ
ル・バウンダリーズ（道徳的境界）、社会経済的バウンダリーズ、文化的バ
ウンダリーズである。以下では、バウンダリーを境界もしくは境界線という。
　道徳的境界は、worthy people の基準として、誠実さや労働倫理、正直な
人であることを強調する場合である。社会経済的境界は、判断基準に、その
人が金持ちであること、富や権力を所有していること、専門的な仕事で成功
していることなど、社会的地位に言及する場合に作動していると考えられる。
そして文化的境界というのは、高い教育や知性、上品なマナー、洗練された
趣味、ハイカルチャー嗜好があるなどの理由をあげて、その人が尊敬に値す
ると言及する場合である。そして洗練性だけでなく、コスモポリタニズムを
基礎に引かれる境界であるとラモンはいう。

3つの象徴的境界（Lamont 1992）

①道徳的境界

　誠実さ、労働倫理、正直（高潔さ）の基準に言及する。

②社会経済的境界

　判断の基礎として、富、権力、専門的な仕事の成功などによって示される人々の社会的位置に言及する。

③文化的境界

　教育、知性、マナー、趣味、ハイカルチャーなどに言及する。洗練性、コスモポリタニズムを基礎に引かれる境界である。

ラモンの研究の主な知見は、次の3点である。

①アメリカのアッパーミドル（上位中流）階級の人々は、文化的境界よりも社会経済的境界と道徳的境界をより強調する。

②フランスのアッパーミドル（上位中流）階級の人々は、道徳的境界と文化的境界をより強調する傾向がある。しかし社会経済的境界を強調する者が増加している。

③アメリカでもフランスでも、アッパーミドル（上位中流）階級にとって文化的境界の重要性は失われつつある。

そしてラモンは、「ブルデューは文化的境界と経済的境界の重要性を強調しすぎたために、道徳的境界の重要性を過小評価した」（Lamont 1992）と主張した。

4　日本での研究の意義

ラモンの研究成果から、筆者はこの象徴的境界とバウンダリー・ワークについての研究を、日本でも展開する必要があること、そしてそれをおこなうにあたり次の3点に留意したいと考える。

まず第1に、アメリカとフランスでの象徴的境界線に関する基準は多元化しつつあると解釈すべきである。国によってその方向性は異なっていることは重要な知見である。わが国では、これ以外に異なる基準が見いだせるかど

うか。

　第2に、ラモンの研究はアッパーミドル階級だけを調査していることの限界がある。アッパーミドル階級以外の人々の象徴的境界基準としては、当然、適用できない。年齢や社会的地位による差異を明確にする必要がある。

　第3に、同時期に筆者が実施したインタビュー調査結果からは、わが国の都市部中流階層は、道徳的境界を使用することが多いことがわかっている（未発表）。しかし道徳的境界を使用するのは、日本の場合、中流階層以外でも、とくに女性に顕著にみられたので、わが国ではモラル・バウンダリーが一般化している可能性が高い。

　そこでインタビュー調査だけでなく、量的調査によっても、象徴的境界の基準を明らかにする必要性があると考えた。

　再度、本章の課題を明確化すると、（1）友人選択で、どのような象徴的境界線が作動しているか明らかにすること、および（2）友人選択に使用される象徴的境界と不平等との関連性を明らかにすることである。どのような集団が、どのような象徴的境界線を基準に使って、友人選択を判断しているのかを解明したい。具体的には、対象者の資本の保有状況（社会的位置、社会経済資本、文化資本の保有状態の違い、社会的軌道）と象徴的境界の関連性を検討する。

　さらに、（3）象徴的境界線と階層帰属意識や社会的成功感などの階級アイデンティティとの関連性を明らかにすること。（4）わが国の都市地域で暮らす人々にとっての、象徴的境界の意味を考察することを目的としている。

5　調査の概要

　使用するデータは、1999年1—2月にかけて、神奈川県川崎市で実施した無作為標本調査データである（片岡編 2000）。川崎市を選んだ理由は、東京に隣接する都市であること、住民の階層的多様性が高いことによる。海側の工業地帯と山側の住宅街と東西に細長く伸びていて、かなり異なる層の人々が同じ市内に住んでいる。わが国でも地域住民、地域環境の多様性の高い都市の1つである。

　本調査の母集団は、川崎市民20—69歳男女（1999年1月1日現在）で、1930

年（昭和5年）12月31日生まれから79年（昭和54年）1月1日までに生まれた人を対象としている。サンプリング方法は確率比例抽出法で、4,000サンプルを抽出した。具体的には、抽出された合計200地点から20標本ずつを系統抽出法で選び出し、対象者リストを作成した。

　質問紙調査「ライフスタイルと文化に関する意識調査」を作成し、1999年1月末に対象者4,000人に、郵送法で配布し回収した。最終的に回収できた有効票は958で、有効回答率は24.0％である。男女の内訳は、男性438（45.7％）、女性518（54.1％）、不明2（0.2％）だった。

　川崎市の人口構成と有効データとを比較するため、1995年度（平成7年度）国勢調査結果（川崎市）を用いて比較した結果、本データは次のような特徴をもっている（片岡編 2000b）。

　①男女比：サンプルは女性が少し多く回答している。

　②年齢：高い年齢層の割合が多く、20歳代の若い年齢層が少ない。

　③就業形態：川崎市全体の構成と比較すると、サンプルには男性の経営者役員や自営業主の層がやや多いという特徴がみられる。女性の就業形態は川崎全体と近い。

　④職業構成：有職者に占める男性の専門・管理職層の割合が回収データで高くなっていた。川崎市国勢調査では、有職男性のうち専門職は17.9％、管理職は6.0％、事務が14.4％だが、調査では有職男性の30.2％が経営・管理職、21.4％が専門職と約半分の男性データは、専門・管理職という上層ホワイトカラー、事務が14.0％だった。男性の有職者の約65％がホワイトカラーで、職業的な偏りがみられた。女性サンプルでも、専門職の比率が高く、女性有職者の26.4％をしめた（川崎市国勢調査では15.8％）。

　⑤学歴構成：調査データ全体の47.1％が短大以上の高等教育経験者（専門学校は含まず）、男性では54.7％、女性41.3％だった。

　以上のように、本サンプルは高学歴で専門・管理職層がやや多くなるという偏りをもっているが、このことはラモンの調査対象だった upper-middle クラスの割合が多いということでもあるので、属性をコントロールすることで、意義のある知見を得られるともいえる。

6 友人選択基準にみる象徴的境界

友人選択基準の測定

　友人選択に関わる象徴的境界の基準がどこにあるかを測定するために、17の異なる特徴をもつ人間のタイプ例を示し、友人としてつきあいたいかどうかに関して、5段階（5：ぜひつきあいたい、4：できればつきあいたい、3：つきあってもかまわない、2：できればつきあいたくない、1：絶対につきあいたくない）の回答選択肢から1つの番号を選んでもらった。

質問文「あなたは次のようなタイプの人をどう思いますか。あなたが友人としてつきあうとしたら、どうですか。それぞれについて、あてはまる番号に○をつけてください。」

　図10-1では、友人選択基準の単純集計を提示した。「つきあってもかまわない」「つきあいたい」「ぜひつきあいたい」という肯定的回答の合計％が多い項目は、順に⑯「趣味の洗練された人」、⑤「仕事をがんばり業績をあげている人」、⑫「ことば使いや態度が上品な人」、⑭「政治や経済などの高度な知識をもっている人」、⑮「クラシック音楽や芸術の話をよくする人」、①「道徳的でまちがったことにはきびしいまじめな人」だった。
　逆に、「絶対につきあいたくない」「できればつきあいたくない」の合計回答％が多かったのは、順に⑨「悪いことと知っていても、平気でできる人」、⑦「高級ブランド品を身につけることにこだわる人」、⑩「風俗関係のお店に行く人」、③「商売や金もうけの話をよくする人」、⑪「ギャンブルの好きな人」であった。しかしこれらのうち、風俗関係やギャンブルなど、大衆的な文化的特徴をもつ人ともつきあってもかまわないと考える人が、3割前後の割合で存在するということも、事実である。

友人選択にみる4つの象徴的境界

　図10-1に示した友人選択の基準17項目を主成分分析（バリマックス回転）にかけ情報を縮約した結果、⑰カラオケの項目の共通性が低かったので分析

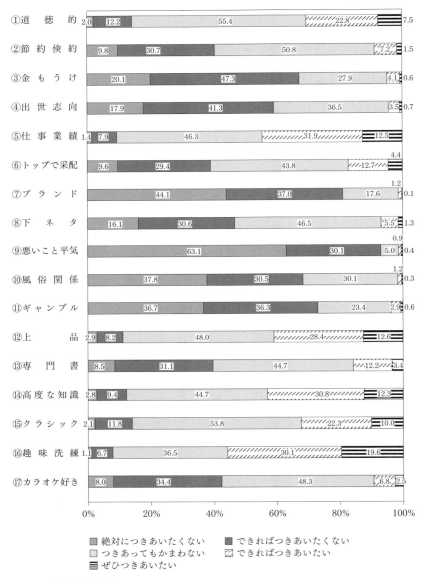

図10-1　友人選択の基準

表10-1　友人選択における象徴的境界

主成分分析（バリマックス回転）	I 文化的 境界	II 大衆的 境界	III 社会経済的 境界	IV 道徳的 境界
趣味の洗練された人	0.765	-0.063	0.178	0.046
クラシック音楽や芸術の話をよくする人	0.722	0.002	-0.032	-0.023
政治や経済などの高度な知識を 持っている人	0.639	0.085	0.381	0.114
専門書をよく読んでいて、議論の好きな人	0.617	0.232	0.101	0.172
ことば使いや態度が上品な人	0.561	-0.098	0.128	0.320
ギャンブルの好きな人	0.046	0.747	0.052	0.027
風俗関係のお店にいく人	-0.012	0.746	0.120	0.169
悪いことと知っていても、平気でできる人	0.033	0.669	0.046	-0.159
下ネタなどの冗談をすぐいう人	-0.046	0.601	0.105	0.301
高級ブランド品を身につけることに こだわる人	0.028	0.431	0.374	-0.019
トップに立って采配をふるおうとする人	0.237	0.122	0.787	0.034
仕事をがんばり、業績をあげている人	0.401	-0.081	0.679	0.167
出世志向の強い人	-0.037	0.229	0.605	0.400
商売や金もうけの話をよくする人	0.053	0.447	0.555	-0.127
節約や倹約にきびしい人	0.073	0.196	0.168	0.783
道徳的でまちがったことには きびしいまじめな人	0.438	-0.131	-0.048	0.609
固　有　値	4.064	2.491	1.153	1.082
主成分寄与率	16.5%	15.7%	13.5%	9.3%
因子抽出法：主成分分析、バリマックス回転				

から除外し、全部で16項目から4つの異なる友人選択の主成分が析出された。

第Ⅰ主成分は、「趣味の洗練された人」「クラシック音楽や芸術の話をよくする人」「政治や経済などの高度な知識をもっている人」「専門書を読んでいて議論が好きな人」「ことば使いや態度が上品な人」の5項目から構成される主成分で、これを**文化的境界**と名づけた。

第Ⅱ主成分は、「ギャンブルの好きな人」「風俗関係のお店に行く人」「悪いことと知っていても、平気でできる人」「下ネタなどの冗談をすぐいう人」「高級ブランド品を身につけることにこだわる人」の5項目からなり、これを**大衆的境界**とした。

第Ⅲ主成分は、「トップに立って采配をふるう」や「業績をあげている人」、「出世志向」「金もうけ」の話など、社会経済的地位を志向する態度であり、これを**社会経済的境界**とした。

第Ⅳ主成分は、「節約や倹約」「道徳的でまじめ」といった**道徳的境界**に関する軸である。道徳に関連する項目が少なかったため、Ⅳ軸の寄与率は低いが、友人選択の基準として、ラモンのいう道徳的境界が析出されたことは重要である。

以上の結果から、ラモンがアメリカとフランスで見いだした3つの象徴的境界、すなわち文化的境界、社会経済的境界、道徳的境界は、このデータでも存在している。

さらに今回のデータの特徴は、おそらくラモンは決して質問することがなかった大衆的な境界についてあえて質問し、大衆的な価値や態度、あるいは非道徳的な側面をもっている人を友人として好ましい、あるいはつきあってもかまわないとする人々が一定数存在し、友人選択の基準となっている可能性があることが明らかになったということである。すなわちギャンブルや下ネタ、風俗関係にいく、悪いことと知っていても平気でするなどの、一般的にはあまり好ましいとされていない不道徳な特性をもつタイプの人と、「つきあってもかまわない」という寛容的な人が一定程度いたことは、わが国の大衆文化の一側面を表しているとともに、むしろそれが好ましい友人選択の基準であり、あるいは選択の支障にならないケースが多々あることを物語っている。

この大衆的境界を析出できたことは、本調査が対面ではなく質問紙調査法で実施され、人間像のプラス面とマイナス面をまんべんなく提示して、中立

表10-2 境界線スコアのジェンダー差

性別		文化的境界	大衆的境界	社会経済的境界	道徳的境界
男	平均値	0.006	0.379	0.046	0.051
	N	419	419	419	419
	SD	0.969	1.009	0.988	1.008
女	平均値	-0.009	-0.331	-0.043	-0.051
	N	481	481	481	481
	SD	1.024	0.868	1.011	0.987
合計	平均値	-0.002	-0.001	-0.001	-0.004
	N	900	900	900	900
	SD	0.998	1.001	1.001	0.997
F値		.054	128.6	1.775	2.336
有意確率		n.s.	p<.0001	n.s.	n.s.

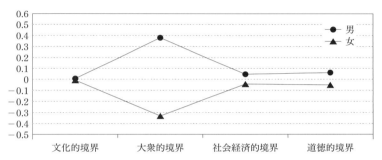

図10-2 境界線スコアのジェンダー差

的に友人選択の基準を調べることができたからである。ラモンは対面的なインタビューで「価値の高い人」という質問の仕方だったために、マイナスの価値態度基準を人々が回答する余地がほとんどなかったことや、中流から下の人々の友人選択基準を調査していないからである。

次に、これら4つの主成分得点を各ケースごとに算出し、バウンダリー・ワークと諸変数との関連をみていく。

7 バウンダリーの社会的特徴

どのような人が、友人選択でどのような象徴的境界設定をおこなっている

表10-3　境界線スコアの学歴差

学歴4分類		文化的境界	大衆的境界	社会経済的境界	道徳的境界
中学	平均値	-0.690	-0.091	-0.097	-0.078
	N	83	83	83	83
	SD	0.985	0.958	1.082	1.034
高校	平均値	-0.203	-0.099	-0.076	-0.057
	N	247	247	247	247
	SD	0.904	0.933	0.926	0.956
短大	平均値	0.069	-0.123	0.089	0.000
	N	211	211	211	211
	SD	0.971	0.968	1.133	1.054
大学・大学院	平均値	0.339	0.199	0.063	0.063
	N	334	334	334	334
	SD	0.918	1.055	0.909	0.953
合計	平均値	0.023	0.010	0.015	0.000
	N	875	875	875	875
	SD	0.985	1.001	0.990	0.987
df		3	3	3	3
F 値		33.852	6.596	1.706	0.899
有意確率		p<.001	p<.001	n.s.	n.s.

のかを、ジェンダー、年齢、学歴、職業、経済資本、階層帰属意識、社会的成功感、出身階層上の地位などの諸変数を用いて検討しよう。

バウンダリー・ワークのジェンダー差と学歴差

　最初に4つの境界線に関して、主成分得点を性別・学歴別に集計し、さらに性別と学歴別の8つのカテゴリーごとにその平均点を算出した（表10-2、表10-3、表10-4）である。また表10-2の平均点を図示した結果が、図10-2である。

　表10-2を図示した図10-2をみると、大衆的境界スコアでだけ、男女差が統計的に有意になっている。つまり男性のほうが女性よりも、大衆的な人とのつきあいに対して寛容で、大衆的な人とつきあいたいと答える割合が多いことを意味している。しかしほかの境界については、男女差はなかった。大衆的境界は、ジェンダーと強い関連をもつ境界線である。

　表10-3に示すように、4つの境界のうち、文化的境界と大衆的境界の2つで有意な学歴による差異が生じていた。社会経済的境界と道徳的境界では、

表10-4　ジェンダー・学歴別の各境界スコア（平均）

最終学歴4分類	文化的境界	社会経済的境界	大衆的境界	道徳的境界
男性・中学	-0.742	0.031	0.325	-0.086
女性・中学	-0.637	-0.229	-0.517	-0.069
男性・高校	-0.200	-0.027	0.218	0.018
女性・高校	-0.204	-0.111	-0.326	-0.111
男性・短大	-0.044	0.169	0.503	0.098
女性・短大	0.107	0.063	-0.332	-0.033
男性・大学・大学院	0.297	0.113	0.455	0.087
女性・大学・大学院	0.415	-0.029	-0.243	0.001

注：短大には、高等専門学校を含む。

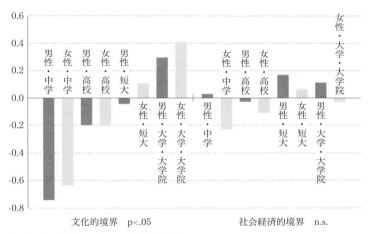

注：学歴で「短大」＝短大、高等専門学校
図10-3　性別・学歴別の文化的境界スコアと経済的境界スコア

学歴による有意な差は生じていない。

　つまり高学歴の者ほど、文化的境界を使用していることがわかる。文化的境界スコアの学歴差は、ほかと比べても大きい。また興味深いことに、大衆的境界をよく使う傾向があるのは、4年制大学以上の高学歴層であることがわかった。これはあとで詳しく述べるが、男性の高学歴層の一部にみられる特徴であり、大卒男性は大衆的境界を好んでいる者がほかの学歴層よりも多いのである。

　また表10-4では、性別と学歴別に分類した8カテゴリーごとのスコア平均

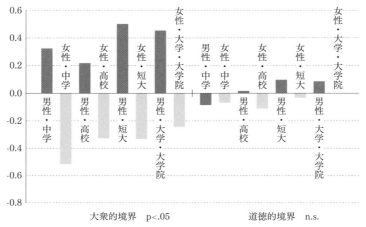

図10-4 性別・学歴別の大衆的境界スコアと道徳的境界スコア

値を算出し、図10-3と図10-4に分けて、平均スコアを示した。

図10-3から明らかなように、文化的境界は男女ともに学歴による影響が有意であり、学歴が高い人ほど文化的境界線スコアが有意に高い。また同じ学歴であれば、男性よりも女性のほうが、文化的境界を使用している。しかし社会経済的境界については、性別・学歴別の平均点の差は有意ではない。

図10-4からは、大衆的境界がもっぱらジェンダーによって決まってくることがわかる。大衆的境界を使用するのは、もっぱら男性であり、男性のなかで学歴間比較をすると、高学歴男性ほど大衆的境界を使用する人が多いことがわかる。女性はここでも、大衆的境界を使用していないことがわかる。道徳的境界については、ジェンダーと学歴によって分類したカテゴリー間の差異は有意ではなかった。

年齢コホートによる差異

次に、象徴的境界に対する年齢の影響を検討する。男性については図10-5に、女性については図10-6に示している。男性の場合、大衆的境界は若い年齢コホートほど有意に高い値を示し、若い男性が大衆的境界を使用することがわかる。しかし女性の場合、大衆的境界の値は、どの年齢コホートでも平均よりも低いマイナス値を示し、男性と大きく異なっている。

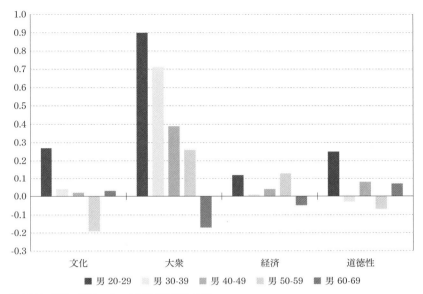

図10-5　男性・年齢コホート別の境界線スコア

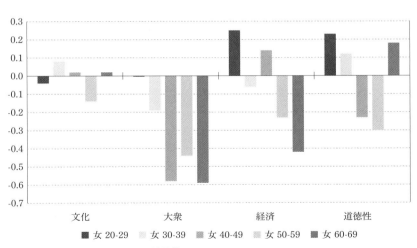

図10-6　女性・年齢コホート別の境界線スコア

第10章　バウンダリー・ワークとしての友人選択とハビトゥス──295

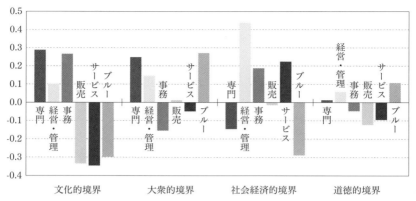

図10-7 現在の職業別の境界線スコア

社会経済的境界については、男性では年齢による差異はみられないが、女性では年齢差がみられ、20代、40代の若い年齢層で、この社会経済的境界を用いる人が多いことがわかる。しかし、年齢が50歳以上と高くなるほど女性はこの境界線を使用しなくなり、マイナスの値を示す。

道徳的境界については、男性は年齢コホートによる差異はほとんどみられないが、女性では年齢差がみられ、20代、30代の若い年齢層に顕著である。しかし40代と50代では、道徳的境界は全体平均よりも低くなる。

職業とバウンダリー

図10-7は、職業別に算出した友人選択基準の境界スコアの平均値である。現職を6分類にまとめ、4つの境界線スコアの平均値を示した。職業カテゴリーごとのスコア平均に対して平均の差の検定をおこなうと、道徳的境界を除き、文化的境界、大衆的境界、社会経済的境界の3つでは、1%水準で有意な平均の差が認められた。詳しい結果は注（2）に掲載している。

まず文化的境界だが、専門職、経営・管理職、事務職のホワイトカラー職の人々ほど多く用い、それ以外の職種では低い値を示し有意な差が生じていた（p<.001）。大衆的境界は、専門職、経営・管理職、ブルーカラーで多く使用され（p<.01）、男性が好む基準である。社会経済的基準は、経営・管理職、事務職、サービス職で多く、専門職とブルーカラーで少ない（p<.001）。

296

表10-5　世帯年収と境界線スコア

世帯年収		文化的境界	大衆的境界	社会経済的境界	道徳的境界
0-500万 未満	平均値	-0.191	0.119	-0.130	0.183
	N	182	182	182	182
	SD	1.036	1.016	0.998	0.960
500-800万 未満	平均値	-0.127	0.043	-0.016	-0.034
	N	235	235	235	235
	SD	0.962	1.011	0.902	1.046
800-1250万 未満	平均値	0.129	0.025	0.067	-0.015
	N	266	266	266	266
	SD	0.887	0.971	0.984	0.958
1250万 以上	平均値	0.336	-0.154	0.144	-0.045
	N	149	149	149	149
	SD	1.032	1.013	1.104	0.997
合計	平均値	0.024	0.019	0.014	0.018
	N	832	832	832	832
	SD	0.986	1.002	0.990	0.993
df		3	3	3	3
F 値		11.069	2.140	2.493	2.193
有意確率（両側検定）		$p < .001$	$p < .10$	$p < .10$	$p < .10$

経済資本と友人選択基準

　友人選択の基準は、経済資本の多寡、すなわち世帯年収（税込み）によって異なるのだろうか。結論からいうと、表10-5に示すように、文化的境界スコだけが、0.1％水準で世帯収入による有意差を示したが、ほかの3つのスコアは10％水準で有意であり、非常に弱い関連しか見いだせなかった。

　すなわち、経済的に豊かな人々は文化的境界で友人を選んでいる（図10-8を参照）。そこで、実際に文化的境界がどの程度の差異を示すか、より細分化した世帯収入のカテゴリーごとに、スコア平均値を図10-8に示した。

　社会経済的境界は、高収入の人々に使用されていることがわかる。また大衆的境界と道徳的境界は、収入の最も低い層でよく使われている。

第10章　バウンダリー・ワークとしての友人選択とハビトゥス——297

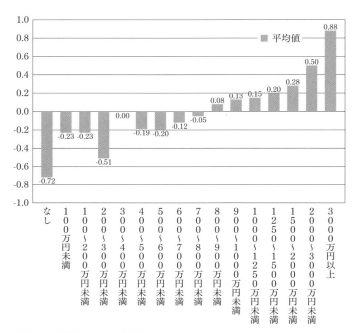

図10-8 世帯年収と文化的境界スコア

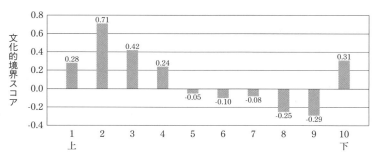

図10-9 階層意識（10段階）と文化的境界スコアの平均値

階層帰属意識とバウンダリー

　友人選択の基準が、階層帰属意識と関連をもつかどうかを検討しよう。階層帰属意識を測定する質問は、「川崎市内にお住まいの方々を以下のように

表10-6　階層帰属意識と境界線スコア

階層帰属意識		文化的境界	大衆的境界	社会経済的境界	道徳的境界
上 1	平均値	0.284	-0.120	-0.512	-1.336
	N	3	3	3	3
	SD	0.493	1.505	0.643	0.890
2	平均値	0.709	-0.139	0.409	0.335
	N	9	9	9	9
	SD	0.947	1.302	1.487	1.033
3	平均値	0.420	-0.126	0.051	0.132
	N	90	90	90	90
	SD	0.974	0.893	1.054	0.970
4	平均値	0.235	0.052	0.242	-0.081
	N	131	131	131	131
	SD	0.968	1.108	0.940	1.060
5	平均値	-0.050	-0.019	0.099	-0.017
	N	299	299	299	299
	SD	0.936	0.923	1.010	0.960
6	平均値	-0.098	0.108	-0.051	0.018
	N	119	119	119	119
	SD	0.935	1.032	0.885	0.956
7	平均値	-0.083	0.045	-0.103	0.122
	N	89	89	89	89
	SD	1.097	1.033	0.995	0.996
8	平均値	-0.254	0.047	-0.485	-0.034
	N	72	72	72	72
	SD	1.013	1.090	0.978	1.090
9	平均値	-0.293	0.558	-0.378	-0.099
	N	20	20	20	20
	SD	0.850	1.088	1.115	1.188
10 下	平均値	0.309	-0.370	-0.123	0.216
	N	8	8	8	8
	SD	1.090	0.820	0.859	1.143
合計	平均値	0.024	0.020	0.011	0.007
	N	840	840	840	840
	SD	0.986	1.003	1.004	1.001
F値		4.386	1.197	3.876	1.206
有意確率		p<.001	n.s.	p<.001	n.s.

1から10までの10の層に分けるとすると、あなたはどこに位置していると思いますか」である。その結果、境界線スコアを算出できた有効回答数でみると、いちばん上の1を選択した人は3人と少なく、また下の10番も8人と少な

表10-7　社会的成功感と境界線スコア

社会的成功感		文化的境界	大衆的境界	社会経済的境界	道徳的境界
非常に成功	平均値	0.094	-0.432	0.649	0.477
	N	6	6	6	6
	SD	1.599	1.104	1.143	1.747
成功	平均値	0.269	-0.236	0.298	-0.045
	N	125	125	125	125
	SD	0.984	0.906	1.021	0.980
少し成功	平均値	0.008	0.008	0.078	0.027
	N	352	352	352	352
	SD	1.006	1.010	0.959	1.020
あまり成功していない	平均値	-0.034	0.124	-0.041	-0.023
	N	230	230	230	230
	SD	0.932	1.000	0.939	0.839
ほとんど成功していない	平均値	-0.128	0.193	-0.335	0.042
	N	128	128	128	128
	SD	1.007	1.045	1.065	1.197
合計	平均値	0.015	0.028	0.019	0.008
	N	841	841	841	841
	SD	0.992	1.005	0.997	1.003
df		4	4	4	4
F 値		2.897	3.949	7.825	.539
有意確率		$p < .05$	$p < .01$	$p < .001$	n.s.

いので、そのカテゴリーの平均値の信頼性は低いが、1と10のカテゴリーを除けば、階層帰属意識と各境界線スコアの関係を検討することができる。

　表10-6に示すように、分散分析による平均値のグループ間比較では、文化的境界スコアと社会経済的境界スコアの2つで、階層意識は有意な関連性をもっていた。

　図10-9に示すように、文化的境界スコアは階層意識とパラレルな関係にあり、階層帰属意識が上に近いほど、文化的境界線を多く使用する傾向がみてとれる。社会経済的境界についても、同様の傾向だった。

　大衆的境界は、グループ間の有意差は統計的にはなかったものの、階層帰属意識が6—9の階層意識の低い層で比較的高いスコアを示すことがわかる。

社会的成功感とバウンダリー

　社会的成功感と友人選択の基準の関連を検討すると、階層帰属意識とは異

表10-8　父学歴と境界線スコア

社会的成功感		文化的境界	大衆的境界	社会経済的境界	道徳的境界
中学以下 （旧制高小 以下）	平均値	-.223	-.037	.020	-.05
	N	293	293	293	293
	SD	.987	.912	.967	.949
高校 （旧制中学）	平均値	.145	.100	.005	-.039
	N	227	227	227	227
	SD	.960	1.008	.997	.975
大学・短大・ 高専・大学院 （旧制高校・ 師範含む）	平均値	.243	.014	.038	.105
	N	279	279	279	279
	SD	.961	1.088	1.032	1.026
合計	平均値	.044	.020	.022	.005
	N	799	799	799	799
	SD	.991	1.004	.998	.985
df		2	2	2	2
F 値		18.134	1.194	0.071	2.250
有意確率		p<.001	n.s.	n.s.	n.s.

なる関係性を見いだすことができた。

　社会的成功感は、次の質問と回答選択肢によって測定し、次の結果を得た。
社会的成功感：「市内にお住まいの方々と比較して、あなたはどのくらい社
会的に成功していると思いますか」

1．非常に成功している（0.9%）　　2．成功している（14.6%）

3．すこし成功している（41.8%）　　4．あまり成功していない（27.7%）

5．ほとんど成功していない（15.0%）

　社会的成功感と境界線スコアの分布を分散分析にかけたところ、表10-7
に示す結果が得られている。すなわち道徳的境界を除く3つの境界線スコア
で、社会的成功感が有意な差を示した。

　社会的に成功していると感じている者ほど、文化的境界と社会経済的境界
を使用するが、大衆的境界は使用しない。大衆的境界を使う人は、社会的成
功感が低い人に多いのである。

社会的軌道とバウンダリー

　ここで、社会的軌道の効果、つまり親世代の階層状況が本人の友人選択基
準にどのような影響を与えているかを調べた。

第10章　バウンダリー・ワークとしての友人選択とハビトゥス──301

表10-9　母学歴と境界線スコア

母学歴		文化的境界	大衆的境界	社会経済的境界	道徳的境界
中学以下 （旧制高小 以下）	平均値	-0.166	-0.097	-0.059	-0.020
	N	304	304	304	304
	SD	1.004	0.915	1.011	0.993
高校 （旧制高女）	平均値	0.103	0.050	0.050	-0.021
	N	379	379	379	379
	SD	0.950	1.010	0.976	0.942
大学・短大・ 高専・大学院	平均値	0.406	0.170	0.106	0.160
	N	120	120	120	120
	SD	1.007	1.179	1.040	1.061
合計	平均値	0.047	0.012	0.017	0.006
	N	803	803	803	803
	SD	0.997	1.006	1.000	0.981
df		2	2	2	2
F 値		15.865	3.566	1.585	1.731
有意確率		p<.001	p<.05	n.s.	n.s.

　父母の学歴の影響、父職業の影響、親からの学歴移動パターンの影響について調べた。

　表10-8の結果から、父学歴は文化的境界に対してだけ影響を与えている。父学歴が高いほど、その子どもである本人は、文化的境界を用いて友人選択している。また表10-9の結果から、母学歴は文化的境界と大衆的境界に対して、有意な効果をもっていた。母学歴が高いほど、文化的境界を用いる傾向にあり、また大衆的境界をも用いるという矛盾した結果だった。これについては、すでにみてきたように、男性高学歴層が大衆的境界を用いる傾向があることに起因していると推測できる。

　すなわち男性の高学歴層は、文化的に洗練された基準で友人を選ぶ者と、そうではなくまったく逆に大衆的で不道徳的な価値態度をもつ友人を好む者に分かれている可能性が高い。

　次に父親の職業の影響をみておこう。表10-10は、父親の主な職業別に集計した境界線スコア平均値と標準偏差である。

　文化的境界と道徳的境界で、父職が有意な差をもたらしている。文化的境界スコアは、父職が専門職と管理・経営の場合に、最も高い値を示す。また道徳的境界については、農業とサービス職で高く、販売職で最も低い値を示

表10-10　父職別の境界線スコア

父職業7分類		文化的境界	大衆的境界	社会経済的境界	道徳的境界
専門	平均値	.409	.080	-.188	-.028
	N	86	86	86	86
	SD	.910	1.250	1.021	.842
経営・管理	平均値	.250	.053	.139	.012
	N	176	176	176	176
	SD	.985	1.016	1.069	1.065
事務	平均値	.056	.067	.072	.012
	N	59	59	59	59
	SD	.970	1.091	.995	1.216
販売	平均値	.096	-.087	.042	-.442
	N	51	51	51	51
	SD	.946	.982	.989	.895
サービス	平均値	.308	.263	-.164	.173
	N	21	21	21	21
	SD	1.023	1.073	.893	.698
ブルーカラー	平均値	-.126	.062	.0149	.052
	N	138	138	138	138
	SD	.958	1.001	.900	.946
農業	平均値	-.233	-.248	-.012	.158
	N	71	71	71	71
	SD	.930	.790	.872	.891
合計	平均値	.099	.020	.021	-.000
	N	602	602	602	602
	SD	.978	1.034	.984	.987
df		6	6	6	6
F 値		5.091	1.218	1.236	2.224
有意確率		p<.001.	n.s.	n.s.	p<.05

した。

　以上の結果から、文化的境界は、いずれの出身階層地位指標をみても親世代の影響を最も受けていることがわかる。

　さらに、社会的軌道を学歴の世代間移動に限定して検討した結果、図10-10に示すように、母学歴と本人学歴が両方高い場合に、文化的境界のスコアが高くなり、母学歴の独自効果が認められた。しかし、父学歴では明瞭な差は出ていなかった（結果略）。このことは、片岡がかつてSSM全国調査とそれに先立つ神戸調査でも明らかにしたように、わが国では男性は全体的に大衆文化嗜好が強く学歴差も小さいこと、それに対して女性は文化資本を

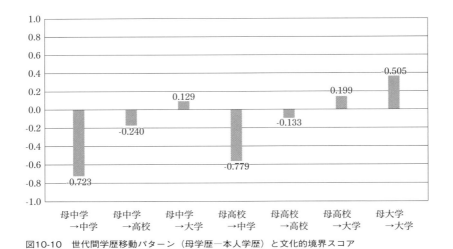

図10-10　世代間学歴移動パターン（母学歴―本人学歴）と文化的境界スコア

女性の地位にとって重要な要素と見なしているために、文化資本は母から子（とくに娘）へと継承されるという「文化的再生産のジェンダー構造」と名づけた日本的特徴を傍証している（片岡 1992, 1996b, 1997a, 2001a, 2002, 2003）。

そのほかの要因

上記以外に、「中学3年時の成績（自己申告）」や「階層帰属意識の判断基準8項目」「15歳時の暮らし向き」「生活満足度」と、4つの象徴的境界スコアの関連を統計的に探ってみた。具体的な数値は省略するが、次の結果の要約の部分で、結果をまとめている。

8　友人選択での象徴的境界の特徴

これまでの分析結果から、象徴的境界の4つの基準について、統計的に明らかになったことを表10-11にまとめた。◎は1％水準で、○は5％水準で統計的に有意な差が見いだせた項目であり、△は10％水準、×は有意ではなかったことを意味している。また各境界線を多く使用する代表的なカテゴリ

表10-11　境界スコアと変数間の関連性（一元配置分散分析）

説明変数	文化的境界	大衆的境界	社会経済的境界	道徳的境界
性別	×	◎　男性	×	×
年齢コホート	×	◎　若い	◎　若い	◎　若い
学歴	◎　大学	◎　大学	×	×
職業分類（6分類）	◎　ホワイト	◎　上層ホワイト＆ブルーカラー	◎　経営・管理サービス職	×
世帯収入	◎　高収入	△　低収入	△　高収入	△　低収入
15歳時暮らし向き	◎　豊か	×	×	×
中3学力	◎　上	×	×	○　下
階層帰属意識（10段階）	◎　上	×　低	◎　上	×
社会的成功感	○　成功	◎　不成功	◎　成功	×
仕事の満足度	×	○　不満足	×	×
生活の満足度	◎　満足	◎　不満足	×	×
階層判断基準				
収入	○　考慮した	×	×	×
財産	○	×	×	○　考慮した
住宅	◎	×	×	－
学歴	◎	◎　考慮しない	×	×
職業の内容	◎	○　考慮しない	×	×
職業の安定性	○	○　考慮しない	×	×
勤め先の知名度	○	×	△　考慮した	×
教養や趣味	◎	◎　考慮しない	×	×
父職業（上層ホワイト・下層ホワイト・ブルー）	◎　上層ホワイト	×	×	○
父学歴	◎　高	×	×	×
母学歴	◎　高	○　大卒	×	×

有意確率　◎→1％水準有意　○→5％水準　△→10％水準　×→有意でない

ーについて、簡便に記載している。

　表10-11を概観すると、階層的な地位変数と最も強い関連を示すのが文化的境界であることがわかる。さらに道徳的境界は、最も階層的な影響を受けない友人選択基準であることも明らかである。

　以下、各境界線の基準ごとに、分析結果を要約する。

文化的境界の特徴

　文化的境界を友人選択に用いる人の特徴は、学歴が高く、学校での成績も

よい、学校で成功した人たちである。文化的境界はホワイトカラー職種の人々が採用する友人選択基準であるとともに、経済資本にも恵まれている人々の友人選択基準となっている。したがって、文化的境界を採用する人は、社会的にも成功感が高く、生活満足度も相対的に高かった。

　文化的基準で境界設定をする人々は、出身階層をみても、父母の学歴が高く、父親の職業も専門・管理・経営という上層ホワイトカラーに顕著にみられた。同時に15歳時の暮らし向きが豊かだった人ほど文化的境界を使用していた。母学歴はとくに効果をもっていた。

　性別や年齢コホートによる差異は、見いだせなかった。

　文化的境界を作動させる人は、出身階層でも、現在階層でも、文化資本、経済資本ともに恵まれた状況にある人たちが多いといえる。また、文化的境界を作動させる人ほど階層序列や階層判断に敏感である、という結果も得られた。

大衆的境界の特徴

　友人選択において示される大衆的境界とは、単に大衆的な価値だけでなく、不道徳的な行為を許容するという内容も含んでいる。若い高学歴男性の専門職と管理職の男性とブルーカラー男性に特徴的にみられ、彼らは大衆的あるいは不道徳なことがらに寛容である友人とつきあってもよいと考えている。この大衆的境界で友人を選択する人の特徴は、学歴は大卒と高くても、収入が低く、あまり社会的に成功したとは思っていない男性、また仕事や生活にも不満を抱いている男性に多いという特徴があった。女性はこの基準をほとんど採用しないということも明らかになった。

　彼らのもう一つの特徴は、階層帰属判断で学歴や職業の内容と安定性を考慮していないこと、また教養や趣味を階層判断に使用しないという点で、文化資本や洗練された趣味に反発を示す対抗文化的な価値基準をもっていることである。

　戦後の急激な高学歴化のなかで、元手となる文化資本を家族からは受け継がずに大学へ進んだ層、あるいはブルーカラーの仕事に就いた層で、仕事や生活への不満が大きいという特徴からみて、たとえ大学を出ていたとしても恵まれた職業状況にはないと考えられる。大衆的境界で友人を選ぶ人々は、仕事や生活への不満足層でもあることから、ギャンブルや風俗といった大衆

的な文化が彼らの不満を受け止める文化装置になっているとも推測できる。

社会経済的境界の特徴

　社会経済的境界を使って友人を判断する人は、年齢的には若く、管理職や経営者層のほかサービス職で金銭的に高収入を得るという方法で社会的に成功した人々に多くみられている。彼らの特徴は、社会的に成功しているという感覚が強いことである。また階層帰属意識も高い部類であるが、階層意識の判断基準については一貫した特徴はみられない。割合としては多くないが、男女ともに若い世代に見いだせる友人選択基準である。

道徳的境界の特徴

　道徳的境界は性別を問わずに多くの人が共有することはあるものの、年齢的には若い人に多く、学力は下のほうであった者が多いという特徴をもつ。しかし全体的にみて、友人を選ぶ場合に道徳的境界を用いる人の特徴はあまり明確ではない。なぜなら、階層変数や属性変数とはほとんど有意な関連性をもたず、階層を超えて広く行き渡っている友人選択基準だからである。

9　バウンダリー・ワークに関する知見

　以上の分析を通して、友人選択で使用される4つの基準について得られた知見をまとめておこう。

　①友人選択に文化的境界を用いるのは、専門職、管理職など大卒の上層ホワイトカラー（専門、管理、経営）を中心とした都市部の upper-middle 階級である。彼らが保有している高い文化資本を友人にも求めるという点が特徴的である。この基準を重視する人は、親世代から豊かな経済資本と文化資本をもっている階層から出てきている者が多く、社会的に成功していて、階層帰属意識も高い。しかし、経済よりは文化的な要素を重視するという点で、彼らの階層文化と関連していることがわかる。

　とくに教員をはじめとする文化的専門職や研究技術職層、総合職・事務職などのホワイトカラーに多くみられる特質である。都市部 upper-middle クラスは文化的境界線を使用して友人交際を判断し（排除し）、同じような文

化的嗜好性をもつ人々と交際している。彼らは正統文化趣味のライフスタイルともなじみやすいことから、友人を選ぶ際に、文化的境界線を引くことは階級の文化戦略、社交戦略になっている可能性が高い。すなわち、上位中流の人々が友人選択基準として用いるステイタスシンボルは、ここでいうような文化的な特徴をもっているということになる。

　このように文化的境界は、（出身階層からみても）教育システムを通じて階層再生産を果たした upper-middle クラスの用いるバウンダリー・ワークである。母学歴などの社会的軌道の効果があることから、文化資本の蓄積のうえに、文化的境界を用いた友人選択をおこなっているといえる。

　②大衆的境界の使用は、若い男性を中心に広がり、男性比率が高い上層ホワイトカラー職とブルーカラー職の両方で使用されている。学歴の高い男性も多く含まれるため、わが国では学歴資本と文化資本は男性では対応しないケースが多いということが、ここでも明らかにされている。ブルデューがフランスで見いだしたのとは異なり、日本では高学歴層がかならずしも正統文化趣味というわけではないことがわかる。これによって、わが国での階層による文化的差異がみえにくくなっていると考えられる。

　この大衆的境界は、明らかに男性中心の文化戦略である。

　③社会経済的境界は、経営・管理的な仕事、ビジネス関連の仕事に就く人々の間で支持されるが、文化的専門職層には支持されていない。

　④分析では提示していないが、友人選択での文化的境界と大衆的境界の二重戦略を使い分けている集団があり、それは男性のホワイトカラーのビジネス関連の職業に就いている人たちだった。

　⑤友人選択での道徳的境界は、階層的地位によるバイアスがほとんどないことから、国民文化として人々に浸透している特性でもある。ブルデューがイギリス国民をさして述べたような、あるいは竹内（1995）が指摘した日本人の国民文化として存在する文化資本の一部とも考えられる。

10　象徴的境界とライフスタイル

　友人選択で異なる象徴的境界の基準を用いるということは、人々のどのような価値観やライフスタイルと結び付いているのだろうか。もし友人選択に

現れる象徴的境界とライフスタイルとの関連が強いとすれば、人々はバウンダリー・ワークを通して共通のハビトゥスを確認し、共通の階級（階層）フラクションとして互いを見いだしているということができるだろう。友人選択のようなバウンダリー・ワークを通じて、たえず集団のハビトゥスが確認され、多様な関係性のなかで象徴闘争がおこなわれていると考えることができる。

　そこで以下では、階層的な変数と強い関連を示した2つの基準、文化的境界と大衆的境界に焦点をあてて、この象徴的境界がそれぞれどのようなライフスタイルと具体的に結び付いているかを明らかにする。

　ピアソンの相関係数を用いて、2つの象徴的境界のそれぞれの主成分得点とさまざまな価値ライフスタイル変数（5段階尺度）との関連性を明らかにしておこう。なお、相関係数として有意な値を示した場合だけを提示していて、＊＊1％水準、＊5％水準で統計的有意を意味している。マイナスの数値は、逆向きの関連性を示す。

文化的境界線を作動させる人の特徴

　友人選択で文化的境界を用いる人ほど、クラシック音楽が好きで、美術館にいく頻度も高い。すなわちハイカルチャーへの関心と実践の頻度が高く、「センスのいい趣味や振る舞いを心がけている」洗練された趣味の持ち主であることがわかる。また言語資本でも、「話し言葉は、ていねいで礼儀正しい」人が多く、「ユーモアのある会話ができるほうだ」「自分の意見を明確に述べることができる」という正の関連性を示した。また個性的な生き方をしていると回答する人も、文化的境界線を用いて友人選択をしていた。すなわち、友人選択で文化的境界線を用いている人ほど、文化資本が高いといえるだろう。

特徴1：文化資本が高い（ハイカルチャーへの関心と実践、言語資本、趣味の洗練性）。
　　／　「クラシック音楽が好き」（.332＊＊）
　　／　「美術館・美術展へ行く」（.355＊＊）
　　／　「センスのいい趣味や振る舞いを心がけている」（.312＊＊）
　　／　「話し方やことば使いは、ていねいで礼儀正しい」（.257＊＊）

／ 「個性的な生き方をしている」（.223*）
／ 「心のよりどころとなるライフワークや趣味をもっている」（.253**）
／ 「ユーモアのある会話ができる方だ」（.180**）
／ 「自分の意見を明確に述べることができる」（.192**）

　さらに2番目の特徴として、文化的境界を用いる人ほど、「人前にでてもものおじせずにふるまえる」「他人の面倒を見るのが好きで、他人から頼られる」傾向が高く、人間関係でのゆとりのハビトゥスをもっている。

特徴2：人間関係でのゆとりのハビトゥス。
／ 「人前に出ても、ものおじせずにふるまえる」（.194**）
／ 「他人の面倒をみるのが好きで、他人から頼られる」（.129**）

　価値態度の面では、文化的境界を用いる人は、非物質主義的価値が強く、心の豊かさを求める傾向にあることがわかる。さらに「公共のマナーに気をつけ」たり、暴力は振るわないなど、公共性や倫理観も高い。さらに非権威主義的な性格をもっていることが明らかになった。

特徴3：価値態度は非物質主義、公共性・倫理性、非権威主義的パーソナリティ。
非物質主義
／ 「物質的な豊かさを選ぶよりも、心の豊かさやゆとりのある生活をしたい」（.174**）
／ 「お金にこだわらず、経済的な見返りを求めないほうだ」（.155**）
公共性、倫理観が高い
／ 「公共のマナーに気をつけている」（.141**）
／ 「暴力をふるってしまうことがある」のではない（－.159**）
／ 「環境保護に役立つようなことを心がけて実行している」（.165**）
非権威主義的パーソナリティ
／ 「伝統や慣習に従ったやり方に疑問をもつ人は、結局は問題をひきおこすことになる」にそう思わない（-.144**）。
／ 「この複雑な世の中で何をすべきかを知るいちばんよい方法は、指

導者や専門家に頼ることである」とマイナス相関（− .144**）。

／ 「目上の人にはたとえ正しくないと思っても従わなくてはならない」と思わない（.111**）。

　文化的境界を用いる人が付き合う相手には、特徴4に示すように、経営者や専門職、芸術家や中小企業の事務員の職業の人が多い。ただし、大企業のホワイトカラーはここには表れないことから、文化的な洗練性を友人に求める人の多くが女性であること、また専門職層という知見とも符合する。

特徴4：付き合っている友人の職業は、経営者、専門職、芸術家、ホワイトカラー。

／ 大企業の経営者や役員、小学校の先生、ピアニストや音楽家、大学教授、作家・小説家、医者、中小企業の事務員、建築設計技術者、弁護士との付き合いの有無が、文化的境界スコアと正の相関あり。

大衆的境界を作動させる人の特徴

　下記の特徴5に示すように、友人選択で大衆的な基準を用いる人の文化的特徴は、大衆趣味である。具体的には、スポーツ新聞をよく読み、ハードロックを好み、カラオケも好きだが、クラシック音楽は嫌いである。インスタント食品をよく食べていて、下品な冗談や話を好んでしているという特徴をもつ（.376**）。

特徴5：大衆的境界スコアの高い人は、大衆趣味が顕著。

／ 「クラシック音楽」を嫌い（-.154**）。

／ 「ハードロックやヘビーメタル」を好き（.208**）。

／ 「スポーツ新聞をよむ」（.209**）

／ 「カラオケに行く」（.152**）

／ 「インスタント食品を食べる」（.120**）

／ 「下品な冗談や話をよくするほうだ」（.376**）

　大衆的趣味をもっていると同時に、彼らの生き方は、自己利益の最大化ということを一つの戦略としている。例えば、「法に触れないかぎりは、何を

してもよい」「他人に迷惑をかけなければ何をしようと個人の自由だ」に賛成し、「結果がよければ、その過程での正悪はあまり問題ではない」とも考える傾向にある。個人主義的自由主義であり、結果中心主義のリバタリアン的な生き方ともいえるだろう。

特徴6：自己利益の最大化をはかる戦略（＝個人主義的自由主義、結果中心主義）。
／　「法に触れないかぎりは、何をしてもよい」に賛成傾向（.305**）。
／　「他人に迷惑をかけなければ何をしようと個人の自由だ」に賛成傾向（.228**）。
／　「結果がよければ、その過程での正悪はあまり問題ではない」に賛成傾向（.180**）。

それと並行して、彼らの価値態度にみられる特徴は、倫理的・公共性が弱く、物質主義的であるという点にある（特徴7）。例えば、「公共のマナーに気をつけている」にあてはまらないと回答し、「頼まれた仕事や用事を手抜きしたりすることがある」「暴力をふるってしまうことがある」と回答する傾向がある。また「環境保護に役立つようなことを心がけて実行していない」。そして物質的な豊かさを好む物質主義的な生き方をしている。

特徴7：価値態度は、倫理観や公共性の弱さ、物質主義的、業績主義的。
　　　　倫理観、公共性が弱い　→シティズンシップの弱さへ。
／　「頼まれた仕事や用事を手抜きしたりすることがある」にあてはまる（.138**）。
／　「公共のマナーに気をつけている」にあてはまらない（-.184**）。
／　「仕事や人間関係を進めるうえで、多少うそをつくこともある」（.180**）
／　「暴力をふるってしまうことがある」（.129**）
／　「環境保護に役立つようなことを心がけて実行している」のではない（-.204**）。
　　物質主義
／　「物質的な豊かさを選ぶよりも、心の豊かさやゆとりのある生活を

したい」と思っていない（-.135**）。

／「お金にこだわらず、経済的な見返りを求めないほうだ」にあてはまらない（-.094*）。

／「身につけるものにはこだわるほうだ」（.075*）

また友人に大衆的であることを望む人は、人間関係では、自分の業績をあげることを優先する傾向にある。仕事仲間との飲酒も多いが、リーダーではなく、他人から頼られるというわけでもない。ここでも、「個性的な生き方をしている」という項目が正の相関を示すが、文化的境界を使用する人と異なり、その個性の示し方は異質である。付き合っている友人も、コンビニのアルバイト店員やトラック運転手で有意となり、社会的に成功している人との付き合いはみられない。

特徴8：人間関係

業績主義＞人間関係

／「競争に勝つことが重要だ」（.093**）

／「自分の業績をあげるよりも人間関係が大事だ」と思わない（-.112**）。

家庭以外の人間関係を重視するが、リーダーではない。

／「仕事仲間や友人と飲みに行くことが多い」（.242**）

／「他人の面倒をみるのが好きで、他人から頼られる」ことはない（-.077*）。

／「仕事のために家庭や私生活を犠牲にしている」（.119**）

／「個性的な生き方をしている」（.119**）

付き合っている友人の職業

／コンビニエンス・ストアのアルバイト店員、トラック運転手

まとめ

最後に、やや重複するが、知見を要約しておこう。

①文化的境界は、専門職、管理職など大卒の上層ホワイトカラーを中心と

第10章　バウンダリー・ワークとしての友人選択とハビトゥス──313

した都市中流階級の典型的な階層文化と関連する。都市部 upper-middle クラスの多くが文化的境界線を使用しているといえる。

②すなわち文化的に他者を排除する人々が実践する高地位者のシグナルがあり、正統趣味、ゆとりのハビトゥス、非物質主義、公共性・倫理性の高さ、非権威主義的パーソナリティなどがある。

③文化的境界は、upper-middle クラスの友人とのつきあいと連動していて、階層規定的である。

④文化的境界は、(出身階層からみても)教育システムを通じて階層再生産を果たした upper-middle クラスの用いるバウンダリー・ワークである。親の世代の階層状況が影響を与えていて、社会的軌道の効果がある。すなわち文化資本の世代間の蓄積によって個人や集団のハビトゥスとなった選択基準である。

⑤大衆的境界は、若い男性を中心に広がり、男性の上層ホワイトカラーのうちの社会的に成功していない層とブルーカラー職の両端で使用されている。大衆趣味と関連が高く、これによって、階層による文化的差異がみえにくくなっている。

⑥大衆的境界は文化資本の少ない男性中心の戦略であり、リバタリアン的な個人主義的自由主義と親和性が高い。大衆文化は、社会のなかでジェンダーの壁を作り出し、女性を排除するシンボルとして作用しているのではないか。

⑦社会経済的境界は、経営・管理的な仕事、ビジネス関連の仕事に就く人々の間で支持されるが、文化的専門職層はほとんど使用しない。

⑧文化的境界と大衆的境界の二重戦略を使い分けている集団の存在があり、男性のホワイトカラーのなかでもビジネス関連の職業に就いている層である。

⑨道徳的境界は、階層的バイアスがほとんどないことから、国民文化としての文化資本にあたると考えられる。

　以上の分析からわかることは、日本の都市部での階層文化や友人交際がどのようなものかである。ジェンダーと社会的地位による差異が確かに存在している。男女の差は大きいが、職業によっても異なっていた。

　高学歴の上層、上位中流階層、なかでも専門職層が正統趣味を背景とする文化的境界によって、友人を選択あるいは排除していることがわかる。そし

て、実際にも同じ上層・中上流の人々と交際していることも明らかになった。彼らは正統文化趣味の卓越化したライフスタイルを共通項として、互いを識別している。友人選択で文化的な境界線を引くことは、文化資本の高い階層・階級の文化戦略、社交戦略となっているといえるだろう。

　しかし高学歴であっても男性の若い世代では、大衆的趣味を背景とした大衆的境界で友人と付き合う者が多い。大衆的境界は男性の一部に支持され、日本の男性にみられる特有の大衆文化を構成しているのである。

　ジェンダーによる文化の差異が、ライフスタイルや価値観と連動することから、大衆文化のジェンダー差は階層の壁を超えて男性に強く浸透している。ブルデューが明らかにしたフランスの高学歴層男性では、正統趣味が階級文化として当然のように存在していたが、日本ではそうではない。男性の文化が、出身階層や現在階層と一致しないことが多いのである。

　そして男性が中心となったギャンブルへの嗜好や飲酒文化、風俗文化は、日本の大衆文化を語るうえで、重要である。それは労働者階級文化に限定されない、男性の文化として高学歴であっても文化資本の少ない男性に好まれ、友人選択でも選択基準として作動している。男性ハビトゥスに支えられた大衆的な文化の側面を明確にすることは、日本文化の一つの見方としてもっと強調されてもよいだろう。

　学歴や階層による文化の分断もさることながら、ジェンダーと文化資本（学歴とは同一ではない）による文化テイストやライフスタイルの差異は、ジェンダー間のみえない文化的壁でもあり、労働や職場の人間関係とも結び付いている。このことが、日本の文化階層をほかの国とは異なる独特のものにしている可能性が高い。

注

（1）upper-middle クラスとは、中流階級の上層の地位にある人々をいう。ラモンはアメリカのニューヨークとインディアナポリスおよびフランスのパリで実施した upper-middle クラスに対する調査で、この階級に所属する人々の定義を3つの群に分類し、これらに属する者と定義している。①大学卒の専門職、準専門職（例えばソーシャルワーク、司書、初等・中等学校教員）、②公的あるいは非営利セクターの経営管理グループ（エグゼクティブ、中間

管理職、経営者）、③ビジネスマン（自営専門職、さまざまな規模のビジネスオーナー）である。

（2）現在の職業別に求めた境界線スコアは、表10-12のとおりである。

表10-12　現在の職業別に求めた境界線スコア

現職6分類		文化的境界	大衆的境界	社会経済的境界	道徳的境界
専門	平均値	0.288	0.248	-0.146	0.013
	N	156	156	156	156
	SD	0.991	1.100	0.876	0.958
経営・管理	平均値	0.102	0.146	0.438	0.059
	N	122	122	122	122
	SD	0.920	0.938	0.930	0.884
事務	平均値	0.266	-0.155	0.187	-0.047
	N	153	153	153	153
	SD	0.896	0.960	1.031	1.063
販売	平均値	-0.335	0.013	-0.015	-0.123
	N	63	63	63	63
	SD	0.872	0.882	0.775	0.830
サービス	平均値	-0.346	-0.049	0.224	-0.095
	N	66	66	66	66
	SD	1.069	0.971	1.206	0.945
ブルーカラー	平均値	-0.299	0.271	-0.289	0.108
	N	94	94	94	94
	SD	0.954	1.021	1.108	1.139
合計	平均値	0.040	0.085	0.070	-0.003
	N	654	654	654	654
	SD	0.982	1.004	1.014	0.985
df		5	5	5	5
F値		10.537	3.674	8.242	0.705
有意確率		$p<.001$	$p<.01$	$p<.001$	n.s.

316

第11章
階級のハビトゥスとしての文化弁別力とその社会的構成
── 文化の評価システムと社会階層

1 文化評価と階級

　本章では、文化評価の根底にある認識図式の集団的・社会学的特徴を解明することを目的にする。人々が文化評価をおこなう際に示すディスタンクシオン（差異化・卓越化）の感覚に着目し、それが階層的意味をもったシステムとなっていることをみておこう。

　文化評価を支える認識図式の集団的・社会学的特徴とは、言い換えれば人々が諸文化を評価する「眼」が、どのように社会的に構成され、身体化された構造となっているかという問いを明らかにすることである。そのために、諸文化活動に対する人々の評価行為を分析の対象とした。

　文化を評価する基準には、例えば「上品な／下品な」「洗練されている／洗練されていない」「美しい／美しくない」「芸術的な／俗っぽい」など多数の形容詞があり、諸文化への評価は多様である。しかしこれらの評価は、「趣味の良しあし」や「憧れの生活様式」などとして序列的に認識されることが多い。すなわち、諸文化間には漠然とした序列が認識されている。ここでは、さまざまな文化的活動の威信に対する人々の評価を**文化評価**もしくは**文化威信評価**と呼ぶことにしよう。

　「文化評価」とは、主体が社会のなかのさまざまな文化を分類し、評価づける認識行為であると定義できる。この文化評価は、ブルデューがいう趣味判断の一つの表れである。では、趣味（taste）とは、いったい何なのか。ブルデューによれば「趣味」とは、「カントが言うように「差異化」し「評価」する獲得された性向（ディスポジション）であり、……ディスタンクシオン

第11章　階級のハビトゥスとしての文化弁別力とその社会的構成──317

（区別だて）の操作によって差異を設定し、またはしるしづけようとする性
向である」（Bourdieu 1979a）。ディスタンクシオンには差異化と卓越化とい
う2つの意味が込められている。ディスタンクシオンの操作は主体が意識し
たり認識している必要はなく、まさにハビトゥスとして身体化されている[1]。

　ディスタンクシオンの感覚は、諸文化を評価する仕方のなかにも、当然、
表れてくると思われる。例えば、ある領域の諸文化活動を10点から90点の
スケールで幅広い尺度で評価する者もいれば、50点から60点の狭い幅で評
価する者もいる。前者は諸文化の差異に敏感だが、後者は文化の差異を見い
ださずに、異なるジャンルを一緒にしてしまう。すなわち文化を知覚し分類
する知覚図式に差異があり、そこにハビトゥスと化した社会構造がみえてく
ると考えられる。

　本章では文化評価のような主観的な「判断」が社会構造と強い関連をもつ
ことを指摘し、ブルデューが言及した階級と分類化作用の問題を単に理論や
傍証に終わらせることなく、実証的な階層研究の進展につながるように展開
していく。また、実証的な階層研究での主観的変数の測定とその階層論的意
義についても検討する。

2　分析課題

　文化評価を支えている認識図式の社会学的特徴を検討することは、個人や
集団の好み（＝主観）がどのように社会的・階層的に構成されているかを明
らかにすることである。ここでは1992年に筆者が神戸市で実施した文化の
威信評価調査の結果を用いて、以下の分析課題を明らかにする[2]。

　①諸文化活動への評価に序列性はあるか。この文化の序列性は諸集団間で
共有された認識図式となっているか（**文化の序列性仮説**）[3]。

　②諸文化活動の差異を強く弁別している者は、どのような人々か。ここで
は文化評価にみられる文化の弁別力、すなわち諸文化活動の威信の高低を弁
別する力は、社会的地位とどのような関連をもつかを検討し、文化的差異へ
のセンシティビティと社会階層の関連性を解明する（**文化弁別力の階層性仮
説**）。

　③文化消費は、階級・階層の指標になっているか。社会的地位の指標にな

り、差異化機能を果たしている文化活動とはどのような活動か（**文化の階層性仮説**）。

　④「文化の階層性」が成立するならば、各集団成員は自らが有利になるような文化の分類図式を採用して諸文化活動を位置づけるのではないか。その結果、各階層ごとに異なる文化評価図式は、集団の社会的位置からくる利害判断によって構成された階級のハビトゥスとなっているのではないか（**文化評価の認知モデル**）。

　⑤社会的地位の移動は文化評価の構造を変化させるだろうか。地位の移動が文化を評価する「眼」を変容させるのであれば、人々は移動先である所属集団の文化に容易に同化することになる（**文化同化仮説**）。評価する「眼」が変化しないのであれば、地位移動が生じても文化は残存し、世代間で遺産として伝達されるだろう（**文化相続仮説**）。ここでは移動者（Mover）と非移動者（Stayer）を比較する。

　以下では、これらの分析課題に関する諸仮説と分析モデルを提示しながら、実際のデータを用いて、仮説やモデルの真偽を検証することにしよう。

3　文化の威信評価と評定の意味

文化評価の調査と文化威信の評定

　前述の分析課題を検討するために、1992年に神戸市で文化評価の質問紙調査を実施した。[4] 41種類の文化的活動は、芸術消費や娯楽、スポーツなどのいわゆる趣味活動、料理やメディアとの接触の仕方などの諸活動であり、多様な文化の領域にわたっている。そして同じ領域であっても、できるだけ行為の内容を分けて、特定化した活動を例示した。

　調査の母集団は神戸市在住の20—69歳の男女であり、選挙人名簿から無作為2段抽出法でサンプルを抽出した。郵送法で実施した結果、回収率は40.3％となり、そのうち無効票13を除いた有効回答（男性231人、女性304人）の合計535票を分析に使用した。

　調査では文化評価スコアを算出することを目的に、回答者に41種類の文化的活動それぞれに対して「非常に高い」―「非常に低い」の5段階の評定法で答えてもらった。[5] 各文化的活動に対する5段階評定の各カテゴリーに、

最高点100点、最低点0点として25点等間隔の評定値を与えスコアを算出した。この結果、求められる集団ごとの平均評定値を「**文化評価スコア**」と呼ぶことにする。また、各文化活動の評価スコアの総和を全回答者数で除した値（平均値）を「**文化威信スコア**」と定義する。それぞれのスコアは、文化活動ごとに算出される。

文化威信スコアの意味

　文化威信スコアや文化評価スコアを算出する目的は、どのような文化活動が正統的な文化なのか、といった問いに答えるためでは決してない。威信が高い文化と低い文化の境界を決定することは操作的には可能だが、そのような操作的定義をおこなうこと自体が、非常に恣意的な行為であることを最初に自覚しておく必要がある。

　文化は階層化しているというが、相対主義的立場をとれば上位の文化すなわち文化の正統性とは本来は恣意的なものにすぎない。「支配階級の文化が、支配的（正統的）な文化である」という言明は、この文化評価をめぐる恣意性を最も端的に表している。すなわち支配的な人々がもっている文化評価の図式こそが「正しい」「合法的な」すなわち正当な図式であるという定義を、自分たち以外の人々に押し付ける力を彼らがもっているからである。この支配—被支配の力関係を背景として、文化は階層化され、等級を与えられ、差異化の道具として機能している。ブルデューによれば、社会的世界では文化の正統性の定義そのものが闘争の賭け金になっているという。つまり、正統性の定義をめぐる象徴的な闘争が繰り広げられている。

4　文化評価の一次元性と対抗文化の不在

文化の序列性

　表11-1は、算出された文化威信スコア（文化評価スコアの平均値）の結果をスコアの高い順に示している。最も威信が高い文化的活動は「美術館で絵画を観賞する」の67.4点であり、最も威信が低い活動は「競馬、競輪、競艇をする」の21.3点だった。表11-1から、人々はさまざまな文化活動に「高い—低い」という序列的な評価を下していることがわかる。

威信が高い文化活動は、「美術館での絵画鑑賞」のほか、「クラシック・コンサート」「社会福祉活動」「歴史や芸術の本を読む」「歌舞伎や能を見に行く」「絵を描く」「ピアノをひく」「茶道・華道」「短歌・俳句」など、いわゆる西洋と日本での伝統芸術に関わる活動が多い。現代的知識や技術に関わる活動がそれに続き、「パソコンを使う」「科学雑誌を読む」が上位10位に入っている。中間的な威信の活動には、例えば「テニス」「ゴルフ」「ジャズ音楽」「外国映画を見に行く」「日曜大工」などがある。逆に威信が低い活動は、「競輪・競馬・競艇」「パチンコ」「マージャン」「占いの本を読んだり研究する」「居酒屋・スナック・パブへ行く」「宝くじを買う」など、大衆的な娯楽でギャンブル的な要素をもつという特徴がある。

　以下では文化活動の分類概念として、文化威信スコアの高低にそって、文化威信の上位の文化活動群を「ハイカルチャー」、中位のものを「中間文化」、下位のものを「大衆文化」と呼び、3つの文化カテゴリーを便宜的に使用する。

　標準偏差は約18―30の間にあり、20点前半の値を示すものが大半である。1995年SSM調査での文化威信スコアの結果（第4章表4-1）と比較すると、標準偏差は神戸市データのほうがやや大きい。文化評価スコアの分散の大きさは、少数ではあるが異なった評価を与える人々の存在を示唆している。[7]

文化序列に関する共通の認識図式

　諸文化活動に対する評価の順位構造は、異なる社会集団の間でも同じだろうか。社会集団の区分として、性、学歴、職業を取り上げる（表11-1を参照）。

　文化評価スコアの順序データに関して、男女間でスピアマンの順位相関係数を求めると、0.926（p<0.0001）と相関は高い。諸文化活動のランク順位は、男女間でかなり共通していると判断できる。男女間でランク順位が±10位以上の差を示した項目は、「手芸や編み物をする」（男性22位／女性10位）と「日曜大工をする」（男性14位／女性26位）のみである。女性の活動者が多い手芸、編み物では女性の評価が高くなり、男性の活動者が多い日曜大工で男性の評価が高いことは、自らの文化活動をそれぞれ高く評価する傾向を示唆している。

　次に、学歴を3カテゴリー（大学卒／高校卒／中学校卒以下）に分類し、文化評価スコアの順位相関を求めた。大学卒と高校卒の相関係数が0.947[8]

表11-1　文化評価スコアと諸属性

		文化威信スコア全体平均（N=535）	全サンプル標準偏差	性別 男性（231）	性別 女性（304）
ハイカルチャー	1　美術館で絵画を鑑賞する	67.41	26.6	67.3	67.5
	2　クラシック・コンサートへ行く	63.28	29.4	62.2	64.1
	3　社会福祉活動をする	63.28	30.7	62.9	63.6
	4　歴史や芸術の本を読む	62.08	25.1	63.2	61.2
	5　歌舞伎や能を見に行く	61.57	29.6	59.5	63.1
	6　絵を描く（日本画、洋画）	60.76	30.3	61.7	60.1
	7　ピアノをひく	60.31	29.7	58.9	61.4
	8　茶道・華道	58.79	25.2	56.6	60.4
	9　パソコンを使う	58.55	26.9	58.6	54.0
	10　科学雑誌を読む	56.02	26.6	58.1	58.9
	11　短歌や俳句をつくる	54.50	28.3	54.1	54.8
	12　洋裁・和裁をする	53.56	25.3	51.3	55.3
	13　手芸や編み物	52.82	22.2	＊48.2	56.3
	14　総合雑誌を読む	51.68	18.5	＊53.9	50.0
	15　パン作りや菓子作り	51.14	24.0	＊48.5	53.1
	16　フランス料理を作る	50.99	26.1	48.4	53.0
	17　ペン習字をする	50.15	22.8	49.9	50.4
	18　テニスをする	49.90	24.0	49.3	50.4
	19　ジャズ音楽のコンサートへ行く	49.16	24.4	48.0	50.1
中間文化	20　ゴルフをする	48.92	25.0	46.6	50.7
	21　プロ野球の観戦（テレビは除く）	48.67	20.2	48.7	48.7
	22　外国映画を見に行く	48.48	19.6	48.5	48.4
	23　日曜大工をする	48.33	21.4	＊51.0	46.3
	24　フランス料理を食べに行く	47.54	21.6	＊44.7	49.7
	25　民謡を唄う	47.34	23.6	46.3	48.2
	26　囲碁・将棋	47.00	24.4	48.4	45.9
	27　日本映画を見に行く	46.83	18.5	47.0	46.7
	28　推理小説を読む	45.53	18.5	45.8	45.3
	29　スポーツ新聞を読む	45.39	20.6	46.4	44.6
	30　落語、漫才をきく	45.12	18.7	45.5	44.9
	31　ロック音楽のコンサートへ行く	43.80	22.7	41.6	45.5
	32　カラオケをする	42.61	22.8	41.3	43.6
	33　新劇・大衆演劇を見に行く	41.75	20.8	42.2	41.4
	34　演劇歌手の公演やショーへ行く	41.40	20.1	41.4	41.4
	35　恋愛小説を読む	41.25	20.2	41.3	41.2
	36　宝くじを買う	39.41	22.6	38.2	40.4
	37　居酒屋やスナック、パブへ行く	38.89	22.5	＊41.2	37.1
大衆文化	38　占いの本を読んだり研究する	34.01	21.7	＊31.3	36.1
	39　マージャンをする	26.33	22.7	26.6	26.1
	40　パチンコをする	24.80	25.2	24.8	24.8
	41　競馬、競輪、競艇をする	21.31	23.7	22.1	20.7

注1：＊は、各属性別の文化評価スコアを分散分析（F検定）にかけ、5%以下の有意差を示した文化活動である。
注2：学歴分類については注（8）を、職業分類については注（9）を参照のこと。
注3：（　）内は人数。

		学歴			現在の職業		
		大学	高校	中学	専門・管理	事務・販売	ブルーカラー
		(197)	(237)	(84)	(99)	(111)	(131)
1	美術館で絵画を鑑賞する	*75.9	65.7	53.9	*75.3	73.0	62.4
2	クラシック・コンサートへ行く	*71.4	60.8	53.2	*71.1	69.3	57.7
3	社会福祉活動をする	*70.8	61.0	52.0	*70.4	69.8	58.7
4	歴史や芸術の本を読む	*69.0	61.0	50.3	*68.2	66.1	56.7
5	歌舞伎や能を見に行く	*68.4	60.5	49.0	*69.1	67.4	56.7
6	絵を描く（日本画、洋画）	*71.2	57.1	50.0	*70.4	66.6	55.6
7	ピアノをひく	*68.8	57.9	49.7	*66.2	65.9	57.9
8	茶道・華道	*63.8	57.7	51.7	*62.2	64.8	55.1
9	パソコンを使う	*63.2	57.5	53.0	*63.1	63.2	58.3
10	科学雑誌を読む	*65.0	52.9	44.9	*65.6	58.2	53.1
11	短歌や俳句をつくる	*63.0	51.2	45.0	*65.2	58.4	49.0
12	洋裁・和裁をする	56.9	51.8	51.7	55.9	58.4	51.2
13	手芸や編み物	54.9	52.0	50.0	53.1	55.9	52.3
14	総合雑誌を読む	*55.9	51.3	44.4	*55.7	54.5	51.0
15	パン作りや菓子作り	*55.8	49.3	45.6	*55.4	55.9	49.2
16	フランス料理を作る	*56.1	48.7	46.0	*55.2	56.4	48.6
17	ペン習字をする	*53.4	49.5	45.0	52.3	54.1	49.2
18	テニスをする	*52.8	50.2	43.8	*53.3	55.0	49.8
19	ジャズ音楽のコンサートへ行く	*54.9	47.7	42.1	*52.8	55.7	47.4
20	ゴルフをする	*51.2	49.7	42.3	*51.5	54.1	48.6
21	プロ野球の観戦（テレビは除く）	*49.7	50.0	42.8	*48.2	52.3	51.2
22	外国映画を見に行く	*52.4	48.9	39.5	*51.8	53.6	47.5
23	日曜大工をする	*53.2	47.6	40.1	*54.4	50.0	47.5
24	フランス料理を食べに行く	*50.8	46.0	44.3	49.7	49.8	46.5
25	民謡を唄う	50.5	46.3	44.3	49.7	50.7	47.9
26	囲碁・将棋	*51.9	46.0	39.9	*52.8	51.1	46.3
27	日本映画を見に行く	*50.4	46.3	41.2	*48.5	50.7	46.3
28	推理小説を読む	*49.6	44.7	39.1	*49.5	49.8	43.8
29	スポーツ新聞を読む	43.8	47.0	45.4	*43.0	46.8	49.4
30	落語、漫才をきく	*47.2	45.0	39.9	46.1	48.4	44.9
31	ロック音楽のコンサートへ行く	*46.4	44.3	37.3	43.8	48.6	42.1
32	カラオケをする	40.3	44.8	41.6	*36.3	43.9	48.8
33	新劇・大衆演劇を見に行く	43.4	41.8	37.3	44.4	42.7	42.6
34	演劇歌手の公演やショーへ行く	41.3	41.7	41.2	38.9	42.0	44.8
35	恋愛小説を読む	*44.6	40.6	36.1	*44.6	46.6	40.7
36	宝くじを買う	37.0	41.2	39.3	*32.0	42.3	42.9
37	居酒屋やスナック、パブへ行く	*41.4	39.4	33.0	*39.4	42.0	43.3
38	占いの本を読んだり研究する	*33.2	36.2	28.3	34.3	37.7	34.1
39	マージャンをする	26.2	28.3	21.7	27.1	28.2	26.8
40	パチンコをする	22.8	27.5	22.4	22.9	22.7	29.1
41	競馬、競輪、競艇をする	19.9	23.6	19.7	*18.6	21.8	26.6

（p<0.0001）、大学卒と中学卒で0.880（p<0.0001）、高校卒と中学卒で0.921（p<0.0001）といずれも有意な関連性が認められた。しかし、大学卒と中学卒との順位相関はほかと比べてやや低い。また職業については「専門・管理職」「事務・販売職」「ブルーカラー職」の3つの職業カテゴリー[9]間で順位相関係数を求めた結果、専門・管理職と事務・販売職の間で0.972（p<0.0001）と高いが、専門・管理職とブルーカラー職では0.875（p<0.0001）とやや低い。また事務・販売職とブルーカラー職の順位相関は0.914だった。

　以上から、どの社会集団でも、諸文化活動の序列順位はほぼ共通していることが明らかになった。したがって、対抗文化の存在する可能性は低いといえるだろう。しかし集団によって評価序列が大きく異なる文化活動も少数だが存在している。例えば、ブルーカラーほど大衆文化を高い順位で評価する傾向にある。

　この結果は、1995年SSM調査データでの同様の分析結果（片岡 1998g）とほぼ同じである。

5　階級のハビトゥスとしての文化弁別力

文化弁別力と階層的地位の関係

　次に、文化評価の社会的規定性を探るために、「**文化弁別力**」という視点から検討してみよう。「文化弁別力」とは、さまざまな文化活動の差異を識別し、文化的差異に価値や有効性を見いだす能力[10]と定義できる。例えばクラシック音楽と演歌を比べると、評価スコアの序列順位では、どの社会集団もクラシックを上位、演歌を下位のものとして受け止めている。しかしこの2つの文化の差異をどの程度の差と知覚することができるかが問題となる。文化弁別力が大きいとは、諸文化間の差異を大きなものとして知覚する文化的構えをもっていることである。つまり、文化弁別力の大きな人とは、諸文化の違いを細かく分類し、差異化することができる文化の知覚図式をもち、文化を通じて差異化をはかることを正当化するハビトゥスをもっている人々である。文化の弁別力は、この意味で文化的センシティビティを意味するとともに、これはブルデューがいうディスタンクシオンの感覚の一つである。す

なわち文化の弁別力自体が、身体化した文化の知覚図式であり、ハビトゥスとして作動する文化資本の一形態である。

　　仮説1：社会階層上の位置によって、文化弁別力の大きさは異なる。階層的地位が高い集団成員ほど、文化弁別力は大きい。

　文化弁別力の階層性に関する仮説1を設定した。仮説1では、階層上の地位が高い集団ほど文化弁別力は大きいと仮定している。

文化弁別力の階層性（仮説1の検証）

　どのような社会集団で文化弁別力が大きいかを検討しよう。文化弁別力の操作的定義として、集団ごとに算出された文化評価スコアの最高点と最低点の差［最高点－最低点］、すなわちレンジ（range）を用いる。例えば全体平均の文化弁別力は、文化評価スコア1位の「美術館で絵画鑑賞（67.4）」と最下位の「競輪・競馬・競艇（21.3）」のレンジをとり、46.1となる。文化弁別力の数値が大きいほど、文化活動間で威信の差異を強く識別している。表11-2は、性別、学歴、現在の職業、および出身階層として父学歴、母学歴、父職業別に求めた文化弁別力の値を示している。

　表11-2の結果から、文化弁別力に男女差はみられない。学歴間では、大学卒56.0、高校卒42.1、中学卒34.2となり、学歴が高いほど文化弁別力は大きい。また職業カテゴリーによっても文化弁別力に大きな差が生じていて、専門管理職56.7、事務販売職51.2、ブルーカラー35.8である。父学歴や母学歴に関しても、父母が高学歴であるほど、本人の文化弁別力が大きい。父職業によっても異なり、ブルーカラーの弁別力が最も小さい。

表11-2　文化弁別力

社会カテゴリー		文化弁別力
全体		46.1
性別	男　　性	45.2
	女　　性	46.8
学歴別	大　学　卒	56.0
	高　校　卒	42.1
	中　学　卒	34.2
現職	専門・管理職	56.7
	事務・販売職	51.2
	ブルーカラー	35.8
父学歴	大　学　卒	57.0
	高　校　卒	47.3
	中　学　卒	42.9
母学歴	大　学　卒	57.3
	高　校　卒	51.1
	中　学　卒	41.9
父職業	専門・管理職	52.9
	事務・販売職	53.0
	ブルーカラー	43.0

文化弁別力とは、文化評価スコアの［最高点－最低点］のレンジで示している。

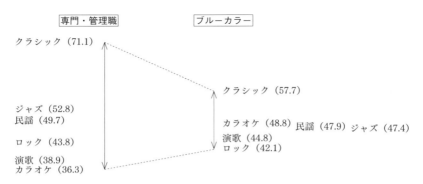

図11-1　音楽ジャンルの評価スケールの違い

　以上から、学歴や職業の階層的地位が高い集団ほど、また出身階層上の地位が高い人々ほど文化の弁別力が大きく、諸文化間の威信の差異を強く識別していることが明らかになった。

　つまり階層的地位の高い人々は、特定の文化活動に高い価値あるいは低い価値を与えるようなハビトゥスをもち、ディスタンクシオンの感覚が強いのである。逆に、階層的地位が低い人々は、文化の序列性には気づきながらも文化の弁別力が小さい。すなわち、文化活動間の差異をあまり強く識別せず、またそれに価値を置くようなハビトゥスをもっていない。このように文化に対するセンシティビティは、階層上の地位の高さと関連する。仮説1（文化の弁別力は、階層的地位が高い集団ほど大きい）の正しさがデータから証明されたといえるだろう。

　また、音楽領域と活字文化の2つの領域内部で、それぞれのジャンルの弁別力と社会階層との関連性を検討した結果、音楽文化のほうが活字文化よりも社会的地位によって弁別力に大きな差が生じていた。(11)

　例えば、専門・管理職層では、図11-1に示すように、クラシック音楽（71.1）＞ジャズ（52.8）＞民謡（49.7）＞ロック（43.8）＞演歌（38.9）＞カラオケ（36.3）の順位で評価し、クラシック音楽とジャズ以下の間に大きな文化的差異を設定している。しかしブルーカラー層では、クラシック（57.7）＞カラオケ（48.8）＞民謡（47.9）＞ジャズ（47.4）＞演歌（44.8）＞ロック（42.1）で、クラシックとそれ以外の音楽ジャンルとの差異はあるものの、評価の点では大きな差異を設定していない。

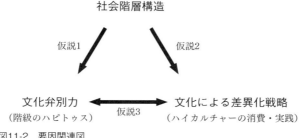

図11-2　要因関連図

　学校の中心的文化から遠い音楽のような文化領域で、文化の弁別力は社会階層と強い関連を示すと考えられる。言い換えれば、音楽の好みは階層・階級の最も象徴的な指標となるものと思われる。

　父母の学歴や父職業に代表されるような家庭の社会経済的水準によって文化弁別力が異なることから、文化的差異を識別し、文化によるディスタンクシオンを戦略として用いるハビトゥス（美的性向）は、家庭で形成されることが示唆される。また本人の学歴や職業との関連が強いことから、文化弁別力は学校や職業生活を通じて獲得されるとも考えられる。あるいは、文化弁別力の大きい人々が教育システムを利用することによって、社会的再生産をおこなっているとも解釈できる。いずれにせよ、諸文化間の差異を認識し、それに価値を見いだすディスタンクシオンの感覚は、家庭や学校や職業生活のなかで形成された階級のハビトゥスとして存在しているといえるだろう。

6　文化による差異化と文化の階層性

文化の階層性仮説と文化弁別力の関係

　図11-2から、社会階層構造、ハビトゥスとしての文化弁別力、文化による差異化戦略の3つの要因の関連を確認しておこう。すでに仮説1から、階層的地位が高い人々ほど文化弁別力が大きい事実が確認されている。ここで仮説2、仮説3を設定した。

　　仮説2：階層上の地位が高い人々ほど、文化による差異化戦略を採用する

（文化の階層性仮説）。

　仮説3：文化弁別力の大きい集団の人々ほど、文化による差異化戦略を採
　　　　　用する。

　仮説2と仮説3は、次のような考え方から導出される。仮説2では、「文化
による差異化」とは、文化の象徴的な力を用いて社会的な差異を固定したり
差異を設定しようとする人々の階級的戦略の一つだと仮定している。「文化
による差異化」は具体的には、さまざまな文化消費や趣味活動、日常的慣習
行動での選択の際に表れてくる。端的にはハイカルチャーを消費したり実践
したりすることが、その一つの指標となる。文化の階層性仮説（仮説2）が
成立するならば、文化のヒエラルキーと社会のヒエラルキーは対応するとい
えるだろう。

　仮説3では、階級によるハビトゥスの違いが文化消費の違いを生み出すと
仮定している。ハビトゥスとは身体化した知覚評価図式であり、主体はハビ
トゥスから生じる戦略や自らの行為の意味を自覚している必要はない。文化
による差異化戦略は、人々がハビトゥスとなった文化弁別力（文化の差異を
識別する能力）をもっていなければ生じえないと考えられる。つまり文化弁
別力が大きい人ほど、文化による差異化が階層戦略として有効であることを
認識し、ハイカルチャーを実践すると考えられる。しかし文化弁別力が小さ
い人は、文化による差異化を階級戦略とせず、ハイカルチャーの文化活動を
おこなわないだろう。そして文化による差異化戦略を採用するかしないか、
それ自体が自らの戦略になる。

文化の階層性と文化による差異化戦略（仮説2・仮説3の検証）

　では、実際の文化活動で階層差は見いだせるだろうか。ここでは、表11-3
に示した活動率[12]と〈差異化指数〉によって文化活動の階層性を検討しよう。
差異化指数とは、現在の職業階層ごとに集計した各文化活動の活動率（％）[13]
を用いて作成されている。具体的に差異化指数とは、職業カテゴリーごとの
活動率の［（最大値－最小値）／平均値］である。ただし、職業威信の下位[14]
の職業カテゴリーで最高点、上位のカテゴリーで最低点となる場合は、値を
マイナス（－）とした。したがって、差異化指数の絶対値が大きいほど、そ

表11-3　職業別の文化活動率

			平均活動率	現在の職業			差異化指数
				専門管理 (129)	事務販売 (127)	ブルーカラー (151)	
ハイカルチャー	1	美術館へ行く	60.2	77.5	63.0	43.0	0.57
	2	クラシック・コンサートへ行く	22.6	36.4	24.4	9.3	1.22
	3	社会福祉活動をする	21.7	23.7	25.2	17.1	0.37
	4	歴史や美術の本を読む	52.7	68.5	54.3	37.6	0.59
	5	歌舞伎・文楽	9.4	14.0	11.0	4.0	1.06
	6	絵を描く（日本画、洋画）	8.5	12.2	8.7	5.2	0.82
	7	ピアノやバイオリンをひく	9.5	16.0	11.9	2.0	1.47
	8	茶道・華道	15.1	17.6	21.3	7.8	0.89
	9	パソコン・ワープロを使う	39.6	52.7	48.8	20.5	0.81
	10	科学雑誌を読む	16.9	22.9	15.7	12.6	0.61
	11	短歌・俳句・川柳をつくる	6.1	10.0	5.5	3.3	1.10
		⋮	⋮	⋮	⋮	⋮	⋮
		⋮	⋮	⋮	⋮	⋮	⋮
大衆文化	30	落語、漫才をきく	8.1	6.2	7.1	10.7	-0.56
	31	ロック音楽のコンサートへ行く	2.5	2.3	3.1	2.0	0.44
	32	カラオケをする	58.8	59.5	61.9	55.6	0.12
	33	新劇・大衆演劇を見に行く	15.5	13.2	18.9	14.7	0.37
	34	演歌歌手の公演やショーへ行く	18.2	7.8	20.5	25.3	-0.96
	35	恋愛小説を読む	28.1	33.6	36.2	16.6	0.70
	36	宝くじを買う	47.6	35.1	55.1	52.0	-0.42
	37	居酒屋やスナック、パブへ行く	61.1	65.5	62.2	56.2	0.15
	38	占いの本を読んだり研究する	17.2	16.0	16.8	18.7	-0.16
	39	マージャンをする	17.6	24.4	16.7	12.6	0.67
	40	パチンコをする	25.0	20.6	23.2	30.3	-0.39
	41	競馬、競輪、競艇をする	10.3	5.3	8.7	15.9	-1.03

注1：活動率とは、過去1年間に1度以上行なった経験のある者の割合（％）。
注2：差異化指数：文化活動率の［(最高点 - 最低点)／平均活動率］で算出し、職業威信で下位のカテゴリーに最高点が、上位のカテゴリーで最低点となる場合は、マイナス（-）とした。

の文化活動の階層差異化機能が大きく、マイナス記号がつけば、それはブルーカラー層に特徴的な文化活動である。

　表11-3から明らかなように、職業カテゴリーによって文化活動率に差異が存在し、諸文化活動は差異化機能を果たしているといえるだろう。専門・管理職層に特徴的な文化活動として、「ピアノやバイオリンをひく」「クラシック・コンサートにいく」などのハイカルチャーの活動があり、またブルー

カラー層に特徴づけられる文化活動として「競輪・競馬・競艇」「演歌歌手の公演やショーへ行く」などの大衆文化活動が存在することがわかる。その意味で、ブルデューが述べるように趣味は階級の指標となっている。すなわち仮説2は証明され、階層的地位のヒエラルキーと文化のヒエラルキーは対応することが確認できた。しかし、差異化指数は必ずしも文化評価スコアの高低と完全に対応しているわけではなく、ゆるやかな対応関係にある。[15]

　結果的に、専門管理職層は文化弁別力が相対的に大きく、かつハイカルチャーの文化消費をおこなう。これに対してブルーカラー層は文化弁別力が相対的に小さく、大衆文化消費をおこなうことがわかる。すなわち、文化弁別力が大きい集団ほど、文化による差異化戦略を採用していることが明らかであり、仮説3は証明された。

7　自らが優位になる分類システムの採用

文化評価の認知モデル

　階層的地位によって文化弁別力の大きさが異なるのはなぜだろうか。ここでは諸文化を評価する場合に自らの集団の利害判断がはたらき、一種の社会的遠近法のメカニズムが作動しているという認知モデルを設定し、仮説4を検討する。すなわち人々は共通の文化の序列的構造を肯定しながらも、そのなかでできるだけ自らが優位となるようなかたちで文化を評価しているのではないか。言い換えれば自らの所属集団の文化を高く、距離が遠い集団の文化を低く評価するからこそ、文化の弁別力に階層間で違いが生じるのだと推測する。すなわち所属階層集団の文化を相対的に高く評価し、社会階層上の距離が大きい集団の文化を低く評価する。

　　仮説4：人々は所属階層に対応した威信の文化活動を、相対的に高く評価する。
　　仮説4a：階層地位が高い人は、所属階層の文化であるハイカルチャーを高く評価し、逆に大衆文化を低く評価するため、文化の弁別力が大きい。
　　仮説4b：中間階層は、中間文化を高く評価する。

文化序列	階層的地位		
	h（高）	m（中間）	l（低）
H（ハイカルチャー）	100 (1)	80 (1)	50 (1)
M（中間文化）	50 (2)	60 (2)	40 (2)
L（大衆文化）	0 (3)	20 (3)	30 (3)
最高値−最低値 ［文化弁別力］	100 ［大］	60 ［中］	20 ［小］

数値は文化評価スコア。（　）内は階層内スコア順位。

図11-3　モデル1──文化の認知評価モデル

	h	m	l
H	1	2	3
M	2	1	3
L	3	2	1

文化の序列（H＞M＞L）が満たされている場合の階層間序列。数値は階層間スコア順位。

図11-4　モデル1の階層間順位

仮説4c：階層地位が低い人は、ハイカルチャーをほかの階層よりも低く評価し、所属階層の文化である大衆文化をほかの階層よりも相対的に高く評価するため、文化の弁別力が小さい。

　仮説4は4a、4b、4c の3つの下位仮説をもつ。そして仮説4は、次の図11-3のようにモデル化して、文化弁別力の仮想スコアを与えることができる。モデル1の数値は、文化の序列性仮説と仮説4に従って作成した各階層集団（h,m,l）ごとの文化評価スコアの仮想値である。例えば、仮説4a に即して、階層地位が高い（h）と所属階層文化であるハイカルチャー（H）を高く（100点）評価し、大衆文化（L）を低く（0点）評価すると設定した。逆に階層地位が低い（l）場合は、ハイカルチャー（H）を相対的に低く（50点）、大衆文化（L）を相対的に高く（30点）評価すると仮定した。文化の序列性仮説も満たしている必要があるので、各階層集団（h,m,l）ごとに、文化評価スコアはH＞M＞Lで順位では同じとなる。

　図11-3のモデル1の（　）内で示した順位が示すように、いずれの階層も文化の支配的な序列構造を受け入れていても、文化弁別力は階層的地位によって異なる。ここでは、高い階層（h）が最も弁別力が高く（スコアの幅が100と最大）、諸文化の差異を強く認知しているモデルを仮定した。また低い階層（l）では文化の弁別力が最も弱く（スコア幅20と最小）、文化の差異をあまり認識していないと仮定している。

　今度は階層間で仮想文化評価スコアに順位をつける（図11-4）。h、m、l

第11章　階級のハビトゥスとしての文化弁別力とその社会的構成──331

の3つの階層を比べ、最も高い評価スコアを与えた階層に1、最も低いスコアをつけた階層が3となる。仮説4が正しければ、人々は自らの（集団の）利害を計算して文化評価をおこなうので、階層間での順位は図11-4のようになるはずである。

　モデル1が満たされれば、高地位者で文化による差異化戦略を重視する人々も、低地位者で諸文化の差異を重視しない人々も、ともに自らが優位になるような分類システムを採用しているという行為原理にたつことになる。

階級のハビトゥスとしての文化評価（モデル1の検証）

　現実のデータはモデル1と合致するだろうか。表11-4は、表11-1に示した職業階層別の各文化評価スコアを階層間で順位化している。表11-4をみると、図11-4のモデル1が現実データでも成立することが明らかである。すなわち威信上位の1位（美術館で絵画鑑賞）から7位（ピアノをひく）までの文化活動（ハイカルチャー）を最も高く評価するのは、専門・管理職（1）であり、事務・販売（2）、ブルーカラー（3）の順序となっている。威信中位の中間文化について、威信順位15位（パン作り・菓子作り）―25位（民謡を唄う）については、11項目中の10項目で事務・販売層が最も高く評価し（1）、専門管理（2）、ブルーカラー（3）の順序となっている。さらに威信の低い大衆文化として、順位32位（カラオケをする）―41位（競馬・競輪・競艇をする）の11項目をみると、そのうちの6項目でブルーカラーが最も高く評価し、専門管理職が最も低く評価するという順位を示した。

　この表11-4の結果は、図11-4に示したモデル1の階層間順位をほぼ再現するといっていいだろう。仮説4とモデル1は現実の調査データによって、その正しさが証明された。

　以上から、階層上の地位は人々の文化評価に影響を与え、それぞれの階層成員は自らが優位になるような評価をおこなっていることが明らかとなった。人々は文化の序列性を肯定しながらも、そのなかで自らの所属階層の文化を高く評価し、社会的距離のある階層の文化は低く評価するという社会的遠近法を用いて、文化を評価していることが解明された。すなわち文化弁別力の差異とは、いわゆる「能力」ではなく、ハビトゥスと化した諸階層の文化評価図式の違いなのである。そして文化弁別力とは、客観的な社会経済的文化的な条件のなかから生み出される文化の知覚分類図式だといえるだろう。

332

表11-4 職業階層別の各文化評価スコア

			文化評価スコアの階層間順位		
			専門管理	事務販売	ブルーカラー
ハイカルチャー	1	美術館で絵画を鑑賞する	1	2	3
	2	クラシック・コンサートへ行く	1	2	3
	3	社会福祉活動をする	1	2	3
	4	歴史や美術の本を読む	1	2	3
	5	歌舞伎や能を見に行く	1	2	3
	6	絵を描く（日本画、洋画）	1	2	3
	7	ピアノをひく	1	2	3
	8	茶道・華道	2	1	3
	9	パソコンを使う	2	1	3
	10	科学雑誌を読む	1	2	3
	11	短歌や俳句をつくる	1	2	3
	12	洋裁・和裁をする	2	1	3
	13	手芸や編み物	2	1	3
中間文化	14	総合雑誌を読む	1	2	3
	15	パン作りや菓子作り	2	1	3
	16	フランス料理を作る	2	1	3
	17	ペン習字をする	2	1	3
	18	テニスをする	2	1	3
	19	ジャズ音楽のコンサートへ行く	2	1	3
	20	ゴルフをする	2	1	3
	21	プロ野球の観戦（テレビは除く）	3	1	2
	22	外国映画を見に行く	2	1	3
	23	日曜大工をする	1	2	3
	24	フランス料理を食べに行く	2	1	3
	25	民謡を唄う	2	1	3
	26	囲碁・将棋	1	2	3
	27	日本映画を見に行く	2	1	3
	28	推理小説を読む	2	1	3
	29	スポーツ新聞を読む	3	2	1
	30	落語、漫才をきく	2	1	3
	31	ロック音楽のコンサートへ行く	2	1	3
	32	カラオケをする	3	2	1
	33	新劇・大衆演劇を見に行く	1	2	3
	34	演歌歌手の公演やショーへ行く	3	2	1
	35	恋愛小説を読む	2	1	3
大衆文化	36	宝くじを買う	3	2	1
	37	居酒屋やスナック、パブへ行く	3	2	1
	38	占いの本を読んだり研究する	2	1	3
	39	マージャンをする	2	1	3
	40	パチンコをする	2	3	1
	41	競馬、競輪、競艇をする	3	2	1

注：文化評価スコアの階層間順位は、表11-1の文化評価スコアから各文化活動について
のスコアを職業階層間で比較し、最も高いスコアを1位とした。

社会的位置によって異なる文化評価の意味

　社会的位置による文化評価の違いとは、具体的に何を意味しているのか。

　まず、専門・管理職層の特徴について考えてみよう。

　第1に、上層階層の人々ほど正統化された文化評価のコードを強く内面化し、正当化していると考えられる。そのために序列が高い文化をより高く評価し、序列が低い文化をより低いと評価していた。専門・管理職層の文化弁別力は大きく、文化によって差異化することの有効性とその社会的意味を認識していると考えられる。

　しかも第2に、このような分類評価行為は、自らの所属集団である上層階層が優位にあることを示すプラチックな行為でもある。なぜならハイカルチャーの活動率は専門・管理職ほど高く、ブルーカラーでより低いため、ハイカルチャーは専門・管理職層を特徴づける文化的活動となっているからである。

　第3に、自らの所属する集団の文化を高く評価することは、専門・管理職層の利害にかなっている。すなわち専門・管理職層は、ハイカルチャーの嗜好を通じてほかの集団を排除することが可能だ。それによって、自らの文化資本の蓄積を価値があるものにすることができるからだ。

　また第4に、所属集団の文化活動（ハイカルチャー）を高く評価し、それ以外の文化を低く評価することは、自らの文化の定義をほかの人々に押し付けることであり、これこそが文化による正統化作用である。専門・管理職層は、文化の象徴闘争で優位な闘いをしているといえるだろう。

　では、階層的地位（職業威信）では低いカテゴリーであるブルーカラー層について考えてみよう。活動率でみれば、ブルーカラー層を特徴づけるのは文化威信が低い大衆文化である。彼らは社会のなかで何が威信の高い文化であるかを非常におおざっぱな分類図式を用いて識別している。例えばジャズ音楽と演歌の差異を識別せずに「やや低い」と評価し、クラシック音楽のほうが上位である（「ふつう」）と評価している（図11-1）。また自らおこなっている文化活動は、威信の低い大衆文化であることも認識している。彼らが文化の威信評価をおこなうことは、自らの活動を威信が低いものと再認識させられることでもあった。また同時に、ハイカルチャーの威信の高さを認めることは、上層の人々のライフスタイルが卓越していることを承認することで

ある。そうしたなかで、ブルーカラー層が文化の序列的構造を認めながらも自らの文化をできるだけ高く評価することは、彼らの集団的利害にかなっている。したがって、専門・管理職層よりは、パチンコや競馬・競輪・競艇などの大衆文化を高く位置づけようとする回答をおこなっていた。つまりブルーカラー層は学校で学んだ共通の文化の定義（序列性）を受け入れながらも、そのなかでの自己肯定をおこなっている。しかし、この自己肯定的態度は、支配的な文化序列に対抗するものにまではなっていない。ブルーカラー層が大衆文化をハイカルチャー以上に高く評価するのであれば、そこに対抗文化が生まれる可能性があるが、現実はそうではない。ブルーカラー層も共通の文化序列をある程度まで正当化してしまっているからである。このことは、ブルーカラー層が支配的文化を受け入れ、それに甘んじていること、そして支配的文化の存在と文化の差異化機能を専門・管理職ほどではないにせよ、ある程度、透視できていることを意味する。しかし文化弁別力の値の小ささが示すように、ブルーカラー層の文化の知覚図式は専門・管理職層ほど細かなスケールではない。

　次に事務・販売層についてまとめてみよう。事務・販売層の職業威信は中間的位置にあり中間層である。文化的にも中間文化を実践する比率が高い。ハイカルチャーを高く評価する傾向にはあるが、専門・管理職ほどハイカルチャーを威信の高いものとは思っていない。そして、ほかのどの階層集団よりも中間文化を高く評価する傾向にある。中間文化の特徴は実用的な文化活動が多いことである。例えば手芸・編み物（13位）、パン作り・菓子作り（15位）、フランス料理を作る（16位）、ペン習字（17位）、日曜大工（23位）などである。事務・販売層は、このような実用的な文化をほかのどの集団よりも高く評価している。そして、それは彼らの文化的特徴となっている。また、彼らは威信が低い大衆文化よりはハイカルチャーを嗜好する傾向にあり、文化をみる「眼」は専門・管理職により近いものをもっている。それは、中間層において上昇移動への意欲と動機づけが強いことと無関係ではないだろう。

　このように文化弁別力の階層差は、社会構造上の位置から生じる必然的な結果である。そして文化を弁別できるということ、それ自体が階級のハビトゥスの一形式として階級・階層の利益と結び付いているのである。

8　地位移動と文化評価

文化同化仮説

　すでに明らかにしたように、文化弁別力は出身家庭の階層的状況と関連しながら形成されている。では、世代間での社会的地位の移動は文化評価の構造をどのように変化させるだろうか。ここでは文化同化仮説として仮説5を設定した。

> 仮説5：世代間での地位移動によって、移動先（所属階層）の文化評価図式に同化し、出身階層の文化評価図式は消滅する（文化同化仮説）。
> 5a: 上昇移動者（Upward Mover）は、下層維持層（Lower Stayer）に比べてハイカルチャーへの評価を高める。
> 5a': 上昇移動者は（Upward Mover）、下層維持層（Lower Stayer）に比べて大衆文化への評価を低める。
> 5b: 下降移動者（Downward Mover）は、上層維持層（Upper Stayer）に比べてハイカルチャーへの評価を低める。
> 5b': 下降移動者（Downward Mover）は、上層維持層（Upper Stayer）に比べて大衆文化への評価を高める。

　仮説5は「**文化同化仮説**」であり、その系5a―5b' として具体化できる。すなわち出身階層から地位を移動した者は、現在所属している階層の人々が多く実践している文化に同化し、その結果、出身階層よりも所属階層の文化を肯定的にとらえるようになると仮定する。例えば下層から上層へと上昇移動した者は、上層の人々の文化であるハイカルチャーに同化し、高く評価する（5a）。しかし出身階層である下層の文化＝大衆文化には否定的に関与する（5a'）。また上層から下層へ下降移動した者は、出身階層（上層）のハイカルチャーを否定的にとらえ（5b）、そして所属階層（下層）に特徴的な大衆文化を肯定的にとらえる（5b'）ようになる。以下では、地位移動の効果を検証することにしたい。

336

男性と女性で異なる地位移動の効果

　Mover と Stayer の移動パターンを作成するために、地位移動を父職業（出身階層）から本人現職への職業移動と定義して4パターンに分類した。女性の場合は、本人現職を夫の現職で代替する。表11-5で上層維持層とは、父（専門管理）→本人（専門管理）と移動が生じなかった者であり、上昇移動者とは、父（ブルーカラー・無職）→本人（専門管理・事務販売職）への移動者とする。また下降移動者とは、父（専門管理・事務販売職）→本人（ブルーカラー・無職）への移動者であり、下層維持層とは父（ブルーカラー）→本人（ブルーカラー）の非移動者とする。表11-5は、4つの世代間移動パターンごとに文化評価スコアを集計した結果である。また表11-6は、文化弁別力の大きさを地位移動との関係で示した。いずれも男女別に分析した。

　表11-5をみると、地位移動パターン間で有意差がみられた文化活動はハイカルチャーであることがわかる。また男性では大衆文化のいくつかの活動で差がみられた。

　男性の場合をみると、移動パターン間での文化評価スコアの差異は基本的に現在階層によって決まる。とくに現在、専門・管理職層である上昇維持層と上昇移動者はハイカルチャーを高く評価している。地位移動の効果は、仮説5a' を除くすべての仮説が男性にあてはまり、地位移動の効果はある程度存在すると判断できる。すなわち男性は上昇移動することによってハイカルチャーの評価を高め、下降移動することによってハイカルチャーを低く、大衆文化を高く評価する。とくに下降移動者は、父の専門・管理職の効果はまったくみられず、むしろ逆に大衆文化を最も高く評価する傾向を示し、文化的に大衆文化に同化したと考えられる。文化弁別力もほぼ本人現職によって決まり、専門・管理職ならば弁別力は大きく、ブルーカラーでは小さい。男性では、父階層の効果は明確には析出できなかった。むしろ現在階層によって文化評価は左右され、文化同化仮説がよくあてはまるといえるだろう。

　次に女性の結果をみると、男性とは異なる興味深い傾向が生じている。

　第1に最も特徴的な結果は、文化弁別力が下降移動者で最も大きい点である。表11-5のハイカルチャーへの評価をみても、下降移動者のスコアは上昇移動者よりも高い。例えば「美術館で絵画鑑賞」には、下降移動したブルーカラー（76.1）＞上層維持層（72.8）＞上昇移動者（70.0）＞下層維持層

表11-5　世代間地位移動と文化評価

文化威信スコアの全体順位		男性の世代間職業パターン移動（父職→現職）				男性
		上層維持層 専管→専管 (32)	上昇移動 ブルー→専事 (36)	下降移動 専事→ブルー (19)	下層維持層 ブルー→ブルー (47)	
ハイカルチャー	1　美術館で絵画を鑑賞する	78.1	74.3	65.8	62.7	＊
	2　クラシック・コンサートへ行く	72.7	70.0	63.2	53.2	＊
	3　社会福祉活動をする	72.7	67.4	53.9	60.3	
	4　歴史や美術の本を読む	69.3	68.6	57.9	58.7	＋
	5　歌舞伎や能を見に行く	64.8	67.9	56.6	52.1	＊
	6　絵を描く（日本画、洋画）	71.9	68.1	56.5	56.0	＊
	7　ピアノをひく	64.1	63.6	55.3	59.6	
	8　茶道・華道	62.5	63.9	46.1	54.8	＋
	9　パソコンを使う	60.9	66.4	59.2	55.9	
	10　科学雑誌を読む	66.4	61.1	53.9	56.4	
	11　短歌や俳句をつくる	61.7	60.0	43.4	50.5	＋
	12　洋裁・和裁をする	54.7	54.3	48.7	51.1	
	13　手芸や編み物	53.9	50.0	42.1	50.5	
	14　総合雑誌を読む	54.7	56.4	53.9	52.7	
	15　パン作りや菓子作り	53.1	52.9	44.4	47.3	
	16　フランス料理を作る	50.0	52.9	40.8	47.3	
	17　ペン習字をする	53.1	50.7	46.1	48.4	
中間文化	18　テニスをする	47.7	54.2	48.7	46.8	
	19　ジャズ音楽のコンサートへ行く	50.8	54.3	44.7	47.3	
	20　ゴルフをする	47.7	49.3	51.3	42.6	
	21　プロ野球の観戦（テレビは除く）	49.2	50.7	56.6	46.3	
	22　外国映画を見に行く	51.6	47.9	53.9	46.3	
	23　日曜大工をする	54.7	52.9	47.4	50.5	
	24　フランス料理を食べに行く	43.8	49.3	47.4	44.7	
	25　民謡を唄う	51.6	50.0	44.7	47.9	
	26　囲碁・将棋	53.1	50.7	48.7	46.8	
	27　日本映画を見に行く	49.2	45.7	52.6	44.7	
	28　推理小説を読む	48.4	49.2	43.4	42.5	
	29　スポーツ新聞を読む	41.4	44.3	56.6	47.3	＊
	30　落語、漫才をきく	45.3	45.7	48.6	44.1	
	31　ロック音楽のコンサートへ行く	43.0	41.4	40.8	39.4	
	32　カラオケをする	32.8	40.7	47.4	46.2	＊
	33　新劇・大衆演劇を見に行く	45.3	47.2	39.5	42.6	
	34　演歌歌手の公演やショーへ行く	38.3	41.4	43.4	43.6	
	35　恋愛小説を読む	45.3	43.6	40.8	41.8	
	36　宝くじを買う	26.6	37.1	50.0	37.0	＊
	37　居酒屋やスナック、パブへ行く	36.7	40.0	53.9	40.2	＊
大衆文化	38　占いの本を読んだり研究する	28.9	34.2	27.6	33.7	
	39　マージャンをする	22.7	26.4	32.9	24.5	
	40　パチンコをする	18.0	24.3	32.9	24.5	
	41　競馬、競輪、競艇をする	14.1	20.7	30.3	23.9	＋
	文化弁別力	64.0	53.6	38.2	38.8	

注：＊は、分散分析（F検定）で5％未満の有意差あり。＋は、10％未満の有意差あり。

		女性の世代間職業パターン移動（父職→夫現職）				女性
		上層維持層 専管→専管 (23)	上昇移動 ブルー→専事 (35)	下降移動 専事→ブルー (23)	下層維持層 ブルー→ ブルー (35)	
1	美術館で絵画を鑑賞する	72.8	70.0	76.1	60.0	＊
2	クラシック・コンサートへ行く	69.6	65.0	71.7	53.6	＋
3	社会福祉活動をする	68.5	68.6	73.9	57.1	
4	歴史や美術の本を読む	64.1	62.9	67.4	54.2	＊
5	歌舞伎や能を見に行く	66.3	68.6	72.8	54.9	＋
6	絵を描く（日本画、洋画）	63.0	67.1	71.6	49.3	＊
7	ピアノをひく	69.6	67.9	77.2	51.5	＊
8	茶道・華道	63.0	61.4	66.3	53.6	
9	パソコンを使う	65.2	71.3	59.8	53.6	＊
10	科学雑誌を読む	59.8	58.6	58.7	47.9	
11	短歌や俳句をつくる	59.8	63.6	64.1	45.7	＊
12	洋裁・和裁をする	53.3	60.3	58.7	51.5	
13	手芸や編み物	54.3	57.1	63.0	52.8	
14	総合雑誌を読む	55.4	53.6	54.3	48.6	
15	パン作りや菓子作り	54.3	57.1	57.6	53.6	
16	フランス料理を作る	53.3	61.4	60.9	45.0	＊
17	ペン習字をする	50.0	52.9	55.4	47.9	
18	テニスをする	55.4	60.0	51.1	47.8	
19	ジャズ音楽のコンサートへ行く	53.2	52.9	55.4	45.7	
20	ゴルフをする	56.5	53.6	48.9	53.6	
21	プロ野球の観戦（テレビは除く）	53.3	51.4	46.7	51.4	
22	外国映画を見に行く	51.1	51.4	50.0	45.7	
23	日曜大工をする	50.0	50.7	52.3	44.3	
24	フランス料理を食べに行く	52.2	51.4	55.4	42.6	＋
25	民謡を唄う	47.1	51.4	54.3	48.6	
26	囲碁・将棋	52.2	54.3	50.0	45.0	
27	日本映画を見に行く	48.9	48.6	50.0	46.4	
28	推理小説を読む	50.0	46.4	44.6	41.7	
29	スポーツ新聞を読む	47.8	50.7	41.3	46.5	
30	落語、漫才をきく	45.7	47.9	41.3	43.8	
31	ロック音楽のコンサートへ行く	47.8	52.1	48.9	43.6	
32	カラオケをする	45.7	40.7	39.1	46.5	
33	新劇・大衆演劇を見に行く	39.1	46.3	39.1	41.0	
34	演歌歌手の公演やショーへ行く	38.0	45.7	37.0	47.9	
35	恋愛小説を読む	46.7	40.7	44.6	38.2	
36	宝くじを買う	40.9	33.8	37.0	45.7	
37	居酒屋やスナック、パブへ行く	41.3	34.6	32.6	38.6	
38	占いの本を読んだり研究する	37.0	39.3	38.0	40.7	
39	マージャンをする	36.4	25.0	21.7	22.1	＋
40	パチンコをする	31.5	24.3	20.7	27.1	
41	競馬、競輪、競艇をする	21.7	21.4	17.4	23.5	
	文化弁別力	51.1	49.9	58.7	37.9	

表11-6　文化弁別力と地位移動

（男性）

		本人現職	
		H	L
父職	H	64.0	38.2
	L	53.6	38.8

（女性）

		夫現職	
		H	L
父職	H	51.1	58.7
	L	49.9	37.9

注：数値は文化弁別力。

↓　　　　　　　　　　↓

		本人現職	
		H	L
父職	H	1	4
	L	2	3

		夫現職	
		H	L
父職	H	2	1
	L	3	4

注：数値は文化弁別力の大きさの順位。1が最も弁別力が大きく、4は最も小さい。

表11-7　仮説検証の結果

仮説5の系	5a	5a'	5b	5b'
男	○	×	○	○
女	○	×	×	×

○：仮説は成立　×：仮説は不成立

　(60.0) となる。つまり現在はブルーカラーである下降移動者が上昇移動者や上層維持層よりも文化弁別力が大きいのである。すなわち結婚によって下降移動した女性は、下降移動しても文化評価パターンは出身階層（上層）のパターンを残存させるという特徴を示す。つまり女性は結婚で下降移動しても、夫の階層文化に染まらず、逆に出身階層（上層）の「眼」を強化させ文化弁別力を高め、ほかのどの層よりもハイカルチャーを高く、大衆文化を低く評価するようになる。

　第2に、出身階層が同じブルーカラーであっても、結婚によって上昇移動した女性はハイカルチャーを高く評価する傾向にある。上昇移動者の文化弁別力は上層維持層とほぼ同じ大きさであり、ここでは出身階層（ブルーカラー）の効果が消えて、上層と同じ「眼」を持つにいたっている。

　第3に、女性は大衆文化に関して、移動パターンによる有意な差は見いだ

せなかった。すなわち女性では、ハイカルチャーに対する文化評価にだけ、地位移動の効果や出身階層の効果が表れる。これらの結果をまとめると次のようになる。女性では仮説5は、5a以外あてはまらない。

以上から、地位移動の効果は男女で異なることがわかった。男性には文化同化仮説があてはまり、女性ではハイカルチャーに関してだけ、上昇移動による文化同化と下降移動での文化相続という両方のプロセスが存在するという知見を得ることができた。

とくに女性の下降移動者に典型的に現れたように、女性は結婚で地位を下降しても、文化に対しては逆に出身階層の影響をむしろ強化させ、文化弁別力は大きく文化の差異化機能に敏感になっていた。すなわち出身家庭もしくは現在の夫職業のいずれかで、1度でも専門管理職層にとどまった女性は文化弁別力が大きく、下層維持層と比べるとその差はきわだっている。このことを敷延すると、女性は世代間社会移動で文化資本や階級ハビトゥスの相続者になる可能性が大きいと考えることができる。この事実は、従来の地位達成研究で母学歴の効果が大きいという知見を裏づける発見でもある。とくに下降移動しても文化的には上層維持層と同じかそれ以上の文化差異化戦略をとるとすると、その効果は本人の文化活動よりもむしろ子どもへの文化投資や教育投資に現れると予想できる。つまりハイカルチャーの文化活動をおこなうためには経済資本が必要だが、下降移動者に経済的なゆとりが少ないとすれば、おそらく比較優位で文化的な上昇戦略は本人の文化活動よりも子どもへの文化投資・教育投資による上昇移動へと転換するだろう。この仮説の検証は今後の課題としたい。

結論

本章では、人々の文化評価の根底にある認識図式が示す集団的・社会学的特徴を解明した。主な知見は、以下のとおりである。

①文化活動の序列評価は異なる社会集団間で共通性が高い。諸集団間で共通した諸文化活動の順位構造がみられ、諸文化活動の序列評価で社会に共通した知覚評価図式が存在している。すなわち、支配的で共有化された文化序列の存在は、対抗文化の存在を困難なものとするだろう。

②階層上の地位が高いほど、文化評価のスケールの幅が大きく、文化弁別力は大きい。すなわち、諸文化活動の威信の差異を認識し、そこに価値を見いだすハビトゥスとしての「文化弁別力」は、階層上の地位や出身階層によって異なる。社会的地位が高いほど文化弁別力は大きく、文化弁別力は客観的な社会経済的文化的条件のなかで形成される知覚分類図式の一つ、すなわち階級のハビトゥスとなっている。

　③社会階層と文化活動のヒエラルキーは対応し、階層上の地位が高い集団は文化による差異化戦略を採用している。階層上の地位が高い人々ほど、ハイカルチャーの文化消費をおこなっていた。また地位が高い人々ほど、文化弁別力が大きく、文化による差異化戦略を採用する。

　④階層上の地位は文化評価に影響を与え、各階層成員は自らの所属集団の文化を高く、社会的距離がある階層の文化を低く評価することによって、自らが優位となるような評価分類図式を各階層集団が採用している。すなわち文化弁別力の階層差は、客観的な社会経済的な条件のなかから生み出される階級のハビトゥスとなった文化の知覚分類図式である。

　⑤世代間地位移動が文化評価に与える効果は男女で異なり、男性には文化同化仮説があてはまる。しかし、女性は結婚による下降移動による影響は受けず、出身階層の文化評価パターンを相続する。世代間地位移動によって文化評価のパターンが変化するのは、主に男性である。男性は出身階層よりも現在の到達した階層と文化的に同化する傾向がみられる。しかし女性で文化同化仮説があてはまるのは、上昇移動者だけである。女性は結婚で下降移動しても、文化評価パターンは出身階層のものを受け継ぐ。こうして女性は男性よりもハイカルチャーを高く評価するのである。

　最後に、文化を識別するということが、諸集団の利害関係から生じていることを強調しておきたい。文化評価で、多くの対象について評定で「中位（ふつう）」のランクづけをする集団とは、文化弁別力が小さい階層上の地位の低い集団だった。言い換えれば対象へのセンシティビティ（弁別力）が弱い集団では、評価スケールの幅は小さくなり「中」の評定が多くなる。逆に文化による差異化をはかる集団では、文化を識別する評価スケールが大きく、細かなジャンルの差異に意味を見いだすのである。そしてそれは、自らが実践する文化を高く、実践しないあるいは嫌いなジャンルを低く評価すること

で、階層集団の利害判断によって評価スケールが異なっていた。このメカニズムは、階層と文化評価との関係だけでなく、ほかの社会現象についても作動している可能性がある。評価行為とは、社会的真空状態のなかでおこなわれるのではなく、自らの行為を位置づけ、他者を評価し、差異を設定するプラティックな行為であるといえるだろう。

注

(1) 趣味とは、プラティック（さまざまな文化的実践）や所有物（家具、本、絵、ネクタイなど）を選択する際に現れる（Bourdieu 1980）。ブルデューが指摘するように、人々は社会的世界のなかで理にかなった行動をするために前提とされている、この社会的世界に関するプラティックな認識をもっていて、それが分類図式である。言い換えれば身体化された体系である分類図式（認識図式）とは、「趣味やエートスを構成するディスポジション」である。

(2) 1995年SSM調査では、この研究を基礎として文化活動の威信スコアを求める調査が、職業威信スコアとともに調査された（1995年SSM調査の威信票）。SSM調査で文化威信が測定されたのは初めてだったが、そのあとは実施されていない。95年SSM調査での文化威信の測定は、全部で12項目の変数だけであり、本章で分析する半分以下の数だった。主な分析結果（片岡1998g）は、本章での結果とほとんど差がなかった。

(3) 同様の仮説を橋本（1990）や藤田ほか（1987）は大学生調査から検討した。

(4) 調査は、1991年度文部省科学研究費補助金（奨励研究）を受けて実施した。成人の男女をサンプルとしておこなわれた文化評価調査は、わが国ではこれが最初である。

(5) 質問文は、「ここにいろいろな文化的活動がかいてあります。これらの活動を評価する基準はいろいろありますが、いまかりにこれらを高いとか、低いとか区別をつけて順に分けるとしたら、どのように分類されるでしょうか」を用い、1975年SSM職業威信調査で職業威信を測定する際に用いられたワーディングを参考にしている。回答者が評定の意味を多様に解釈しないようにするために、この質問の直前に質問をおこない、文化評価の意味を理解してもらうようにした。直前に置いた質問文は「ここにいろいろな活動をかいた一覧表があります。いまかりに、あなたにお子さんがいるとしたら、その子が将来、大人になったときに、どんな趣味をもったり、活動をしてもらいたいと思いますか。男の子と女の子の場合にわけて考えて下さい。以下のそ

れぞれについて、「絶対にしてもらいたくない」から「ぜひしてもらいたい」の1—5段階のなかから、あてはまる番号を選んで○をつけて下さい」であり、文化評価に使用する19の活動項目についてあらかじめ判定してもらった。

(6) 文化評価スコアは「非常に低い」＝0点、「やや低い」＝25点、「ふつう」＝50点、「やや高い」＝75点、「非常に高い」＝100点として算出した。

(7) とくに分散が大きい活動は、「社会福祉活動」（30.7）や「絵を描く」（30.3）など、威信スコアの上位の活動に多い。

(8) 学歴分類は、以下のとおり。大学＝大学、短大・高専、大学院、旧制高校・高専・高等師範・大学・大学院。高校＝高校、旧制中学・高女・実業学校・師範。中学＝中学、旧制高等小・尋常小。

(9) 職業は男性と女性を含んでいる。「専門・管理職」＝専門職、管理的職業（課長以上）、「事務・販売職」＝事務職、販売職、「ブルーカラー職」＝農林漁業、サービス職、運輸・通信職、技能工・生産工程従事者（作業者含む）、保安職を含む。

(10) ここで使う能力とは、普遍的で客観的な基準によって人を選別するような能力の概念とは、まったく意味を異にしている。ここでの文化弁別力とはハビトゥスの一形態であり、文化的構えとでもいうべき文化の知覚評価図式をさす。

(11) 音楽文化領域は「クラシック音楽コンサート」「ジャズ音楽コンサート」「民謡を唄う」「ロック音楽コンサート」「演歌歌手の公演やショー」の文化評価スコアを用い、活字文化領域は「歴史・芸術の本を読む」「科学雑誌」「総合雑誌」「推理小説」「スポーツ新聞」「恋愛小説」「占いの本」を比較した。

(12) 活動率とは、過去1年間に1度以上おこなった経験がある者の割合（％）をいう。

(13) 表11-3での階層的地位の指標として、有職者の場合は現在の職業を用いるが、女性の専業主婦に関してだけ、夫の現在の職業で代替した。

(14) 差異化指数の算出手法については、藤田ほか（1987）の差異化スコアを参考とした。

(15) 41項目全体での相関係数は、0.601（p<0.001）だった。差異化スコアと文化評価スコアの順位に不一致がみられる活動として、例えば「ペン習字」は文化評価17位で中間文化と評価されているが、差異化スコアはマイナス値でブルーカラー層を特徴づける活動になっている。同様に「手芸・編み物」「社会福祉活動」（文化評価3位＞差異化スコア23位）などでも、評価と活動

者の階層的地位は対応していない。また「フランス料理を作る」（文化評価16位＜差異化スコア1位）のように、評価では中間文化と認識されているが、実際の活動者は上層に多いというものもある。いずれも結果の表示は省略している。

（16）例えば、学歴達成での母学歴の効果については、藤田（1979）を参照。また母から娘への文化資本の世代間継承については、片岡（1996b, 1997a）を参照のこと。

参考文献一覧

相澤真一，2011，「教育アスピレーションから見る現代日本の教育の格差──趨勢変化と国際
　　比較を通じて」石田浩・近藤博之・中尾啓子編『現代の階層社会 2　階層と移動の構造』
　　東京大学出版会，123-137．
天野郁夫，2006，『教育と選抜の社会史』筑摩書房．
荒牧草平，2000，「教育機会の格差は縮小したか──教育環境の変化と出身階層間格差」近藤
　　博之編『日本の階層システム 3　戦後日本の教育社会』東京大学出版会，15-35．
浅野智彦，2011，『若者の気分 趣味縁からはじまる社会参加』岩波書店．
麻生誠，1967，『エリートと教育』福村出版．
──────，1991，『日本の学歴エリート』玉川大学出版部．
Baudrillard, Jean. 1970. *La Societe de Consommation: Ses Mythes, ses Structures*. paris:
　　Éditions Denoël.（今村仁司・塚原史訳，1979，『消費社会の神話と構造』紀伊国屋書店．）
Baudrillard, Jean. 1993. *Symbolic Exchange and Death*. London: Sage Publications.（今村仁司・
　　塚原史訳，1992，『象徴交換と死』筑摩書房．）
Becker, Gary Stanley. [1964]1993. *Human Capital: A Theoretical and Empirical Analysis, with
　　Special Reference to Education* 3rd ed. Chicago: University of Chicago Press.
Becker, Gary Stanley. 1981. *A Treatise on the Family*. MA: Harvard University Press.
Bell, Daniel. 1976. *The Cultural Contradictions of Capitalism*. New York: Basic Books.（林雄二
　　郎訳，1976，『資本主義の文化的矛盾』上・中・下，講談社．）
ベネッセ教育総合研究所，2009，「第1回 学校外教育活動に関する調査 2009（データブッ
　　ク）」，ベネッセ教育総合研究所ウェブサイト（https://berd.benesse.jp/shotouchutou/
　　research/detail1.php?id=3265）
ベンヤミン，ヴァルター，1936，野村修編訳，1994，「複製技術の時代における芸術作品（第
　　二稿）」『ボードレール 他五篇 ベンヤミンの仕事 2』岩波文庫，59-122．
Bennett Tony, Mike Savage, Elizabeth Bortolaia Silva, Alan Warde, Modesto Gayo-Cal and
　　David Wright. 2009. *Culture, Class, Distinction*. London: Routledge.（磯直樹・香川めい・
　　森田次朗・知念渉・相澤真一訳，2017，『文化・階級・卓越化』青弓社．）
Blau, Peter Michael and Otis Dudley Duncan. 1967. *The American Occupational Structure*.
　　New York: Wiley.
Blau, Judith R. 1986. "The Elite Arts, More or Less de rigueur: A Comparative Analysis of
　　Metropolitan Culture." *Social Forces* 64(4):875-905.
Bourdieu, Pierre et Jean-Claude Passeron. 1964. *Les Heritiers*. Paris: Éditions de Minuit.（石
　　井洋二郎監訳，小澤浩明・高塚浩由樹・戸田清訳，1997，『遺産相続者たち──学生と文
　　化』藤原書店．）
Bourdieu, Pierre, Robert Castel, Luc Boltanski, et Jean-Claude Chamboredon. 1965. *Un art
　　moyen. Essai sur les usages sociaux de la photographie*. Paris: Les Editions de Minuit.（山
　　県熙・山県直子訳，1990，『写真論──その社会的効用』法政大学出版局．）
Bourdieu, Pierre. 1973. "Cultural Reproduction, and Social Reproduction." Brown, R. ed.
　　Knowledge, Education and Cultural Change. London: Tavistock.
──────. 1979a. *La distinction: Critique sociale du jugement*. Paris: Éditions de Minuit.（石井

洋二郎訳, 1989,『ディスタンクシオン——社会的判断力批判 1』藤原書店, 石井洋二郎訳, 1990,『ディスタンクシオン——社会的判断力批判 2』藤原書店.)

————. 1979b. "Les trois états du capital cu;turel." *Actes de la recherche en sciences sociales*, 30:3-6.（福井憲彦訳, 1986,「文化資本の3つの姿」福井憲彦・山本哲士編『象徴権力とプラチック——ブルデューの世界』日本エディタースクール出版部.）

————. 1980. *Le Sens Pratique*. Paris: Editions de Minuit.（今村仁司・港道隆訳, 1988,『実践感覚 1』みすず書房, 今村仁司・福井憲彦・塚原史・港道隆訳, 1990,『実践感覚 2』みすず書房.）

————. 1986. "The Forms of Capital." Richardson, John G. ed. *Handbook of Theory and Research for the Sociology of Education*. Westport: Greenwood Publishing Group:241-258.

————. 1987. *Choses Dites*. Paris: Editions de Minuit.（石崎晴己訳, 1988,『構造と実践——ブルデュー自身によるブルデュー』新評論.）

————. 1998. *La Domination Masculine*. Paris: Éditions du Seuil.（坂本さやか・坂本浩也訳, 2017,『男性支配』藤原書店.）

————. 2004. *Esquisse pour une auto-analyse*, Paris: Raisons d'Agir.（加藤晴久訳, 2011,『自己分析』藤原書店.）

Bourdieu, Pierre et Jean-Claude Passeron. 1979. *La reproduction*. Paris: Les Éditions de Minuit.（Nice, Richard trans. 1990. *Reproduction in Education, Society and Culture*. 2nd ed. California: Sage Publications. 宮島喬訳, 1991,『再生産——教育・社会・文化』藤原書店.）

Bryson, Bethany. 1996. ""Anything But Heavy Metal": Symbolic Exclusion and Musical Dislikes." *American Sociological Review* 61(5):884-899.

ブルデュー, ピエール著, 加藤晴久編, 1990,『ピエール・ブルデュー——超領域の人間学』藤原書店.

Collins, Randall. 1971. "Functional and Conflict Theories of Educational Stratification." *American Sociological Review* 36(6):1002-1019.

————. 1979. *The Credential Society: An Historical Sociology of Education and Stratification*. New York: Academic Press.（新堀通也監訳, 1984,『資格社会——教育と階層の歴史社会学』有信堂高文社.）

Coser, Rose Raub. 1990. "Power Lost and Status Gained: A Step in the Direction of Sex Equality." in Kai Erikson and Steven Peter Vallas ed. *The Nature of Work: Sociological Perspectives*. New Haven: Yale University Press.

Crook, Christopher J. 1997."Occupational Returns to Cultural Participation in Australia."*The Australian and New Zealand Journal of Sociology* 33(1):56-74.

De Graaf, Paul M. 1986. "The Impact of Financial and Cultural Resources on Educational Attainment in the Netherlands."*Sociology of Education* 59:237-246.

————. 1988. "Parents' Financial and Cultural Resources, Grades, and Transition to Secondary School in Federal Republic of Germany." *European Sociological Review* 4(3):209-221.

De Graaf, Nan Dirk, Paul M. De Graaf and Gerbert Kraaykamp. 2000. "Parental Cultural Capital and Educational Attainment in the Netherlands: A Refinement of the Cultural Capital Perspective." *Sociology of Education* 73(2): 92-111.

DiMaggio, Paul. 1982. "Cultural Capital and School Success: The Impact of Status Culture Participation on the Grades of U.S. High School Students." *American Sociological Review* 47(2):189-201.

――――. 1987. "Classification in Art." *American Sociological Review* 52(4):440-455.

DiMaggio, Paul and Michael Useem. 1982. "The Arts in Class Reproduction." in Michael W. Apple ed. *Cultural and Economic Reproduction in Education: Essays on Class, Ideology and the State*. London: Routledge & Kegan Paul:182-201.

DiMaggio, Paul and John Mohr. 1985. "Cultural Capital, Educational Attainment, and Marital Selection". *Americam Journal of Sociology*. 90(6): 1231-1261.

DiMaggio, Paul and Francie Ostrower. 1992. *Race, Ethnicity, and Participation in the Arts: Patterns of Participation by Hispanics, Whites, and African-Americans in Selected Activities from the 1982 and 1985 Surveys of Public Participation in the Arts*. Washington, D.C.: Seven Locks Press.

Dore, Ronald Philip. 1976. *The Diploma Disease: Education, Qualification and Development*. London: George Allen & Unwin. (松居弘道訳, 1978, 『学歴社会 新しい文明病』岩波書店.)

Duncan, Otis Dudley, David L. Featherman, and Beverly Duncan. 1972. *Socioeconomic Background and Achievement*. New York: Seminar Press.

Eagleton, Terry. 2000. *The Idea of Culture*. Japan Uni Agency. (大橋洋一訳, 2006, 『文化とは何か』松柏社.)

江原由美子, 2001, 『ジェンダー秩序』勁草書房.

Featherstone, Mike. 1991. *Consumer Culture and Postmodernism*. London: Sage. (川崎賢一・小川葉子編著訳, 池田緑訳, 1999, 『消費文化とポストモダニズム 上』恒星社厚生閣, 小川葉子・川崎賢一編著訳, 2003, 『消費文化とポストモダニズム 下』恒星社厚生閣.)

Featherstone, Mike. 1995. *Undoing Culture: Globalization, Postmodernism and Identity*. London: Sage Publications. (西山哲郎・時安邦治訳, 2009, 『ほつれゆく文化――グローバリゼーション、ポストモダニズム、アイデンティティ』法政大学出版局.)

Florida, Richard. 2002. *The Rise of The Creative Class: And How It's Transforming Work, Leisure, Community And Everyday Life*. New York: Basic Books. (井口典夫訳, 2008, 『クリエイティブ資本論――新たな経済階級の台頭』ダイヤモンド社.)

藤田英典, 1979, 「社会的地位形成過程における教育の役割」富永健一編『日本の階層構造』東京大学出版会, 329-361.

藤田英典・宮島喬・秋永雄一・橋本健二・志水宏吉, 1987, 「文化の階層性と文化的再生産」『東京大学教育学部紀要』東京大学教育学部, 27: 51-89.

藤田英典・宮島喬・加藤隆雄・吉原恵子・定松文, 1992, 「文化の構造と再生産に関する実証的研究」『東京大学教育学部紀要』東京大学教育学部, 32: 53-87.

Gabor, D., 1972, *The Mature Society*, NY: Praeger. (林雄二郎訳, 1973, 『成熟社会――新しい文明の選択』, 講談社.)

Ganzeboom, Harry B.G. 1982. "Explaining Differential Participation in High-Cultural Activities: A Confrontation of Information-Processing and Status-Seeking Theories." in Werner Raub. Utrech ed. *Theoretical Models and Empirical Analyses: Contributions to the Explanation of Individual Actions and Collective Phenomena*. The Netherlamds: E.S. Publications:186-205.

Giddens, Anthony. 1990. *The Consequences of Modernity*. Cambridge: Polity Press.（松尾精文・小幡正敏訳，1993，『近代とはいかなる時代か？――モダニティの帰結』而立書房.）

――. 1991. *Modernity and Self-Identity: Self and Society in the Late Modern*. Cambridge: Polity Press.

Griswold, Wendy. 1992. "Recent Developments in: The Sociology of Culture: Four Good Arguments (And One Bad One)." *Acta Sociologica* 35(4):323-328.

Griswold, Wendy. 1994. *Cultures and Societies in a Changing World*. London: Sage Publications.（小沢一彦訳，1998，『文化社会学入門――文化のダイヤモンド』玉川大学出版会.）

花田達朗・吉見俊哉・コリン・スパークス編，1999，『カルチュラル・スタディーズとの対話』新曜社.

原純輔・盛山和夫，1999，『社会階層――豊かさの中の不平等』東京大学出版会.

橋本健二，1990，「文化評価の構造と文化の階層性」『静岡大学教養部研究報告 人文・社会科学篇』静岡大学教養部，24(2): 151-166.

橋本健二・室伏宏美，1991，「文化としての「女」と「男」」宮島喬・藤田英典編『文化と社会――差異化・構造化・再生産』有信堂高文社.

Hage, Ghassan. 1998. *White Nation: Fantasies of White Supremacy in a Multicultural Society*. Sydney: Pluto Press.（保苅実・塩原良和訳『ホワイト・ネイション――ネオ・ナショナリズム批判』平凡社.）

Hauser, Robert M. and David L. Featherman. 1976. "Equality of Schooling: Trends and Prospects." *Sociology of Education* 49(2):99-120.

Held, David and Anthony McGrew. 2002. *Globalization/anti-globalization: Beyond the Great Divide*. Cambridge: Polity Press.（中谷義和・柳原克行訳，2003，『グローバル化と反グローバル化』日本経済評論社.）

平沢和司・古田和久・藤原翔，2013，「社会階層と教育研究の動向と課題―高学歴化社会における格差の構造」『教育社会学研究』東洋館出版社，93: 151-191.

兵庫県教育委員会，1990，『生涯学習社会の建設をめざして――生涯学習ネットワーク研究事業調査報告II』.

――，1991，『生涯学習社会の建設をめざして――生涯学習ネットワーク研究事業調査報告（提言）』兵庫県教育委員会.

石井洋二郎，1993，『差異と欲望――ブルデュー『ディスタンクシオン』を読む』藤原書店.

石田浩，1989，「学歴と社会経済的地位の達成――日米英国際比較研究」『社会学評論』日本社会学会，40(3): 252-266.

――，1999，「学歴取得と学歴効用の国際比較」『日本労働研究雑誌』労働政策研究・研修機構，41(10): 46-58.

今田高俊，1989，『現代政治学叢書7 社会階層と政治』東京大学出版会.

今田高俊編，2000，『日本の階層システム5 社会階層のポストモダン』東京大学出版会.

井上好人，2008，「幼児期からのピアノレッスンによって身体化された文化資本のゆくえ」『金沢星稜大学人間科学研究』金沢星稜大学人間科学会，2(1): 1-6.

岩井八郎・片岡栄美・志水宏吉，1987，「「階層と教育」研究の動向」『教育社会学研究』東洋館出版社，42: 106-134.

岩間暁子，1998，「産業界と男性の文化――日本経済のサービス化と文化資本の構造」片岡栄

美編『1995年 SSM 調査シリーズ18 文化と社会階層』1995年 SSM 調査研究会 :113-132.

岩本健良, 1998a, 「教育とライフスタイル選択——文系進学と理系進学」白倉幸男編『1995年 SSM 調査シリーズ17 社会階層とライフスタイル』1995年 SSM 調査研究会 :49-61.

———, 1998b, 「教育機会の不平等の構造と変動——学力による業績主義化は進んだか」岩本健良編『1995年 SSM 調査シリーズ 9　教育機会の構造』1995年 SSM 調査研究会, 47-59.

岩永雅也, 1990, 「アスピレーションとその実現——母が娘に伝えるもの」岡本英雄・直井道子編『現代日本の階層構造 4　女性と社会階層』東京大学出版会.

Jameson, Fredric. 1984. "Postmodernism or the cultural logic of late capitalism." *New Left Review* 146:53-92.

Jencks, Christopher and David Riesman. 1968. *The Academic Revolution*. New York: Doubleday.

Jöreskog, Karl G., Dag Sörbom and Jay Magidson. 1979. *Advances in Factor Analysis and Structural Equation Models*. New York: Abt Books.

Jöreskog, Karl G. and Dag Sörbom. 1996. *LISREL 8: User's Reference Guide*. 2nd ed., Chicago: Scientific Software International.

苅谷剛彦, 1995, 『大衆教育社会のゆくえ——学歴主義と平等神話の戦後史』中央公論社.

片岡栄美, 1987, 「しつけと社会階層の関連性に関する分析」『大阪大学人間科学部紀要』大阪大学人間科学部, 13: 23-51.

———, 1988, 「三世代学歴移動の構造」1985年社会階層と社会移動全国調査委員会『1985年社会階層と社会移動全国調査報告書 3　教育と社会移動』1985年社会階層と社会移動全国調査委員会, 87-128.

———, 1990, 「三世代間学歴移動の構造と変容」菊池城司編『現代日本の階層構造 3　教育と社会移動』東京大学出版会, 57-83.

———, 1991a, 「社会階層と文化」白倉幸男編『現代の社会システム』学術図書出版, 253-279.

———, 1991b, 「文化的活動と社会階層——現代女性における文化的再生産過程」『関東学院大学文学部紀要』関東学院大学文学部人文学会, 62: 97-130.

———, 1991c, 「〈書評〉宮島喬、藤田英典編『文化と社会 ——差異化・構造化・再生産』」『理論と方法』数理社会学会, 6(2): 146-149.

———, 1992, 「社会階層と文化的再生産」『理論と方法』数理社会学会, 7(1): 33-55.

———, 1996a, 「ジェンダーにおけるハビトゥスと資本」宮崎和夫・米川英樹編著『社会と教育への視点』創森出版, 143-166.

———, 1996b, 「現代女性にとっての文化資本の意味——文化資本の転換効果に関する実証的研究」『関東学院大学文学部紀要』関東学院大学文学部人文学会, 76: 103-128.

———, 1996c, 「階級のハビトゥスとしての文化弁別力とその社会的構成——文化評価におけるディスタンクシオンの感覚」『理論と方法』11(1): 1-20.

———, 1997a, 「家族の再生産戦略としての文化資本の相続」『家族社会学研究』日本家族社会学会, 9: 23-38.

———, 1997b, 「家庭の文化的環境と文化的再生産過程および現代日本の文化構造——1995年 SSM 全国調査データにみるわが国の文化的再生産過程」『関東学院大学文学部紀要』関東学院大学文学部人文学会, 81: 187-237.

———，1997c，「音楽趣味と社会階層——音楽趣味にみる象徴的境界」関東社会学会大会発表配付レジュメ（於：明治学院大学）．

片岡栄美編，1998，『1995年 SSM 調査シリーズ 18　文化と社会階層』1995年 SSM 調査研究会．

———，1998a，「教育達成におけるメリトクラシーの構造と家族の教育戦略——文化投資効果と学校外教育投資効果の変容」近藤博之編『1995年 SSM 調査シリーズ 10　教育と世代間移動』1995年 SSM 調査研究会，35-66．

———，1998b，「近代化の終焉と「文化と社会階層」研究および文化的再生産論」片岡栄美編『1995年 SSM 調査シリーズ 18　文化と社会階層』1995年 SSM 調査研究会，1-14．

———，1998c，「現代日本の文化消費にみる象徴的境界——エリートからコーポレート優位へ」片岡栄美編『1995年 SSM 調査シリーズ 18　文化と社会階層』1995年 SSM 調査研究会，15-44．

———，1998d，「家庭の文化環境と文化的再生産過程——正統文化と大衆文化」片岡栄美編『1995年 SSM 調査シリーズ 18　文化と社会階層』1995年 SSM 調査研究会，45-66．

———，1998e，「文化の構造と文化消費者の社会的特性——文化活動の諸類型と社会階層の対応関係を中心に」片岡栄美編『1995年 SSM 調査シリーズ 18　文化と社会階層』1995年 SSM 調査研究会，87-112．

———，1998f，「地位形成に及ぼす読書文化と芸術文化の効果——教育・職業・結婚における文化資本の転換効果と収益」片岡栄美編『1995年 SSM 調査シリーズ 18　文化と社会階層』1995年 SSM 調査研究会，171-192．

———，1998g，「文化弁別力と文化威信スコア——文化評価の構造と社会階層」片岡栄美編『1995年 SSM 調査シリーズ 18　文化と社会階層』1995年 SSM 調査研究会，249-261．

———，1998h，「地位形成にみる文化選抜のジェンダー構造」第50回日本教育社会学会大会課題研究「メリトクラシーの過去・現在・未来」発表要旨収録＆配布レジュメ．

———，1999，「音楽愛好者の特徴と音楽ジャンルの親近性——音楽の好みと学歴・職業」『関東学院大学人文科学研究所報』関東学院大学人文科学研究所，22: 147-162．

———，2000a[=1996a]，「ジェンダー・ハビトゥスの再生産とジェンダー資本」宮崎和夫・米川英樹編著『現代社会と教育の視点』ミネルヴァ書房，177-200．

———，2000b，「文化的寛容性と象徴的境界——現代の文化資本と階層再生産」今田高俊編『日本の階層システム 5　社会階層のポストモダン』東京大学出版会，181-220．

———，2001a，「教育達成過程における家族の教育戦略——文化資本効果と学校外教育投資効果のジェンダー差を中心に」『教育学研究』日本教育学会，68(3)，1-15．

———，2001b，「現代文化と社会階層」東京都立大学大学院社会科学研究科2000年度博士論文（http://dl.ndl.go.jp/info:ndljp/pid/3189235）．

———，2002，「階層研究における「文化」の位置——階層再生産と文化的再生産のジェンダー構造」『年報社会学論集』関東社会学会15: 30-43．

———，2003，「「大衆文化社会」の文化的再生産——階層再生産、文化的再生産とジェンダー構造のリンケージ」宮島喬・石井洋二郎編『文化の権力——反射するブルデュー』藤原書店，101-135．

———，2005a，「文化定義のジェンダー化に関する研究——言説からみる文化活動への意味付与と性役割意識」『関東学院大学人文科学研究所報』関東学院大学人文科学研究所，29: 65-85．

———，2005b，「文化の正統性と文化的平等神話」関東学院大学大学院社会学専攻『現代

社会のクロスロード』ハーベスト社，19-34.

―――，2008，「芸術文化消費と象徴資本の社会学――ブルデュー理論からみた日本文化の構造と特徴」『文化経済学』文化経済学会6(1): 13-25.

―――，2009，「格差社会と小・中学受験――受験を通じた社会的閉鎖、リスク回避、異質な他者への寛容性」『家族社会学研究』日本家族社会学会，21(1): 30-44.

―――，2010，「子どものスポーツ・芸術活動の規程要因――親から子どもへの文化の相続と社会化格差」『研究所報 第1回 学校外教育活動に関する調査2009 調査報告書』ベネッセコーポレーション，58: 10-24（https://berd.benesse.jp/berd/center/open/report/kyoikuhi/webreport/pdf/houkoku_kai_01.pdf）.

―――，2011，「教育達成と文化資本の形成」稲垣恭子編『教育文化を学ぶ人のために』世界思想社，54-81.

片岡えみ，2016，「友人選択の基準にみる象徴的境界――バウンダリー・ワークとしての友人選択」『駒澤社会学研究』駒澤大学文学部社会学科，48: 39-70.

片岡栄美，2018a，「文化的オムニボア再考――複数ハビトゥスと文脈の概念からみた文化実践の多次元性と測定」『駒澤社会学研究』駒澤大学文学部社会学科，50: 17-60.

―――，2018b，「大学生の自己アイデンティティと象徴的境界の基準――体育会系、オタク、ストリート系等の関係性マッピング」『駒澤社会学研究』駒澤大学文学部社会学科，51: 1-43.

―――，2018c，「教育格差とペアレントクラシー再考」稲垣恭子・内田良編『教育社会学のフロンティア2 変容する社会と教育のゆくえ』岩波書店，209-230.

―――，2018d，「子育て実践と子育て意識の階級差に関する研究」『駒澤大学文学部研究紀要』駒澤大學，76: 1-27.

―――，2019，「象徴権力としてのスポーツと「体育会系」アイデンティティの特徴――ブルデュー理論からみた男性支配と体育会系ハビトゥス」『スポーツとジェンダー研究』日本スポーツとジェンダー学会，17: 49-63.

片岡栄美編，2000，『階層文化とライフスタイルの社会学的研究――日本の中流階層のハビトゥスと「場」の文化の効果』平成9―11年度科学研究費補助金（基盤研究（B））研究成果報告書（09410056），関東学院大学.

Kataoka, Emi. 2015. "Gender Differences in the Effects of Cultural Capital and Shadow Education on Educational Attainment in Japan." *Komazawa Journal of Sociology* 47:53-87.

――― . 2016. "The Effect of Cultural Capital on Status Attainment: Educational, Occupational and Marriage Market Returns." *Komazawa Journal of Sociology* 48:169-200.

片瀬一男，2004，「文化資本と教育アスピレーション―読書文化資本・芸術文化資本の相続と獲得」『人間情報学研究』東北学院大学人間情報学研究所，9: 15-29.

片瀬一男・平沢和司，2008，「少子化と教育投資・教育達成」『教育社会学研究』東洋館出版社，82: 43-59.

加藤隆雄，1993，「文化資本の3つのモード――その蓄積・生産・再生産」『思想の科学』思想の科学社，498: 18-29.

加藤周一，1975，『日本文学史序説 上』筑摩書房.

―――，1980，『日本文学史序説 下』筑摩書房.

Katsillis, John and Richard Rubinson. 1990. "Cultural Capital, Student Achievement, and Educational Reproduction: The Case of Greece." *American Sociological Review* 55(2): 270-

279.

喜多加実代, 2006, 「学校外教育利用についての年齢、ジェンダー別の特性と階層的要因」『教育実践研究』福岡教育大学教育実践総合センター, 14: 1-7.

北田暁大・解体研編著, 2017, 『社会にとって趣味とは何か——文化社会学の方法規準』河出書房新社.

King, Anthony D. 1991. *Culture, Globalization and the World-System: Contemporary Conditions for the Representation of Identity.* New York: University of New York Press. (山中弘・安藤充・保呂篤彦訳, 1999, 『文化とグローバル化——現代社会とアイデンティティ表現』玉川大学出版部.)

小藪明生・山田真茂留, 2013, 「文化的雑食性の実相——ハイ＝ポピュラー間分節の稀薄化」『社会学評論』日本社会学会, 63(4): 536-551.

Kohn, Melvin L. and Carmi Schooler. 1983. *Work and Personality: An Inquiry into the Impact of Social Stratification.* Norwood: Ablex Publishing.

隈研吾, 1994, 『建築的欲望の終焉』新曜社.

近藤博之, 1990, 「「学歴メリトクラシー」の構造」菊池城司編『現代日本の階層構造3　教育と社会移動』東京大学出版会, 185-208.

————. 2011, 「社会空間の構造と相同性仮説——日本のデータによるブルデュー理論の検証」『理論と方法』数理社会学会, 26(1): 161-177.

近藤博之・古田和久, 2011, 「教育達成における階層差の長期趨勢」石田浩・近藤博之・中尾啓子編『現代の階層社会2　階層と移動の構造』東京大学出版会, 89-105.

Lahire, Bernard. 1998. *L'Homme pluriel: Lles ressorts de l'action.* Nathan. (鈴木智之訳, 2013, 『複数的人間——行為のさまざまな原動力』法政大学出版局)

————. 2004. *La culture des individus: dissonances culturelles et distinction de soi.* La Découverte.

————. 2012. *Monde pluriel: Penser l'unité des sciences sociales.* Paris: Seuil. (村井重樹訳, 2016, 『ソシオロジー選書3　複数的世界——社会諸科学の統一性に関する考察』青弓社.)

Lamb, Stephen. 1989. "Cultural Consumption and the Educational Plans of Australian Secondary School Students." *Sociology of Education* 62(2): 95-108.

Lamont, Michèle. 1992. *Money, Morals, & Manners: The Culture of the French and the American Upper-Middle Class.* Chicago: The University of Chicago Press.

Lamont, Michèle and Virág Molnár. 2002. "The Study of Boundaries in the Social Sciences." *Annual Review of Sociology* 28:167-195.

Lamont, Michèle. 2009. *The Dignity of Working Men: Morality and the Boundaries of Race, Class, and Immigration.* Cambridge, MA: Harvard University Press.

Lareau, Annette. 1987. "Social Class Differences in Family-School Relationships: The Importance of Cultural Capital." *Sociology of Education* 60(2):73-85.

————. [2003]2011. *Unequal Childhoods: Class, Race, and Family Life,* 2nd edition, Berkeley and Los Angeles, California: University of California Press.

Lebra, Takie Sugiyama. 1993. *Above the Clouds: Status Culture of the Modern Japanese Nobility.* Berkeley and Los Angeles, California : University of California Press. (竹内洋・海部優子・井上義和訳, 2000, 『近代日本の上流階級——華族のエスノグラフィー』世界思想社.)

松岡亮二・中室牧子・乾友彦，2014，「縦断データを用いた文化資本相続過程の実証的検討」『教育社会学研究』東洋館出版社，95: 89-110.

Meyer, J. 1972. "The Effects of the Institutionalization of Colleges in Society." Kenneth A. Feldman ed. *College & Student: Selected Readings in the Social Psychology of Higher Education.* New York: Pergamon Press: 109-126.

Meyer, John W. 1977. "The Effects of Education as an Institution." *American Journal of Sociology* 83(1): 55-77.

耳塚寛明，2007，「小学校学力格差に挑む──だれが学力を獲得するのか」『教育社会学研究』東洋館出版社，80: 23-39.

南田勝也，1998，「ロック音楽文化の構造分析──ブルデュー〈場〉の理論の応用展開」『社会学評論』49(4): 568-583.

宮島喬，1994，『文化的再生産の社会学──ブルデュー理論からの展開』藤原書店.

宮島喬編，1995，『文化の社会学──実践と再生産のメカニズム』有信堂高文社.

宮島喬・藤田英典編，1991，『文化と社会──差異化・構造化・再生産』有信堂高文社.

宮島喬・藤田英典・志水宏吉，1991，「現代日本における文化的再生産過程」宮島喬・藤田英典編『文化と社会──差異化・構造化・再生産』有信堂高文社，153-204.

宮島喬・田中祐子，1984，「女子高校生の進学希望と家族的諸条件──「文化的」環境を中心として」『お茶の水女子大学女性文化資料館報』お茶の水女子大学女性文化資料館，5: 41-59.

村上龍，1997，「寂しい国の殺人」『文藝春秋』文藝春秋，75(11): 114-123.

村井重樹，2010，「諸個人のハビトゥス──複数の諸性向と文化的実践の諸相」『年報社会学論集』関東社会学会，23: 176-187.

─────，2012，「ハビトゥス論の現代的課題──集団から個人へ，あるいは統一性から多元性へ」『哲学』三田哲学会，128: 87-108.

Murphy, Raymond. 1988. *Social Closure: The Theory of Monopolization and Exclusion.* Oxford: Oxford University Press.（辰巳伸知訳，1994，『社会的閉鎖の理論──独占と排除の動態的構造』新曜社.）

中井美樹，1991，「社会階層と親の価値期待」『現代社会学研究』4: 34-57,

中野由美子，1974，「階層と言語──教育社会学における言語研究の位置づけ」『教育社会学研究』東洋館出版社，29: 146-160.

中澤渉，2010，「学歴の世代間移動の潜在構造分析」『社会学評論』日本社会学会，61(2): 112-129.

─────，2013，「通塾が進路選択に及ぼす因果効果の異質性──傾向スコア・マッチングの応用」『教育社会学研究』東洋館出版社，92: 151-174.

中谷巌，2000，「ビジネスマンの思考─新講座」「朝日新聞」2000.7.8..

中山慶子・小島秀夫，1979，「教育アスピレーションと職業アスピレーション」富永健一編『日本の階層構造』東京大学出版会，293-328.

直井優，1979，「職業的地位尺度の構成」富永健一編『日本の階層構造』東京大学出版会，434-472.

直井道子，1989，「女性の階層帰属意識──女性の地位の借用モデル」1985年社会階層と社会移動全国調査委員会『1985年社会階層と社会移動全国調査報告書4　女性と社会階層』1985年社会階層と社会移動全国調査委員会，157-178.

荻野昌弘，2000，「社会学における文化の位置」『ソシオロジ』社会学研究会，45(1): 25-34.

小内透，1995，『再生産論を読む——バーンスティン、ブルデュー、ボールズ＝ギンティス、ウィリスの再生産論』東信堂.

大前敦巳，2002，「キャッチアップ文化資本による再生産戦略——日本型学歴社会における「文化的再生産」論の展開可能性」『教育社会学研究』東洋館出版社，70: 165-184.

大前敦巳・石黒万里子・知念渉，2015，「文化的再生産をめぐる経験的研究の展開」『教育社会学研究』東洋館出版社，97: 125-164.

小澤浩明，1999，「日本における社会階級・社会問題研究とブルデュー社会学理論」『状況』10(11): 38-52.

尾嶋史章，1997，「誰が教育に支出するのか——学校外教育支出の分析」『大阪経大論集』大阪経大学会，48(3): 311-327.

尾嶋史章・近藤博之，2000，「教育達成のジェンダー構造」盛山和夫編『日本の階層システム4　ジェンダー・市場・家族』東京大学出版会.

Parkin, Frank. 1979. *Marxism and Class Theory: A Bourgeois Critique*. New York: Columbia University Press.

Parsons, Talcott. 1951. *The Social System*. Glencoe: Free Press.（佐藤勉訳，1974，『現代社会学大系 14　社会体系論』青木書店.）

Parsons, Talcott. 1970. "Equality and Inequality in Modern Society, or Social Stratification Revisited." Edward O. Laumann ed. *Social Stratification: Research and Theory for the 1970s*. Indianapolis: Bobbs-Merrill, 13-72.

Peterson, Richard A. 1992. "Understanding Audience Segmentation: From Elite and Mass to Omnivore and Univore." *Poetics* 21(4):243-258.

Peterson, Richard A. and Roger M. Kern. 1996."Changing Highbrow Taste: From Snob to Omnivore."*American Sociological Review* 61(5):900-907.

Peterson, Richard A. and Albert Simkus. 1992. "How Musical Tastes Mark Occupational Status Groups." M. Lamont and Marcel Fournier eds. *Cultivating Differences: Symbolic Boundaries and the Making of Inequality*. Chicago, IL: University of Chicago Press, 152-186.

Prieur, Annick and Mike Savage. 2013. "Emerging forms of cultural capital." *European Societies* 15(2):246-267.

Robinson, Robert V. and Maurice A. Ganier. 1985. "Class Reproduction among Men and Women in France: Reproduction Theory on Its Home Ground." *American Journal of Sociology* 91(2):250-280.

Rohlen, Thomas P. 1983. *Japan's High Schools*. Berkeley: University of California Press.（友田泰正訳，1988，『日本の高校——成功と代償』サイマル出版会.）

坂爪聡子，1999，「教育投資と子供数 -——受験競争の過熱と少産化問題」『経済論叢』京都大学経済学会，163（3）: 22-40.

Savage, Mike, Fiona Devine, Sam Friedman, et al. 2015. *Social Class in the 21st Century*. London: Penguin.

Sewell, William Hamilton and Robert Mason Hauser. 1975. *Education, Occupation and Earnings: Achievement in the Early Career*. New York: Academic Press.

Simkus, Albert and Rudolf Andorka. 1982. "Inequalities in Educational Attainment in Hungary,

1923-1973." *American Sociological Review* 47(6):740-751.

志水宏吉，1990，「学歴・結婚・階層再生産」菊池城司編『現代日本の階層構造 3　教育と社会移動』東京大学出版会，107-126．

白倉幸男，1991，「LISREL——リズレルモデル」三宅一郎・山本嘉一郎・垂水共之・白倉幸男・小野寺孝義『新版 SPSSX Ⅲ 解析編2』東洋経済新報社，223-310．

————，1993，「社会階層と自立および知的柔軟性——現代日本の階層構造における地位の非一貫性とパーソナリティ」直井優・盛山和夫・間々田孝夫編『日本社会の新潮流』東京大学出版会，121-153．

————，1994，「社会的地位達成における権威主義と反道徳性」白倉幸男編『現代の社会階層と社会意識の変動に関する社会学的研究』社会移動研究会，1-16．

————，1997，「文化的再生産とライフスタイル」『行動計量学』日本行動計量学会，24(1)：37-47．

————，1998a，「社会階層とライフスタイルおよび生活満足——自営業、ホワイトカラー、ブルーカラーを対比して」『大阪大学人間科学部紀要』大阪大学人間科学部，24:1-24．

————，1998b，"Status Attainment, Lifestyle and Participation in High Cultural Activities: Cultural Reproduction in Japan," 片岡栄美編『1995年 SSM 調査シリーズ 18　文化と社会階層』1995年 SSM 調査研究会，67-86．

————，2000，「ライフスタイルと生活満足」今田高俊編『日本の階層システム 5　社会階層のポストモダン』東京大学出版会，151-180．

盛山和夫・野口裕二，1984，「高校進学における学校外教育投資の効果」『教育社会学研究』東洋館出版社，39: 113-126．

総務庁青少年対策本部，1996，『日本の青少年の生活と意識——青少年の生活と意識に関する基本調査報告書』総務庁青少年対策本部．

Snow, Charles Percy. 1964. *The Two Culture: A Second Look*. Cambridge: Cambridge University Press.（松井巻之助訳，1967，『二つの文化と科学革命』みすず書房．）

Steger, Manfred B. [2003]2005. *Globalization: A Very Short Introduction*. Oxford: Oxford University Press.（櫻井公人・櫻井純理・高嶋正晴訳，2010，『新版 1冊でわかる グローバリゼーション』岩波書店．）

Stevenson, David Lee and David P. Baker. 1992. "Shadow Education and Allocation in Formal Schooling: Transition to University in Japan." *American Journal of Sociology* 97(6):1639-57.

杉原名穂子，2000，「日本社会におけるジェンダーの再生産」宮島喬編『講座社会学 7　文化』東京大学出版会，157-188．

杉原名穂子・喜多加実代，1995，「「男」と「女」の再生産メカニズム——大学生の調査から」宮島喬編『文化の社会学——実践と再生産のメカニズム』有信堂高文社，64-97．

鈴木智之，2007，「複数のハビトゥス——P・ブルデューからB・ライールへ」草柳千早・澤井敦・鄭暎惠編『社会学の饗宴2　逍遥する記憶——旅と里程標』三和書籍，115-135．

高橋一郎，1991，「文化資本概念の再検討——教育制度効果をめぐって」『京都大学教育学部紀要』京都大学教育学部，37: 205-215．

高橋一郎，2001，「家庭と階級文化——『中流文化』としてのピアノをめぐって」柴野昌山編『文化伝達の社会学』世界思想社．

竹内洋，1978，『日本人の出世観』学文社．

———，1983，「学歴移動の構造——ビジネスエリートの家族にみる」関西大学経済政治研究所『価値変容の社会学的研究』関西大学経済・政治研究所．

———，1993，『パブリック・スクール——英国式受験とエリート』講談社．

———，1995，『日本のメリトクラシー——構造と心性』東京大学出版会．

———，1999，『学歴貴族の栄光と挫折』中央公論新社．

———，2000，「学歴エリート・教養・文化資本」宮島喬編『講座社会学 7 文化』東京大学出版会，57-92．

———，2003，『教養主義の没落——変わりゆくエリート学生文化』中央公論新社．

———，2005，『増補版 立身出世主義——近代日本のロマンと欲望』世界思想社．

瀧川裕貴，2013，「P・ブルデューの社会空間論と対応分析について」2013年1月16日ブルデュー新年会報告原稿（於：上智大学）．

津上智実，2010，「神戸女学院音楽部レッスン帳（1907－1923）の資料的価値とその内実」『神戸女学院大学論集』神戸女学院大学研究所，57(2): 141-153．

鳶島修治，2012，「高校生の学習時間に対する早期学校外教育投資の影響」『年報社会学論集』関東社会学会，25: 144-155．

富永健一編，1979，『日本の階層構造』東京大学出版会．

Treiman, Donald J. 1970. "Industrialisation and Social Stratification." Edward O. Laumann ed. *Social Stratification: Research and Theory for the 1970s*. Indianapolis: Bobbs-Merrill. 207-234.

上野千鶴子，1987，『〈私〉探しゲーム——欲望私民社会論』筑摩書房．

潮木守一・佐藤智美，1979，「社会階層と学業成績に関する実証的研究 1」『名古屋大学教育学部紀要』名古屋大学教育学部，26: 117-135．

歌川光一，2019，『女子のたしなみと日本近代——音楽文化にみる「趣味」の受容』勁草書房．

Veblen, Thorstein. [1899]1973. *The Theory of the Leisure Class*. Boston: Houghton Mifflin School.（小原敬士訳，1961，『有閑階級の理論』岩波書店．）

渡辺和博・タラコプロダクション，1984，『金魂巻——現代人気職業三十一の金持ビンボー人の表層と力と構造』主婦の友社．

渡辺秀樹・近藤博之，1990，「結婚と階層結合」岡本英雄・直井道子編『現代日本の階層構造 4 女性と社会階層』東京大学出版会，119-145．

Wallace, Ruth A. and Alison Wolf. 1980. *Contemporary sociological theory*. Englewood Cliffs, NJ: Prentice-Hall.（濱屋正男・藤原孝・寺田篤弘・八幡康貞訳，1985，『現代社会学理論』新泉社．）

Warde, Alan. 1994. "Consumption, Identity-Formation and Uncertainty." *Sociology*, 28(4):877-898.

Weber, Max. 1922. *Wirtschaft Und Gesellschaft: Grundriss Der Verstehenden Soziologie*. (Guenther Roth and Claus Wittich Trans. 1978. *Economy and Society: An Outline of Interpretive Sociology*. Berkeley, CA: University of California Press.)

Williams, Raymond. [1958]1966. *Culture & Society, 1780-1950*. New York: Harper & Row.（若松繁信・長谷川光昭訳，1968，『文化と社会——1780－1950』ミネルヴァ書房．）

———. 1981. *Culture, Fontana new sociological series*. Glasgow: Collins. 小池民男訳，1985，『文化とは』晶文社．）

安田三郎，1971，『社会移動の研究』東京大学出版会．

安田尚，1998，『ブルデュー社会学を読む――社会的行為のリアリティーと主体性の復権』青木書店．

山田昌弘，2004，『希望格差社会――「負け組」の絶望感が日本を引き裂く』筑摩書房．

山田美穂子，2015，「明治日本における女子教育とキリスト教教育の試みの一例――女子学院の歩み」『青山学院女子短期大学総合文化研究所年報』青山学院女子短期大学総合文化研究所，23: 3-17．

山本哲士，1994，『ピエール・ブルデューの世界』三交社．

山下利之・村山久美子，1991，「文科系、理科系、美術系大学生の教科評価にみられる差異――順位のグラフ表現法の適用」『武蔵野美術大学研究紀要』武蔵野美術大学，21: 149-158．

Young, Michael Dunlop. 1958. *The Rise of the Meritocracy, 1870-2033: An Essay on Education and Equality*. London: Thames and Hudson.（伊藤慎一訳，1965，『メリトクラシーの法則』至誠堂，窪田鎮夫・山元卯一郎訳，1982，『メリトクラシー』至誠堂．）

初出論文

　本書を作成するにあたり、もとになった原稿は以下のとおりである。大きく加筆・修正したものもあれば、ほとんどオリジナルのまま掲載した章もある。

序章　2005, 「文化の正統性と文化的平等神話」関東学院大学大学院社会学専攻『現代社会のクロスロード』ハーベスト社 に加筆した。

第1章　ほぼ書き下ろし

第2章　1992, 「社会階層と文化的再生産」『理論と方法』数理社会学会, 7(1): 33-55 の一部。
1997, 「家庭の文化的環境と文化的再生産過程および現代日本の文化構造——1995年 SSM 全国調査データにみるわが国の文化的再生産過程」『関東学院大学文学部紀要』関東学院大学文学部人文学会, 81: 187-237 の一部。

第3章　2001, 「現代文化と社会階層」東京都立大学大学院社会科学研究科2000年度博士論文, 第3章 の一部。
2003, 「「大衆文化社会」における文化的再生産——階層再生産、文化的再生産とジェンダー構造のリンケージ」宮島喬・石井洋二郎編『文化の権力——反射するブルデュー』藤原書店, 101-135の一部。
2018a, 「文化的オムニボア再考——複数ハビトゥスと文脈の概念からみた文化実践の多次元性と測定」『駒澤社会学研究』駒澤大学文学部社会学科, 50: 17-60の一部を加えて、大幅に加筆している

第4章　2000, 「文化的寛容性と象徴的境界——現代の文化資本と階層再生産」今田高俊編『日本の階層システム 5　社会階層のポストモダン』東京大学出版会, 181-220.

第5章　1998, 「文化の構造と文化消費者の社会的特性——文化活動の諸類型と社会階層の対応関係を中心に」片岡栄美編『1995年 SSM 調査シリーズ 18　文化と社会階層』1995年 SSM 調査研究会, 87-112.

第6章　1997, 「家庭の文化的環境と文化的再生産過程および現代日本の文化構造——1995年 SSM 全国調査データにみるわが国の文化的再生産過程」『関東学院大学文学部紀要』関東学院大学文学部人文学会, 81: 187-237 の一部。

第7章　1998, 「地位形成に及ぼす読書文化と芸術文化の効果——教育・職業・結婚における文化資本の転換効果と収益」片岡栄美編『1995年 SSM 調査シリーズ 18　文化と社会階層』1995年 SSM 調査研究会, 171-92.
2003, 「「大衆文化社会」における文化的再生産——階層再生産、文化的再生産とジェンダー構造のリンケージ」宮島喬・石井洋二郎編『文化の権力——反射するブルデュー』藤原書店, 101-135 の一部。

第8章　2001，「教育達成過程における家族の教育戦略──文化資本効果と学校外教育投資効果のジェンダー差を中心に」『教育学研究』日本教育学会，68(3): 1-15.

第9章　2005，「文化定義のジェンダー化に関する研究──言説からみる文化活動への意味付与と性役割意識」『関東学院大学人文科学研究所報』関東学院大学人文科学研究所，29: 65-85.

第10章　片岡えみ，2016，「友人選択の基準にみる象徴的境界──バウンダリー・ワークとしての友人選択」『駒澤社会学研究』駒澤大学文学部社会学科，48: 39-70.

第11章　1996，「階級のハビトゥスとしての文化弁別力とその社会的構成──文化評価におけるディスタンクシオンの感覚」『理論と方法』数理社会学会，11(1): 1-20.

初出論文──361

あとがき

　筆者がブルデューの著作に出合ってから、結構な年月が流れた。とくにブルデューの著書『ディスタンクシオン』に心引かれたことと、1989年に神戸市教育委員会に協力した生涯学習調査のなかで文化の調査（第1回神戸調査）を企画し、実査を経験できて以降、ずっとブルデューを目標に文化の社会学という領域に関わることになった。そのあと、科学研究費を受けて第2回神戸調査を単独で実施できたことや、さらにそのあと、95年SSM全国調査でそれまでの経験と知識のすべてをSSM調査に生かすことができたことも非常にありがたい経験だったと思う。さらに99年の川崎市民調査では、SSM調査で検証できなかったアイデアを盛り込んで、小さいながらも満足がいく調査をできたことなど、ここにいたるまで多くの方々の協力のもとに経験的な研究を続けてこられたことに、あらためて感謝の意を表したい。また、いくつかの科研費を受けたことや大学の研究助成（関東学院大学と駒澤大学）によって、こうした研究を継続できたことに心から感謝している。さらに、文化とライフスタイルの調査（質問紙調査やインタビュー調査）に協力してくださったたくさんの人々にこの場を借りて感謝申し上げたい。

　本書の論考は、その大半を1990年代後半に執筆していて、本来であれば博士論文を出した2001年頃には出版していなければならないものだったが、家庭の諸事情もあり、出版を先延ばしにしていた。そのうち、データを再分析して、新しい論文ができたりもしていたので、気が向くまま研究を続けてしまったとしかいいようがない。多くの方々から、早くまとめて出版してほしいといわれながら、それができていなかったのはひとえに著者の怠慢であり言い訳はできない。ただ、その間に家族が病に倒れたり、そのあとのリハビリに付き添ったりしているうちに、1冊の本をまとめるという作業を二の次にしてしまった。

　2010年4月から12年3月までの2年間は、ハーバード大学社会学科のMichèle Lamont教授の下で在外研究の機会を得たことは、日本社会や日本文化を相対的にみるためには必要な経験であったと思っている。アメリカで

あとがき——363

生活し日常生活を送ることで、日本社会とアメリカ社会、日本人と多様なアメリカ人たちの考え方や価値観の違いを体験できたことは、言葉には替えられない貴重な経験であり、アメリカの善良な部分を知るという意味でもとても幸せな体験であった。これらも本書にいたるまでに必要な経験だったのだと思っている。

そのあと、3年ほど前からいくつかの自分の論文を英訳して、Researchgate や Academia.edu などの海外サイトにアップロードした。ほぼ毎日のように世界中から誰かがダウンロードして読んでくれていることが通知されるので、最初から日本語ではなく英語で発信すべきだったと反省する毎日である。やはり日本語というハンディは大きく、いくら日本語で論文を書いても海外の研究者の目にはとまらないどころか、日本語論文をそのまままねた英文雑誌論文（2010）さえ出てくることが歯がゆいとしかいえない。

こうした紆余曲折を経ながら、これまで活字化された論考やすでに出版されている論文のなかから、重要だと思われるものを集めて加筆・修正して出版することにした次第である。本書のなかでも序章から第2章にかけては、ブルデューを初めて知った、あるいは「趣味の社会学」は初めてという読者に向けて執筆しているが、第3章以降は計量的研究として提示しているので統計的な理解も必要になってくるだろう。

本書が扱うデータは少し前の日本社会を映し出している。現代のようにまだ情報化や SNS が十分には発達していなかった頃の文化実践の様態を分析したわけだが、文化の構造や特徴が急激に変化するとは思えない。実際に、2005年 SSM 調査で不十分な調査項目ながらも検証した研究からはとくに大きな変化は見いだせていないのも事実である。現在、本書の続きとして、新しいデータを用いて、「日本版ディスタンクシオン」についての共同研究を進めているので、新しいデータとの比較も今後の課題になっている。

さて、内容に関していえば、本書が明らかにしたかったことのなかでポイントになる2つをあげるとすれば、「日本ではなぜ文化的な平等神話が広がり、文化的再生産は隠蔽されているのか」と「なぜ男女で文化の機能や社会的意味が異なるのか」である。分析の結果、前者の問いに対しては「文化的オムニボア」（文化的雑食性）という概念で説明できることがわかった。また後者については、ジェンダーによる文化の差異をデータが物語っていた。この2つの問題を結び付けて検討することによって、従来の階層研究で語られ

なかったこと、そして文化の再生産が隠蔽されてきたメカニズムが明らかに
なってきたと考えている。データが現実を物語り、インタビュー調査でそれ
を再度確かめるというプロセスをとることで、これらの知見はさらに確実な
ものになっていった。

　文化への関わり方には、ジェンダーや年齢のデモグラフィックな要因の影
響が予想以上に大きかった点は、日本だけでなくイギリス（Bennett et al.
2009）の研究でも類似した結論が生まれている。

　以下は2002年に書いていたことだが、いまでも重要だと思うので少々長
いが引用しておこう。

　　　　文化資本やハビトゥスの概念を使って経験データを集め分析する以上
　　は、ブルデューの科学的認識の方法論からこれまでの研究を反省材料と
　　することは重要であると考える。

　　　第一に、階層研究者のなかには、ブルデューの文化的再生産論そのも
　　のに対する認識論的な「誤解」や「ゆがみ」があるようだ。これについ
　　ては、すでに竹内（1989）が指摘し警告していたように、ブルデューの
　　文化的再生産論理解にオリジナルとの「ズレ」があること、さらに計量
　　的階層研究者が陥りやすいブルデュー解釈が流布しているとされる。例
　　えばブルデューの文化的再生産論を理解するうえで、まず最初に注意す
　　べきは、文化の再生産と社会的再生産（階級再生産）との分離である。
　　この点を混同してブルデューの文化的再生産論を「誤解」すると、例え
　　ば、階級再生産を中心として文化を媒介項とみる再生産論＝文化的再生
　　産とする解釈となる。その場合は、（1）文化的再生産論とは、文化資本
　　が媒介となって階級が再生産されること、という解釈になる。さらに文
　　化的再生産とは、（2）出身家庭の保有している文化的様式（家庭環境）
　　が学歴を規定するという意味でだけ理解されてしまう。（片岡 2002: 一
　　部改変）

　（1）の点については、「文化資本（文化領域）を媒介とした階級構造の再生
産」という現象──しばしばこの現象自体が〈文化的再生産〉であるかの
ように、つまり「文化による再生産」が〈文化的再生産〉であるかのように、
誤解される傾向にある──をブルデューの用語で言い換えるならば、「〈文

化的再生産〉を通じた〈社会的再生産〉」なのである」（高橋 1989）。

　ブルデュー理論のポイントは、教育システムがイニシアチブを握っている文化的再生産と支配階級がイニシアチブを握っている社会的再生産が不可分に関連（客観的共謀）することであり、文化的再生産と社会的再生産は互いに相補的な関係にある。しかし文化を媒介と考える、「「文化的再生産論」は、社会的再生産に対する文化的再生産（および教育システムの自己再生産）の要請を隠蔽する傾向にある」（同上）と指摘された。

　もちろんブルデュー理論とは別に、（1）や（2）の命題を検証する意義は階層論としては十分にあるので、筆者も仮説検証をおこなっている。しかしこれらの理論仮説が成立しなかったからといって、ブルデューの文化的再生産論の理論全体を否定できるわけではない。

　このように文化的再生産論は、計量的な階層論に単純化されて持ち込まれていった。しかしこのような「誤解」は、日本に限ったことではない。欧米の階層研究のなかでも、文化的再生産論は一定の偏向をもちながら、多くは単純化され受容されていった。

　筆者も文化資本を媒介とした地位達成モデルを実証的に検討してきたので、こうした指摘と無縁ではない。しかし、自分自身の研究スタンスとしては、ブルデューの文化的再生産論に関する前述の指摘は当時から承知し、理解していたつもりである。したがって、筆者の初期の研究は、ブルデュー理論が日本に妥当かどうかを検証することを目的とはせず、文化資本を媒介とした地位達成モデルを検討することに意義があったと思っている。なぜなら、この検討を経て、文化的再生産と社会的再生産のジェンダーによる分業という日本的特徴が明らかとなり、文化的再生産論にジェンダーの視点を取り入れて理論を組み直す方向を見いだせたからである。

　また、計量研究者の一部が文化的再生産論の日本での妥当性を否定しようとした（原・盛山 1999）際の根拠として、「高学歴かつ上層」の再生産率が戦後、低下した事実をあげているが、本書でも明らかになったように、男性の高学歴層を対象として文化的再生産を分析しても、そもそも卓越化した文化テイストが男性高学歴層にはあまり多くみられないので、男性の学歴資本で文化資本の再生産を論じても、日本の文化的再生産の一部しか論じたことにならないというのが、日本の文化資本の再生産を考えるうえでとても重要になってくる（第10章で示した高学歴男性の一部にみられる大衆文化的境界も、

それを傍証するだろう)。文化的再生産が主に高学歴女性を中心に担われているという日本的特徴を考えると、ジェンダーによる分節化を含めた関係論的な視点で、文化的再生産と社会的再生産の関係をみる理論仮説へと変更することが重要になる。筆者は、いくつかの異なる調査からの経験データを積み重ねることで、「階層再生産と文化的再生産のジェンダー構造」という理論仮説が妥当すると考えるにいたった。

　理論の適否を論証するには、「断片的な仮説の検証によって論証するだけでは不十分であり、理論の体系性によって論証しなければならない」(安田 1998: 46)。そして、「もし経験データが部分的に理論を支持しないのであれば、理論と検証の往復を繰り返してなぜそうなるのかという論理的整合性を追求し、理論の組み替えや理論転換へと向かうべきであるというブルデューの科学認識の方法」(片岡 2002: 32-33)は重要であると考えている。

　結果的には、わが国では文化的排他性仮説ではなく、文化的オムニボア(文化的雑食性)仮説があてはまるのである(これはかつて加藤周一(1975, 1980)が論じた、日本文化が和と西洋の雑種文化であるという説とは異なるものだが、日本の特徴を考えるうえではどちらも重要である)。

　文化的オムニボアに関連して、紙数の関係上、第4章やその初出論文では十分議論できなかった点について考えてみようと思う。筆者は、まず文化消費をハイカルチャー・ユニボア(文化貴族)、文化的オムニボア、大衆文化ユニボア、文化的不活発層(文化的アウトリーチ)の4パターンに分類し、職業との対応関係を検討した。その結果、芸術家と3大専門職はハイカルチャー・ユニボアだが、細かに分類したなかの多くの専門・管理職、事務など大半のホワイトカラー層が文化的オムニボアであることがわかった。オムニボア化しない文化貴族ともいうべき集団が存在していたが、ごく少数でもあった。

　現代の文化エリートや文化貴族を考えるにあたり、急激な産業構造の変化もあったので、新しい時代の文化エリートとは誰なのか、新しい文化資本とは何なのか、その定義から再考する必要がある。その際に、創造階級(クリエイティブ・クラス)の研究が重要である(Florida 2002=2008)が、本書のデータにはまだ現れてはいない。

　本書で示したいくつかの分析結果からは、日本男性が女性に比べて実践面では文化的に洗練されていないことがわかるが、そのことと、ハビトゥスの

問題とは分けて考える必要がある。男性の文化消費行動は大衆的だが、（男性の名誉のためにも？）高級文化を理解するハビトゥスを男性がほとんど持ち合わせていないと断定しているわけではない。これについては第11章（原著：片岡 1996c）で示したが、さまざまな文化活動の序列や違いを識別できるかどうかという「文化弁別力」の問題は所属階級によって異なり階級のハビトゥスとなっていたが、男女では差異はなかったからである。具体的にいえば高地位・高学歴の男性は、例えばジャズとロックの違いを識別していて、文化による差異化の感覚（ディスタンクシオンの感覚とそのもとにあるハビトゥス）を身体化してはいるが、実践に結び付かない状況にあるということになる。

　しかし写真での美的性向の判断テストでは、男性は美的センスに階層差が表れず、学歴にも関係なく大衆的な美的判断力を示す男性がほとんどだった（第5章）ことは、今後、検討を要すると考えている。やはり日本男性は美的センスが不足しているのか？と考えざるをえないデータも出てきているからだ。しかし即断はできない。

　なにより男性（および働く女性）は大衆文化化しなければ、会社で、社会生活で、生き残れないという状況に置かれている可能性が高い。日本社会ではハイカルチャー志向は隠すべき存在であり、卓越化して出る杭を打たれることを避ける必要があるらしい。これはゼミの学生に聞くと、大学生活でも同じだという。その結果、文化資本を家庭から受け継ぎハイカルチャー志向の高学歴男性も、学校や会社生活ではそれを隠し、あるいは自ら大衆化の路線を選び、文化的オムニボアとなっている。日本は集団的な同調圧力が強いために、多様な背景からなる集団のなかでは卓越化することが許されない社会であるとも考えられる。

　それによって、文化による差異化や卓越化は、男性中心の労働世界や公的場面では姿を隠し、文化資本は隠蔽されていった。エリートは文化的オムニボアになるという仮説どおりに、日本の男性学歴エリートは大衆化したといえるだろう。その結果、みんなが文化的に平等で大衆的であるという言説を誰もが信じるようになる。少なくとも公的場面では、ハイカルチャーによる差異化は階層的上位を示す記号になるために人々の嫉妬を買うのだろう。

　その結果、文化による差異化・卓越化戦略は私的領域に閉じ込められていった。あるいは家庭を通じて、文化資本は主に女性によって温存され、女性

を通して（母から娘へと）再生産されてきたのである。過去の高学歴女性の多くが、労働世界を離れて専業主婦になるライフコースを選択せざるをえなかったこととも関連している。もちろん、女性の社会進出は、こうした傾向を崩して、女性が大衆文化化する大きな要因である。

　このように「日本は文化的に平等な社会である」という言説が広く浸透するようになった理由の一つは、戦後の学校教育（とくに義務教育）での能力的平等主義の浸透もあるが、もう一つがいま述べた戦後の男性エリートの大衆文化化である。後者は、竹内の一連の研究にも明らかなように、男性中心のサラリーマン社会が、戦後の経済発展とともに、多様な社会階層出身者を引き受けながら組織を拡大する過程で広がった会社の人間関係をめぐる文化の大衆性に原因があると筆者は考えている。

　そしてわが国の再生産は、文化的な女性（＝文化資本）がエリート男性（＝経済資本）と結婚することで完成する仕組みとなっていた。女性の文化資本と男性の経済資本の資本交換が婚姻を通じて成立するのである。

　女性にとっての「文化的洗練性」たる文化資本が、女性の地位達成（エリートとの結婚）に結び付くわけだから、当然、文化的洗練性は女性にとってのステイタス・カルチャーの一部になり、女性の地位アイデンティティの源泉になるのである。したがって、子ども時代から、なぜか女の子の稽古事は、ハイカルチャーに関する芸術文化的な活動（ピアノやバレエ、茶道・華道など）に向けられ、現在でも中身の多少の変化はあるものの、芸術文化嗜好であることは同様であった。それは女性の文化教養が、女らしさの重要な要素、つまりジェンダー資本となっているからである（片岡 2002, 2003）。

　このように文化による差異化や卓越化の問題（文化的洗練性）は、わが国の多くの男性にとっては重要な話題ではないが、女性の地位にとっては昔から重要な問題だったのである。高学歴女性のアイデンティティの重要な部分を占めている文化的洗練性の問題は女性だけに限ったものではない。さまざまなアイデンティティとハビトゥス、そして文化との関わり方、集団の文化、集団間や集団内での象徴闘争の問題へと展開する問題である。

　学歴の3世代間移動の論稿（片岡 1990）もあるが、データが古いことと、男性だけのデータであるために、本書には所収はしなかった。しかし筆者にとっては文化資本の再生産を論じた初期の論稿でもある。学歴の問題はまた別の機会に、新しい視点から分析したいと考えている。

あとがき——369

筆者が関与した全国調査と3回の地域調査データからは、いずれも上記の知見が矛盾せずに析出された。ジェンダー差の大きさは予想以上であり、なにより分析した本人がいちばん驚いている。しかし男性の多くにとっては心地がよくない結果だろう。一般読者のコメントの一つで、筆者の文化のジェンダー構造の論稿が、筆者の出自（女性であること）や研究者世界での女性差別からくる怨恨やリベンジとして書かれたに違いないと評しているものがあったが、最も的外れなコメントの一つである。データが物語ることを提示するだけで、自己都合に合わない分析結果は勝手な憶測で評価されてしまうことを残念に思う。こうした周囲の反応に驚くことはあれ、筆者はほとんど表面的な感情で反応はしていない。このように書くと、またよけいな誤読をされてしまうかもしれないが、多面的な視点で人々の社会的ゲームを理解し、多面的に実践することのほうが楽しく、意味があるからだ。これだけの説明では意味が通じないかもしれないが、社会学をすることで開ける目と身体があり、少なくとも筆者にとっては社会学のメリットの一つはそういうことではないかと思うからである。

　ブルデューが『自己分析』をフランスではなく最初にドイツで出版したこととも関連するが、ブルデューほどの教養と知性にあふれた学者の科学的分析でさえも、怨恨、リベンジといった文脈で片付けようとする批評家に悩まされていたことを知って、どこでも同じなのだと思っている。

　本書の研究は、Cultural Sociology の系列であり、カルチュラル・スタディーズや Sociology of Culture ではない。Cultural Sociology はアメリカやイギリス、フランスでは研究者同士の活発な交流があり、多くの研究者がいる。Bennett や Savage ら（2009=2017）による『文化・階級・卓越化』が翻訳されたことで、今後はこの方向での研究にも拍車がかかるだろう。そして象徴的境界という視点が、今後ますます文化の社会学にとって重要になるだろう。そしてブルデューがいう認識論上の障害を自らがどのように気づいていくかという課題を認識しながら、新しい時代の文化研究へとつなげていく覚悟を新たにしている。

　最後に初出論文のリストを以下に示したが、すでに学会誌などに掲載されているものや市販されている著書に収録した論文からは本書にはあまり所収

していない。初出論文を大幅にカットしている箇所も多い。また、本書だけが筆者のこれまでの研究のすべてではない。

　本書は、データベースで公開されている博士論文（「現代文化と社会階層」東京都立大学大学院社会科学研究科2000年度博士論文）を中心に、新しい論考を加えて編集しなおしたものである。

　最後に、本書を出版するにあたり、共同研究者として調査に協力してくれた研究者のみなさま、さらには出版の労をとってくださった青弓社の矢野未知生氏ほかのみなさまには、心より感謝します。

　［付記］本研究でのSSM調査データの使用に際して、1995年および2005年SSM調査研究会の許可を得た。

索　引

ア

アイデンティティ　15, 21, 22, 24−27, 29
　　−31, 42, 43, 61, 91, 204, 211, 226, 245,
　　279, 281, 285
イーグルトン（Eagleton, Terry）　15, 26, 62
石井洋二郎　24, 52
威信スコア　16, 17, 26, 84, 94, 124, 125,
　　128, 147, 148, 165, 170, 172, 175, 192
　　−194, 196, 197, 200, 214, 215, 230, 261
　　−263, 277, 320−322, 338, 343, 344
インテリ趣味　49, 100, 106, 110
ウェーバー（Weber, Max）　70, 71, 95, 96,
　　120, 147, 234, 256
ヴェブレン（Veblen, Thorstein）　45, 120
エートス　14, 21, 22, 30, 48, 343
大前敦巳　91, 187, 210
押し付け　19, 39, 40, 46, 151, 236, 320, 334
オムニボア（Omnivore）（→文化的オムニボ
　　アも参照）　123, 124, 126, 127, 130,
　　132, 133, 138−141, 143−146, 206

カ

階級　13, 14, 17, 18, 21−26, 28−30, 33, 36
　　−50, 52−59, 62, 63, 70, 72, 73, 78, 88,
　　91, 92, 94−98, 100−104, 106−108,
　　110, 117, 119, 120, 147, 178−180, 203,
　　206, 208, 209, 212, 227−229, 231, 233,
　　236, 237, 240, 270, 279−281, 283−285,
　　307−309, 314, 315, 318−320, 327, 328,
　　330, 335, 341, 342
階層　14, 17, 24−26, 28, 29, 33−35, 37, 38,
　　40, 44, 46, 47, 53, 57, 58, 63, 64, 66, 67,
　　70, 73−75, 78, 80−83, 85−88, 91, 92,
　　94−99, 105, 108, 110, 111, 119, 121,
　　122, 124, 132, 135, 137−147, 160, 163,
　　169, 171, 172, 179−181, 184, 185, 188,
　　189, 191, 195, 196, 198−201, 203, 205,
　　208−212, 217, 223−225, 227−229, 233
　　−239, 241, 245, 248, 249, 253, 255, 257,
　　260, 261, 281, 285, 292, 298−301, 303
　　−309, 314, 315, 317−320, 325−337,
　　340−345
学力　20, 21, 56, 57, 73, 92, 227, 228, 232,
　　258, 305, 307
学歴　14−17, 20−23, 26, 31, 44, 47, 57, 64
　　−71, 73−78, 80−84, 88−90, 92, 96,
　　97, 102, 104−109, 112, 115, 116, 118,
　　123, 127, 128, 130, 132, 133, 136, 137,
　　139, 140, 143−145, 147, 148, 154−159,
　　161, 169, 172, 175−188, 192−202, 205,
　　206, 208−210, 212, 214−225, 227−
　　230, 232−235, 237−241, 244−252, 254
　　−258, 260, 270, 272, 278, 281, 286, 292
　　−294, 301−306, 308, 314, 315, 321
　　−323, 325−327, 341, 344, 345
学歴資本　20, 22, 67−69, 77, 102−106,
　　109, 110, 129, 133, 137, 159, 161, 177,
　　178, 183, 184, 187, 227, 252, 308
学歴エリート　20, 35, 68−70, 109, 147,
　　149, 163, 178−180, 183−185, 203, 212,
　　229
片岡栄美　16, 17, 26, 27, 31, 41, 42, 51, 55
　　−58, 64, 65, 72, 75−78, 84, 90, 92, 94,
　　102, 103, 111, 113, 114, 118, 120, 122
　　−124, 134, 137, 142, 143, 145−148,
　　153, 159, 165, 167, 171, 173, 198, 200,
　　205, 210, 212, 214, 220, 224, 226, 229,
　　231, 233, 235, 239, 240, 242, 245, 246,
　　253, 256−258, 262, 263, 267, 271, 276
　　−278, 285, 286, 303, 304, 324, 343, 345
学校外教育投資　38, 57, 218, 231, 232, 234,

237－239, 241－247, 251, 252, 254, 256, 258

家庭　21, 22, 32, 33, 40, 53, 56, 57, 63－70, 72－90, 92, 104－106, 109, 111, 127－129, 136－138, 144－146, 175, 183－185, 187, 191, 192, 194－196, 198－202, 206, 210, 212－220, 222, 223, 225－228, 231－244, 248－257, 264, 272, 274, 276, 282, 313, 327, 336, 341

苅谷剛彦　26, 35, 56, 92, 206, 210, 233, 235

寛容性　42, 119－123, 125－130, 133, 138, 143, 144, 147, 148, 204

北田暁大　29

ギデンズ（Giddens, Anthony）　24, 29, 30, 32, 33

教育戦略　57, 74, 89, 216, 231, 233, 234, 237, 238, 244, 251, 254, 255, 257, 258, 282

教育達成　40, 56, 57, 73, 75, 76, 89, 185, 210, 219, 231－234, 236－238, 240, 242, 245, 248, 253－258

共通文化　34, 110, 111, 142, 143, 145, 195, 267, 275

共分散構造分析　57, 72, 90, 92, 238, 257

教養　13, 15, 20－24, 31, 63, 64, 68－70, 72, 74, 76, 89, 146, 171, 179, 181, 195, 210, 212, 220, 225, 228, 230, 240, 253, 254, 256, 274, 277, 279, 305, 306

グローバル化　14, 24, 25, 144

グローバリゼーション　14, 24

経済資本　14, 20, 48, 49, 55, 56, 62, 64, 67, 71, 75, 80, 98－110, 115, 117, 129, 135－137, 141－147, 149, 163, 168, 173, 187, 208, 212－214, 220－224, 256, 285, 292, 297, 306, 307, 341

芸術文化（芸術文化資本）　18, 22, 56, 66, 72, 77－81, 83, 208, 212－227, 229, 231, 239－241, 244, 245

高級文化　15, 33－35, 41, 57, 120, 123, 144, 235, 259

高学歴化　81, 123, 133, 142, 175, 178, 254,

256, 306

構造化　41, 53, 54, 56

誇示的消費　45

コーポレート支配仮説　121, 122, 147, 202, 204, 206

婚姻　69, 75, 146, 212－214, 220－226, 228, 253, 256, 277

誤認　38－40, 48

サ

差異化　14, 28, 38, 46, 54, 55, 58, 62, 64－67, 98－101, 105, 107, 108, 119, 123, 142, 144, 145, 147, 149, 163, 317－320, 327－330, 332, 334, 335, 341, 342, 344, 345

差異空間　11, 94, 97, 101, 109, 111, 113－115, 163

サヴィッジ（Savage, Mike）　42, 43, 142

恣意（－性、－的）　18, 19, 39, 40, 44, 63, 246, 278, 320

ジェンダー　22－27, 37, 38, 42, 57, 66, 83, 137, 142, 146, 156, 163, 166, 172, 208, 224, 227, 229, 231, 232, 253, 254, 258－261, 263－265, 269, 271－273, 275－278, 283, 291－294, 304, 314, 315

ジェンダー構造　23, 38, 66, 83, 146, 166, 208, 227, 229, 304

資産構造　47, 48, 55, 98－101

実践　13, 15, 17, 20, 21, 31, 38, 41, 45, 50－56, 59－61, 64, 67, 71, 72, 80, 94, 95, 97－101, 111, 127, 134, 150, 151, 164, 204, 259, 260, 265, 276, 277, 282, 309, 314, 327, 328, 335, 336, 342, 343

社会関係資本（social capital）　49, 55, 62, 71, 107, 142, 267, 275

社会空間　14, 37, 47, 55, 60, 92, 96－101, 103, 104, 109－111

写真　37, 150－161

趣味縁　30

商業主義　15, 25, 34, 36, 62

象徴的境界　28, 29, 34, 42, 97, 109, 119,

120, 123, 124, 134, 135, 138, 139, 142, 145, 146, 172, 179, 279－285, 287, 289－291, 294, 304, 308, 309

象徴的強制効果　166, 169, 184, 187, 249, 252

象徴闘争　14, 19, 45, 47, 48, 97, 134, 309, 334

消費　14, 15, 18, 24, 31, 34, 38, 45－50, 57, 83, 99, 100, 105, 109－111, 119－126, 130, 131－139, 141－143, 145－147, 163, 165, 166, 168－172, 174－181, 183－185, 187, 188, 191, 193, 195, 196, 198, 202, 204－206, 212, 229, 318, 319, 327, 328, 330, 342

白倉幸男　33, 75, 84, 127, 129, 192, 206, 246, 257

身体化　20, 53, 56, 59, 62－67, 73, 74, 76－79, 81－84, 87, 99, 109, 127, 128, 143, 144, 150, 161, 178, 209, 210, 212, 213, 215, 218, 221, 223, 224－227, 231, 234, 238－241, 247－253, 255, 270, 271, 276, 317, 318, 325, 328, 343

シンボリック・バウンダリー（→象徴的境界も参照）　42

スポーツ　16, 17, 23, 41, 54, 99, 100, 104, 106, 107, 112, 114, 124－126, 130, 133, 165－169, 172, 173, 176, 183, 189, 190, 191, 196, 206, 259, 262, 268－271, 273, 275－277, 311, 319, 322, 323, 333, 338, 339, 344

生活様式空間　12, 41, 48, 50, 96, 97, 99－106, 108－118, 168, 183, 190

性向（disposition）　47－50, 52, 56, 57, 59, 60, 64, 66, 71, 98, 146, 150, 152－154, 157, 159－161, 227, 229, 271, 276, 317, 318, 327

成績　44, 63, 70, 73, 90, 91, 108, 211－214, 216, 224, 225, 227, 234, 237－239, 243－248, 250－256, 304, 305

贅沢趣味　49, 100, 105, 106, 108, 110

正統文化（正統趣味）　18－22, 34－36, 38,

42, 46－50, 57, 62, 63, 70, 75, 90, 92, 100, 114－117, 120－124, 127, 159, 163, 164, 169, 170, 177－195, 197－202, 204, 206, 215, 229, 237, 273, 308, 314, 315

制度化　20, 42, 63, 64, 74, 76－78, 83, 104, 105, 128, 137, 150, 154, 161, 210, 215, 225, 239－241

性役割意識　272, 275, 276

西洋文化　72, 105－108, 110, 111, 169, 183, 194, 240, 255, 256

センス　28, 30, 31, 44, 46, 52, 64, 65, 69, 127－129, 135, 136, 139, 141, 269, 271, 309

戦略　22, 28, 33, 38, 48, 49, 55－57, 67, 69, 74, 80, 89, 119, 123, 138, 139, 142, 144－147, 149, 175, 208, 216, 224, 225, 228, 229, 231－234, 237－242, 244, 247, 249, 252, 254－258, 277, 282, 308, 311, 312, 314, 315, 327, 328, 330, 332, 341, 342

相続文化資本　22, 23, 65, 66, 68－70, 74, 75, 77－79, 81, 83, 84, 91, 92, 127－129, 135－137, 139, 141－145, 148, 149, 183－185, 187, 192－194, 196－199, 201, 202, 206, 210, 213－215, 219, 220, 224, 225, 228, 231, 233, 239－241

相同性　41, 111, 117

タ

対応分析（多重対応分析）　42, 72, 94, 95, 97, 101, 104－106, 109－111, 117, 118, 134, 163, 172, 194

大衆文化（大衆趣味）　17, 18, 24, 25, 33－36, 41, 47, 49－51, 57, 62, 106, 108, 110, 111, 113－116, 119－127, 129－134, 137－143, 145, 146, 148, 163, 164, 169－172, 176－178, 183, 186－192, 195－197, 204, 207, 229, 235, 259, 263, 267, 275－277, 290, 303, 311, 314, 315, 321, 322, 324, 329－338, 340

竹内洋　23, 26, 44, 68, 76, 78, 138, 147－149, 179, 206, 228, 235, 236, 308

卓越化　20, 22, 39, 42−44, 46, 48, 56, 58, 62, 64−67, 70, 100, 137, 143, 159, 208, 228−230, 283, 315, 317, 318

地位移動　26, 57, 221, 222, 226, 256, 319, 336−338, 340−342

知覚・評価図式　54, 65, 275, 276

中間文化（中間趣味）　18, 34, 47, 49, 113, 114, 121, 123, 125, 130−133, 148, 160, 170, 263, 278, 321, 322, 330−333, 335, 338, 344, 345

テイスト　31, 32, 38, 42, 47−50, 60, 64, 72, 92, 119, 123, 126, 127, 129, 137, 144, 148, 151, 153, 158, 159, 204, 315

ディスタンクシオン（Distinction）　13, 22, 28, 33, 37, 38, 41, 47, 65, 67, 95, 101, 117, 281, 317, 318, 324, 326, 327

ディマジオ（DiMaggio, Paul）　42, 63, 89−92, 121, 202−204, 210, 211, 224, 233, 234, 245, 257

伝統芸術　105−108, 110, 111, 168, 321

投資（投資効果）　20, 38, 39, 49, 57, 64, 68, 70, 71, 203, 218, 225, 231−234, 237−249, 251, 252, 254, 256−258, 266, 341

読書文化（読書文化資本）　22, 56, 66, 72, 77−81, 83, 133, 212−222, 224−227, 231, 239, 241, 244, 245

ド・グラーフ（De Graaf, Paul M.）　210, 212, 213, 233−235, 238, 257, 258

ナ

成り上がり　66, 163, 169, 184, 185

ハ

場　14, 35, 44, 48, 53, 55−57, 59, 62, 64, 65, 70, 91−93, 107, 121, 170, 192, 203, 206, 226, 267

排他性　42, 58, 120, 122−124, 126, 134, 140−144, 147, 148, 204, 235

バウンダリー・ワーク　42, 282−284, 291, 308, 309, 314

発生論的構造主義　94, 97

ハビトゥス　14, 20−22, 26, 38, 41−43, 45, 47−62, 64−66, 68, 71, 72, 76, 92, 98−100, 109, 111, 129, 138, 140, 144, 146, 150, 161, 180, 183, 208, 209, 218, 223, 226, 227, 236, 237, 240, 252, 255−260, 271, 275−277, 282, 309, 310, 314, 315, 318, 319, 325−328, 332, 335, 341, 342, 344

ピーターソン（Peterson, Richard A.）　29, 41, 43, 120, 123, 148, 235

必要性（─からの距離）　18, 48, 50, 51, 159, 187

美的性向　47−50, 57, 64, 146, 152−154, 157, 159−161, 227, 229, 271, 276, 327

フェザーストン（Featherstone, Mike）　34−36, 129, 140

複数ハビトゥス　45, 58, 60−62

藤田英典　74, 75, 90, 91, 124, 171, 210, 233, 241, 343−345

ブライソン（Bryson, Bethany）　42, 120, 123, 126, 127, 147, 148, 235

プラティック（→実践も参照）　45, 47, 51−55, 71, 98, 99, 343

ブルデュー（Bourdieu, Pierre）　13−15, 18−24, 26, 28, 29, 33, 36−43, 45−48, 50−60, 62−65, 68, 70−76, 78, 85, 90−92, 94−101, 103−106, 108−111, 117, 118, 120, 122, 134, 137, 141, 145, 147, 149−151, 154, 156, 158, 159, 169, 198, 203, 208−212, 224, 229−237, 239, 252, 257, 259, 270, 281, 284, 308, 315, 317, 318, 320, 324, 330, 343

ブルジョア　21, 23, 48, 49, 56, 58, 62, 70, 97−100, 102−104, 106, 110, 111, 117, 145, 235

文化威信スコア　16, 17, 26, 124, 125, 147, 148, 165, 170, 172, 175, 261−263, 277, 320−322, 338

文化移動　175, 191, 198−201, 257

文化評価　17, 38, 147, 262, 263, 317−322,

324, 325, 330−334, 336−338, 340−345

文化環境　57, 66, 74−78, 82, 84−88, 192, 195, 198−202, 215, 235, 239, 241, 253, 255

文化産業　85, 121, 147, 202−206

文化資本（cultural capital）　14, 20−24, 26, 28, 29, 31, 33−45, 48−50, 54−57, 59, 62−94, 98−101, 103−110, 115, 117, 120, 121, 123, 127−129, 133, 135−137, 139−149, 153, 154, 157, 159, 161, 163, 178, 183−185, 187, 192−204, 206, 208 −241, 244−258, 270, 271, 275, 276, 281, 285, 303, 304, 306−309, 314, 315, 325, 334, 341, 345

文化社会学　41, 43, 44, 150, 279

文化定義　36, 259−261, 264, 275−278

文化的寛容性　42, 119, 121−123, 125−130, 133, 143, 144, 147, 148, 204

文化的再生産　13, 28, 45, 62, 66, 75, 76, 89, 90, 92, 138, 139, 145, 146, 163, 198 −203, 208, 225, 227, 229, 230, 233 −235, 237, 238, 252, 253, 255−257, 304

文化的雑食（→文化的オムニボアも参照）29, 41, 61, 62, 110, 120, 129, 229

文化的善意　21, 49, 56, 100, 143, 270

文化的排他性　42, 58, 120, 122−124, 126, 134, 140, 143, 144, 147, 204, 235

文化的平等神話　14, 25−28

文化的オムニボア　29, 41, 61, 62, 109−111, 120−123, 126, 129−132, 134, 137− 140, 143−145, 149, 163, 172, 176, 178, 190, 191, 204, 206, 229, 235

文化弁別力　26, 38, 55, 57, 65, 318, 324, 325, 327, 328, 330, 332, 334−342, 344

文脈　24, 33, 43, 53, 56−61, 74, 76, 91, 92, 108, 138, 140, 145, 147, 164, 192, 195, 211, 218, 281

分類システム　53−55, 332

ベネット（Bennett, Tony）　41, 42, 116, 142

ヴェブレン（Veblen, Thorstein）　45, 120

ポストモダニズム（ポストモダン）　15, 32, 33, 35, 38, 119, 124, 140

ボードリヤール（Baudrillard, Jean）　33, 35, 124

マ

宮島喬　24, 74, 90, 91, 124, 171, 210, 233, 241

村井重樹　58, 93

メリトクラシー　23, 28, 208, 227−229, 234, 241, 248, 254, 255, 257

ヤ

友人選択　42, 118, 279, 280, 282, 283, 285, 287−291, 296−298, 300−302, 305 −309, 311, 315

ユニボア　120, 122, 123, 129−132, 134, 149, 195

幼少時文化資本　33, 57, 74, 75, 77, 78, 88, 93, 104, 146, 212−214, 216, 217, 220, 221, 223, 241, 246−250, 253

ラ

ライフスタイル　13, 14, 24, 32, 33, 42, 43, 47, 51, 53, 54, 97, 98, 100, 106, 111, 114, 115, 117, 118, 127, 129, 136, 138, 140, 142, 144, 145, 228, 282, 283, 286, 308, 309, 315, 334

ライール（Lahire, Bernard）　43, 45, 58− 61, 92

ラモン（Lamont, Michèle）　42, 280−286, 290, 291, 315

ラロー（Lareau, Annette）　88, 233

労働市場　64, 65, 199, 213, 214, 216, 218, 222, 224−229, 256, 275

ワ

若者　19, 24, 25, 29−32, 60, 72, 171

［著者略歴］
片岡栄美（かたおか・えみ）
駒澤大学文学部教授
専攻は文化社会学、社会階層論、教育社会学
共著に『変容する社会と教育のゆくえ』（岩波書店）、『文化の権力——反射するブルデュー』（藤原書店）、『社会階層のポストモダン』（東京大学出版会）など

趣味の社会学　　文化・階層・ジェンダー

発行―――――2019年9月24日　第1刷
　　　　　　　2020年4月 1 日　第2刷

定価―――――4000円＋税

著者―――――片岡栄美

発行者―――――矢野恵二

発行所―――――株式会社青弓社
　　　　　　　〒162-0801 東京都新宿区山吹町337
　　　　　　　電話 03-3268-0381（代）
　　　　　　　http://www.seikyusha.co.jp

印刷所―――――三松堂

製本所―――――三松堂

©Emi Kataoka, 2019
ISBN978-4-7872-3456-8　C0036

トニー・ベネット／マイク・サヴィジ／アラン・ワード ほか

文化・階級・卓越化

「ソシオロジー選書」第4巻

ピエール・ブルデューの『ディスタンクシオン』の問題設定・理論・方法を批判的に継承し、量的調査と質的調査を組み合わせて、趣味や嗜好などに関わる文化が社会で資本としてどう機能しているのかを照射する。　定価6000円＋税

ベルナール・ライール　村井重樹訳

複数的世界

「ソシオロジー選書」第3巻

ハワード・ベッカーのアート・ワールド論を参照しながらピエール・ブルデューの「場」の概念を批判的に検証し、細分化した社会（科）学の統一性を回復する可能性を析出する、厚みある社会学理論の成果。　定価5000円＋税

神野由紀／辻 泉／飯田 豊／山崎明子 ほか

趣味とジェンダー

〈手づくり〉と〈自作〉の近代

2つの雑誌を中心に読み込み、手芸・インテリアなどの女性と結び付けられる〈手づくり〉と、工作・ミリタリーなどの男性に割り当てられる〈自作〉をキーワードに、手づくり趣味の近・現代史を描き出す。　定価3000円＋税

笹生心太

ボウリングの社会学

〈スポーツ〉と〈レジャー〉の狭間で

1960年代半ばから70年代初頭までの爆発的なブームを起点にボウリングの戦後史をたどり、社会的な評価や経営者・関連団体のイメージ戦略、人々の余暇観の変化などをインタビュー調査も交えながら明らかにする。　定価1600円＋税

藤代裕之／一戸信哉／山口 浩／西田亮介 ほか

ソーシャルメディア論・改訂版

つながりを再設計する

すべてをつなげるソーシャルメディアをどのように使いこなすのか──歴史や技術、関連する事象、今後の課題を学び、人や社会とのつながりを再設計するメディア・リテラシーの獲得に必要な視点を提示する。　定価1800円＋税